兰州大学文库
A LIBRARY OF LANZHOU UNIVERSITY
兰州大学史学理论及史学史研究所
赵梅春　屈直敏　主编

中国史学史研究丛书

历史研究基础

汪受宽　著

兰州大学出版社
LANZHOU UNIVERSITY PRESS

图书在版编目（CIP）数据

历史研究基础 / 汪受宽著. -- 兰州 : 兰州大学出版社，2015.1
（中国史学史研究丛书 / 赵梅春，屈直敏主编）
ISBN 978-7-311-04392-6

Ⅰ. ①历… Ⅱ. ①汪… Ⅲ. ①史学－研究 Ⅳ. ①K0

中国版本图书馆CIP数据核字(2015)第011008号

策划编辑 王永强
责任编辑 马继萌
封面设计 郇 海

书 名 历史研究基础
作 者 汪受宽 著
出版发行 兰州大学出版社 (地址:兰州市天水南路222号 730000)
电 话 0931-8912613(总编办公室) 0931-8617156(营销中心)
0931-8914298(读者服务部)
网 址 http://www.onbook.com.cn
电子信箱 press@lzu.edu.cn
印 刷 甘肃澳翔印业有限公司
开 本 710 mm×1020 mm 1/16
印 张 22
字 数 376千
版 次 2015年12月第1版
印 次 2015年12月第1次印刷
书 号 ISBN 978-7-311-04392-6
定 价 66.00元

前　言

20世纪20年代梁启超在《中国历史研究法补编》中提出:“史学,若严格的分类,应是社会科学的一种。但在中国,史学的发达,比其他学问更利(厉)害,有如附庸蔚为大国,很有独立做史的资格。”“中国史书既然这么多,几千年的成绩,应该有专史去叙述。”并就如何研究与撰写中国史学史提出了具体的、系统的意见,指出史官、史家、史学之成立及发展、最近史学的趋势是中国史学史应特别注意的内容。在他的影响下,中国史学史的研究引起了学者们极大的关注,姚名达、何炳松、周谷城、蒙文通、姚从吾、卫聚贤、郑鹤声、陆懋德、傅振伦、魏应麒、王玉璋、朱谦之、金毓黻、白寿彝等学者都从事过这方面的研究与教学,从而使中国史学史逐渐发展为一门独立的专史。20世纪40年代出版了魏应麒《中国史学史》、王玉璋《中国史学概论》、朱希祖《中国史学通论》、金毓黻《中国史学史》等著作。其中,金毓黻的《中国史学史》被学者誉为中国史学史学科草创时期的代表著作。对此书,白寿彝曾评价道:“金毓黻的书,是在梁启超设计的蓝图上写出来的……这部书带有浓厚的史部目录学的气味。”(白寿彝:《中国史学史》第1册,上海人民出版社1986年,第166页)这一评价也反映了草创期中国史学史研究与撰述的特点。

20世纪60年代召开的全国文科教材会议将史学史列入文科教材之一。配合教材的编写,史学界对中国史学史研究及学科建设进行了热烈的讨论,探索的问题主要集中在中国史学史研究的内容、对象、任务、目的、分期,以及中国史学史教材的撰写原则与方法等方面。经过讨论,中国史学史的研究开始脱离梁启超设计的蓝图,关注历史理论、史学思想、史学发展规律、史学与时代等问题。这一研究风格的变化对20世纪80—90年代的中国史学史科学的发展产生了深刻的影响。

20世纪60年代有不少高校开设了中国史学史课程,张孟伦先生也在兰州大学历史系开设此课，并从事相关研究。20世纪70年代末高考制度恢复，1978年一些高校招收中国史学史专业的硕士、博士研究生。张孟伦先生被批准为“文革”后第一批硕士研究生导师，招收中国史学史专业研究生。年逾古稀的张先生再次焕发出学术青春，出版了《中国史学史论丛》（兰州大学历史系印行）、《中国史学史》（上下册）等著作，发表了多篇中国史学史方面的论文，培养了10余名史学史专业的硕士研究生。1985年北京师范大学史学研究所举办第一届全国史学史座谈会，旨在交流学术，切磋问题，促进史学史学科的健康发展。此时张先生已年届八旬，应邀赴京，与白寿彝、陈千钧、张芝联、郭圣铭、高国抗等著名学者共同商讨史学史学科的教学与研究工作。座谈会上，张先生提出的研究生要读经书的主张，得到了与会学者的共鸣。张孟伦先生去世之后，由汪受宽先生继续主持硕士点的工作。经过张孟伦先生、汪受宽先生两代学者的努力，兰州大学的史学史研究和学科建设取得了一定的成就。现有从事史学史研究的教师多人，主要从事中国史学史、中国少数民族史学、四库学，以及西方史学史与史学理论研究。

本丛书收录了张孟伦《中国史学史论丛》、汪受宽《史学史论文自选集》和《历史学基础》，以及朱慈恩《二十世纪中国通俗史学研究》四部著作，是兰州大学史学理论及史学史学科点三代学人在中国史学史研究方面重要成果的一次阶段性汇集。《中国史学史论丛》在20世纪80年代兰州大学历史系印行的《中国史学史论丛》的基础上，增加了发表在报纸杂志上的若干篇论文，为张孟伦先生中国史学史研究论文的结集，反映了其在中国史学史研究领域中的创建与成就。张先生治学贵自得之学，独到之见，这部论文集体现了这一治学特点，其中关于孔子史学、《左传》、《汉书》、《三国志》裴注、隋代史学、唐代史学、《史通》、宋代国史撰述、《资治通鉴》、《续资治通鉴长编》、《文献通考》、《日知录》、王夫之史论、《廿二史札记》、章学诚史学等诸多论说，资料丰富，观点独特。汪受宽先生从事史学研究30余年，在中国史学史、历史文献学、西北地方史等研究领域辛勤耕耘，《史学史论文自选集》是其中国史学史研究成果之荟萃。汪受宽先生在从事史学研究的同时，还关注史学人才的培养。其在总结自己治史经验并吸收学界有关成果基础上所撰写的《历史学基础》一书，系统地阐述了史学研究与论文撰写的规律、技巧与方法，为史学新人进入史学殿堂之指南、门径。求真是史学的学术品格，致用则是史学的社会要求，历史知识的普及是史学发挥社会作用的重要途径。朱慈恩撰写的《二十世纪中国通俗史学研究》对20世纪中国通俗史学的发展历程进行较为全面和系统的梳理，并对其基本特征、主要功能以及发展趋势进行探讨，还选择有代表性的历史学家进行个案研究，全面分析其编撰特征、流通传播以及社会影响等因素,反映了中国史学史在脱离史部目录解题后研究的深入与发展,对当前的历史知识普及工作有着诸多的借鉴和启示。这套丛书的出版,对促进兰州大学史学理论及史学史学科点史学史研究的发展与人才的培养,将具有重要的意义。

赵梅春

2015 年 1 月 4 日于兰州大学一分部陋室

引　言

研究生教育是培养各种高级专门人才的教育。研究生要在学习阶段对本专业的基本理论、基本知识和基本技能都有较好的掌握，毕业后才能胜任有关的专业工作。历史系是培养从事历史研究和教学人才的地方，历史系研究生的基本技能主要是指从事历史研究和教学工作的能力。为了培养历史系研究生的历史研究能力，在教学计划中，安排有课堂讨论、读书报告、学年论文、社会调查和毕业论文（学位论文）等教学环节，在其过程中，都有导师进行具体的指导和帮助，有时还邀请一些历史学专家学者做治学经验的报告。这些无疑会对研究生写好论文有所启发和帮助。但是，从多年指导研究生从事论文写作的实践中，我们深深地体会到，许多研究生，尽管学习了许多门历史学的课程，也善于钻研，对一些历史问题甚至有一些独到的见解，但因为不会写史学论文，不能很好地表达、阐述自己的观点。各位教师对同学进行论文指导时，也多是就事论事，或者附带谈一些自己的治学经验，没有时间也不可能对研究生进行全面系统的史学论文基本写作方法的教育。所以尽管在教师的指导下有的同学完成过一篇或两篇论文，但一离开指导教师，自己独立从事研究时却感到束手无策。因此，我们感到，在要求研究生进行史学论文写作实践的同时，有必要开设讲述历史研究基本要求和方法的课程，作为对历史系研究生进行基本技能培养的一个重要环节。作文法的教学，包括一般作文方法的教学、应用文体写作方法的教学和专业文法的教学。各种专业文体的写作都有自己特定的规律和技巧。我们的课程，就属于专业文体教学的系列，是历史研究和论文编纂方法的教学。它通过对古今中外学者从事历史研究方法、经验和规律的探讨与总结，吸收国内外史学方法论的新成果，总结史学论文写作的规律、技巧与方法，对研究生进行从事历史研究的目的、史学论文写作的基本方法和一般要求的指导，为使研究生更好更快地进入学术研究殿堂、促进历史人才的迅速成长打下基础。

笔者于1986年开始为兰州大学历史系的研究生准备历史研究法课程。当时国内尚无与本人设想相同的出版教材可以参考，一切必须从头开始，筚路蓝缕，艰难备至。好在当时发表了许多历史学家谈治学经验的文章，而笔者又主要从事中国史学史的研究，对历代史学家的写作经验有所了解，况且随着我国的改革开放，国外新的史学流派和史学方法陆续介绍进来；加上自己也写过几十篇论文，对从事历史研究有不少切身体会。由于有上述这些条件，笔者经过约三年的准备，终于斗胆于1989年开始为历史系硕士研究生开设这门专业基础课，并在1996年以后将讲义输入电脑，根据听课者的数量，拷成软盘或印刷装订成册，供学生参考。

本教材共分10章39节。除第一、第二章概略阐述一些属于总体性的问题外，其他各章，大体按历史研究和史学论文写作的基本程序进行讲授，以便贴近实用，提供具体方法的指导，使同学们学了就能用上。

这是一门实践性很强的方法论课程，因而其学习方法与其他课程不同。历史学各专业的许多课程讲授具体的历史知识，其学习方法主要是记忆、理解和分析。这门课程，并不要求大家去死背讲授的内容，而是要求研究生们以讲授的内容为基础，在其指导下，自己去从事史学论文写作的实践。因为任何一种能力的获得，都离不开实践，史学论文的写作更离不开作者查找资料的能力，对历史的感受、认识能力，对问题的分析论证能力，以及具体的构筑体系和遣词造句的写作能力。这些能力的产生和提高，都离不开实践。一句话，如果研究生们通过本门课程的学习，写出了优秀的合乎学术规范的史学论文，那么，本课程的教学目的就圆满地实现了。

课程开出后，同学反响热烈，有誉为“雪中送炭”者。有的同学学习本课程后撰写出的文章还在《近代史研究》《兰州大学学报》《西南师范大学学报》等刊物上发表。至2008年底本人退休，课程已在本校研究生中讲授20次。目前，本教材不仅被人称为“经典而又实用的一部历史研究法著作”挂在网上供使用者自由下载，而且有好几个高校用以开设相关课程。

20余年来，根据授课后同学的反馈以及史学发展的新情况，笔者对教材反复修改，增添新内容，核对或更换引文，校改错误字，力求使其更为完善。2001年，同事赵梅春教授对教材中史学理论部分进行了认真的修改增补。2012年，同事屈直敏教授，根据电子信息科学的最新发展，改写了计算机使用、网络技术及数字化文献资源利用的部分。可以说，这部教材，是几位同事和我的集体研究成果。

感谢兰州大学社会科学处的“兰州大学文库”计划，使更名《历史研究基础》的这部经营了20年的教材终于得以出版。这样,不仅可以为国内同仁讲授此课程提供参考教材,也可以为尚未开设本课程高校的历史系研究生、本科生以及一般史学爱好者从事历史研究提供入门之引导。

汪受宽

2002年9月10日

目　录

第一章 史学工作者的专业素养

第一节 什么是史学工作者的专业素养

作为一名历史学工作者，必须具备从事史学研究的专业素养。历史系的新生一入学就急切地想知道史学工作者应具备什么样的专业素养，大学本科四年和硕士研究生三年的系统教育也是围绕着这一问题进行的。正确地认识这一问题是史学工作者实现自我完善的需要，也是其从事历史科学研究能否取得成就的关键。我国古代史学家对自身素质的完善非常重视，提出过许多具有深刻含义的见解和论述。孔子曾说："君子博学于文，约之以礼。"[①]就是要求学者既要有渊博的学问，又要有正确的指导思想。《左传》对史家的道德提出很高的要求，认为史书应"尽而不污"、"书法不隐"以"惩恶劝善"。[②]司马迁撰《史记》，要"究天人之际，通古今之变，成一家之言"。[③]班固说"专笃志于博学，以著述为业，……不折之以正道，明君子之所守"[④]，指出为史的基础及史家的社会历史责任。范晔认为"情志所托，当以意为主，以文传意。以意为主，则其旨必见；以文传意，则其词不流。然后抽其芬芳，振其金石耳"[⑤]，这是讲史家必须学识与文才兼备。正由于这些史学大家具备全面的素养，所以能写出不朽的传世之作。

刘勰《文心雕龙·史传》从理论上阐述了良史必备的品德，认为史家撰史应"辞宗丘明，直归南董"，对文字表达、撰史态度提出了效法的榜样和目标，重点

---

①《论语·雍也》。

②《左传》成公十四年，宣公二年。

③司马迁：《报任安书》。

④《汉书·叙传上》。

⑤《狱中与诸甥侄书》。

是要求史家具备驾驭文辞的能力和道德素养。《隋书·经籍志》史部序也对史家的专业素质提出了很高的要求。“夫史官者,必求博闻强识,疏通知远之士,使居其位。百官众职,咸所贰焉。是故前言往行,无不识也。天文地理,无不察也。人事之纪,无不达也。内掌八柄,以诏王治,外执六典,以逆官政。书美以彰善,记恶以垂戒。范围神化,昭明令德,穷圣人之至赜,详一代之亹亹。”这里对史家的知识结构和见识提出了要求,作为一名优秀的史家既要有丰富的历史知识,博闻强识,又要具卓越的见识,疏通知远。

唐代史学理论家刘知几第一次全面系统地论述了史家素养问题。礼部尚书郑惟忠曾问他:“自古以来,文士多而史才少,何也?”他回答道:“史才须有三长,世无其人,故史才少也。三长:谓才也,学也,识也。夫有学而无才,亦犹有良田百顷,黄金满籝,而使愚者营生,终不能致于货殖者矣。如有才而无学,亦犹思兼匠石,巧若公输,而家无楩柟斧斤,终不果成其宫室者矣。犹须好是正直,善恶必书,使骄主贼臣,所以知惧,此则为虎傅翼,善无可加,所向无敌者矣。脱苟非其才,不可叨居史任。自敻古已来,能应斯目者,罕见其人。”[①]刘知几所说的“史学”是指史家应具备的知识结构,包括史学知识和应有的社会、自然知识。“史才”是指史家驾驭史料和撰写历史著作的能力。“史识”指的是史家的见识,他强调史家“须好是正直,善恶必书”,坚持直笔撰史的重要性。刘知几的“史家三长”理论在继承前人有关史家素养论述的基础上,对史家的素养问题提出了较为全面的认识。此后的史家对刘知几的史家素养论进一步完善,体现了我国古代史家对自身素质追求的自觉意识。元代史学家揭傒斯提出了史家的心术问题,他说:“修史之道,以收书,用人为先。用人先论心术。心术者,修史之本也。心术不正,其它虽长不可用。”[②]清代史学理论家章学诚对史家撰史之心术进一步阐发,提出“史德”说以补充刘知几的史家三长论,他说:“虽刘氏之所谓才、学、识,犹未足以尽其理也”,“能具史识者,必知史德。德者何?谓著书者之心术也。盖欲为良史者,当慎辨于天人之际,尽其天而不益以人也。尽其天而不益以人,虽未能至,苟允知之,亦足以称著述者之心术矣”。[③] 章学诚所谓的“史德”指的是史家的撰史态度。才、学、识、德四长是古代史家对自身素养内涵的概括。近代史家梁启超在《中国历史研究法补编》总论第二章中,对史家四长进行了诠释。他说:“史德,乃是对于过去毫不偏私,善恶褒贬,务求公正。”史学“贵专精不贵杂博”,“有了专门学问,还要讲点普通常识”。“史识,是讲历史

①《旧唐书·刘子玄传》。

②欧阳玄:《揭(傒斯)公墓志铭》,见《揭傒斯全集》附录。

③章学诚:《文史通义·内篇·史德》

家的观察力。”“史才，专门讲作史的技巧。”并指出，“要想做一个史家，必须具备此四种资格”。梁启超对史家四长的阐述及对史家所提出的要求，在今天仍有一定的现实意义。

新中国成立后，老一代学者十分关注史家的素养问题，范文澜先生于1957年在北京大学历史系所做的《历史研究中的几个问题》的讲演，提出“学习理论”“掌握资料”“文字表达”和“言行一致”是史学工作者必须注意的问题。翦伯赞先生认为历史学的基本功是“基本理论、基本知识和基本技能”。[①] 白寿彝先生主编的《史学概论》认为，历史工作者的素养，除了德、学、识、才以外，“一个很重要的方面，就是史学上的创新精神，敢于不断地从理论上和学术上提出新的创见”。他们的这些主张，从本质上看，均不出史学四长范围，但随着时代的变化，有所前进，赋予了新的内容、新的含义。

从梁启超开始，学者们将史德置于首位，强调著史者心术必须端正。史德对史学研究者来说，的确是个至关重大的问题，但与其他三长相比较，它不是基础，而是出发点和归属，没有其他三长，史德也无从谈起。从史学人才四种素质的培养看，应是四者齐头并进，不可分离；从治史能否出成果看，四者应相辅相成，不可或缺。如果要对四者加以区分的话，那么可以说，学是素养的基础，识是素养的核心，才是素养的表现，德是素养的灵魂。

下面，我们就从这四个方面阐述新时代史学工作者的专业素养。

第二节　丰富的知识积累是史学素养的基础

史家四长中的史学，应指学问，即丰富的知识积累。历史学是研究具体的人类社会历史现象和过程以揭示其内在规律的一门科学。人类历史无限丰富复杂的内涵，决定了历史研究者必须具备广博的知识，不仅要有历史学的知识，而且应具备一般社会科学的知识及一定的自然科学的知识。就历史工作者的知识构成而言，应以历史知识为主体，有关的社会科学、自然科学知识为外围，还需以对现实社会的体验和认识为依托。只有这样才能拥有一个合理的知识结构。

有人把史家四长中的史学理解为“详细地占有材料”，这种看法不仅不符合历代史家的观点，更不符合对当今史学工作者知识结构的要求。刘知几在论述“史学”时将其比作“楩柟斧斤”，而不是“竹木砖瓦”，说明他并不认为史学仅是

①翦伯赞：《关于历史学的“三基问题”》，载《史料与史学》，北京大学出版社1979年版，第1页。

从事历史研究的具体材料。而现代从事历史研究工作者所具备的广博知识，也并不都是直接用以研究历史的材料，而主要是历史研究的基础知识和理论，以有助于加厚基础、益发思智、增强见识。宋人罗大经曾深有感触地说："凡作文章，须要胸中有万卷书为之根柢，自然雄浑有筋骨，精明有气魂，深醇有意味，可以追古作者。"[①]史学研究者也深知这个道理，往往厚积薄发，加厚基础，以图创新。从人的记忆能力说，学习甚至研究过的材料不可能永远牢固地记住，更难以一字不差地全部记住。从事专题研究，尽管专门知识非常丰富，但原来掌握的材料总会感到不够用，还要花大气力去搜寻专门的资料。所以史学绝不能说成是单纯掌握历史研究的材料，而有着广泛的内涵。

构成史学工作者素养的知识应该包括三个层次，即主体的知识、外围的知识和依托的知识。

主体的知识，指历史知识。比如作为中国历史的研究者所具备的历史知识，应包括中外通史知识、专史知识（政治史、经济史、军事史、典制史、宗教史、民族史、文化史、史学史、哲学史、文学史等）、历史学辅助学科和相邻学科知识（史料学、民俗学、民族学、避讳学、谥法学等），甚至还需具备相当的世界历史知识，以便对中外历史进行比较研究。周谷城先生曾说："研究中国史的人对世界历史也必须有渊博的知识。从世界史的发展看中国史的发展更能看得明白些，这即全局可以订正部分的道理。外为中用的这个原理，对历史研究工作也一样适用。"[②]这说明要深入研究中国历史，仅有中国历史知识是不够的。20世纪50年代，我国照搬苏联的经验，历史专业分工过细，史学工作者的知识面狭窄。研究中国史的不注意吸收世界史知识，而中国古代史又分成先秦、秦汉、魏晋南北朝、隋唐五代、宋辽金元、明清等断代史，以断代史为研究方向的人不明通史，以政治史为研究对象的不懂经济史，研究历史地理的不知古书版本优劣。各自囿于自己的研究领域，互不牵涉。然而任何一个历史问题，哪怕是一个小问题都是由许许多多复杂的因素形成的，牵一发而动全身，必须置其于孕育它的复杂的历史背景中才能研究其意义、考察其实质。因此，史学工作者若无广博的历史知识，不仅会使自己的学术视野受到局限，而且还会在研究成果中出现常识性的硬伤，更会在各学科的边缘地带留下空白。所以，无论是研究断代史，还是研究专门史的学者首先都必须具备广博的历史知识。只有这样才能触类旁通，高屋建瓴，取得成功。刘知几指出："珍裘以众腋成温，广厦以群材合构。自古探穴藏山之士，怀铅握椠之客，何尝不征求异说，采摭群言，然后能成一家，传诸

①《鹤林玉露》丙编卷6。

②周谷城：《继往开来的史学工作》，载《中国史研究》1979年第3期。

不朽。”①著名历史学家范文澜先生对史家的通识十分强调，要求历史学工作者要“注意前后左右，做到直通旁贯”。他说：“专攻一部分，不顾其它，容易犯片面、局限的毛病。不知前后左右，使自己所专的部分在整个历史发展过程中，得不到适当的位置。实际上，历史是前后连贯的一条长线，又是相互联系的一个大面。把历史知识缩成一点，可能成为专家，但不能成为通才，必须专与通相结合，不可偏废其一。”②

外围的知识，主要指一般的社会科学乃至自然科学的知识。马克思、恩格斯在《德意志意识形态》中说：“我们仅仅知道一门唯一的科学，即历史科学。”这并非说除了历史，其他都不是科学，而是说，历史科学的内涵非常丰富，其他一切科学都可以归入历史的范畴。历史学是一门综合性的科学，不懂得一定的社会科学、自然科学知识，就无法对人类历史进行深入全面的研究，不掌握一定的社会和自然知识，就无法对历史现象及其发展过程进行透彻的分析探讨。即使从事古代史研究，也必须有一定的社会科学和自然科学知识。就以研究历史人物为例，若一个研究者仅具历史知识，就无法对历史人物进行全面研究。司马迁是史学家，同时又是哲学家、文学家，甚至可以说是科学家，他主持过汉武帝时期历法《太初历》的修订，其史学著作中的《天官书》《律书》《历书》就是记载自然科学成就的篇章。若研究者只懂史学，而无一定的哲学、文学、科学知识，他就不是研究司马迁的合适人选，至少他不可能对司马迁的学术成就进行全面深入系统的研究。当今社会各门学科相互交叉、渗透，以多学科的方法研究整体的历史已成为史学研究的主流，人们认识到要加深对历史进程的理解、探讨历史发展的规律、提高历史研究的科学性，必须以多种方法，从多视角、多层次进行研究，自然科学、社会科学的方法纷纷引进历史研究领域。西方史学界运用数学方法研究历史，形成了计量史学，运用社会学、人类学、心理学、人口学等社会科学方法研究历史，形成了新的历史学科分支如历史社会学、历史人类学、历史心理学、历史人口学等。我们国家在 20 世纪 80 年代开始采用多学科的方法研究历史，到今天在史学研究中引进自然科学方法，特别是社会科学方法已为史学工作者的共识。因此，作为一个史学工作者，就必须具备一定的自然科学、社会科学知识，否则别说在自己的史学研究中借鉴其他学科的理论和研究方法，即使想读懂当代国内外的史学论著也颇感困难。阅读古代史籍也需具备一定的自然科学、社会科学知识，如果不懂天文历法，我国古代的史书《春秋左传》无法读懂。不懂一些有关古人占卜的知识，则《左传》中有关占卜

①刘知几：《史通·采撰》。

②蔡美彪：《范老论学四则》，载《文史哲学者治学谈》，岳麓书社 1984 年版，第 118－119 页。

的记载就会让人望而生畏。不懂得经济学、动植物学知识，就无法对《通典》《通志》的有关内容进行研究。不懂得一定的医学、地震学知识，历代纪传体史书中的《五行志》就难以理解，更别说对其做出科学的解释和批判。若从事科技史的研究，则自然科学知识更是不可或缺的。

史学工作者要具备广博的知识，持之以恒数十年如一日地刻苦努力钻研是其根本途径，下苦功夫努力学习是唯一的方法。然而历史知识极为浩繁，历史书籍浩如烟海，一部二十四史已很难通读，还有比这更多的史书呢。“十通”有 2516 卷，《资治通鉴》及其《续编》加上《通鉴纲目》1894 卷，明清《实录》6409 卷，历朝《纪事本末》史书 680 卷，历朝《会要》2000 余卷，共计 16748 卷。若每日阅读一卷，需时 45 年零 9 个月。更何况还有地方志、野史、笔记、杂史等诸多史籍。吾生也有涯，学也无涯，真让人畏难。因此要想以有限的时间和精力获取更多的知识，必须有一定的方法和途径。其方法是专精和涉猎相结合，其途径是由博返约。梁启超主张：“有了专门学问，还要讲点普通常识。单有常识，没有专长，不能深入显出。单有专长，常识不足，不能触类旁通。读书一事，古人所讲，专精同涉猎，两不可少。有一专长，又有充分常识，最佳。大概一人功力，以十之七八做专精的功夫，选定局部研究，练习搜罗材料，判断真伪，抉择取舍；以十之二三，做涉猎的功夫，随便听讲，随便读书，随意谈话。如此做去，极其有益。”[①]这是说积累历史知识、研究历史问题，应有重点，同时兼顾一般，重点应专精，一般则涉猎而已，有一些常识就够了。章学诚则从另一角度论述了专与博的关系问题。他说：“学贵博而能约，未有不博而能约者也。”其所谓约，是指学问的专精。他认为博学强识，不过是为研究学问做准备，还不足以成家。故“学必求其心得，业必贵于专精，博而不杂，约而不漏，庶几学术醇固，而于守先待后之道，如或持见之矣”。[②]因此做学问要博更要约，只博不约难以成为专家。先广博地涉猎知识，再在此基础上从事专门性的研究，方能得心应手、事半功倍。现代学者王仲荦认为，“一个学者要有几部书熟烂于胸中，这样才能控制全局，无往不胜”，并且说他自己做学问从某种程度上讲就是以一部《通鉴》起家的。[③]他强调的是专精的功夫在获取历史知识、从事史学研究中的重要性。目前大学历史系的课程设置中的基础课和选修课，都是围绕着培养学生具有较广博的基础知识这一目标而进行的。有的同学，基础课没有学好，就发愿专攻一史而放松其他课程的学习，这样做，或许暂时能取得某些成绩，但长此以往基础不

①梁启超：《中国历史研究法补编》总论第二章乙史学，上海古籍出版社 2000 年版，第 161 页。

②《文史通义·内篇·博约中》。

③郑宜秀：《王仲荦》，载《山东现代著名社会科学家传》，第 380 - 381 页。

牢,专攻之梦必然会破灭。

我国古代的史家很注意知识积累的全面性。孔子培养学生有六门课程:礼、乐、诗、书、射、御,就包括了各方面的知识和能力。司马迁曾说:“文史星历位于卜祝之间。”他虽是发泄对史官地位低下的牢骚,但也说明了古代史官不仅懂历史,长于著述,而且明天文、历法、礼仪等,是“杂家”。《史记》中的八书正可以说明司马迁上知天文历法,下明地理,娴于典章制度,学识渊博。宋代史家郑樵撰《通志》曾“十年为经旨之学,三年为礼乐之学,五六年为天文、地理、虫鱼草木之学,八九年为讨论之学”。①正因为有广博的社会、自然知识,其史学著作《通志》内容博洽,其中论述社会制度变化、文化成果、自然科学知识的《二十略》尤为后人称颂。

历史工作者从事历史研究的依托是自己的人生经验,因此,对当代社会、人情世故和人生的体验和透彻认识是史学工作者知识构成的一个重要方面。由于史学研究对象的特殊性,史学工作者不可能与其研究对象直接打交道,也无法以实验的手段去了解其研究对象。但是历史和现实有不可分割的联系,昨天的现实是今天的历史,而今天的现实又是明天的历史。人们虽然无法直接考察已经逝去的一切,但可以通过现实来理解历史。所以法国年鉴学派的创始人之一马克·布洛赫认为由今可以知古,“各时代的统一性是如此紧密,古今之间的关系是双向的。对现实的曲解必定源于对历史的无知;而对现实一无所知的人,要了解历史也就必定是徒劳无功的”。② 一个对现实社会和人生毫无认识的人则不可能具有历史洞察力,也无法提出好的历史研究课题,更不可能对历史有深刻的理解,做出高水平的研究成果来。“我多次读过或叙述、描绘过战争,可在我亲身经历可怕而令人厌恶的战争之前,我又是否真正懂得‘战争’一词的全部含义呢?军队被包围,国家遭惨败,究竟意味着什么呢?在我亲身感受到1918年夏秋胜利的喜悦之前,我是否真正理解‘胜利’这美丽的词所包含的全部意义呢?”③这说明了现实生活的体验对理解历史的重要性。而历史学家也总是积极地参与现实活动,增强自己对社会人生的体验,“一个数学家的伟大,并不因为他对现实世界懵然不知而有所减色;但是,一个学者如若对周围的人、物或发生的事件漠不关心的话,那么,如皮雷纳所言,应该将他称为古董迷,他还是明智一点,还是不要自称历史学家为好吧”。④张舜徽先生说:“大地间有两种

①郑樵:《夹漈遗稿·献皇帝书》。

②马克·布洛赫:《历史学家的技艺》,上海社会科学院出版社1995年版,第36页。

③马克·布洛赫:《历史学家的技艺》,第36-37页。

④马克·布洛赫:《历史学家的技艺》,第37页。

书：一是有字书，二是无字书。有字书即白纸黑字的书本；无字书，便是万事万物之理，以及自然界和社会上的许多实际知识。有许多的知识和疑难，是不可能从书本上取得解答的。”①清人钱泳说：“水、火、盗、贼、兵、刑、凶荒、徭役及一切人世艰难之事，无不可以老我之才、增我之智，勿谓无关学问也。”②社会实践这部无字书，可以帮助学者获取书本上不能获取的知识，更深刻地了解历史。我国著名史学家司马迁被人们称为读万卷书、行万里路、向无字处读书的学者，他二十壮游全国，中年惨遭腐刑，这些人生经历有助于他加深对历史的理解和认识。被人们称为“史家绝唱”的《史记》与司马迁丰富、曲折的人生经历密切相关。近代史家陈垣先生曾生活于日寇控制下的北平，对民族国家的深深忧虑，加深了他对宋末元初史学家胡三省注《通鉴》时所倾注的民族爱国情感的理解，故写出了《通鉴胡注表微》这样的传世之作。陈寅恪先生抗战时期在香港的经历，使他对李心传《建炎以来系年要录》的理解更为深刻。他在《陈述辽史补注序》中说：“时值太平洋之战，扶疾入国，归正首丘……回忆前在绝岛，仓皇逃死之际，取一巾箱坊本《建炎以来系年要录》，抱持诵读，其汴京围困屈降诸卷，所述人事利害之回环，国论是非之纷错，殆及世态诡变之至奇。然其中颇复有不甚可解者，乃取当日身历目睹之事，以相印证，则忽豁然心通意会。平生读史四十年，从无此亲切有味之快感，而死亡饥饿之苦，遂亦置诸度外矣。”“文革”十年是场浩劫，但对史学家来说却使其加深了对人生社会的体验，加深了对历史的思索。何兆武先生说：“‘文革’期间光阴虚掷对于研究自然科学的人是场损失，而对研究历史的人来说，却是一场收获；不然的话，假如真是天下太平四海无事，他们又向哪里去体验、去认识历史和人生的深处？甚至不妨说，凡是没有在‘文革’中挨过整的人，就既不能很好地了解人生，也不能很好地了解历史。”而海外的汉学家由于没有生活于中国现实社会的人生经历，故往往难以了解中国历史的深处。“此所以我们读到海外汉学家的作品时，都会有隔靴搔痒之感。”③“文革”十年将人性的丑恶暴露得非常充分，将中国几千年专制统治的手段发展至极致，而且屡经反复，经历过“文革”的人自然能加深对中国历史的理解。清人唐彪在《读书作文谱》中总结道：“天下之事未经历者，必不如曾经历者之能稍知其理也。经历一周者，必不如曾经历四五周者之能详悉其理也。经历四五周者，又不如终身练习其事者之熟知其理而能圆通不滞也。”因此丰富的人生阅历对研究历史者十分重要，史学研究者应积极参加社会实践，而不是躲在

①《学人谈治学》，浙江人民出版社1982年版，第240页。

②《履园丛话》类七“关学问”条。

③何兆武：《历史学家、历史学和历史》，载《史学理论研究》1998年第3期，第45页。

书斋中，与世隔绝。

总的来说，以基础历史知识为主体，以一般社会科学、自然科学知识为外围，以对当代社会与人生的认识为依托，这就是当今优秀史学工作者应该具备的合理的知识结构。

第三节　理论思维能力是史学素养的核心

历史研究是在充分占有史料的基础上对历史现象及其发展过程进行科学认识，只有通过理论思维，才能揭示史料所包含的信息。没有理论思维，孤立的史料是什么也说明不了的。史料不会自己说话，只有当史家让其说话时才会说话。这是说史学研究者必须通过理论思维将所掌握的史料纳入一定的体系中去才能说明所要解决的问题。只有通过理论思维才能深入历史现象的深层，发现历史运动的规律、历史现象之间的联系。特别是历史规律，很难直接为人所观察，若不通过理论思维对其进行归纳概括，将其从纷繁的历史现象中抽象出来，则会永远隐藏在历史现象与过程中，不为人们所认识。理论思维可以帮助史家透过喧哗复杂的历史表象观察到其本质，犹如黄沙吹尽始见金。史学四长中的史识，指的是史家的见识，即史家的理论思维能力，也就是史家对史料中所反映的各种历史信息进行分析、综合、概括、比较、提炼，以达到认识历史规律的能力。这种能力对史学工作者来说至关重要，只有具备理论思维能力才能站得高、看得远，对复杂的历史现象见微知著、洞察底蕴，发现其内在的本质和规律。否则，史识平庸，即使知识丰富、史料齐备，也不过是藏书的箱箧和不会吐丝的蚕。

历史学家对历史问题的研究大体可分为两种情况：一种是运用哲人的睿智目光与思辨能力，对历史发展过程进行逻辑概括和规律探讨的宏观研究；一种是以检验师般的敏锐目光与鉴别能力，审视史料和历史问题中的疑点，对之进行深入细致的考证的微观研究。历代史家，有以宏观分析见长，有以微观研究显示功力。而只有具备宏观、微观两种研究能力，才能成为史学大家。司马迁、刘知几等人二者兼备，故能擅名千古。清代学者重视微观考证，轻宏观分析，虽给后世留下了丰富的经过整理的资料，但却不能揭示历史发展本质、探讨历史发展规律。新中国成立以来，我国史学界过分强调宏观分析，斥微观研究为琐屑，结果架空立论，使史学基础不牢固，逐渐脱离实际，被野心家所利用，走上影射史学的邪路。宏观分析和微观研究相辅相成，缺一不可。宏观分析必须以微观研究为基础，并受微观研究水平的制约。而微观研究必须以宏观分析为指导和归宿,宏观分析在很大程度上也可以带动微观研究的深入。历史研究不仅要解决是什么的问题,同时也要探索为什么的问题。要回答是什么的问题,要依靠微观研究,而要解决为什么的问题,则要依赖于宏观分析。不弄懂是什么的问题,宏观研究如空中楼阁、空穴来风,有可能因基本事实的错误而达不到正确的认识;微观研究不以解决为什么的问题为目标,就可能流于琐碎而失去意义。明朝人笔记中有一则笑话,恰好可以用来说明宏观分析和微观研究之间的关系。一个读书人讥讽另一读书人有"一屋子散钱,只欠索子",另一读书人则反唇相讥其有"一屋子索子,只欠散钱"。因此只有材料,不掌握理论,不具备理论思维能力,这样的历史研究只能是堆积史料;而只有理论,不占有丰富的材料,则会使史学研究流于教条、流于空疏。二者都不可能使历史成为科学。

每一个史学工作者由于基础、气质、兴趣、条件、师承关系及经历的不同,或擅长于宏观分析,或爱好微观研究,但要在史学领域中做出超乎别人的成绩,应该二者兼备,互为补充,既具抽象的理论思维能力,又拥有扎实的史料根基。

史识的形成,或者说理论思维能力的提高,有许多方法。

一、必须认真学习马克思主义哲学

恩格斯说:"理论思维仅是一种天赋的能力。这种能力必须加以发展和锻炼,而为了进行这种锻炼,除了学习以往的哲学,直到现在还没有别的手段。"①古今中外数千年,出现过各种各样的哲学思想,实践证明只有马克思主义哲学才是唯一科学的历史哲学。马克思主义哲学是无产阶级斗争经验的理论概括,是人类改造自然、社会的经验总结,同时也是以往哲学全部发展合乎逻辑的结果。马克思主义哲学中的历史唯物主义科学地阐述了人类社会发展的一般规律,是至今为止唯一科学的历史观。掌握了历史唯物主义,并以之为理论指导考察具体的历史现象及过程,则才会对历史现象之间的联系、历史发展过程有更深的理解,提高研究者分析实际历史问题的能力,从而能发现问题并解决问题,做出成绩。

在学习马克思主义哲学、利用唯物史观指导历史研究时,应克服两种倾向,一种是认为马克思主义已经过时,不需要学习,另一种是机械、教条地学习和运用马克思主义理论。由于新中国成立以来,我国史学界在运用马克思主义理论时出现了一些偏差,将马克思主义的具体结论或有关某一社会历史研究得出的理论视为唯物史观的核心或全部,先后出现过以五种社会形态学说、阶级斗争观点视为唯物史观的基本原理指导历史研究的情况,使得我国的历史研究出现

①《马克思恩格斯选集》第 3 卷,第 465 页。

过曲折，甚至使史学研究误入歧途。“文革”时期“影射史学”的出现，使人们对指导历史研究的理论唯物史观也产生了误解，以为过时了，转而寻找西方资产阶级历史理论。“文革”之后，学术界通过重新学习与研究马克思主义理论，澄清了过去对历史唯物主义的片面理解，认识到历史唯物主义是一个开放的理论体系，其核心是唯物史观的基本原理。这些原理大体包括八方面的内容：

1. 人类社会的历史，是不以研究者主观意志为转移的客观发展过程。

2. 人类社会及其构成成分均以总体的体系的方式存在。

3. 在不以研究者主观意志为转移的客观历史进程中，一切社会历史因素都是相互作用的。然寻根追去，便会发现，最终是物质生活的生产方式制约着整个社会生活、政治生活和精神生活的一般过程。

4. 人类社会是运动的、发展的，显现为历史过程；构成历史过程的各种社会现象，也是运动的、发展的。

5. 社会历史事物的发展变化，有进化和革命两种形式。事物的量的渐进的变化发展到一定阶段，就会导致渐进状态的中断，出现质的飞跃，实现从低级到高级、从旧质态到新质态的发展。

6. 社会历史事物发展的根源，在于它的各种错综复杂的矛盾。矛盾双方的又斗争又统一，推动事物前进。就整个人类社会而言，生产力和生产关系的矛盾，以及由此而派生的经济基础与上层建筑的矛盾，以及以此为枢轴的其他种种呈复杂网络状的矛盾，便是社会以及构成社会的事事物物发展的原因。

7. 在客观历史进程中，环境创造人，人又创造环境。人是历史进程中的主体。历史赖以存在的物质基础，主要是由劳动群众创造的，它从根本上制约了社会上各种人物的历史创造活动。随着历史活动的深入，必将是群众队伍的扩大。人民群众以外的各种社会力量也从积极的或消极的各种不同的角度参与了历史的创造活动。在人民群众历史创造活动的基础上，每一个时代都会产生出它的杰出人物。

8. 社会历史研究不是一个消极反映过程，而是主客体相互作用的辩证过程。故唯物史观认为，研究社会历史，在坚持历史过程客观存在的同时，还必须从与客体相联系的主观方面去理解，即从研究主体方面去能动地认识对象。①

用马克思主义指导历史研究并不是指将马恩列斯的现成结论当标签到处张贴，而是在唯物史观的基本原理指导下，从客观存在的历史事实出发，详细地占有材料，经过艰苦细致的研究工作，认识和把握历史现象之间的本质联系，得

①蒋大椿：《唯物史观与史学理论建设》，载《八十年代的西方史学》，中国社会科学出版社 1990 年版。

出科学的结论。恩格斯曾说过:“如果不把唯物主义方法当作研究历史的指南,而把它当作现成的公式,按照它来剪裁各种历史事实,那么它就会转变为自己的对立物。”马克思主义的创始人已经告诫人们不能机械地、教条地对待唯物史观。在历史研究中只能以唯物史观做指导,而不能将其当作现成的结论来使用。新中国成立以来,特别是20世纪60年代,史学界教条主义地对待唯物史观的倾向严重,将唯物史观当成现成的公式,以之剪裁史料,论文中出现了大段马列经典著作论述、大段史料的情况,将经典著作词句到处生搬硬套。历史研究仿佛就是对经典著作进行注释,史学家的工作是证明经典著作的结论是放之四海而皆准的真理。又由于对唯物史观基本原理的误解,将阶级斗争学说视为其核心,以阶级斗争观点作为公式来看待历史的方方面面,一部丰富多彩的中国社会历史被简化成阶级斗争史。新中国成立以后在很长时期内,农民战争史成为一枝独秀及其失误,已充分说明了教条主义地对待运用唯物史观,会对史学研究造成极大的损害。马克思主义最本质的东西和活的灵魂是具体问题具体分析,因此学习马克思主义,重要的是掌握其基本原理,学会运用其立场、观点、方法,对历史进行具体的科学分析,得出正确结论。

二、要学习逻辑学,提高逻辑思维的能力

逻辑学是关于思维的学科,逻辑分析的方法是研究一切科学必备的认识工具。思考问题,撰写文章,自觉地遵循逻辑法则,则能使思维缜密,论据充分,论证严密,文章观点鲜明,具有说服力。白寿彝先生十分重视对历史研究者的逻辑训练,强调逻辑训练的重要性。他说:“写文章、写书,还要接受逻辑的训练。自从我们接触了辩证法以后,觉得逻辑不算什么,不大注意。这反映在我们的研究工作上,普遍的毛病是遇到一个个别的事例,就下一个普遍的结论,这是犯了逻辑性的错误。这样的错误到处都是。写文章不严格,喜欢说过头的话、夸大,认为这带劲儿。历史著作应要求加强科学性,写作应该一个字一个字的有根据,不说废话,不夸大,要确切、简练、生动。当然,吸引人的科学著作不一定都生动,只要讲得有道理,能接受,一样的影响大。”①这是说史学工作者应遵守逻辑规则,依靠逻辑力量增强文章的表达力,加强史学论著的科学性。

历史学作为一种主要按时序对史实进行思维的学科,需要将大量的史料联系起来进行分析、比较、综合、概括,经过加工取舍,抽象出规律性的认识。因此,归纳和演绎这两个逻辑方法,就成为历史研究和分析的基本方法。所谓归纳法,是一种由具体到抽象、由个别到一般的逻辑方法。利用这种逻辑方法可

---

①白寿彝:《史学史工作四十年》,载《中国史学史论集》,中华书局1999年版,第344页。

以根据已经认识了的一些特殊或个别事实，推论出尚未认识的一般原理原则，从而获得新知识。归纳法又分为完全归纳法、不完全归纳法。根据考察某类事物中的每一个个体具有或不具有某种属性，从而概括出该类对象具有或不具有某种属性的一般结论的推理方法被称为完全归纳法。根据某类事物的部分个体对象具有或不具有某种属性，从而概括出这一类对象具有或不具有某种属性的结论就是不完全归纳法。在历史研究中，归纳法是史学工作者经常使用的逻辑方法，史学研究者在广泛地收集历史资料的基础上通过对这些资料的分析、比较、综合、概括，得出有关研究对象的一般性的认识。在使用归纳法时，必须防止以偏概全的错误。白寿彝先生所批评的在历史研究中，人们遇到一个个别的事例，就下普遍性的结论所犯的逻辑错误就是以偏概全。所谓演绎法，是由一般性原理推出与一般性原理有关的特殊事实或结论的逻辑方法。演绎推理的大前提（一般性结论）是通过运用归纳方法得到的，从大前提中推出的结论未超出前提的范围，因而是确实可靠的，但须保证大前提准确无误。演绎法也是历史研究中常用的一种方法，如史学家根据马克思主义的唯物史观来研究中国历史实际，在逻辑上采取的就是演绎法。掌握了逻辑分析方法，在历史研究中就能自觉地遵守思维规律，使自己的学术成果具有严密的逻辑结构和无可辩驳的科学性。

三、要学习和吸收国外新的史学理论和方法

马克思主义的唯物史观是我们研究历史的指南，但并不能由此得出结论唯物史观即史学理论，历史学没有必要建立起自己的学科理论体系。我国史学界从新中国成立以来一直将唯物史观等同于历史学的学科理论，这种理解妨碍了史学理论体系的建设，也给历史科学造成了不少的失误。20 世纪 80 年代以来，我国史学界经过反思，认识到历史唯物主义与史学理论既有联系又有区别，史学理论体系的建设必须以唯物史观为指导，但并不能以唯物史观代替史学理论。随着史学研究的进一步深入，史学工作者也认识到，历史研究中具体问题的最终解决，必须从历史认识论和方法论的高度予以探索，因此普遍认识到要积极建设历史学自身的理论体系。在建设史学理论体系的过程中不仅要学习历史唯物主义，而且要吸收古今中外史学理论的积极成果，吸收现代自然科学、社会科学在理论和方法论研究中所取得的积极成果。

20 世纪初，西方史学理论与研究方法发生了巨大的变化。特别是 50 年代以来，新史学已成为史学发展中的主流。新史学提倡用跨学科的方法研究整体历史，取得了辉煌的成就，更新了历史研究的方法，扩大了历史研究的领域，在人类过去生活的每一个领域都留下了新史学探索的足迹。史学家处理历史问题的能力日益增强，并产生了新的历史学科分支如结构历史学、比较历史学、历史社会学、心态史学、计量史学等。我国学者从20世纪80年代始尝试引进外国的史学理论和方法研究中国历史，经过20多年的艰苦探索，已经取得不少成绩。今天史学界多数学者认为，借鉴西方史学理论与方法是促进我国史学研究必不可少的一个环节，采用其他学科包括自然科学与社会科学的理论、方法是历史学科科学化、现代化的需要。不少学者以自己的研究成果有力地证明了这一看法。多少年来，人们都在谈论"史学危机"，史学危机的出现有社会大环境的原因，更有历史学发展过程中自身所存在的弊端，史学观念的陈旧、史学方法的简单，使史学工作者的研究成果很难令人满意。"史学危机"从历史学本身来看，是史学理论和方法论的危机，即已有的历史解释理论和研究方法不再能有效地解决历史研究中提出的新课题。因此，史学研究要克服危机，开拓新局面，必须借助于理论和方法的新突破。在这种情况下，学习和消化国外新的史学理论与方法，已成为必要，也是史学工作者提高自己理论思维能力的方法之一。当然，在学习和吸收国外新史学理论与方法时，应避免囫囵吞枣、生搬硬套，应进行一番认真的思考，使之与自己的具体研究活动结合起来，以取得史学成就。

四、学习前人、时人的经验和积累个人经验

史学工作者掌握了一定的理论和具备了普通逻辑思维能力，还须运用它们从事历史研究活动，提高自己的研究能力，否则不一定就能对具体的历史问题进行深刻的分析。因此，学习和积累具体的历史研究的经验，是培养和发展史学工作者理论思维能力必不可少的方面。

前人的治史经验，主要通过史学史的学习获得。史学史通过对历史上的史家、史体、史学流派和史书的分析研究，探求历史学的发生、发展及其规律。学习史学史不仅可以加深史学工作者对本学科历史的了解，提高对本学科的科学意义和社会意义的认识，还可以通过对中外史家丰富的研究经验的学习，开阔眼界，用正确的观点和方法从事历史研究。

学习时人的经验有二途。一是认真阅读书籍报刊上有关学者治学经验介绍和总结的文章；二是注意阅读和分析各类具典范性的史学论著，包括《历史研究》等刊物上发表的论文和出版社出版的重要的学术专著，研究其作者是怎样发现问题、运用史料和进行论证的，以作为自己的借鉴。

个人经验的积累。一种方法是在一个领域里、一个问题上，深入下去反复研究，从而积累知识和提高研究能力，以发展对某一领域历史问题的观察分析能力。另一种方法是不断地总结个人的研究经验，从正反两方面的经验中看到自己的优缺点，注意发挥自己的长处，克服自己的短处，形成独特的观察、分析问题的路数。

第四节 才能和技巧是史学素养的表现

史才,主要指动手能力。过去,学术界有人认为史才是指写历史文章的技巧。现在看来,还应包括阅读能力,搜集史料、分析史料、驾驭史料的能力,搜集、研究信息的能力,编制图表、复制资料的能力,计算机和网络的使用能力,等等。若不具备这些能力,即使有了广博的基础知识、较强的理论思维能力,也无法将自己研究所得的见解整理和表述出来,发挥其学术影响和社会效益。

一、古文和外文的阅读能力乃至写作能力

许多史学家都注意语言文字问题。杨向奎先生说:"一个史学工作者,还必须过语言文字关。不掌握语言文字这个工具,你怎么去开拓自己的知识领域呢?应当要求历史系和中文系的学生,一定要认全繁体字。历史系毕业的学生,研究中国古代史的,还应当认识小篆,认识青铜器上的铭文,认识甲骨文;不懂得古文字,怎么研究古代史呢?这就不仅仅是认识几个繁体字的问题了。至于研究中国史的人,恐怕至少也应当懂得一门外国文。现在报刊上有不少文章提倡比较历史学的研究,如果不懂得外国文,怎么做比较历史学的研究?"①

新文化运动提倡白话文,从此以后,白话文深入人心。今天的史学工作者虽然还有人用文言文撰写文章,但绝大多数人习惯的是语体文。而我国的历史文献绝大部分都是用文言文写成的,研究历史所需阅读的文献大部分也是文言文,因此史学工作者必须有较高的古文阅读能力,做到不但能阅读古文文献,而且能读懂弄通,否则史料看不懂,史学研究无从谈起。因此有志于中国历史研究者,都必须下一番苦功夫学好古文,过古文阅读关,不要浅尝辄止。因为对史料的曲解在很大程度上源于对文字的误解,而对史料似是而非的理解会造成研究的失误。比如有人发表有关西周土地制度的论文,由于不认识金文《大克鼎》"锡女(汝)井人奔于景"中的"井"是"邢"字,而把"井人"解释为"井田中的农村公社人员",差以毫厘,谬以千里。②即使是研究世界史的,为了利用文言文的外国史资料或进行比较研究,也必须下功夫学好古文。

掌握好外文,对于研究世界历史者的重要性不言而喻。若不能直接阅读外文史料,只能依赖别人所翻译的资料从事世界历史的研究,其研究必定难以深

---

①《杨向奎先生访问记》,载《史学研究史》1984 年第 2 期,第 43 页。

②《怎样学好大学文科》,复旦大学出版社 1982 版,第 52 页杨宽文。

入持久下去。一方面已经翻译出版的资料有限，特别是进行某一专题研究所需的资料未必就有现成的译本，需要自己下功夫去搜集各种资料，这就需要研究者有良好的外文基础。更重要的是，任何一种语文在翻译成其他文字时都很难确切地表达其原文的复杂含义，都浸淫有译者个人的理解，作为研究者不用原文史料进行研究，终究是一个不入流的学者。对研究中国史的人来说，对外文也不能轻视，应熟练地掌握并能运用。这是因为：第一，在外文资料中有不少有关中国历史的资料，如古代的《东方闻见录》、明清之际传教士所撰写的书籍、近代的外文档案、现代的共产国际资料等，我们应该能直接阅读利用。第二，我们要了解国外史学研究的理论和方法，吸收其成果也需懂得外文，特别是了解国外研究中国历史的情况，阅读其专业刊物，更需要懂外文。第三，要从事国际学术交流、国际合作研究也需要懂外文。第四，国内不少刊物发表史学论文时要同址刊出其外文摘要，向国外学术刊物投稿更需要以外文撰写论文。第五，互联网的使用，使世界变得更小，交流更加方便快捷。计算机和网络中的信息都是以某种语言载体存在的。据统计，在互联网上，英文信息占97%，法文信息占2%，中文信息只占千分之几。不懂外文，就无法阅读和利用大量的研究资料和信息。可以说，在信息化时代，外文是史学工作者从事学术研究的必备能力。

如果说研究中国史的人不懂古文等于瞎子的话，那么不懂外文就是半聋半哑，缺陷很明显。近代著名史学家陈寅恪先生，博通中外，通晓英、法、拉丁、希腊、阿拉伯、波斯、梵、巴利、满、藏、蒙、突厥、日本等十几种文字，所以在周边民族史、佛学史、魏晋南北朝隋唐史、唐代和清代文学等方面都有开拓性的成就。

二、查找资料和运用工具书的能力

历史研究必须建立在扎实可靠的史料基础上，研究者要掌握丰富的具体材料和资料，并且了解自己所研究领域的研究现状，以便在前人的基础上、时人的基础上更上一层楼，这就必须具备查找资料和使用工具书的能力。而要培养查找资料和运用资料的能力，则要学习历史编纂学、目录学、版本学、文字学、考古学、地理学等方面的知识，以便掌握查找资料、运用资料的方法和途径。

工具书，就是根据一定的查阅需要，系统汇编有关知识的资料或文献信息，按便于检索的方法编排的纸质图书或电子软件。中文纸质工具书，按编制特点和功能用途，一般可分为书目、索引、文摘；字典、词典；类书、政书；百科全书；年鉴、手册、名录；表谱、图录；丛书、汇要等几大类。读史工具书，综合类的有《中国历史大辞典》《中国大百科全书·中国历史卷》《中国历史大事编年》等，古代的类书有《北堂书钞》《艺文类聚》《初学记》《册府元龟》《太平御览》《太平广记》《群书考索》《永乐大典》《古今图书集成》等。查找人名的工具书，有《中国历史人物辞典》《中国古今人名大辞典》《中国人名大辞典》《中国近现代人名大辞典》《二十五史纪传人名索引》《二十四史纪传人名索引》和二十四史及《清史稿》各书的《人名索引》《中国历代年谱总录》《近三百年人物年谱知见录》《古今人物别名索引》《古今同姓名大辞典》《历代人物年里碑传综表》等。查找历史年代、地名、图录的工具书，有《中国历史年代简表》《中国历史纪年表》《中西回史日历》《中国史历日和公历日对照表》《中国历史大事年表》《中国地名大辞典》《中国历史大辞典·历史地理》《中国历史地名大辞典》《中国古今地名大辞典》《中国历史地图集》《历代舆地沿革险要图》《历代地理沿革表》《读史方舆纪要》《简明中国历史图册》《中国古代服饰研究》等。查找历代典章制度的工具书，有“正史”诸志、《十通》、各朝《会典》《会要》《历代职官表》等。查找书目与研究线索的工具书，有《四库全书总目》《中国丛书综录》《中国古籍善本书目》《中国善本书提要》《中国地方志综录》《中国地方志联合目录》《中国家谱综合目录》《上海图书馆馆藏家谱提要》《八十年来史学书目》《全国总书目》《全国新书目》《中国史学论文索引》《中国古代史论文索引》《中国历史学年鉴》《史学情报》等。查找字词的工具书，有《说文解字》《康熙字典》《汉语大字典》《新华字典》《尔雅》《释名》《经典释文》《经籍籑诂》《文言虚字》《词诠》《经传释词》《辞通》等。

纸质工具书的使用，首先要了解各课题工具书的现状，其次是熟悉一般工具书的编排方法，掌握几种工具书的检索方法，了解各种常用工具书的内容和特点，并经常使用。

随着社会信息化进程的加快，电子类的历史研究信息和资料目前有了较大的进展，特别是文献数字化程度迅速提高，给历史研究提供了全新的手段与工具。以往，历史学者为了查找某一专题的研究资料，不得不皓首穷经，花费极大的时间和精力去到处搜寻，反复翻阅，而今有了全文检索功能的这些电子工具书和数字化文献，只要输入相应的检索词，在很短时间内就可以查到自己所需的资料，而且不会有遗漏，这就为我们从事历史研究提供了极大的方便。

数字化文献（digital document）是指以二进制数字代码形式记录于磁带、磁盘、光盘等载体，依赖计算机系统存取并可在通信网络上传输的文本、图像、音频、视频等信息资源。因此，数字化文献也称作电子文献，简而言之，就是我们平时所说的电子书、音乐、视频，以及数字图书馆、网络数据库等文献数据。就目前的数字化文献而言，数字图书格式主要有 TXT、EXE、PDF、PDG、DJVIEW 、WDL、EBK、EDB 等；数字图片格式主要有 BMP、GIF、JPG、PCX、TGA、TIF 等；数字音频格式有 WAV、MP3、MIDI 等；数字视频格式有 MPG、MOV、AVI、RM 等；网页格式有 HTML、VRML、XML、SGML 等;数据库有 ORACLE、SQL SERVER、SYBASE、DB2、INFORMIX、ACCESS 等。数字化文献资源类型有:参考数据库、全文数据库、事实数据库、电子图书、电子期刊、搜索引擎/分类指南、网络学术资源学科导航、FTP 资源等;按收录数字化类型可分为:图书文献数据库、期刊文献数据库、专利文献数据库、会议文献数据库、学位论文数据库等;按提供信息详略可分为:目录数据库、文摘数据库、全文数据库等;按检索途径可分为:单机光盘检索、网络联机检索数据库等。总之,当前数字化文献资源极其丰富,因此为了利用计算机及网络迅速查找并顺利阅读和使用有关典籍资料,必须掌握计算机、网络技术及相关阅读软件,但要熟练使用一些常用的数据库和检索系统,还必须懂得一些历史文献学和历史书籍目录学的知识。

三、从事社会调查访问和考察的能力

历史研究以文献为主,同时也需要进行社会调查、遗址考察。社会调查可以丰富人们对历史的认识,可以纠正以往的历史记载和历史研究中的谬误;社会调查往往是历史工作者获得对于历史新认识的途径;从发展的观点来看,许多社会调查都是在为未来的历史研究积累资料。[①] 司马迁撰《史记》时,曾周游全国各地,向故老询问历史上的传说,考察历史人物生活过的地方。《史记》对历史人、事的描述之所以生动、形象、逼真,与司马迁重视实地调查密不可分。在《史记·淮阴侯列传》中,司马迁写道:“吾如淮阴,淮阴人为余言,韩信虽为布衣时,其志与众异,其母死,贫无以葬,然乃行营高敞地,令其旁可置万家。余视其母冢,良然。”可知有关韩信发迹前的事迹,是司马迁调查了解到的。在民族学、人类学、社会学、民俗学、文学的研究中,要经常使用社会调查和访问方法。20 世纪 40 年代末,国外史学界兴起的口述史学,借鉴社会学、人类学等学科的田野考古方法从事当代史的研究。1948 年美国历史学家 A. 内文斯在哥伦比亚大学创立了口述学部,口述史学被作为一个史学流派加以倡导。口述史学是指借助于录音技术,通过有计划地就某一特定的问题向当事人或知情人进行访谈,并以他们的口述凭证为基础进行历史研究的方法。从 20 世纪 60 年代开始,口述史学已广泛地运用于政治史、企业史、部落史、宗教史、种族史、家庭史、城市史、妇女史、儿童史、社会团体史等方面的研究。口述史学可以弥补有关重大历史事件或普通人们生活文字记载的不足,还可以与文字资料相参照,以印证文字资料的可靠性。普通人的历史,传统史学不予重视,也没有多少记载,借助于口述史学则可以探索这些没有文字记载的历史的诸方面。口述史学作为

①瞿林东:《社会调查和历史研究》,载《中国史学散论》,湖南教育出版社 1992 年版,第 322 - 325 页。

一种新的方法正日益受到史学家的重视，因此作为史学工作者应尽可能掌握。

四、照相、摄像、复制、使用计算机和网络的能力

在搜集历史材料过程中全靠手抄笔录，不仅速度慢，而且易出差错。借助于照相、摄像与复制技术，既可节省时间和人力，又准确可靠。另外，有些文章要附上有关实物、遗址、文献的图片，有的成果要制成软件公布，这也需借助于照相、摄像、复制和计算机技术。今天我们已生活在数字化时代，计算机及网络在很大程度上改变了人们的生活方式。计算机技术在历史研究中广泛地运用，对历史研究的方法、手段产生了巨大的影响。图书馆的计算机检索系统，改变了传统检索、查阅图书的方式，图书馆将馆藏书目按一定方式输入计算机，读者利用计算机才能检索到所要查阅的书目，机读目录代替了传统的卡片目录，使读者检索起来更快捷。电子出版物已成为一种重要的传播知识的载体，由于其容量大、检索方便，日益受到欢迎。《二十五史全文检索》《中国学术期刊》(光盘版)等电子历史出版物正改变着人们检索、查阅、利用资料的方法。随着网络技术的发展，史学工作者还可以通过互联网与全国各地，甚至世界各地的图书馆网站联网，从网上浏览、下载所需的图书资料，还可以在网上与各地的同行探讨学术问题。史学工作者利用计算机来储存资料和写作论文，进行文字、图表处理，不仅可以提高工作效率，还可以根据需要反复删改以及印制多份，将历史工作者从繁重的手工劳动中解放了出来。许多的单位、个人建立了历史研究专题数据库以供研究之用。有些论文在写作中需处理大量数据资料，若手工计算既烦琐又易出差错，利用计算机则轻易地解决了问题。20世纪50年代以来，史学研究中的计量史学，在政治史、经济史、社会史等领域中大显身手。计量史学的异军突起，与计算机在历史研究中的运用密切相关。计算机还可以帮助古文献研究者从事版本研究、文句校勘、字义诠解、辑佚辨伪、篇章会注、作品编年、古语今译、标点断句、外文翻译等工作。历史科学的现代化不仅指采用现代化的研究理论和方法，而且包括使用现代化的研究手段工具。利用计算机和网络从事史学研究，对历史科学的现代化有着十分重要的作用，因此每一个史学工作者都应掌握操作计算机和使用网络的技能。

五、编绘图表的能力

图表是表达历史研究成果的重要辅助形式。有许多历史问题，用文字来表达既麻烦又极难说清楚，列为图表则一目了然。古代史学家对图表非常重视，宋代史家郑樵提倡以图谱与文字资料相配以记载历史。他认为："为天下者不可以无书，为书者不可以无图谱，图载象，谱载系，为图所以周知远近，为谱所以洞察古今。”“若欲成天下之事业，未有无图谱而可行于世者。”①纪传体五种体例之一就是表，表可以补纪传之不足，又可以免纪传之文于繁芜。历代地理著作亦配有地图，各种金石著述也需摹绘器形、碑碣文字，使之与文字记载相辅而行。史学工作者在研究历史时，也需绘制图表，如制作人物年谱以明其生平业绩，著述年表以明其学术成就，家族谱以知其世系，制作人物交游图以分析其社会交往或学术流派，制作职官表以明其官制状况，绘制器物图以示其规制等。因此应掌握一些基本的绘制图表方法，以便用多种形式表现研究成果。编绘图表方法简单，稍加学习即可。

六、组织和运用历史资料的能力、语言文字的表达能力

史学论文需要言之有据、言之成理，因此要凭借历史资料说话。言之有据是指论文应建立在扎实的史料基础上，这是史学论文与其他类型文章的最大不同处。所以前人谈到史家的撰文技巧，首先是指其组织和运用史料的技巧。但史学论文应以史实为依据，并不意味着堆砌史料，而是要求史学工作者对搜集起来的大量资料进行剪裁，去粗取精，选择最有代表性的史料说明历史问题。撰文技巧也包括语言文字的表达能力。“言之无文，行之不远。”②形式呆板、语言枯燥的史学论文，令人难以卒读。史学论文既要讲究内容，也要考究表达方式。以合理的结构、优美的文笔表达具有独特见解的论文，才能受到读者的欢迎。文笔是文章的仪表，贫乏的内容无法依靠华丽的外表掩饰，充实的内容若无恰到好处的表达方式也会减色不少。史学论文的基本要求是实事求是，能清楚地阐述自己的研究成果，在此基础上还需通畅流利，最好有文采，以增强文章的吸引力，扩大其影响。

在我国古代，善叙事是良史必具的才能。班固引扬雄、刘向之言称赞司马迁所撰《史记》“善序事理，辨而不华，质而不俚，其文直，其事核”。陈寿完成《三国志》后，“时人称其善叙事，有良史之才”。③刘知几十分重视史家撰史的文字表达，认为应该讲求叙事的方法和技巧，叙事应简要。“夫国史之美者，以叙事为工；而叙事之工者，以简要为主。简之时义大矣哉。”④所谓简要就是文约而事丰，用简练的文字表达丰富的历史内容，因此就应该省字省句，避免繁芜冗长。在简要的基础上，史家还应进一步提高写作技巧，使所撰写之文言已尽而意无穷，这种技巧称之为“用晦”。“章句之言，有显有晦。显也者，繁词缛说，理

①郑樵：《通志》“年谱序”，“图谱略序”。

②《左传》襄公二十五年。

③《晋书·陈寿传》

④《史通·叙事》。

尽于篇中;晦也者,省字约文,事溢于句外。”“夫能略小存大,举重明轻,一言而巨细咸该,片语而洪纤靡漏,此皆用晦之道。”①梁启超认为历史作品的文采主要表现在两个方面:一是简洁,“文章以说话少,含意多为最妙”,应“篇无剩句,句无剩字”。二是飞动,“文章生动,便字字都活跃纸上,使看的人要哭便哭,要笑便笑。……不能使人感动,算不得好文章”。②

在西方,历史(克莱奥)被称为艺术女神(缪斯)且居九位缪斯之首,因此人们要求历史学家具有诗人的激情、散文家的文笔、小说家叙事的能力和技巧。希罗多德的《历史》被称为史诗,恺撒的《高卢战记》引人入胜,吉本的《罗马帝国衰亡史》典雅流畅,这些都是人们喜读的历史书籍。但当史学挣脱哲学的束缚而独立时,却以自然科学为榜样。19世纪的实证主义史家在史学研究中追求自然科学的价值中立和严谨,要求史家通过对史料的考证,以不偏不倚的态度撰史以恢复历史的本来面貌。结果是史学俨然成了自然科学,大多数著作成了史料的汇辑,严谨固然做到了,文字却因此干涩无味。20世纪西方的新史学以反对实证主义为自己研究的起点,但和实证主义史家一样,新史学努力将历史学建设成为一门科学。他们认为历史学要成为科学不能像实证主义史学那样通过对史料的考证和采取不偏不倚的撰史态度来达到目的,还是要借用其他学科的理论和方法,特别是经济学、统计学、人类学、社会学、心理学等社会科学的方法以研究整体的历史。新史学在开拓史学研究领域、更新史学方法方面取得了巨大的成就。但是一些新史学家们的论著中充满了艰涩难懂的术语、枯燥的资料和图表,栩栩如生的人物、生动的历史事件被经济发展、人口曲线、社会结构的变化、生态环境取代了。不仅一般的读者对这类史学著作不感兴趣,就是广大的专业历史研究工作者也很少问津。这类史学论著成了部分史学工作者之间的对话,在内行中也难觅知音。于是20世纪80年代西方史学界叙事史复兴,叙事史的复兴是人们对史学科学化普遍失望的结果,人们认识到历史既应具有科学性,还应具有艺术性。从西方史学的发展来看,如何处理好史学的科学性和艺术性,是每一个史学工作者所面临的问题。为了史学的科学性牺牲其艺术性,史学就会失去大众,史学作品失去了读者,就难以产生社会效益。因此,以优美的文笔表达史学研究成果是每一个史学工作者应追求的目标。

要提高史学论文的写作技巧,最重要的是要加强自己的文学修养,其次是多练习,最后是对所撰写的论文进行反复修改。宋代史学家、古文家欧阳修介绍他自己写文章的经验时说:“无它术,只读书而多为之,自工。世人患作文字

①《史通·叙事》。

②《中国历史研究法补编》总论第二章丑。

少，又懒读书，每一篇出，即求过人，如此少有至者。疵病不必待人指擿，多作自能见之。”①我们应以之为座右铭。

第五节 道德品质是史学素养的灵魂

医生要有医德，教师要具备师德，史家也要讲究史德。史德不是指史家为人处世的礼义道德，而是指其著史之心术，即史学论著中所体现出的作者的道德水准。唐人韦安石说过：“世人不知史官权重宰相，宰相但能制生人，史官兼制生死，古之圣君贤臣所以畏惧者也。”②由于史学论著是对前人千秋功罪的评说，所以史家的职业道德极为重要。史学家既肩负着真实地记载历史、保存信史以传后世的历史责任，又肩负着阐明历史真相、探索历史发展规律以指导实践的社会责任，因此史学家的史德极为重要。历代学者论史家四长，多以史德为首，即基于此。

信史，指其文直，其事核，不虚美，不隐恶的历史著作。要给后世留下信史，史家须直笔撰史，杜绝曲笔，因此我国古代评论史家道德高低，主要以其撰史是直笔还是曲笔来衡量。《左传》中记载了两个直笔撰史的典型：一是晋太史董狐，敢于冒犯权势中天的执政大夫赵盾，“书法无隐”；一是齐史官太史氏兄弟前仆后继，终于记载了崔杼弑君之事，完成了自己的使命。董狐和齐太史氏遂成为史家的楷模。千百年之后，文天祥在《正气歌》中写道：“在晋董狐笔，在齐太史简。”以董狐和齐太史氏为人间正气的代表。然而，直笔撰史并不容易，甚至面临生命危险。韩愈曾感叹道：“夫为史者，不有人祸则有天刑，岂可不畏惧而轻为之哉。”③如司马迁、韦昭、崔浩、戴名世等为真实地记载历史或受到打击或以身殉职，但他们的精神永存、史德永驻。“盖烈士徇名，壮夫重气。宁为兰摧玉折，不作瓦砾长存。若南、董之仗气直书，不避强御；韦、崔之肆情奋笔，无所阿容。虽周身之防有所不足，而遗芳余烈，人到于今称之。”④

与直笔相反的是曲笔。刘知几曾分析曲笔的种种表现：或舞词弄札，饰非文过；或事每凭虚，词多乌有；或假人之美，藉为私惠；或诬人之恶，持报己仇；或媚主或阿世。不一而足。曲笔的出现，一方面是统治者默许的结果，所谓“直如弦，死道边，曲如钩，反封侯”，自古只闻直笔见诛，未闻曲笔获罪。统治者希望

---

①苏轼：《东坡志林》卷1“记六一语”。

②《新唐书·朱敬则传》。

③《韩昌黎全集·外集》卷2《与刘秀才论史书》。

④刘知几：《史通·直书》。

史家为自己涂脂抹粉，文过饰非。另一方面是史家史德低下的表现，他们利用手中之笔上下其手以徇私情。曲笔虽能得逞于一时，却难掩直笔之光辉。清人侯七乘《文章不可苟作》中说："语言文字，人品攸关，斯言之玷，驷马难追。"又说："文章有不当为者五：苟作一也，徇位二也，欺心三也，蛊俗四也，不可示子孙五也。"①秉笔直书被人们认为是良史应具的品质，也是我国古代史学的优良传统。

撰写信史，还要求史家具有坚忍不拔的毅力，对历史有崇高的责任感，矢志不移。著名史家司马迁之父司马谈在临死之前，念念不忘的是撰史心愿未了。他对司马迁说："自获麟以来，四百有余岁，而诸侯相兼，史记放绝。今汉兴，海内一统，明主贤君忠臣死义之士，余为太史而弗论载，废天下之史文，余甚惧焉！汝其念哉！""余死，汝必为太史；为太史，无忘吾所欲论著矣。"②司马谈所牵挂的是自己应负的历史责任，希望儿子能遂其心愿。司马迁因李陵之祸惨遭酷刑，身心受到极大损害，肠一日而九回，出不知所至，入则若有所失。忍辱负重，只因要撰成一部究天人之际、通古今之变、成一家之言的信史。非不知去就之分，苟且偷生，而是历史责任感使其选择生不如死的道路，"人固有一死，或重于泰山，或轻于鸿毛"。胡三省用二十年时间完成的《通鉴注》，在蒙古灭宋的战乱中遗失。他不顾年老体衰，又用九年时间重新撰注。他说："吾成此书，死而无憾。"③谈迁经多年撰成的史书《国榷》，却被盗贼所窃，于是他又从头开始，经四年不懈努力，再一次撰成《国榷》初稿。这些史家不畏艰辛孜孜不倦撰史，其动力来源于强烈的历史责任感。

对今天的历史工作者来说，阐明历史真相，为大众提供准确的历史知识是基本的责任。历史是已经发生了的一切，人们再也不能直接感受到历史的存在，直接观察历史，只有通过当时人留下的文字资料和遗物、遗迹来重现历史。史学工作者的任务就是在广泛收集资料的基础上重构历史，展示历史的真相。但是由于历史学研究的是人类自身的问题，则历史与现实又有千丝万缕的联系，因此历史研究往往会受到各种社会因素的影响，从而使得史学工作者阐明历史真相的任务变得异常复杂。某些集团、某些个人为了自己的私利竭力想掩盖历史真相，或歪曲历史以为己服务。这就要求史学工作者富贵不移，威武不屈，坚持原则。阐明历史真相既包括历史叙述之真，还应包括历史评价之真。这要求史学工作者在准确地叙述历史的基础上，对历史人事的评价要克服个人

①《文章不可苟作》，载《清经世文统编》卷7"学术七"。

②《史记·太史公自序》。

③《光绪宁海县志》卷20墓碑《胡身之墓碑》。

的偏见、阶级的偏见,善恶褒贬,务求公正无私。

崇高的社会责任感也是史德的一个重要方面。顾炎武曾说:"君子之为学,以明道也,以救世也。徒以诗文而已,所谓雕虫篆刻,亦何益哉!"[①]研究历史绝不是为历史而历史,阐明历史真相,目的是为解决现实问题服务。求真和致用,是史学的两个方面,社会责任是史学工作者义不容辞的。孔子笔削《春秋》,以礼为准绳,要"使乱臣贼子惧"[②],以挽救礼崩乐坏的社会风气。杜佑撰《通典》要寻求"富国安人之术"[③]。司马光撰《通鉴》"穷究治乱之迹,上助圣明之鉴",使帝王"自择其善恶得失"。[④]今天研究历史应将国家利益、人民利益放在首要位置。为推动社会的进步、政治的民主、经济的繁荣、人民文化素质的提高、民族间的友好相处、国家间的和平共处而研究历史和写作历史。为达到此目的,应注意:不妄论古人,偏激片面,不搬弄是非,贻害大众;不固执己见,坚持错误观点;不媚权阿势,违心地编造历史,欺骗民众;不强以不知为高明,胡说八道,吓唬他人。

在信息化时代,历史资料的采集、学术信息的获取和论著的发表更为容易,史学工作者的职业道德比以往任何时代都显得更加重要。互联网的普遍应用,使学术信息的传播极为快捷,不仅有期刊网、信息化图书馆,而且学者个人的史学研究成果也比过去更多地贴到网上,供人检索、阅读和下载。有的人可能会为了个人目的,而将网上刊出的学术文章著述篡改涂抹、改头换面,加上自己的名字,投到其他地方发表。有的人可能会成段成篇地拷贝别人的学术成果,粘贴到一起,拼凑出自己的"大部头"著述。有的人可能剽窃网上刊发的文章的观点,重新加工,低水平重复,浪费读者的时间。有的人可能将自己平庸的著述通过网络大肆宣传,抬高身价,欺世盗名。有的人可能将自己的文章在网络上倒来倒去,以一当十,骗取学术地位。有的人可能将自己水平低劣、谬误百出的垃圾文章,甚至有严重政治问题的反动文章贴到网上,坏人耳目。有的人可能成为学术黑客,动辄对史学研究的网点和系统进行无端的攻击,给学界造成无可挽回的损失。诸如此类的现象,都是信息化时代可能出现的学术道德腐败的表现。如果我们现在不强调史德修养的重要性,信息化时代的史学界,学术违规、道德低下的现象将会比以往任何时代更为严重,我们必须对此给予足够的重视。

---

①《亭林文集》卷4《与人书》25。

②《史记·孔子世家》。

③《旧唐书·杜佑传》。

④《谢赐通鉴序表》。

当今正处于新旧交替的时期，急功近利仿佛是世纪末的传染病，史学界也显现浮躁之象。“文章千古事，得失寸心知”，“板凳要坐十年冷，文章不著一字空”的严谨、踏实学风，日益被“文章皆为稻粱谋”的功利行为所销熔，不正之风弥漫着史坛。有人为了抬高自己，不惜歪曲事实，诬陷他人；有人为了证明自己的观点正确，故意伪造史料，割裂史实；有人为了发表作品，公然盗用他人名义；有人依靠权势，强在他人的史学论著中署上自己的名字；有人鼠窃狗偷，克隆、肢解、拼凑、剽窃古人、外国人或当代人的学术成果……这些行为已经不是一般的史德问题，而是人品问题了。所以许多学者认为要治学，必先修身。做学问是老老实实的功夫，与投机取巧是不兼容的，做学问必先戒名利之心，绝去名利之念。人品低下，给学术殿堂留下的，不过是笑料而已，因此端正治学态度应是史学工作者应具备的品德。

第二章 历史研究与史学论文

第一节 历史研究的意义和价值

“历史有什么用?”这是许多史学工作者碰到的尴尬问题,也是以历史学为专业的大学生颇为困惑的问题。一位同学说:“炒一堆别人炒过千百次的冷饭,接触的全是老皇历,碰到的都是木乃伊,没劲透了。”又有同学说:“历史:现实中的虚幻世界。我只对现实生活中的学问感兴趣,希望自己是一个有真学问、有实用技能的人,希望自己在大学四年能取得知识,学会立足于社会,而今却空学屠龙之术,迷失在这个现实中的虚幻世界里。”当一门学问,人们对其存在的价值产生怀疑时,其研究者就有必要对这门学问进行一番深刻的反思,并对其存在的理由做出回答。

法国年鉴学派的一代宗师马克·布洛赫四岁的儿子也曾向身为历史学家的父亲提出过这个问题,布洛赫并没有因为这是一个幼稚儿童的提问而忽视,反而认为他所提出的是一个有关历史学根本的问题,一个切中了要害的问题,而且是一个不易回答的问题。这个问题后来成为他的未竟之作《历史学家的技艺》,又名《为历史学辩护》一书的撰写契机。布洛赫在书中试图回答这个问题。他认为历史本身所具有的魅力触发人们对历史的兴趣,继而激励人们有所作为,它的作用是至高无上的。历史学以人类的活动为特定的对象,它思接千载,视通万里,千姿百态,令人销魂,具有独特的美感,吸引着人们去研究、探索,它比其他学科更能激发人们的想象力。当伟大的数学家莱布尼兹从抽象的数学和神学转向探究古代宪章和德意志帝国的编年史时,他感受到了探幽索奇后的喜悦。历史的这种魅力并不会因为系统严谨的研究工作的展开而大为逊色。但是如果历史的作用仅仅体现在娱乐方面,如同桥牌和钓鱼一样,仅仅是一种有趣的消遣,那么人们绝对没有必要花上一辈子工夫去钻研,费尽心血撰写历史。如果说娱乐几乎是历史唯一的存在理由,人们就会将历史研究斥之为滥用精力。布洛赫认为历史对提高人类生活是必不可少的,同时也是一门分类适度、日益言之成理的学科,不是一个支离破碎、难以阐释的学科,因此有充分的理由跻身于值得我们为之努力的学科之列。英国哲学家罗素认为,历史可以开阔我们的想象世界,使我们在思想上和情感上超越日常生活的局限,成为一个世界公民,而不仅仅是一个日常生活的公民而已。历史是每个人精神生活中值得向往的一部分,是受过教育的人的学问的一个基本组成部分。还由于历史记载了杰出的人物,鼓舞着普通人超越平凡的日常生活,追求出色的人生,如普鲁塔克的《希腊和罗马名人传》曾鼓舞着许多具有非凡抱负的年轻人度过英勇的一生,否则,他们可能就不去冒险了。

由于历史学研究的是人类本身及其行动,最终目的在于增进人类的利益,因此人们要求历史能指导当前的行动。每当谈到历史的作用和意义时,就会想到以史资政,以史教化,以历史上的经验教训为鉴,避免重蹈覆辙。这种对历史作用的认识并没有错,却不全面。在历史上,史学的确起到过这样的作用,东、西方的古代史学家都将惩恶劝善、为后世提供借鉴视为史学的功能。西方历史学之父希罗多德认为,其撰写《希波战争史》的目的是“永垂后世”。塔西佗认为,历史之最高的职能就在赏善罚恶,不要让任何一项嘉言善行湮没不彰,而把千秋万世的唾骂,作为对奸言逆行的一种惩罚。塔西佗的历史著作体现了他的这一宗旨,因而被人们称为“惩罚暴君的鞭子”。波里比阿则认为,就政治生活而言,最好的教育和训练就是研究历史。

在我国很早就形成了以史教化、以史为鉴的思想。西周初,周公旦就告诫成王说:“我不可不监于有夏,亦不可不监于有殷。”[①]《诗经·大雅·荡》中就有“殷鉴不远,在夏后氏之世”的话头。历代史家莫不以教化、资治为己任。《左传》中赞扬说:《春秋》“惩恶劝善”,“上之人能使昭明,善人劝焉,淫人惧焉,是以君子贵之”。[②]提出史学的作用,在于向在位的和将来的统治者提供历史的借鉴,奖掖善人,抨击恶人,约束世人的行为,指导社会风气向好的方向转变。刘知几说:“史之为务,申以劝戒,树之风声。其有贼臣逆子,淫君乱主,苟直书其事,不掩其瑕,则秽迹彰于一朝,恶名被于千载。”“盖史之为用也,记功司过,彰善瘅恶,得失一朝,荣辱千载。”[③]刘知几对史学作用的概括,总结了唐以前史学

①《尚书·召诰》,商务印书馆影印《十三经注疏》本,第213页。

②《左传》成公十四年,昭公三十一年。

③《史通·直书》,《史通·曲笔》。

家的认识,也是唐以后史家撰史的指南。传统社会变化迟缓,一代又一代的生活环境基本相似,变化不大,因此历史经验和教训对现实具有较为直接的指导作用,前事不忘,后事之师。然而这种基于史学在传统社会所起作用的认识,主要是针对政治家、统治者一方的,对普通人很难有用。特别在社会日新月异的今天,历史学无法提供解救燃眉之急的锦囊妙计,也不能成为包治百病的灵丹妙药,于是人们就感到愤慨,斥责历史学为无用。特别是当人们沉溺于物质享受,不能直接创造财富的历史学在急功近利的人们的眼中无非是屠龙之术而已。然而看来无用的历史学却有大用。人们不仅可以以史为鉴,更重要的是历史可以帮助人类认识自我,为人类提供智能,历史知识在培养人的素质方面所起的作用是其他学科难以比拟的。"历史是一部社会教科书,它具有多方面的社会教化和思想滋养功能,是人类认识世界、认识自我、改造世界、超越自我的强大武器,其核心是启迪心智、智能人生,使人变得清醒、理智和成熟。"所以"历史学:人类认识自我、超越自我的必修之学"。[①]

我们党和国家的领导人一贯重视历史研究工作。在延安时期,毛泽东同志就强调:"今天的中国是历史的中国的一个发展;我们是马克思主义的历史主义者,我们不应当割断历史。从孔夫子到孙中山,我们应当给予总结,承继这一份珍贵的遗产。这对于指导当前的伟大的运动,是有重要帮助的。"[②]邓小平同志一贯重视中国历史的学习和研究,指出:"要用历史教育青年,教育人民。""要懂得些中国历史,这是中国发展的一个精神动力。"[③]江泽民同志更是多次强调史学工作的重要性,在1999年4月25日给白寿彝先生的祝贺信中,指出:"以史为鉴,可以知兴替。我国的历史,浩瀚博大,蕴含着丰富的治国安邦的历史经验,也记载了先人们在追求社会进步中遭遇的种种曲折和苦痛。对这个历史宝库,我们应该运用历史唯物主义的观点不断加以发掘,在前人研究的基础上不断做出新的总结。这对我们推进今天祖国的建设事业,更好地迈向未来,具有重要意义。"[④]江泽民同志精辟地阐述了史学工作的重要性,指出中华民族史学是一座丰富的知识宝库、思想宝库和智能宝库,对我们史学工作者是一个巨大的鼓舞和激励,使我们更加坚定地献身21世纪中国新史学的建设。我们要大声而自豪地说,史学不是无用,而是大有其用!

---

①王斯德:《历史学:人类认识自我、超越自我的必修之学》,载《历史教学问题》2000年第3期。

②《中国共产党在民族战争中的地位》,载《毛泽东选集》第2卷,人民出版社1991年版,第534页。

③《用中国的历史教育青年》,《振兴中华民族》,《邓小平文选》第3卷,人民出版社1993年版,第206、358页。

④《史学史研究》1999年第3期。

不管人们承认与否,历史学历经数千年而不衰,并且有了巨大发展的事实,证明了历史学在人类文明史中是一门有着重要学术价值和社会价值的学科。

一、有助于人类的自我认识

英国历史学家、历史哲学家柯林武德认为历史学是为了人类的自我认识。自从16世纪以来自然科学突飞猛进,人类驾驭自然的能力日益增强,而在控制自身环境方面日益无能,为了避免灾难性的后果,必须使人们更好地了解自己、理解自身的事务,并懂得如何处理它们,这种对人类自身及其事务的理解和知识只能得之于历史。柯林武德说:"认识自己意味着不仅仅认识个人的特点、他与其他人的区别所在,而且也要认识他之作为人的本性。认识你自己就意味着,第一,认识成其为一个人的是什么;第二,认识你成为你那种人的是什么;第三,认识成为你这个人而不是别的人的是什么。认识你自己就意味着认识你能做什么,而且既然没有谁在尝试之前就知道他能做什么,所以人能做什么的唯一线索就是人已经做过什么。因而历史学的价值就在于,它告诉我们人已经做过什么。因此就告诉我们人是什么。"[①]一部人类历史是人类在不同时期求生存、求发展的奋斗史,在人类社会发展过程中,一方面要处理人和自然的关系,另一方面要处理人与人之间的关系。历史学通过对人类社会发展的具体过程及其规律的研究来展示人的历史,力图在具体的历史中再现人的奋斗史,从而帮助人类更好地认识自己、把握自己。我们应该如何去认识自己,只能从人的历史出发。所以存在主义哲学家雅斯贝尔斯说:"对于我们的自我认识来说,没有任何现实比历史更为重要的了。它向我们显示人类最广阔的天地,给我们带来生活依据的传统的内容,指点我们用什么标准来衡量现实,解除我们受自己时代所加予的无意识的束缚,教导我们要从人的最崇高的潜力和不朽的创造力出发来看待人。"[②]美国新史学的代表鲁滨孙认为:"历史可以帮助我们了解我们自己、我们的同类,以及人类的种种问题和前景。这是历史最主要的功用,但一般人所忽略的恰恰就是历史所产生的这种最大效用。"[③]只有历史才能告诉我们,我是谁,我从哪里来,我的归宿在何处。

二、有助于认识现实

历史与现实有着密切的联系,李大钊说:"把人类的生活整个纵着去看,便是历史;横着去看,便是社会。"[④]现实是历史的发展,是历史发展长河中的一定

①柯林武德:《历史的观念》,商务印书馆1997年版,第38页。
②田汝康、金重远主编:《当代西方史学流派文选》,上海人民出版社1982年版,第36页。
③鲁滨孙:《新史学》,商务印书馆1964年版,第20页。
④李大钊:《史学要论》,载《李大钊史学论集》,河北人民出版社1984年版,第199页。

阶段。《吕氏春秋·长见》中说:“今之于古也,犹古之于后世也。今之于后世,亦犹今之于古也。故审知今则可以知古,知古则可知后,古今前后一也。”人类从事创造活动必须立足于现实,才能面向未来。是现实提供了人类创造历史活动的可能性机会,人们的主观能动性决定这些可能性、机会能否被把握和实现,因此人们创造历史活动必须从现实的条件出发,不能沉湎于想象之中,否则欲速则不达,甚至自食其果。而现实则是由历史造成的。人类历史是一个连续发展的过程,现实是历史的发展,是历史长河中的一段,要了解现实、把握现实、预见未来,就必须研究历史。所谓“鉴往知来”“经世致用”“古为今用”“历史的启示”“总结历史经验”都是这个意思。不了解中国的昨天和前天,怎么可能正确地认识今天?只有从历史的发展中认识了解国情、省情,并借鉴外国和外地的成功经验,才能制定出适合中国和本省实际所需要的各种对策。

柯林武德认为历史不是别的,只是认识现实的一种努力。这种努力是通过分析现实的必然成分即过去和可能性即将来而实现的。历史为人们提供了深入认识现实的必要知识,不懂历史就不能理解当前的事物。作家龙应台曾以一个生动形象的事例说明历史对认识现实事物的重要性。一位从中东回来的朋友给她带来了名叫“沙漠玫瑰”的礼物。“沙漠玫瑰”这美妙的名字使她惊喜,不料打开一看,不过是如同狗尾巴草一样的一束干草,大失所望。朋友告诉她这是生长在中东岩石上的地衣,将其放入水中就会出现奇迹。于是她小心翼翼地置之于盆中。一天、两天,动静全无,第四天,盆中出现了一点绿色,慢慢地,绿色在扩大,到第八天,整个沙漠玫瑰开放了,充满生机。她和儿子为这生命的奇迹激动得大叫不已。邻居老人也跑来看热闹,当他看到盆中只不过是一把狗尾巴草时,不解地摇摇头,一脸困惑。邻居老人不知沙漠玫瑰的历史,因而不了解其价值和意义。所以龙应台认为“历史——沙漠玫瑰的开放”。历史是已经逝去的昨天、前天,作为具体的过程已经一去不复返了。“逝者如斯夫,不舍昼夜。”但它的影响仍保留在现在,仍活在现实之中,人们之所以对尘封已久的岁月感兴趣,是因为历史和现实问题有某种密切的联系,了解现实,解决现实问题的焦虑感、压迫感促进人们将目光投向过去,去询问历史、追问历史、研究历史。克罗齐说:“显而易见,只有现在生活中的兴趣方能使人去研究过去的事实。”为解决现实问题而从事的研究工作怎么能说是无用的,“解决从生活中发生的问题的知识怎么能没有用呢?”①

历史经验的借鉴,最根本的,是历史上兴衰得失的规律和倾向的借鉴;也包

①克罗齐:《历史的理论和实际》,商务印书馆1986年版。

括了解历史背景、根源，以提供解决问题的依据；还有采用古今历史或人物的对比法，在相似的某个环节、某个方面、某种动向、某些政策上，做历史的客观分析，使人们得到启迪，开阔眼界，或受到鼓舞，或当作警戒，或予以批判，使它们作用于当时的社会政治、经济、文化、生活等各个方面。例如历史上的官箴可以对我们加强廉政建设有所帮助，汉代以后的任官回避制度对今天的人事工作会有所启迪，社会上封建余毒的肃清有利于杜绝"文革"悲剧的重演，西部历代的生态环境演变、经济结构、科技教育发展等方面的反思，对实施西部大开发战略有重大的借鉴意义。对历史的深刻反思和借鉴在当代世界的政治上也有突出的表现。第二次世界大战给人类造成了巨大灾难。从20世纪60年代起，德国以弗里茨·菲舍尔为代表的史学家深刻挖掘和反思纳粹主义的历史根源和社会根源，使日耳曼民族能够面对历史，正视现实，受到全世界的赞誉。其首相甚至在被害犹太人纪念碑前下跪，德国人还决定在柏林市中心建立一座欧洲被害犹太人纪念广场，以永记国耻。日本则不然，其国内的一部分学者将日本现代史写成了从贫穷到富裕的历史，千方百计美化日本法西斯的侵略战争，无视日本的侵略事实和责任，甚至有人专门研究日本如何从二战中吸取教训，在下次战争中争取获胜。日本对待历史的态度给亚洲和平造成严重的威胁，普遍引起亚洲人民的不满。一正一反两个例子，证明历史的反思和借鉴对任何一个民族的生存、发展和未来都有着极为重要的意义。

历史虽然不能重演，但现实中往往会出现历史上惊人相似的一幕。以史为鉴，可以使人们观察现实问题时，思想深邃，目光敏锐。以史为鉴并不是机械地进行历史模拟，更不能歪曲历史为政治信条做注释，而是通过对具体历史问题的研究、分析，增进历史洞察力，以历史眼光看待过去、现在、未来，抓住事物的本质特征。任何简单的历史模拟，或以古射今、以今射古，不仅不能加深对当前问题的认识，反而会搅乱人们的视线，混淆是非，妨碍当前的工作。所以翦伯赞强调："不要模拟，历史的模拟是很危险的。""不要影射，以古射今或以今射古。""不要附会。"①"历史学为政治服务，不要配合当前的每一个政治运动。""也不是把古人事都拉扯到现代，而是总结历史上生产斗争和阶级斗争的经验，包括成功的经验和失败的经验，用这种经验的总结为政治服务，而是探求历史发展的规律，指出历史发展的倾向，用规律性和倾向性的知识为政治目的服务。"②

①《光明日报》1961年12月22日二版文章。

②《江海学刊》1962年第6期文章。

三、教育的功能

美国历史学家康尼尔·李德曾指出历史学家为过去描画的曲线当然会延伸到未来,“他拥有为社会服务的良好机会”,“他掌握着不是造福社会就是危害社会的有力工具”。①这是因为人类对现在的看法依赖于过去的支持,历史学家对过去社会的看法影响着人们对现在的观点。所以美国另一历史学家萨缪尔·莫里逊认为历史学家对过去的评价完全能够注入历史的长流,对未来起重大影响,“假如班克罗夫特没有如此生动地描绘出争取统一的斗争,美利坚联邦会被保存吗?如果法国历史学家没有对拿破仑一世歌颂备至,拿破仑三世会在1870年投下那致命的赌注吗?如果休谟、林加德和莫姆逊的意见占上风,而不是格林、考莱和特里维廉的见解被接受,英国人还会那样无论在顺境还是在逆境都始终维持他们的政治自由吗?”因此“历史学家应该感到对公众有责”。②

人总是要有一点精神的。为了维系社会的安定和发展,国家必须对社会成员进行各种道德规范的教育。在实现现代化的过程中,对全体人民、广大干部,特别是青少年进行思想政治教育已成为党风建设和社会主义精神文明建设的重要内容。而历史教育则是这种思想政治教育的基本环节。江泽民在给白寿彝同志的信中说:“我一直强调,党和国家的各级领导干部要注重学习中国历史,高级干部尤其要带头这样做。领导干部应该读一读中国通史。这对于大家弄清楚我国历史的基本脉络和中华民族的发展历程,增强民族自尊心、自信心和奋发图强的精神,增强唯物史观,丰富治国经验,都是很有好处的。我提倡领导干部‘讲学习、讲政治、讲正气’,而讲政治、讲正气,也是要以丰富的历史知识做基础的。”

1. 爱国主义的教育。我们的民族有着悠久的历史、灿烂的文化,在世界四大文明古国中,是唯一没有中断的延续下来的文明,在世界历史上有着独特而崇高的地位,正如黑格尔所说,“实为任何民族所不及”。③ 中华民族产生过许多伟大的政治家、思想家、军事家、科学家、文学家和爱国者,他们在生活和政治斗争中表现出了改造社会的激情、忧国忧民的胸襟、革新进取的毅力和爱国主义的精神,以及为了维护祖国的安全和统一,为了反击外族的欺侮和侵略,进行过艰苦卓绝、长期殊死的斗争。了解这些,知道我们的民族经过怎样的艰难曲折才发展到今天的水平,必将引发青少年的民族自尊心和自豪感,克服民族虚无主义,振奋民族精神,增强民族凝聚力,更加热爱我们的国家,与一切破坏民

①张文杰等译:《现代西方历史哲学译文集》,上海译文出版社1984年版。

②《现代西方历史哲学译文集》,上海译文出版社1984年版。

③《历史哲学》,商务印书馆万有文库本。

族团结和国家稳定的行为做坚决的斗争。而地方史的研究，在爱国主义的教育中更占有重要位置。通过对桑梓先贤的褒扬，对培养青少年热爱家乡、建设家乡的豪情壮志也有着极为重要的教育作用。

2. 历史唯物主义的教育。历史研究通过对历史的分析，说明历史的进步是不以人们的意志为转移的客观规律，人类从无阶级的社会中来，最终将走向社会产品极大丰富，科学技术高度发展，没有阶级、没有压迫、没有国家、没有军队的共产主义社会。这种对人类美好前途的教育，可以使人们更科学地认识历史、社会和人生，克服各种悲观和颓废没落的思想，以充沛的信心去建设我们的未来。历代史学家、思想家以睿智的目光、广阔的视野、实是求是的态度和发展的观点分析研究历史，坚持唯物论、反对唯心论的实例，给我们留下了丰富的历史哲学遗产。王符的《潜夫论》中就有许多批判封建迷信的内容，他认为吉凶在人，不能相信神秘无稽的梦中吉凶预兆和相术、卜筮，只要自己努力，谨慎从事，就能逢凶化吉。[①] 通过对历史上唯心主义和唯物主义斗争史的研究，也可以帮助我们培养提高理论水平和思维能力，树立唯物主义的历史观和世界观，科学地辨析现实生活中某些方面的历史根源。例如，对李洪志的“法轮功”和社会上甚嚣一时的某些伪气功，如果掌握了历史唯物主义的认识论，了解历史上那些方术士、神仙家、算命先生的骗人伎俩，就会对其有所认识和揭露，而不会相信其歪理邪说。

3. 道德品质的教育。历史研究，说到底是讲历史上人与人及人与自然的关系。人与人的关系，有阶级关系、民族关系、集团关系，也有亲属关系、朋友关系、同事关系、邻里关系、服务关系等。《易经·大畜》称：“君子多识前言往行，以畜其德。”历史上的人际关系，有正面的也有反面的。孔子创立的儒家学派，以“仁”为中心，就是提倡人们应该将心比心，相互尊重，相互爱护。他提倡的“礼”，实际上就是给人们规定了一系列自我修养和待人处世的道德行为规范。历史研究，对历史人物在历史活动中表现出的道德品质进行评论，提倡好的、正义的思想和行为，鞭笞不好的、丑恶的思想和行为，将使青年继承我们民族的优秀文化传统，提高其道德修养，摒弃腐朽没落的旧道德观念，做一代社会主义新人。

4. 人生观和理想情操的教育。一部人类历史记载着人类改造自然、改造社会的艰辛历程，体现着一代又一代的先辈在追求理想、进步的过程中的失败与胜利、痛苦与欢乐。中国古代的志士仁人一向以治国平天下为其最高理想，以

①《潜夫论》“卜列”“正列”“相列”“梦列”等篇。

培养高尚的情操作为治国平天下的基础。《礼记·大学》中说:“意诚而后心正,心正而后身修,身修而后家齐,家齐而后国治,国治而后天下平。”历史研究总结伟人的成长道路,讴歌他们的行为所表现出的高尚的志向、情感和操守,对现实的人们是一种最有效的潜移默化的教育,引导人们珍惜生命,体会出人生的意义、人的尊严和人的价值,认识自己的历史责任,从而培养高尚的情操,树立正确的人生观和世界观,为实现远大的理想去奋斗。

5. 审美观念的教育。历史创造了无数美好的事物,充满了善恶美丑的斗争。历史教育,向人们展现什么是真善美和假丑恶,可以提高人们辨别是非、审察美丑的能力,培养高尚的情趣。

四、益人思智,提高人的素质

人们常说:“读史使人明智,问古可知兴替。”历史知识是具体真实的形象与理论抽象的统一。它从偶然事件中抽出历史的必然,又再现到具体的历史事件中去。它是生活中的真实形象,是曾经真实存在过的人和事。它于具体历史现象中溶进了理论抽象的力量。因此,历史研究和历史知识能够开阔人们的眼界,启发人们的智能,提高人们的思辨能力,增进人们的文化素养,从而最终提高全民族的文化素质。人的素质不是表面的、肤浅的,而是其各方面综合知识和能力的表现。人们的知识来自两个方面:一是来自亲身实践;一是来自间接实践,即前人和同时代人从实践中获得的经验、知识。历史记载了先辈改造自然和社会的成就和挫折、经验和教训,通过阅读历史可以丰富阅历和人生经验,少走弯路。我们中国有着深厚的历史沉淀,懂得历史,知道中国与外国历史上的各种人和事,遇到问题必然会以史为镜,从多层次多侧面加以思考,从而想出办法、提出建议或者理智地做出自己的选择,这就是高素质的表现。21 世纪中华民族的复兴,必须实现精神文明建设和物质文明建设的双重任务,而最根本的是人的素质问题,人的素质不提高,无论精神文明还是技术创新都只能是空谈。所以党中央特别强调科教兴国。抓好教育,尤其是历史教育,提高全民族文化科学知识水平,我们的两个文明建设和民族复兴就一定能够实现。

五、发掘历史文化资源,促进经济发展

中国的历史文化遗产十分丰富,它是我们促进经济发展的重要因素。比如,汉唐时期,我国西北地区曾经资源丰富、人民富裕,经济实力很强,在全国处于先进行列。《汉书·娄敬传》中就说过,西汉初年的关中等地,“被山带河,(有)甚美膏腴之地,此所谓天府”。《资治通鉴·唐纪三十二》玄宗天宝十二载记道:“是时中国盛强,自(京师)安远门西尽唐境万二千里,闾阎相望,桑麻翳野,天下称富庶者无如陇右。”应该说,这些说法有夸大的一面,但在一定程度上又是符合史实的。如今,我们认真研究历代西部环境演变的规律,揭示汉唐西部经济发展的原因,就可以为西部大开发战略的实施提供参考,有针对性地采取措施,使西部地区人民富裕起来。

可以发掘的历史文化资源的种类很多。就甘肃而言,有着丰富的远古和汉唐考古遗存,有被推为世界文化遗产的敦煌莫高窟等佛教文化艺术,它们的研究和开发,是得天独厚的旅游资源,如果很好地挖掘,一定能大大地增进甘肃旅游事业的发展。笔者搜集了许多资料,要对中国历代的贡品进行研究。贡品实际上是古代各地的名优土特产品。例如唐代的甘肃,许多地方有龙须席,宁县、靖远等地有五色覆鞍毡、柔毛毡,礼县、成县一带有蜡烛、鹿茸、防葵,文县有绸、绵、柑,武都有花椒、羚羊角,临潭有甘草、麝香,叠部有松香、麝香,武威有白小麦、白绫,敦煌有棋子、石膏,张掖有枸杞子、冬柰,酒泉有肉苁蓉、砺石。我们难道不能打贡品牌,将其中的许多特产打出去,促进甘肃市场经济的发展?

六、缓和社会矛盾,宣泄人们对某些社会问题的情绪

历史研究揭示了历史上如何惩治贪官污吏、见义勇为、除暴安良、劫富济贫、平反冤狱等的史实。而当今社会,老百姓最恨的就是贪污受贿、媚上压下、恃强凌弱的小人,以及抢劫、奸淫、拐卖、欺诈、偷盗等扰乱社会治安的歹徒,其实这些是古今中外都可能存在的社会问题。人们在现实生活中的愤懑,通过阅读史书,觉得其针砭了现实,从而引起共鸣,得到宣泄,可以在一定程度上舒缓社会矛盾,维护社会的安定。

七、促进其他学科的发展

从历史学科与其他学科的关系看,历史学科具有基础性与综合性的特点。无论自然科学还是社会科学的任何一门分支学科,都是建立在历史和现实基础上,历史知识是其他各门学科的基础,对其发展有着积极的推动作用。而这些学科的既往发展形态,如科学史、文化史、政治史、经济史、法制史等,又综合地构成了历史学的整体。没有一个科学家不通晓他本学科的发展历史,他可能从历史的经验教训中、在前人的基础上,去弊就利,少走弯路,做出新的贡献。其他各门学科也是如此,交通史的研究能向交通部门提供进行交通建设的历史依据。矿业史的研究,可以对发现新的矿藏有所启迪。古代服饰的研究,不仅可以使文化艺术作品更真实地表现过去,还可以为新的服装设计提供灵感和参照。历史研究的深入和进步,对其他各门学科的发展,有着积极的推动作用。例如,敦煌壁画和文书的研究,对文献、体育、健身、中医、美术和戏剧的发展所起的巨大推动作用,就突出地体现了历史研究具有促进其他学科发展的价值。

历史思维和方法也有助于其他学科的研究。历史思维方式和方法就是从

事物的发生、发展的全过程进行观察,将事物置之于一定的历史时空进行研究。这是人们研究一切事物应采取的一种思维方法。人们日益认识到历史思维对研究创新的重要性。20世纪著名的科学哲学家库恩认为:“历史对于科学哲学家,也许还有认识论家的关系,超出了只给现成观点提供事例的传统作用。就是说,它对于提出问题、启发洞察力可能特别重要。”①他通过对科学发展史的研究,发现科学作为一个整体,是一个以范式为中心的动态结构,科学的飞跃,是新范式代替旧范式。库恩的研究成果在西方思想界引起了巨大的震动,一时出现了一股“库恩”热。而瑞士心理学家让·皮亚杰通过将认识论问题置于认识发生、发展的过程进行研究,回答了传统认识理论希望解决而未能解决的问题,即人的认识是从哪里来的,从而创立了发生认识论。

八、具有服务自身、进行文化积累的价值

历史研究的一个基本方面,是进行具体历史问题的考察,从事史料的整理、考据、校勘、编纂,揭示历史的真实和探求历史的规律。这类工作,恐怕很难直接服务于现实和创造经济效益。但它是史学工作的基础,是科学地认识历史的保证。另外,“一时代有一时代比较进步的历史观。一时代有一时代比较进步的知识。史观与知识不断地进步,人们对于历史事实的解喻自然要不断地变动。”②这些,对丰富人们的历史知识,对撰述专门史、断代史、通史都具有参考价值。而且它也是一种必要的文化积累,到一定的时候或某些特定的场合,就会产生重要的作用。例如20世纪50年代初,有学者考证洪秀全是否留胡子,而受到郭沫若的指责,但不久在南京建立太平天国历史博物馆,要为洪秀全塑像,这位专家的考证就发挥了作用。

总之,历史工作有着很高的社会价值和学术价值。这种价值的实现,一方面取决于社会认识史学的程度,另一方面也决定于史学服务于社会、努力贴近于现实生活的程度。应当看到,随着社会的进步和全民族文化水准的提高,人们的历史兴趣会逐渐增长,历史学科在人类知识宝库中永远有着其他学科无法替代的重要作用。我们史学工作者任重而道远!

第二节 高校学生史学论文的撰写

一、培养历史科学人才的重要环节

撰写论文是培养在校学生综合运用所学知识解决问题的能力和科研能力

---

①库恩:《必要的张力》,第4页,转引自刘昶:《人心中的历史》。

②李大钊:《史学要论》,载《李大钊史学论集》,第202页。

的有效途径,对培养高层次的人才具有重要意义,所以世界各地的高等院校都要求学生撰写毕业论文,并将其视为培养学生的一个重要环节。我国自 1977 年恢复高考,1981 年实施《中华人民共和国学位条例》,各高校都将论文的撰写作为培养专门人才的重要环节。在校学生为取得不同的学位,须提交相应的论文。本科生要撰写学士论文,研究生要撰写硕士论文,博士生要撰写博士论文。这几种论文的撰写要求虽有不同,但实质是一样的。其中,本科生论文的撰写是培养学生科研能力的基础。

大学教育与中、小学教育的区别,在于中、小学是基础教育,以提高学生的素质为目的,而大学教育不仅是基础教育,更是职业教育,因此要求学生扎实地掌握所学专业的基本理论和基础知识,有一定的专业技能和较强的动手能力,以便毕业后能胜任某一专业工作。《中华人民共和国学位条例》第四条规定:"高等学校本科毕业生,成绩优良,达到下述学术水平者授予学士学位:(一)较好地掌握本门学科的基础理论、专门知识和基本技能,(二)具有从事科学研究工作或担负专门技术工作的初步能力。"对于历史专业的学生来说,经过大学阶段的学习,应具有从事历史研究的初步能力。为了培养学生从事历史研究的能力,在教学计划中,一方面设置了许多以传授史学理论和史学基础知识为主的必修课、选修课,另一方面安排了以训练学生撰写学术论文为目的的活动。如举行课堂讨论会,让学生对某一历史问题发表自己的看法,尝试进行学术争鸣;撰写学年论文,学会撰写论文的方法,尝试用所学知识解决某一方面的问题;撰写社会调查报告,分析实际问题,提出解决对策;选修课结束时,撰写小论文,阐述学习体会等。而在第四学年,则要在老师的指导下撰写毕业论文,以培养学生发现问题、解决问题的综合能力。学校通过对毕业生平时学习成绩和毕业论文的审定来决定其是否合格并授予学位。硕士研究生和博士研究生的培养目标是具有从事本专业领域的教学、科研和专门技术工作能力的高层次专门人才,撰写论文更是其培养方案的重要环节,各高校都鼓励在校硕士生,特别是博士生撰写和发表学术论文,提高其科研能力。

二、检验学习成绩的有效方法

大学生学习了许多基础课与专业课,自己也阅读了不少课外书籍,其学习效果如何,一般由各门课程的考试来检验。但是,撰写论文则是检验学习成绩更有效的方式。撰写论文,从选题、搜集资料、进行分析研究,直至最后写成文章,需要多方面的知识。如果学生平时学习认真、基础扎实,那么论文撰写起来就会得心应手,否则就会感到到处是障碍,即使勉强将论文写成,也是漏洞百出、平庸浅陋。通过论文的写作,学生也可以发现自己的不足:或是知识面不广，或是理论水平不高，或者文字表达能力欠强等，从而有意识地针对自己的薄弱环节下功夫，提高能力。

三、开发创造力的途径

日本教育家川上正光认为："大学的最大使命是创造出学问、技术，要培养出具有创造力的人。"①要培养大学生的创造力，撰写论文是重要手段。因为撰写论文是严格要求的、系统的、全面综合的科研活动，本身就是一项创造性的工作。论文的一个特点是它的独创性，在论文的撰写过程中，需要阅读大量的书籍，思考更多的问题，从而在解决已有问题的同时发现新问题，使自己的研究向深度、广度扩展。一篇优秀的论文必须提出新课题，解决前人没能解决或解决得不够理想的问题，大到开创一门新学科，建立一个新的理论体系，小到发现一条有价值的资料，纠正前人或时人不正确的观点，在前人或时人研究的基础上再悟出一点新意。这就需要论文的撰写者具有创造力，有所发现。对历史专业的学生来说，通过学习和研究，对历史问题初步形成了自己的看法，只有通过论文的撰写，才能使之得以总结和记录，与同行进行学术交流。从这个意义上说，撰写论文是表达我们创造力的方法。另外，才干只有在实践中才能发展，历史研究创造力的培养，也必须通过不断撰写论文的实际工作，经受锻炼，得到提高。所以说，撰写论文，是我们培养创造力的途径。

四、步入学术殿堂的实际步骤

要从事学术研究，必须撰写高质量的学术论文，可以说学术论文是每一个希望步入学术殿堂者的入门券。在校学生早期进入历史研究领域，撰写论文，解决学术问题，是其今后进行学术研究的基础，在读书期间撰写论文也能培养其科研能力。著名清史专家萧一山（1902—1978）在 20 世纪 20 年代初就读于北京大学历史系期间，出版了 410 万字的《清代通史》巨著的上卷、中卷，史坛为之震惊。毕业后经梁启超推荐到清华大学任教，讲授中国政治史，并兼留美预备部的研究指导。著名明史专家吴晗（1909—1969）1928 年在上海中国公学大学部读书时，撰写了《西汉的经济状况》一文，得到校长胡适的赏识。1931 年考入清华大学史学系，在以后的 3 年中，发表论文 40 多篇，为后来专治明史打下坚实的基础。20 世纪 80 年代以来大学生发表论文更是屡见不鲜。《上海师范学院学报》1980 年第 4 期发表了大学生刘昶《试论中国封建社会长期延续的原因》一文，论文运用比较分析的方法，将中国与西欧封建制度进行比较，提出中国没有完成封建化过程是中国封建社会长期延续的原因，在史学界引起强烈反

---

①《科学与独创》，东京朝仓书店 1980 年版。

响,《历史研究》1981 年第 2 期转载此文,而有关中国封建社会长期延续问题的讨论由此推向高潮。这些年,历史系大学生在报刊上发表学术论说者更是屡见不鲜。

大学生撰写学术论文是必要的,也是可能的,是培养学生早出成果、进入学术殿堂的重要环节。但是大学生不能因此放弃基础课的学习,否则基础不牢,就会后劲不足,对今后的科研工作造成不利影响。对大学生来说,从事科研工作应适度。硕士研究生,特别是博士研究生,已经接受了系统的专业基础训练,有扎实的专业基础知识,更应积极撰写学术论文,培养独创能力,尽快步入学术殿堂。硕士研究生是一支强有力的科研后备军,博士研究生已经成为高校和科研院所一支重要的科研力量。

第三节　史学论文的类型

一、史学论文的定义和分类

所谓论文,泛指进行议论的文章。各个学科都有本学科的学术论文,而史学论文则是历史学科的学术论文。关于史学论文的概念,有许多学者进行过解释。张连生说:"所谓'史学论文'应该是指那些研究人类社会历史事实的真相、探讨历史事实之间的因果关系、揭示历史现象的本质和发展规律的论文。"①而赵吉惠先生则认为:"所谓史学论文,是指对于历史学的某个专门问题,具有独立见解,持之有故,言之成理,肯定或否定什么问题的史学文章而言。其文体一般采取论说形式。长短不拘,短则几千字,长则数万言,甚至数十万言。"②简单说,史学论文是撰者对史学领域中的问题进行探讨、研究,表述其成果的文章。史学论文和其他学术论文一样,要具独创性、理论性、学术性。

史学论文与史学著作有所不同。其不同之处不仅在于篇幅的大小,更在于论文应单刀直入地对某一历史问题进行分析研究,而著作则需较全面系统地介绍、阐述所研究的问题,总结个人或某一方面的学术成果。史学论文一般对某一问题进行深入的研究,能体现研究者点上问题的学术水平;史学著作需较广博的知识和研究成果,能较好地表现研究者面上的学术水平和贯通的学识。一般说来,史学论文是史学著作的基础,而史学著作则是对一系列论文成果的总结。对刚刚从事学术研究者来说,不宜撰写专著,而应先撰写史学论文,逐渐积

①张连生:《史学论文写作》,吉林人民出版社 2002 年版,第 10 页。

②赵吉惠:《历史学概论》,三秦出版社 1986 年版,第 34 页。

累研究成果,到对某一方面的问题有了深入全面的认识并形成系统的看法后,再从事史学著作的撰写。

史学论文的类型,从不同的角度有不同的划分方法。

根据论文的研究对象,可以分为研究历史人物的论文,研究历史事件的论文,研究历史著作的论文,研究历史地理的论文,研究民族宗教的论文,研究典章制度、思想文化风俗的论文,研究史学理论的论文等。

根据论文的用途,可以分为基础性研究论文和应用性研究论文。基础性研究论文主要解决的是史学研究中的理论问题、方法问题,探讨历史发展规律、历史学的本质等,追求新的科学预见,提出新范畴、新观点,创立新原理、新学说,为人们认识世界、改造世界和完善史学自身提供理论支撑和方法论。如研究五种社会形态、东方专制主义、爱国主义与民族关系、历史是科学还是艺术、历史认识的特点、历史认识成果的检验等。应用性研究论文是对现实政治和社会生活中提出的有关经济、政治、思想、文化、军事等历史问题进行研究,予以准确的、有借鉴意义的回答,供有关方面和部门参考,或提醒人们注意。例如研究孔子和儒家的思想,为建立新道德提供借鉴;研究历代王朝兴衰的原因,为社会的安定和发展提供历史支持;研究历代的任官回避制度,为建立新的人事工作制度提供参考;研究历代西部生态演变原因,为今天重建西部秀美山川提供依据等。

根据论文的体裁即表现方式,可分为专论、驳论、叙论、评论、评介、综述、札记、考证、考论、评传等。专论论述对某一历史问题的见解。驳论是对以前的观点或说法进行批驳。叙论是通过对某一历史问题的材料的系统叙述阐明对这一问题的见解。评论是通过对史学观点、学派、文章、书籍的评价来阐明一定的史学见解。评介是对史学观点、学派、文章、书籍的评价、介绍,一般不涉及评介者个人的看法。综述是对史学界争论的问题或某一问题的研究状况进行总括性介绍。札记是记述阅读史书、资料、报刊文章的心得体会、见解。考证是对史书记载进行正误及对某一历史问题的真相进行考察论证。考论指通过考证辨明学术界分歧见解的正确归属。评传指评论性人物传记。此外,历史调查报告、人物年谱与年表、史学论著索引等,虽说划不到史学论文之列,却也是重要的史学工作成果,不可忽视。

根据论文的撰写者划分,可分为学者论文、专家论文、学生学业论文等。

二、几种学业论文

我国高校,从 1981 年开始实行学位制,学位分学士、硕士、博士三种,每种学位的获得,除完成教学计划规定的课程外,还须提交相应的学术论文,并进行答辩,以证明申请者达到了一定的学术水平。有的高校为培养本科生的科研能力,规定大学三年级的学生要撰写学年论文。这样在校学生有学年论文、学士学位论文、硕士学位论文、博士学位论文四种论文要撰写。

从学术水平来看,这四种论文有不同的要求,其间有循序渐进的关系。

学年论文是大学生撰写论文的初级阶段,目的是让学生初步运用所学的知识去分析、解决学术问题,取得撰写论文的经验,掌握撰写论文的方法,为毕业论文的写作积累经验、打好基础。因此学年论文的题目一般较小,涉及的知识面不宜太广,论述问题也不要求太深。

学士学位论文(毕业论文)的要求相对来说要高些,要求学生运用所学的基本知识、理论和技能,对某个理论或实际问题进行调查、研究、分析,初步掌握选择论文题目、查阅资料、拟订研究方案、进行独立研究、撰写论文等方面的基本技能,能解决本学科中某一问题或某一焦点、难点问题,反映作者具有一定的科研能力和学术水平。凡毕业论文观点正确、材料翔实、资料准确,表明掌握了本学科的基本理论、专门知识和基本技能,具有从事科研活动的初步能力者,可授予学士学位。

硕士学位论文,一般在硕士研究生入学后第二年确定选题,用一年左右的时间完成。其学术水平应比学士学位论文高,大体包括五个方面的要求:(1)对论文所涉及的问题,应有扎实的基础理论和专门知识;(2)能较好地掌握研究课题的研究方法和技能;(3)论文的理论、实验、计算、资料应准确、科学、可靠,能体现良好的学风;(4)对所研究的问题有新的见解,取得一定的科研成果;(5)论文在理论或实际上对社会主义建设有一定的意义和价值。总之,硕士学位论文对所研究的课题应有新的见解,表明作者具有从事科学研究工作或独立担负专门技术工作的能力。

博士学位论文是学位论文中水平最高的一种,要求也更高。撰写者对论文所涉及的问题,应有深广的基础理论和专门知识;能很好地掌握研究课题的研究方法和技能;论文的理论、实验、计算、资料准确、科学、可靠,能体现严谨的科学态度和求实的学风;对研究的课题有创造性的见解,取得较显著的学术成果;论文在理论上或实际中对社会主义建设具有较大的意义和价值。总之,博士论文应表明作者具有独立从事科学研究工作的能力,并在学术上或专门技术方面有创造性成果。

这四种学业论文,在深度和广度方面由浅入深、从低到高,前者为后者做了准备,提供了经验。这种关系可以表现为四种论文都是论述同一个课题,逐步深入和扩大化,也可以表现为四种论文论述四个不同的课题,但前者在研究和写作的资料和方法上为后者准备和提供了条件和经验。

第四节 史学论文的撰写过程

不同研究领域的学术论文的撰写,既有共同之处,也有各自的写作方法、过程。作为社会科学重要门类的历史研究,史学论文有其独特的以唯物史观为指导的研究方法和撰写过程。

史学论文的撰写,大体可分为六个阶段。

第一步,确定论文题目,即选题。这是论文写作的开始,也是最重要的环节,因为好的选题是成功的一半。

第二步,搜集资料。即搜集与选题有关的信息资料和历史文献资料。这是史学研究的基础。巧妇难为无米之炊,资料就是撰写论文的材料,无材料,最优秀的史学家也束手无策。

第三步,考证研究。包括对资料本身真伪的考证和通过对资料的梳理、思辨、分析、研究,形成观点、思想,也就是“将丰富的感觉材料加以去粗取精、去伪存真,由此及彼、由表及里的改造制作工夫,形成概念和理论的系统”。①这一阶段是创造性的思考阶段,也是体现研究者学术水平的阶段。论文撰写成功与否,这一阶段是关键所在。

第四步,拟定提纲。目的在于使上一阶段形成的观点、见解进一步条理化,同时对论文进行布局谋篇,为动笔撰写准备条件。这是研究升华的阶段。

第五步,执笔撰文。这是将学术见解以文字的形式表述出来的过程,若写不出论文,以上的一切工作都将化为乌有。

第六步,修改定稿。即从论点、材料、文字等方面对撰写的论文进行推敲加工,使之更准确凝练、更具有说服力。经修改好的论文按要求打印出来或抄好,就可以作为定稿交付评审、印刷或发表。

史学论文的撰写,大体上按以上六个步骤进行,但并不是说每篇论文的撰写,非经过这六个阶段不可,也不是说一定得按这六个阶段的先后顺序进行不可,撰写者完全可以根据研究实际加以调整、改变。比如撰写短小的札记、小论文,就不一定先拟提纲,再提笔写作;撰写有关史学理论和方法论方面的文章,不一定要进行史料考证。对专家来说,论文题目的提出可能是在搜集好材料之后。有人文思敏捷,下笔如有神,其文章在思想成熟以后一气呵成,不再反复修

---

①毛泽东:《实践论》。

改。但是对初步尝试论文撰写者来说,按部就班,有利无弊。因此学年论文、学士学位论文,甚至硕士学位论文、博士学位论文一般应遵循这六个步骤。况且论文撰写的六个阶段是经无数史学工作者的实践证明为史学论文撰写的基本环节。

第三章　选　题

第一节　选题的重要性及其基本要求

一、好的选题是成功的一半

撰写史学论文的第一步是确定研究课题。人类的历史像天体一样，存在着大量未被认识的领域，每个时代又要求其史学研究者对历史进行新的解释，需要研究的问题很多。在从事研究时不能今天想搞这个，明天又想搞那个，长期定不下自己的研究目标，也不能随便抓上一个题目，不考虑其研究价值，就动手搜集资料、撰写论文，那样很可能或因难度太大而写不出来，或因已有人写过而做无效劳动，或因毫无意义而没有必要进行研究。选题对史学论文工作来说，是一个具有决定意义的战略决策，课题选准了，以后具体的工作才有价值，课题选合适了，论文才有可能做得下去。题目选得好，即使一般水平的人也可以写出好文章。"好的选题是成功的一半"，这句话就很形象地概括了选题对论文的决定性作用。马克·布洛赫认为，历史研究若要顺利开展，第一个必要前提就是提出问题，而且历史学的研究工作的好坏同提出问题的质量高低有直接关系。英国科学家贝尔纳认为："课题的形成与选择，无论作为外部的经济技术要求，抑或作为科学本身的要求，都是研究工作中最复杂的一个阶段。一般来说，提出课题比解决课题更困难。所以评价和选择课题，便成了研究战略的起点。"①钱伟长教授说："题目并不是很容易出的，很多人是没有题目的，能出题目的人一定是高水平的，他能看见问题在哪儿，本身就是一个很大的创造。"②内

①《科学学译文集》，科学出版社 1981 年版，第 28－29 页。

②《和大学生谈学习方法》，载《高等教育研究》1987 年第 2 期。

行人看文章，先看题目，就是因为题目本身往往能从一定角度体现作者的眼光和学术水平。而有的人发表文章，往往要提及论文的指导者或题目提出者，这是对其在学术上的帮助进行感谢。

二、选题的基本要求

确定选题，必须解决五个方面的问题。

第一，选题要有意义，包括社会意义和学术意义。如果是应用性的选题，就要估量这一选题的研究，能否适应社会的需要，能否产生预期的良好效果。重视研究的社会效果，是中国古代史学的优良传统之一。唐李翰《通典序》中就说："无益世教，则圣人不书，学者不览。"清代乾嘉考据学派的大师钱大昕也说："文以贯道，言以匡时，雕虫绣蜕，虽多奚为？"①如果估计到某一选题不仅于事无补，而且有害，不利于提高民族自信心、爱国心，不利于鼓舞人民的斗志，不利于民族团结和国家安定，就不必选择。这样的研究愈多，岂不是愈坏吗？至于理论性或考证性的选题，也要看这一研究有没有学术价值，如果毫无学术价值，或学术价值极小，就不值得花那么大的工夫去研究。当然，对课题的价值，不同人往往有不同的看法，并不是别人认为没有价值的课题就注定不能研究，主要还得看自己是怎么认识的。

第二，要确定课题的基本内容。在选题时对自己所要研究的课题就应该心中有数，知道这一课题要研究什么问题，侧重点在哪里，大体从哪些方面着手，要达到什么样的目的。

第三，必须详细地了解对此问题的研究状况。具体讲有四个方面：一是古人、前人关于这一问题的论说；二是国内外关于这一问题做过什么研究、达到什么水平；三是目前是否有人正在做同一专题的研究工作，情况如何；四是相关问题的研究状况。如果你的设想与别人已发表的见解差不多，或别人水平更高、认识更深刻，或有更强的对手正在做这一方面的研究，你就应该放弃自己的选题。如果前人在这方面的研究结论有错误或者还不够深入，或者又发现了新的材料，或者你又有了新的研究方法，就可以确定这一选题，而且肯定能做出成绩。通过对研究状况的了解还能使你更好地吸收他人的研究成果，确定研究的中心点和突破口，站在前人的肩膀上，避免重复他人走过的弯路，有所突破和提高。如果别人从来没有专门研究过这一问题，那么你的研究就具有填补学术空白的意义。当然，这样做，搜集整理资料的工作量就比较大，但成功的把握就更大。学术研究是在前人和时人已有的研究基础上进行的，不但要掩没前人的成

①钱大昕：《潜研堂文集》卷17《文箴》。

绩，而且要胜过前人。陈垣先生曾说："你选择的研究题目，若前人已做出了不少成绩，那么你写的文章，往往是不陋则鄙。前人写的书你没有读到，结果你说的话，前人早就说过了，你就是'陋'；如果你看到了，却故意不提前人的名字，形同剽窃，这就是'鄙'。""前人不对的，你改过来；前人不够的，你做补充；前人不曾说到的，你提出来。唯其不掩没前人，才能胜过前人。站在巨人的背上，才能比巨人看得更远。"①而要使自己既不"陋"也不"鄙"，就必须了解所从事的研究课题的研究状况。

第四，要分析本选题需要突破哪些难题，有什么新的见解。科学的根本任务在于探索未知，对已知者也给予规律性的说明。没有难题，就不需要研究，没有新的见解，这个研究就没有价值。冷静地分析选题需要突破的难题和自己通过研究可能提出的新的见解，是确定选题的重要步骤。陈垣先生说："论文之难，在最好因人所已知，告其所未知。若人人皆知，则无须再说；若人人不知，则又太偏僻太专门，人看之无味也。前者之失在显，后者之失在隐，必须隐而显或显而隐，乃成佳作。又凡论文必须有新发见，或新解释，方于人有用。"②

第五，要衡量自己完成此选题的能力。这就要分析自己的主客观条件。从主观条件说，要看自己的学识、理论水平、时间等能否完成这一选题。从客观条件说，要看必要的物质条件和资料条件是否具备。比如有的选题需要进行社会考察，你能否筹措到必要的经费；有的选题需要查阅一些内部资料，你有没有把握看到；有的选题需要许多参考书，你个人或所在地区的图书馆能否借到等。如果这些条件不具备，那选题即使很有意义也无法完成。必须是确有把握完成的选题，才是可以确定的选题。如果暂时主客观条件不具备，可以创造条件，作为预备的选题。

第二节　如何提出选题

有的初学写作史学论文的朋友常有没有题目好写的感慨，这可能因为他研究历史还没入门，也可能因为他尚未掌握提出选题的方法。李政道对中国科技大学少年班的学生说："最重要的是会提出问题，否则将来就做不了第一流的工作。"

选题就是确立研究目标，而研究目标的确定，通常可以从九个方面来考虑。

---

①《方国瑜教授访问记》，载《史学史研究》1983 年第 1 期。

②《治史遗简及晋长沙王乂卒年考》，载《中国史研究》1979 年第 1 期。

一、根据社会的需要，从现实生活中提出课题

史学研究应为现实社会的需要服务，这是历史学家社会责任之所在。为现实服务，就要在认识和总结过去人类活动的基础上，更好地了解、指导现实的人类活动，以避免盲目性和提高自觉性，从而更好地创造现实和创造未来。从今天的情况来说，研究古代和近代的历史，正是为了按照我们的国情、民情的特征，开创符合我国实际的现代化建设道路，建设中国特色社会主义。具体来说，为了建设中国特色社会主义的需要，我们应当加强对国情、省情、县情的历史和现状的研究，包括对全国或地方的经济地理史、农村经济结构史、农业经济史、城市经济结构史、城市史等的研究，给决策者提供制定现实政策的历史依据。为了改革的需要，我们应当加强研究全国或地方，乃至世界各国的政治改革史、行政体制沿革史、政治体制史等，为系统全面的改革寻求历史借鉴。为了适应对外开放政策的需要，我们应当加强研究国别史、地方史、国际关系史、国际贸易史、海关史、港口史、开埠史、外贸史等，用历史的经验丰富改革开放活动。再具体一点来说，为了给惩治贪污腐败提供借鉴，可以研究历代反贪污史；为了解决改革开放以后社会上有些人的道德水准下降的问题，可以进行我们民族优秀道德传统的研究等。

由于史学工作者对“四人帮”横行时期影射史学的记忆犹深，不可否认，多年来，史学研究脱离现实的倾向比较严重，因而要特别提倡从现实生活中提出课题，使史学研究更好地为现实社会的需要服务。影射史学不是史学为现实服务的恰当方式，而是对史学为现实服务的误解和歪曲。

当然也不能把为现实服务强调得太过分，而禁锢了非应用性课题的研究。顾颉刚先生 1927 年做《怎样读书》的讲演，说道：“近来大家感到国弱民贫，又以为惟有政治经济之学和机械制造之学足以直接救用的才是有用之学，其余都是无关紧要的装饰品。这个见解也是错的。学问的范围何等样大，凡是世界上的事物都是值得研究的，就是我们人类再研究一万年也还是研究不尽。至于应用的范围却何等样小，它是跟着我们所需要而走的。昨天需要的东西，今天不要了，就丢了。今天需要的东西，明天不要了，也就丢了。若是为了应用的缘故，一意在应用上着力，把大范围的学问忘了，等到形势一变、需要不同，我们岂不是空剩了两只手呢！所以我们不能一味拿有用无用的标准来定学问的好坏，就是没有用的学问，只要我们有研究的兴趣，也是可以研究下去的。”①

二、根据学术需要，为丰富和发展历史学科提出课题

历史学科总要随着时代的发展而发展，这种发展有理论上的，有方法上的，

①《学人谈治学》，第 436 页。

有具体历史问题深入研究和重新认识上的。具体来说，随着国外新的史学理论和方法的传入，就有必要研究在我们的史学工作中如何借鉴和运用这些史学理论和方法的课题。随着自然科学方法的渗入和史学自身的发展，一方面各学科的交叉现象愈来愈普遍，另一方面历史学科内部的学科分化日益明显，这就需要研究与历史学有关的新学科、交叉学科及历史学内部新兴的学科分支的课题。在史学发展过程中，常常会暴露出许多过去研究不够或未曾探索过的研究课题。比如，随着人类对美食要求的增强，就亟待研究过去从来不曾注意的历史上的饮食文化课题；随着社会上同姓名问题的日益严重，提出了对中国姓名文化进行深入研究的课题等。在历史研究领域中，由于各种原因，常常会出现一些不好的苗头、不良的倾向或错误的观点，这就给我们提出了研究当代史学现状和发展趋势、纠正错误观点的课题。如此等等。

三、根据个人的兴趣提出课题

人们的兴趣不同，选题的侧重点必然不一样。比如某人爱好书法，他就可能选择书法史的课题；是山西人，就可能选择山西历史的课题；家住海港地区，就可能选择本地海港史的研究；祖先中有一位历史名人，就可能选择对该名人及其时代的研究课题；出身于革命家庭，就可能选择自己长辈革命史的课题等。对凭个人兴趣选题常有非议，其实，这大可不必。因为这一类课题本身一般应用性很强，而且由于研究者兴趣大，研究活动就会变成一种乐趣，研究往往能更加深入。试想，一个人如果对所研究的课题毫无兴趣，他能废寝忘食地去钻研探索吗？杨向奎先生说："研究学问，兴趣是很重要的。如果你对于某一种事物一点兴趣没有，是别人强加给你的，就很难有成绩。反之，如果你喜欢它，把它当作自己的一部分，自然就会有成绩。依我看，朝思暮想全是它或者说叫我如何不想它，这是研究学问的一个很重要的气质。"①有同学会说："我对历史本来就不感兴趣，怎么谈得上对历史方面的研究选题感兴趣？"这不是选题问题而是专业思想问题。对此问题，香港中文大学中国文化研究所高级研究员郑子瑜先生的见解很值得参考。他说："我曾悉心研究陈望道的《修辞学发凡》，结果发现了一个奥秘，不论哪一门学科，只要能深入研究，就会透彻了解，发生浓厚的兴趣，甚至废寝忘食，久而久之，定能有多少的成就。"②这是许多学者共同的体会。

四、根据有关部门或个人的委托提出课题

各个部门、团体或个人都可能需要进行一些历史问题的研究，而又缺乏必要的人才和资料条件，这就要委托专门的历史研究单位或学者来做。比如有学

---

①《史学史研究》1984 年第 2 期，第 42 页。

②《郑子瑜自传》，载《文献》1987 年第 2 期。

者受委托研究西北地区方志和其他记载中关于黄金生产及有“金”的地名，以为进一步发展西北的黄金找矿与采矿事业提供参考，有的华侨委托内地机构研究其家族中先辈的历史等。这类课题的研究经费有保障，成果有着落，但难度相应也比较大，因其过于琐碎而难以搜集资料或做出实事求是的评断。国家和各地的哲学社会科学规划办公室及教育部、高校的研究基地都根据需要提出研究课题指南，我们也可以根据其指南进行选题。

五、根据工作需要或个人研究积累提出课题

每个人都有自己的工作岗位或研究领域，在工作中会发现一些要解决的问题，研究中会出现一些必须弄清的问题，这就为我们自己提出了新的研究课题。比如我们从事《史记》的教学，发现其中的某句话前人解释分歧较大，而且不是随便从其一说就可以的，这就需要花时间对之从事考证分析，以求得圆满解答。比如笔者在《中国历史文选》课程的教学过程中，发现历代学者对《史记·秦始皇本纪》中“收天下兵，聚之咸阳，销以为钟鐻，金人十二，重各千石，置廷宫中”的“钟鐻金人十二”的解释，众说纷纭，就以此为课题进行研究，终于撰写出《“钟鐻金人十二”为宫悬考》的论文，发表于《文史》第40辑。再比如北京大学周一良先生说：“治魏晋南北朝史者，必须上通秦汉，如此始可搞清魏晋南北朝之源头。”①这就要求史家研究本人所专攻之断代以前的历史。兰州大学赵俪生教授谈自己的治史经历时，说：“这些年来，我个人始终围绕着一个核心在活动，这核心是，把阶级关系和阶级斗争连贯起来。开始我单纯地搞阶级斗争，钻研过一度之后，感到这样做是不济事的，于是转而搞阶级关系，亦即阶级斗争的根源。这就找到了人们财产的所有制问题上来。我试探着拿所有制作为农民战争的根源，来重新观察并料理农民战争；但就在这同一个过程中，我也亲切地感到了农民战争对所有制衍变的反作用。”②

六、从大课题中派生出的支课题或在专题研究中附带提出的新课题

任何一个大课题都是由许多支课题构成的。比如《史记》研究这一大课题，就可以分为作者身世研究、该书撰述情况的研究、体例的研究、思想的研究、内容的研究、流传经过与版本的研究、在史学史上的影响的研究等支课题。每一支课题的研究又要解决更多的具体问题，即小课题。如作者身世研究，主要研究诸如作者生年、生地、童年耕牧河山之阳、家世及其影响、二十壮游的一系列情况、太史公职责、太初历的制定、为李陵降匈奴辩护、与汉武帝的关系、腐刑、

①高敏：《漫谈史学研究》，载《文史哲》1985年第2期。

②赵俪生：《从土地所有制角度来理解农民战争的几个问题》，载《兰州大学学报》1981年第2期，第21页。

中书令职守、死年、墓地、妻妾及后裔等问题，每一个课题都可以写出好文章。

七、根据新发现的文物或资料提出课题

新发现的文物要进行解释，新发现的资料要整理分析。这就提出了历史研究的新课题。例如20世纪初殷墟甲骨卜辞的发现促进了殷商史的研究；汉简的大量出土推动了边塞史和汉代史的研究；马王堆一号汉墓的发现，提出了对墓中尸体的防腐、帛画的内容、尸主的身份、丝织工艺等的研究课题。

八、从阅读书籍和文章中提出课题

我们在阅读的时候，不能只是被动地接受，而要进行一系列联想、分析和综合判断的思维活动。读历史著作时要查核资料，用自己的历史知识对作者的论证和结论进行分析。这样在获得知识的同时，可能会发现其中存在的问题，或对有关的历史问题产生疑问，或诱发对有关历史问题的思考，这就可能提出新的研究课题。此类课题很可能是别人从来没有提出过的，又很有意义，故而是新颖的。宋代思想家张载说："学则须疑。""于不疑处有疑，方是进矣。"[①]茅以升先生说："多想比多说更重要，对知识不但要知其然，而且要知其所以然。多问几个为什么，大胆地提出自己的疑问和设想。学术上的许多突破和创见，无不是从大胆的怀疑或设想开始的。有疑问，有设想，才能去证实，才能有突破。"[②]其实，不仅读书，甚至听戏中也可能引出历史研究课题。冯友兰先生回忆说，顾颉刚是从听戏中产生古史辨选题的，他写道："顾颉刚告诉我说，他在北大当学生的时候，喜欢看戏，每天在上午第二节课下课的时候，他就走出校门，到大街上看各戏团贴出的海报。老北京的人把看戏说成'听'戏。在行的人，在戏园里，名演员一登场，他就闭上眼睛，用手指头轻轻地打着拍子，静听唱腔。只有不在行的人才睁开眼睛，看演员的扮相，看武打，看热闹。顾颉刚是既不听，也不看，他所感兴趣的是戏中的故事。同是一个故事，许多戏种中都有，不过细节不同，看得多了他发现一个规律：某一出戏，越是晚出，它演的那个故事就越详细，枝节越多，内容越丰富。故事就好像滚雪球一样，越滚越大。由此他想到，古史也有这种情况，故事是人编出来的，经过编的人的手越多，内容就越丰富，古史可能也有写历史的人编造的部分，经过写历史的人的手越多，就有添油加醋的地方越多。这是他的《古史辨》的基本思想，这个思想，是他从看戏中得来的。"[③]

①《张载集·经学理窟·学大原下》，同左《经学理窟·义理》。

②《学人谈治学》，第229页。

③《三松堂自序》，三联书店1984年版，第328页。

九、教师命题

大学生的毕业学位论文课题一般由教师命题,也可以自选题。所谓教师命题,是由本院、本系有学术水平和经验的指导教师提出一系列题目,供学生选定。这些题目是指导教师经过慎重考虑、结合专业培养需要提出的,导师本人对该选题范围的知识都比较深厚,有的还可能是导师正在做或者准备做的题目,或者是其接受的国家或有关部门研究课题的一部分。一般同学既要选导师,又要选题目。从选导师来说,应该选有经验的对课题有研究的教师,这样导师的指导将更加得力。从选题目来说,可以选一个比较具体的、难度和大小适中的题目。在题目选定以后,还可根据实际情况,征得导师同意将题目再具体化,或者再予以缩小和改换角度。导师在学生接受课题时会向学生介绍他选此题的原因以及如何完成选题的方法,学生应该虚心听取导师的意见,并争取导师更多的指导。但是,导师的指导,主要是指点研究途径、纠正方向、提出意见,而不是告诉有关这一选题的全部材料、知识和论点。因为,一方面,指导教师本人不一定对这一选题做过专门研究,或已经有了完善的解决问题的结论;另一方面,指导教师越俎代庖、包办代替,也不利于培养和锻炼学生独立进行科学研究、解决学术问题的能力。在整个撰写论文的过程中,学生一方面要自己动手去找材料,分析材料,寻找突破口,写出论文,另一方面要及时地、经常地向指导教师汇报自己每一步的做法、存在的困难和疑问,争取教师给予具体的指导。特别是论文初稿写出后,教师一般会针对学生的论文,提出具体的修改甚至重写的意见,这些意见更为重要,不仅对这一篇论文,甚至对其今后的治学作风和研究方法都有深刻的影响。

第三节　选题应该注意的问题

提出选题,做出战略决定,必须从需要与可能等方面反复衡量,这是我们在第一节讲选题的要求时已经说过的。除此以外,还要注意些什么问题呢?

一、选题要具体,不能贪大

郑天挺教授曾经指出:“一般来说,一个单位或一个人,研究的问题,不宜过大求全,如果过大而又求全,势必难于深入,时间可能拖得很长,也难于早出成果。我觉得应该采取集腋成裘的办法,战线要缩短,题目要适宜,甚至宁肯小些。你解决一个问题,他解决一些问题,这样不断地积累起来,较大的问题也就比较容易解决了。”[①]史学论文的选题有大有小，有宏观有微观。有的初学者急于求成，好高骛远，选题难度太大，结果是老虎吃天，无处下爪，即使搞了半截，也不得不放弃。或者选题太大，企图全面论述一个大问题，由于学力不足，无法深入，很容易蜻蜓点水，解决不了任何问题。对于初学者来说，选题尤其要具体一点、小一点。王力先生说：“作研究生时，最好考虑选一个内容比较单一，不需要找多方面的材料的题目。比如选《世说新语》中的某一种语法、结构或某一个虚词来研究，只就这一本书研究，别的材料可以不管，这样的题目就小了，也可以讲出一些道理来。当然，如果能找到同时代的别的书的材料或其他材料做旁证，就更好了。”[②]王力先生的这一见解，是他自己几十年治学经验的总结。他在清华研究院当研究生时，从赵元任先生治语音学，曾用学来的语音学知识和自己的经验写了一篇《两粤音说》，认为两广没有撮口呼，文章发表于《清华学报》上。不久，赵元任到广州，发现广东话里有撮口呼，回来之后，很感慨地对王力说：“说‘有’易，说‘无’难。”这六个字深深地震动了王力，他这才发现自己错了。错就错在题目太大。两广很大，方言调查应该以点为单位进行，而他却根据自己家乡广西博白方言没有撮口呼，进而推及两广，以偏概全，方法从根本上是错误的。王力先生是从事古代汉语和方言研究的，提出论文的选题应具体些、小些，史学论文选题也是如此。比如有位同学撰写毕业论文，选定的论文题目是《元代史学家苏天爵研究》。苏天爵是元代的一位政治家和史学家，应该说，选题为“史学家研究”，已经比较具体。但是题目还是太大，因为苏天爵曾先后参与纂修《武宗实录》《文宗实录》，编纂过《国朝名臣事略》《国朝文类》《辽金纪年》等。把这些材料看一遍，没有几个月就不行，何况研究呢？后来指导教师建议他重点研究《国朝名臣事略》，因为这部书影响最大、最有价值。结果写出的论文，果然很有见解。总的看来，选题具体，易于把握；选题小，容易深入。如果抓住一个重要的小题，或学科中的关键问题，在有限的时间内，深入下去，就能够有所发现，抓住要害，从各个方面将问题说深说透、以小见大，有独到见解，论文就会有分量。当然题目也不能太小、太窄，这样材料太少或内容简单，无法展开，更难以充分发挥自己的学识。有人把选题的大小、难易程度比作树篮球架子，不能太低，一投就中，那就会没有意思。又不能太高，谁也投不进去，那就没人再去干这事。而是要高度恰当，一般人不经过训练，不出一身汗，不容易投进去，从而促使自己去努力攀登，奋力摘取自己力所能及的桂冠。从历史系学生来说，论文选题最好是研究一个人、一件事、一本书、一个具体问题、一个

①《缩短战线，深入钻研，早出成果》，载《中国史研究》1979年第3期，第7页。

②《怎样写学术论文》，北京大学出版社1981年版，第4页。

大人物的某个方面、一个大事的某一侧面、一本大书的某一方面、一个具体问题的某个认识等，尽可能集中于一个点的研究，才能有把握一些。

二、选题要扬长避短，不为时论或他人所囿

每个人的知识结构、思维方式等都不尽相同。有的人富于思辨能力，善于从宏观的角度考察问题。有的人富于鉴别能力，长于用微观的方法研究问题。宏观研究或微观研究是历史研究中互为补充的两个方面。但是一段时间，史学界重宏观研究，轻微观研究，认为只有研究历史规律和理论问题才是高层次的、有价值的研究，搞微观研究琐碎，毫无价值。一段时间，人们又大谈微观研究的重要性，斥责宏观研究是无价值的空论。从研究者来说，在选题时要不为时论所囿，注意扬长避短，若长于宏观思维，就选理论性的研究课题，长于微观分析，就选取历史考证型的题目。这样，就可以充分利用自己的优势，研究时得心应手，使自己的研究能力得到超水平的发挥。

三、选题要有利于今后发展，不要瞎抓

每个人的生命都是有限的，要以有限的生命做出更多更大的成绩，必须术业有专攻。有的人今天搞这个题目，明天又赶时髦搞别的题目，一辈子都在赶时髦。所研究的各个题目之间毫无关系，往往浅尝辄止，哪一方面的学问都不深不透。真正有成就的史学家，是通才，但更是专家。他做学问，总有一个基本的范围，主要围绕这个基本范围选题，也可能为了更深入地研究这个基本范围而选择与之有关的题目。谭其骧先生认为，一个人的精力有限，应该专注于自己的研究领域。“每一个历史学家只能专搞中国史或世界史的某一部分，搞中国史的也只能搞一两个断代或一两个方面，这样才能有所成就。决不应该涉猎太广，泛滥无归。认定了一个方面之后，就该锲而不舍，终身以之，切不可见异思迁，看到哪门走运了，行时了，又去改行搞那一门。”跟随政治风气研究历史、爱凑热闹赶时髦的人成不了真正的历史学家。“解放后，在学术领域里经常搞政治运动，一会儿批判这个，一会儿批判那个；一会儿厚今薄古，讲古代史的就不敢多讲，最好改行搞现代史；一会儿又是评法批儒，批林批孔，搞近现代史的乃至搞世界史的也得大讲先秦思想史，大批孔老二，大捧法家。左一折腾，右一折腾，经年累月，人人都脱离了自己的专门之学去赶热闹，真是害人不浅。有底子的中老年人还可以等一阵子风过后重操旧业，年轻人底子薄，有的根本没有什么底子，大学毕业后跟上这种风气十年八年，那就毁了一辈子。当然，这种年月已成过去，今后不会这样搞了。但过去长期形成的看政治气候写历史文章的风气至今依然存在，这种文章又往往为报刊所欢迎，容易发表，更使人乐此不倦。我认为这样做成不了一个扎实的学者，也成不了真正通古今之变的通人。

我要劝任何人想在学术上真正取得一点成就,还是专心致志于你的专门,不要去写应时文章为好。"①

对初学者来说,从一开始研究历史,就应该确定一个大致的方向,究竟是搞中国史还是世界史,搞中国古代史还是近代、现代史,搞先秦史还是民国史,搞文化史还是宗教史等。比如,你大体确定要搞先秦史研究,从打基础的角度,你可以研究甲骨卜辞、金文、人类原始的婚姻关系史、经学史、宗族学等基本课题,也可以研究先秦的政治史、军事史、文化史、社会史,还可以分段研究原始社会史、夏史、商史、周史、春秋史、战国史等。甚至为了进行比较研究而研究世界上古史。但千万不能再花太多的精力去搞诸如清代文字狱、巴黎公社的经验等与你专攻的历史方向毫无关系的题目。当然,一个人一生中可以在几个方向上有所成就,但这些方向应该是有连带关系的。有连带关系的课题的研究可以促进基础的深厚、眼界的开阔,及本研究方向的深入,收到事半功倍之效。就历史系的本科生来说,毕业论文选题要尽可能与自己的职业或准备报考硕士研究生的专业挂勾。比如你已被某省方志办同意录用,不妨选择研究该省地方志的题目;你准备报考隋唐史研究生,不妨就选择研究隋唐历史的题目。这样做不仅可为你今后的工作打下基础,而且对坚定用人单位的决心或被研究生院录取有好处。

四、学业论文选题不能脱离专业领域

历史系学生学业论文的选题,要特别注意与自己所学的专业相一致,属于专业范围内的课题,不能选非本专业的题目。例如,你是世界史专业的本科生,一般应该选世界史研究的题目;你是民族史专业的研究生,不能选政治制度史的题目。这是因为,撰写学业论文的目的,是要显示学生对所学专业领域的基础理论和系统专门知识有了必要的把握,不写本专业的论文,就无法做到这一点。过去有研究生,就是因为所撰学位论文,与所学专业距离较远,答辩委员会不同意授予其学位,也不同意其对论文加以修改,重新答辩。因为论文题目已定,怎么修改也不能重新答辩、授予该专业的学位了。

本科生毕业论文的选题,经学生和指导教师同意、教研室批准,然后将选题报系办公室备案,就可以开始撰写。研究生的学位论文选题,要举行小型的开题报告会,请导师及有关的专家参加,由研究生报告选题的背景、意义、拟采用的研究方法、研究计划、预期研究成果及整个论文工作的安排等,以便充分听取导师及同行专家的意见,最后确定论文的选题。经导师和教研室批准后,报研究

①《学人谈治学》,第131-132页。

生院(处)学位办公室备案。

第四节　论文题目的拟定与研究工作计划

一、题目的拟定

上边讲的选题,主要是说确定研究目标,但并不等于就确定了具体的论文题目。论文题目是研究目标的具体化。论文题目一般在着手搜集材料之前确定,以便在以后的工作中目标更为明确。也可以在开始时只拟定一个大概的题目,在论文完成时,再酌定其准确的题目。题目是论文的眼睛,任何人阅读论文,首先要看题目,如果题目不好或不明确,很可能就不再看论文内容。所以从一定意义上说,题目的优劣,是史学论文能否引人注意、影响读者、发挥效益的重要方面。题目也是论文的精华所在。其作用,具体说可以有四个方面:一是概括论文内容,二是提示论文要点,三是标识论述方法,四是突出论文见解。

史学论文一般只有一个题目,即单题,也有用主题、副题的。副题,又称子题、辅题,位于主题之后,用以补充主题的不足。有的副题是为了将长题短化,就是把长的题目分成主题与副题两部分,使主题更为醒目。如骆宾基《释“亚”及“亚旅”——“公元前两千二三百年之间中国人到达美洲”之说的铁证》。如果不分出副题,原题应是《“亚”与“亚旅”是“公元前两千二三百年之间中国人到达美洲”之说的铁证》,长达 28 个字,分出主、副题后,主题仅 5 个字,就醒目多了。有的副题是为了解释主题。如陈其泰《近三百年历史编撰上的一种重要趋势——自马骕至梁启超对新综合体的探索》。有的副题是为了补充主题的不足。如郑山玉《飞舟黄海 平倭退荷——沈有容捍卫台、澎领土主权的英勇斗争》。有的副题与主题互为系列论文的总题和篇题。如张云樵《叶赫研究(上)——叶赫的崛起及其为争夺女真最高统治权的战争》《叶赫研究(下)——叶赫在争夺统一女真诸部斗争中的失败及灭亡》,李华《试论清代前期的山西帮商人——清代地方商人研究之二》。有的副题是为了补充说明论文的次要主题。如周建国《关于唐代牛李党争的几个问题——兼与胡如雷同志商榷》。有的副题是为了对主题进行具体界定。如陈君聪《中国革命民主派旗帜——孙中山》、王启民《试论温斯坦莱的土地问题思想——十七世纪四十年代》。

对题目的要求,可以概括为具体、准确、鲜明、简练这 8 个字。

具体,就是要用事实说话,具体地揭示论文研究的对象是什么。如王仲荦先生的《隋唐五代的绘画艺术》,季羡林的《〈列子〉与佛经——对于〈列子〉成书时代和著者的一个推测》,齐陈骏、陆庆夫的《唐代宦官述论》,胡如雷的《唐玄宗李隆基卒年辨》，都具体揭示出论文研究的对象，使人一目了然。

准确，就是要以准确的文字提示论文的内容、论点、方法、见解等。如田余庆《论轮台诏》，揭示了论文是研究汉代轮台诏的。江山《加官制不起于汉武帝》，揭示了论文的观点是推翻加官制起于汉武帝的旧说。李鸿彬《八旗建立年代考异》，揭示了论文的方法是考据。李春辉《从世界历史看改革》，揭示论文的研究方向是以世界史的事例研究改革的经验教训。

鲜明，就是题目要有鲜明的倾向性，不能含糊其辞、模棱两可。如王凡《为禁绝鸦片强固海疆而呼吁的黄爵滋》，就鲜明地表达了作者对黄爵滋的赞赏态度。卞恩才《一部勇于创新的断代史专著——读〈魏晋南北朝史论稿〉》，鲜明地突出了该书的特点。

简练，就是要简明扼要，尽可能用较少的字来表达论文的主题，让读者在一瞥之间，即能明白论文讲的是什么。由于史学论文要发表在刊物上，受版面影响，题目字数不能太多。一般来说，论文题目在十个字左右为宜，五六个字更好。当然也不是愈少愈好，必要的时候，题目也可以长一点，太短了有时不能完整地表达论文的主题。

史学论文题目的这四点要求，具体是基础，准确是生命，鲜明和简练则是在具体、准确基础上的进一步要求。这四点是对史学论文题目的基本要求，并不是说每一个题目都必须四者兼备。一般来说，所有题目都要做到具体和准确，舍此，这个题目就是失败的。

从反面来说，拟定论文题目有十戒：一戒题不对文，二戒态度暧昧，三戒拖泥带水，四戒含糊其辞，五戒矫揉造作，六戒故弄玄虚，七戒深涩难懂，八戒不着边际，九戒轻浮狂妄，十戒面目可憎。

总的来看，题目非常重要，拟一个好的题目又很不容易。我们应该注意研究论文拟题的艺术，在整个论文写作工作的过程中反复斟酌题目的标法，真正使题目能标示出论文内容，反映论文特点，引人注目，又不落俗套。

中国古代史论文题目举例

（选自《20 世纪中华学术经典文库——历史学/中国古代史卷》，兰州大学出版社 2000 年版）：

中国文明的起源（夏鼐）

夷夏东西说（傅斯年）

四岳与五岳（顾颉刚）

安阳发掘与中国古史问题（李济）

甲骨文四方风名考证(胡厚宣)

由卜兆记数推究殷人对于数的观念——龟卜象数论(饶宗颐)

日月食卜辞的证认与殷商年代(张培瑜)

殷周制度论(王国维)

释中国(于省吾)

试释周初青铜器铭文中的易卦(张政烺)

西周地理考(齐思和)

豳风说——兼论诗经为鲁国师工歌诗之底本(徐中舒)

古学出于史官论(刘师培)

诸子不出于王官论(胡适)

古代研究的自我批判(郭沫若)

论《左传》之性质及其与《国语》之关系(杨向奎)

论先秦的"戎狄"及其与华夏的关系(王玉哲)

重新估价中国古代文明(李学勤)

论墨学源流与儒墨汇合(蒙文通)

秦汉历史上的若干问题(翦伯赞)

刘向歆父子年谱(钱穆)

汉代察举制度考(劳榦)

东汉兵制的演变(孙毓棠)

由实物所见汉代简册制度(陈梦家)

东汉中期中亚人来华考(马雍)

秦汉知识分子(许倬云)

天师道与滨海地域之关系(陈寅恪)

魏晋南北朝时期的客和部曲(唐长孺)

名教思想与魏晋士风的演变(余英时)

论东晋门阀政治(田余庆)

领民酋长与六州都督(周一良)

佛教经律关于寺院财产和僧尼私有财产的规定(何兹全)

记唐代之李武韦杨婚姻集团(陈寅恪)

唐代长安与西域文明(向达)

唐代色役管见(唐长孺)

隋唐耕地面积问题研究(汪篯)

唐人习业山林寺院之风尚(严耕望)

论隋唐时期中原与西域文化交流的几个特点(张广达)
唐宋政府岁入与货币经济的关系(全汉昇)
宋朝的家法和北宋的政治改革运动(邓广铭)
宋代科举考略(聂崇智)
宋代幕职州县官的荐举制度(朱瑞熙)
南宋城市的公共卫生问题(梁庚尧)
元西域人华化考(陈垣)
彰所知论与蒙古源流——蒙古源流研究之三(陈寅恪)
《蒙古秘史》源流考(洪业)
《元史纲要》结语(韩儒林)
成吉思汗生年问题(邵循正)
元好问癸巳上耶律楚材书的历史意义与书中五十四人行事考(姚从吾)
蒙元时代的法典编纂(翁独健)
关于马可波罗离华的一段汉文记载(杨志玖)
论元代蒙古人之汉化(萧启庆)
胡惟庸党案考(吴晗)
论明史所记四辅官事——附论明初殿阁大学士之设置,及东宫官属之平驳诸司启事(黄彰健)
释一条鞭法(梁方仲)
明清土地制度的性质(何炳棣)
清太祖由明封龙将军考(孟森)
多尔衮称皇父之臆测(郑天挺)
谈军机处(邓之诚)
清代八旗中的满汉成分问题(王钟翰)
清雍正时期(1723—1735)的财政改革(王业键)
清代科场回避制度——以文场乡会试为例(魏秀梅)
说秦汉到明末官手工业和封建制度的关系(白寿彝 王毓铨)
从经济角度看帝制中国的公共工程(杨联陞)
中国法律之儒家化(瞿同祖)
略论中国封建政权的运行机制(祝总斌)
对中国农民战争史讨论中几个问题的商榷(蔡美彪)
国史大纲·引论(钱穆)
中国经学史的演变(范文澜)

中国封建社会前期的不同哲学流派及其发展(侯外庐)

火祆教入中国考(陈垣)

中国近五千年来气候变迁的初步研究(竺可桢)

何以黄河在东汉以后会出现一个长期安流的局面——从历史上论证黄河中游的土地合理利用是消弭下游水害的决定性因素(谭其骧)

黄土高原及其农林牧分布地区的变迁(史念海)

北京历代城市建设中的河湖水系及其利用(侯仁之)

从春秋到明末的历法沿革(钱宝琮)

从考古发现看印刷术的起源(潘吉星)

中国的佛教建筑(梁思成)

二、论文工作计划和开题报告

进行历史研究,在确定研究选题以后,要制订研究工作计划。专家的研究计划不一定写成文字性的东西,但对初学者来说,制订出文字性的工作计划是非常必要的,是进行科研工作能力训练的步骤之一。凡事预则立,不预则废。经过通盘的安排,自己将会心中有数,每一步该做什么、怎样做,目标明确,方法具体,便于自励和检查,以保证按时写出有质量的论文。如果没有计划,在某一工作环节花时间太多,后边时间不够,只好草草了结,虎头蛇尾。如果没有计划,就会漫无边际地乱抓,甚至可能完不成论文写作任务。

论文工作计划包括五个方面的内容:

1. 提出本选题的理由。即为什么要确定这一选题,及学术界对本选题的研究状况。

2. 选题的可行性研究。即论证本选题的社会价值与学术价值。

3. 初步设想论文的主要观点与内容、有些什么突破或新的见解。

4. 论证解决本课题拟用的研究方法。

5. 制订论文工作阶段日程安排。

这五个方面中的四个方面,我们在上边已陆续涉及,这里具体说明日程安排的问题。

写一篇史学论文要花多少时间,这是个无法回答的问题。文章有长有短,题目有大有小,选题有难有易,写作者的水平和学术积累有高有低,不可一概而论。有的人一个小选题要花许多年来搜集资料(当然不是说这几年中只干这一件事),有的论文也可能是由论者平常学术积累中萌生出的新见,只花几天或几个小时就能完成。不过,对一般人尤其是初学者来说,一篇论文从选题到定稿,没有两三个月以上的时间是很难完成的。博士研究生的学位论文要求在第二学期确定，举行开题报告会，制订学位论文工作计划，用大约两年时间完成。硕士研究生的学位论文，要求在第三学期确定题目，举行开题报告会，制订论文工作计划，用一年多的时间完成。大学生毕业论文，一般安排在第四学年，以八至十四周的时间进行。这些规定，对保证毕业和学位论文的学术质量是十分必要的，甚至可以说时间还是比较紧张的。

本科生以十来周时间来完成毕业论文写作六个阶段的全部工作，必须对每一阶段的工作做出具体的安排。这六个阶段的每一段，由于难易程度的不同和工作量的不一，耗费的时间是不一样的。花时间最多的是搜集资料，其次是考证研究，再次是执笔撰文。一般来说，搜集资料大体要占掉整个工作的一半时间（由于历史文献数字化的工作还有待完善，即使用电子手段检索文献资料，也不是可以一蹴而就的），考证研究要占 3/10 的时间，执笔撰文有 2/10 的时间就可以了。如果不花大力气搜集研究信息和史料就急于动笔写作，这样写出的论文肯定漏洞百出，甚至可能毫无用处。

依此，我们对大学生毕业论文工作的日程安排建议如下：

第七学期第 17、18 周，从系办公室公布的教师所出毕业论文选题目录中选定本人拟做的论文题目，了解国内外对本选题的研究状况，征求指导教师对论文选题的基本考虑和要求，制订研究工作计划。

第八学期 1 ~ 4 周，搜集资料，进行必要的社会调查考察，并对资料进行初步的考证研究。

第 5 周，进一步分析研究资料，形成观点看法，撰写一些必要的札记，记录自己的想法，拟出详细的写作提纲，征求指导教师的意见，修改后再付诸实践。

第 6 ~ 9 周，撰写论文初稿。撰稿的过程，本身也是研究的过程，是整理思维、深化思维的过程。

第 10 ~ 13 周，请求指导教师对论文初稿进行批阅，根据教师的意见，对论文进一步推敲、修改，核实引文，抄出清稿，装订成册，交指导教师评阅。

第 14 周，优秀毕业论文答辩。

一般学者的论文选题确定以后，如果因为某种原因而无法完成时，可以随时中止研究，或者搁置许多年以后创造条件再写。而学生的毕业、学位论文题目经批准后，一般就不能变动，否则要写出书面申请，按规定的选题程序审批。

附：某高校硕士生开题报告书式样

××××大学

硕士学位论文开题报告书

论文题目____________________

研究生姓名____________________

学级____________________

学科专业____________________

研究方向____________________

导师姓名、职称____________________

填表时间____________________

研究生院制表

选题的目的和意义：
本论文的重点难点和预期学术水平：

选题的目的和意义：
总体安排和进度：

开题报告会纪要		
时间		
与会人员	姓名	职称
会议记录摘要： 主持人签字： 记录人：		

指导教师意见：   签名：　　年　月　日
院系意见：   签字（盖章）　　年　月　日
研究生院意见：   签字（盖章）　　年　月　日

第四章 资料的搜集

第一节 历史研究资料的分类及其在论文撰写中的重要地位

历史研究资料是史学研究者为从事历史研究而搜集的事实、信息、理论及有关的资料。历史研究工作的最基础环节,是搜集资料。

一、历史研究资料的分类

历史研究资料,大体有历史资料和信息资料两大类。

历史资料,就是人们通常所说的史料,亦即历史研究的客体——具体历史现象的种种情况的遗存和记述。史料按其存在的形态可分为实物的、口碑的、声像的和文字的四种状态。

实物史料,指以往人类活动所留下的各种实物,如陵庙、房屋、城邑、道路、器械、工具、服饰、艺术品、钱币、器物等,这类史料具有直观、形象和难于篡改的特点,是其他形态的史料所无法替代的,成为历史研究中为人们所重视的资料。实物史料的发现和研究主要依赖于考古学和文物学。中国历史博物馆、故宫博物院和各地历史博物馆收藏了大量文物,台北故宫博物院收藏的文物就将近70万件。王国维曾说:“吾辈生于今日,幸于纸上之材料外,更得地下之新材料。由此种材料,我辈固得据以补正纸上之材料,亦得证明古书之某部分全为实录,即百家不雅驯之言亦不无表示一面之事实。此二重证据法,惟在今日始得为之。”[①]老一代史学家都很重视运用实物史料研究历史。我们应该充分利用以往的考古和文物研究成果，更要注意考古文物的新发现、新成果，善于将考古文物学的成果与文献史料相互补充订正，以运用于历史研究中。

口碑史料，指民歌、传说、故事、回忆等，它们广泛存在于亲历者的脑海里，传颂于人们的口头上。“采访而得其口说，此即口碑性质之史料也。”[②]文字产生以前的原始社会的历史，靠氏族成员世代口耳传诵而保存下来，近现代原始部落的历史也靠口耳相传流传下来，我国古代的史学家十分注意搜集口碑史料。司马迁从二十岁开始，游历天下，熟悉各地的风土人情和地理形势，并广泛采集口碑史料。《史记》中运用了大量的口碑史料，如在《五帝本纪》中采用了各地年老者所述五帝的事迹传说，他说：“余尝西至空桐，北过涿鹿，东渐于海，南浮江淮矣，至长老皆各往往称黄帝、尧、舜之处，风教固殊焉。总之不离古文者近是。”先秦汉晋的其他学者也注意搜集口碑史料，给我们留下了许多我国社会由野蛮向文明转变时期的传说和故事。隋唐以后，不少文人学士所撰的笔记、小说、野史，包含了前代或当代珍贵的口碑史料。顾炎武在明亡以后，游历各地，“以二骡二马载书，过边塞亭障，呼老兵卒询曲折，有与平日所闻不合，即发书对勘”。[③]近现代史的研究，更需要大力搜集亲历者的口碑史料。20 世纪西方的新史学重视对普通人历史的研究，然而有关普通人的活动文献缺少记载，于是史学家通过言谈等方式大力搜集口碑史料，并形成了“口述史学”。我国从 20 世纪 80 年代开始也有许多学者致力于从事口述历史的工作，并取得了一定的成绩。如钟少华先生通过对早年留学日本的幸存者的采访，撰成口述史书《早年留日者谈日本》。我们在充分利用前人搜集到的口碑史料的同时，自己也要进行必要的口碑史料的搜集工作，以弥补文字史料的不足。但必须注意，口碑史料是以人的记忆力为基础的，人的记忆可能模糊，也可能遗忘，因而会出现差错。经过许多人口耳相传之事，会偏离原样。有人见闻不广，有人为了某种原因而隐瞒甚至歪曲事实真相。因此对口碑史料，包括亲历者的回忆，应该慎重对待，不可盲目轻信，最好是与文献资料或他人的叙述进行对照，加以鉴别，绝不可轻信盲从。例如，《李先念文选》第 157 条注释写道：在粉碎“四人帮”过程中，华国锋、叶剑英、李先念等起了重要作用。9 月 21 日，华国锋到李先念处，商讨解决“四人帮”问题，并请李先念代表他去找叶剑英，请叶剑英考虑以什么方式、在什么时间解决为好。9 月 24 日，李先念到叶剑英处，转达了华国锋的意

①《古史新证 · 总论》，载《王国维文集》第 4 卷，中国文史出版社 1997 年版，第 2 页。
②梁启超：《中国历史研究法》，东方出版社 1996 年版，第 46 页。
③《清史稿 · 顾炎武传》。

见，并同他研究此事。这一条注释是根据李先念同志的一位秘书的回忆写的。后来，编写《李先念传》时，有关人员查阅了有关资料和档案，认定其中所说的两个关键时间应该是9月11日和14日，保证了史实的准确无误。[①]

声像史料，指各种画像、图片、地图、照片、影片、唱片、幻灯片、录音、录像、光盘等各种历史人物和事件的声像记录。其中画像、图片古已有之。如天水放马滩的古代地图；湖南长沙马王堆汉墓中，覆盖在内棺上的彩帛画，其中间是墓中女主人出行的形象。汉代墓室亦有画像砖。《西京杂记》中关于画师毛延寿为王昭君画丑像的故事，亦非全为子虚乌有。唐、宋以后，历代帝后皆有画像保存下来。另外一些绘画作品，如唐阎立本的《步辇图》、宋张择端的《清明上河图》，以及各地的石刻、壁画等，都具有重要的史料价值。至于照片、录像等，则是随着近现代科学技术发展而逐渐出现的史料保存的新手段。研究历史不能忽视声像史料。随着照相、录音、录像、摄像机技术的改善提高，今后史学工作者将可搜集和保存更多的声像史料。无论是古代的地图、画像、壁画、雕塑，还是近现代的照片、影片、名人录像录音等，都有很大的研究价值，要特别注意搜集利用。

文字史料，指一切以文字记述的历史资料。中国史的文字史料，以其载体看，有甲骨卜辞、金石文字、陶砖铭文、竹简木牍、缣帛文书、纸质书卷等。以文字的种类讲，有汉文、藏文、蒙文、维文、女真文、满文、西夏文，及外国文字等。以文书性质讲，除经史子集的各种书籍之外，还有档案、报刊、传记、日记、函电、手令、布告、契约、证券、账簿、名册、会议文件等。这些材料数量很大，据统计，历代古籍存世的有10万种左右，1911年至1949年又增加了10万种，1949年以后又以每年数万种至十余万种的速度在增加。至于全世界，现在每年出新书约50万种。文书档案的数量更是惊人。北京中国第一历史档案馆保存的明清档案共70多万个全宗。南京中国第二历史档案馆保存的南京临时政府、北洋政府和国民党政府的档案共800多个全宗180万卷。私家的档案也很可观，如曲阜孔府档案，明、清、民国时期保存下来的就超过20万件。国外的中国档案也很多，其中大英博物馆收藏有我国的历史档案资料14000余件，美国胡佛"起义、战争与和平"档案馆收藏有我国近现代档案资料200多个专题。这些书籍、材料，是我们研究历史最基本的史料。

信息资料大体包括两方面的内容，其一是史料信息，其二是研究信息。史料信息能告诉研究者某一历史研究课题有些什么资料及其出处，甚至是资料的

---

①参见《党的文献》2001年第3期文。

具体内容。各种工具书和目录书籍、论著索引能提供这方面的信息。随着计算机网络技术的发展、普及，研究者可以利用计算机在网上或在光盘上检索史料，方便又快捷。研究信息能告诉研究者古今中外有关某一历史问题的研究状况，由此可知这一问题是否有人研究过，已解决了哪些问题，还有什么问题有待进一步研究。报刊资料索引、专题论文索引、史学年鉴、史学研究动态等书籍及专题研究综述等论文可提供这方面的信息。

二、资料在史学论文撰写中的重要地位

对任何研究工作来说，资料都是重要的。没有资料，就无从研究，没有资料，就无法产生论点、形成论点。可以说资料是一切研究的前提。对历史研究来说，掌握丰富全面的资料更具有特别的意义。哲学史专家孙叔平先生说："研究工作必须首先从资料做起，不阅读哲学家的原著，不对哲学家的原著进行考证、校勘、分析、整理，不掌握第一手资料，研究工作只能是空中楼阁。多年来，我国社会科学研究成果不够显著，除了对马克思主义理论的掌握和运用中的问题之外，不重视资料工作是一个重要原因。我们不能把训诂、考证、校勘作为做学问的全部工作，但这些却是做学问必不可少的工作。史学研究必须建筑在扎实的资料基础之上，才能写出经得起历史考验的著作来。"①

第一，历史工作者之所以要特别注重资料，是由历史研究的特点所决定的。历史研究是对以往人类活动的考察，这些活动一经发生，就一去不复返。史学研究者不可能直接与其研究对象打交道，也不可能为了研究的方便，在实验室里重演历史上所发生的一切。但客观的历史活动虽然一去不复返了，却留下了遗物和遗迹，即各种实物史料、文字史料和声像史料。这些史料包含着客观历史的信息。史学研究就是以史料为中介来认识其研究对象的。白寿彝先生说："什么是史学？史学是通过史料研究历史发展过程本身的学科。如果说，客观历史是一个有机的发展过程，史料只是历史过程留下的一些残骸或遗迹，那么，史学的任务却是要从残骸或遗迹中去重认那曾经活生生的历史，并以文字为主要手段将它重现出来。"②因此史料是史学工作者进行研究活动的最基本的原材料，离开了史料，研究就会成为无米之炊，难以进行，即使是最高明的学者也无能为力。马克思说："研究必须搜集丰富的材料，分析它的不同的发展形态，并探寻出这各种形态的内部联系。"③所以，尊重史料是史学研究的前提。

第二，资料工作不仅是给论著寻找证据，亦是检验选题、深化思维的重要过

---

①《学人谈治学》，第 365 页。

②白寿彝主编：《史学概论》，宁夏人民出版社 1983 年版。

③《资本论》第 1 卷第 2 版《跋》。

程。一般情况下，资料的搜集虽然是在确定了选题之后、在撰写论文之前，但实际上，在选题之前和撰述论著中亦少不了资料工作。通过资料的搜集，可能优化选题，使最初的设想更为坚定、明晰、深刻；也可能因为别人已有阐述或发现了与自己初步想法完全相反的材料，而改弦更张或完全否定选题。至于研究者对所研究问题的认识的发展与深化，更完全是在资料的搜集和研究中进行的，离开了资料工作，认识的深化是无从谈起的。

第三，资料工作是论著成功的保证。写史学论文要摆史实讲道理，凭事实说话，若对要论述的问题一无所知或知之不详，就无法有所发现、有所创新。无论是对一个人物的评价还是对一个历史事件的分析，资料掌握得多，做出的结论准确性就大；资料掌握得少，做出的结论问题就多，危险性就大。况且资料工作的一项重要内容是对资料的鉴定。研究必须凭借可靠的资料，而资料鉴定则是对其真伪虚实及价值的评价。轻视资料工作，误用伪书或错误的史料，必然会得出错误的结论。有的内行看文章，先看注脚，看你引用了一些什么书上的材料，其目的就是想由此了解你在该专业上的史料学基础如何。如果用的多是二手三手材料乃至已有定论的错误史料，文章的正文就不值得再看。

第四，细致的资料工作，尤其是新资料的发现，往往能推动悬而未决的历史问题的最终解决。有些历史问题，由于资料不足，而难以做出令人信服的结论。陈寅恪为陈垣《敦煌劫余录》作序，言："一时代之学术，必有其新史料与新问题，取用此材料，以研求问题，则为此时或学术之新潮流。治学之士，得预于此潮流者，谓之预流；其未得预者，谓之未入流。"比如关于商代历史，《史记·殷本纪》所记是否信史，历代学者颇有所疑，但无法确定。1898年发现安阳殷墟甲骨卜辞后，王懿荣、刘鹗、孙诒让等只把甲骨文当作古董来收藏，当作古文字学的资料来研究。罗振玉和王国维独具慧眼，首先把甲骨文用于殷商历史和典章制度的研究，王国维据之写出《殷卜辞中所见先公先王考》《续考》《殷周制度论》等，有力地证明了《殷本纪》所载殷王世系是可信的，并订正了其先公先王的位次，揭示了殷商制度的变革，取得了"另辟一新纪元"的成就。①再比如北魏拓跋氏先祖究竟起源于何处，《魏书·序纪》中称其先世"国有大鲜卑山，因以为号"。在《魏书·礼志》中又提到太平真君时派中书侍郎李敞到位于乌洛侯国西北的魏祖宗之庙告祭天地、配享皇祖先妣之事，录有石室祷祝之文，且言"石室南距代京可四千余里"。很明显，拓跋氏的发源地就是这个石室所在地。那么石室究竟在哪里？学者根据文献研究，众说纷纭。清代丁谦认为在呼伦贝尔城境

①郭沫若：《中国古代社会研究》，人民出版社1954年版，第214页。

（今海拉尔），何秋涛说在额尔古纳河流域，今人马长寿说在嫩江流域，日本人白鸟库吉说在嫩江流域靠近大兴安岭。内蒙古自治区呼伦贝尔盟文物管理站的米文平等同志，通过对文献的研究和对前人诸种说法的分析，认为，第一，从《魏书·乌洛侯传》所记石室的规模看，石室很可能不是石砌建筑物，而是一个大山洞。第二，石室不可能在额尔古纳河流域，而可能在嫩江流域。他们通过在嫩江流域的广泛调查，发现鄂伦春旗阿里河镇西北十公里处、大兴安岭嫩江支流甘河上源的嘎仙洞，无论从地望、规模上都与北魏石室相近。于是，在1979年、1980年他们先后四次对嘎仙洞进行实地勘察，终于在洞内侧石壁上发现与《魏书·礼志》所记基本相同的石刻祝文，从而有力地证明了嘎仙洞即拓跋鲜卑祖先居住的石室旧墟，解决了史学界长期悬而未决的这一问题，同时也解决了大鲜卑山即大兴安岭、乌洛侯国在今齐齐哈尔西部一带等问题。[①]再比如1978年以来，学术界曾就宋江是否投降招安的问题展开过讨论，发表了许多文章，但由于史料不足，以至众说纷纭、莫衷一是。马泰林同志在《中华文史论丛》1981年第1期发表文章，披露了他在北宋人李若水的《忠愍集》卷2中发现其写于宣和四年（1122年）的《捕盗偶成》诗，其诗云："去年宋江起山东，白昼横戈犯城郭。杀人纷纷剪草如，九重闻之惨不乐。大书黄纸飞敕来，三十六人同拜爵。狞卒肥骖意气骄，士女骈观犹骇愕。……"从而结束了宋江是否投降、受招安的争论。曾力主宋江不曾投降的邓广铭先生因之发表文章，宣布改变自己的观点。[②]上述事例都极为生动地说明了史料的重要，尤其是新史料的开发，对于史学研究新局面的出现，有举足轻重的意义。

第二节　专题资料目录的构成

确定选题以后，就要集中精力从事资料的搜集和研究工作。而资料工作的第一步，则是确定选题所需查考的资料的范围，并列出详细目录。

一、专题资料的种类

研究历史问题的资料，包括信息资料和历史资料两类。故而确定专题资料也应从这两方面着手。具体可分为以下几个层次。

第一，点上的史料，即关于某一历史问题的种种具体记载的篇章、文献。如研究一个人，就要查出这个人在诸种史书中的传记和片断记述，此人的年谱、碑

①米文平：《鲜卑石室的发现与初步研究》，载《文物》1981年第2期。

②《关于宋江的投降与征方腊问题》，载《中华文史论丛》1982年第4辑。

铭、行状，此人的著作、诗文、奏议、日记、书信、讲演，此人的图像、录音、录像、遗物、证件，有关此人的回忆、传说、逸事、报道、档案等等。再如研究一个历史事件，就要查出各种史书、笔记中关于此事经过的记述，找出当事人的传记及其关于此事的记录、评说、回忆，查出在这一事件发生过程中形成的各种诏令、奏议、报告、计划、文件、碑铭、函电等，勘查这一历史事件发生的地形、建筑、遗物等等。

第二，横向史料，即与这一历史问题同时代的有关历史情况的材料。如研究一个人，要知道他所处的时代特点、社会习尚，此人的家庭情况、社会关系、友朋往来、政敌师承，此人所在地方的情况等。研究一件事，要查考这一事件的各种背景材料。研究一种制度，要弄清产生这一制度的条件和制度执行的结果、影响等。

第三，纵向史料，即历代与这一历史问题有关的材料。如研究一个思想家，就要查考他所属的学派历代的传授，以前学者在这一领域已经达到的高度，他的思想对后代的影响等。研究一种制度，也要查考此制度的渊源，与前后制度的异同等等。

第四，消极的史料。梁启超提出："尤有一种消极性质的史料，亦甚为重要。某时代有某种现象，谓之积极的史料，某时代无某种现象，谓之消极的史料。"①他举例说，我们读《战国策》和《孟子》等书，其中常有黄金若干镒的文字，可知战国时已有金属货币。那么，春秋及其以前有没有金属货币？这就要查考那些消极的史料。在古字书中，关于财货的字都从贝不从金，可见古代交易媒介是贝而非金属。在钟鼎款识中，记用贝之事也很多，却无一用金者。《诗经》中也是如此。殷墟出土古物，亦有贝币而无金币。再考察《左传》《国语》《论语》等书，也没有用金属货币的痕迹。由以上各消极史料，就可以推定，春秋以前没有金属货币。这一类史料，不是要证其有，而是要证其无，自有比前边所举的积极史料所不同的价值。

上边四点，都是讲搜集史料的范畴。其中，点上的史料是基础，数量也最大。横向和纵向的史料以及消极的史料，则是对历史问题做出准确深刻的分析判断所不可缺少的。

第五，研究状况资料。史学研究必须了解、尊重、吸收前人和时人的研究成果，在前人和时人的基础上有所前进，有所突破。若无视前人和时人的研究成果，不了解具体历史问题的研究状况，则你的研究不是流于疏浅，就可能是重复

①《中国历史研究法》，东方出版社 1996 年版，第 81 页。

劳动。先秦史家王玉哲先生说,他在中学读书时,曾写过一篇《太史公著书年代考》,考定太史公作《史记》是自汉元封二年初为太史令开始的,并驳正王国维《太史公行年考》所说的太史公属稿于太初元年为不实。"当时觉得问题虽小,但已突破前人成说,颇为得意。后来考入北京大学历史系,从钱宾四(穆)先生学古代史,才开始读赵翼《廿二史札记》,发现第一篇就是《司马迁作史年岁》,其结论与我的考证完全相同。才知我写的那篇小文,白费力气,吃了不识行情的亏,可以说是劳而无功。"①由此可见,掌握专题研究情况的信息是十分重要的。

对研究状况的了解,具体说有四方面:一是古人前人关于这一问题的论说,二是国内外关于这一问题的研究动态,三是目前是否有人正在做同一专题的研究工作,四是相关问题的研究状况。

通过研究状况的探索,你就可以清楚地知道在这个专题上,哪些资料比较重要,要予以重视,哪些资料存在问题,别人已经揭露,哪些问题已经解决了,哪些问题还没有解决。如果前人或别人研究的结论已经非常正确,你就可以中止自己这个选题的研究。如果其结论有问题,就可以用自己掌握的材料进行批驳,提出自己新的看法。如果别人的研究有分歧说法,你正可以从中决定自己研究的突破口。如果前人的结论基本正确,但因为证据不足而说服力不强,你可以在其基础上,提出补充材料,予以进一步证实,使之成为定论。这样,你在研究时,就能重点深入,在前人已达到的水平上有所突破,在行文时"略人之所详,详人之所略",给人以面目一新的感觉,而不是重复前人已说过的话,泛泛议论,没有价值。

在确定专题资料范围的基础上,应列出所需资料的详细目录,以便查找时参考。

二、如何查寻专题资料

历史资料浩如烟海,怎样才能从中筛选出我们所研究专题所要的资料,这里有观念问题,有学识问题,还有方法问题。

所谓观念问题,是指要树立宏观的资料概念。历史研究的资料,不能局限于史书中的材料,还要广泛从多方面搜求,不仅包括文字资料,还包括实物资料、口碑资料、音像资料;不仅包括有形史料,还应包括无形的史料;不仅包括史料,还包括研究状况动态的资料;不仅包括大陆的研究状况,还包括台港地区和外国的研究情况。树立了宏观的资料观点,所搜集的资料就不是平面的,而是

①《怎样学习中国历史》,上海人民出版社 1984 年版,第 11-12 页。

立体的。这样,我们就能多侧面地、多层次地去进行研究工作。

所谓学识问题,指的是研究者必须具备一定的史料学、历史书籍目录学的知识,还应对所研究的专题方面的基本史料有较丰富的知识。史料学和历史书籍目录学能告诉我们存世史料的基本状况,一些重要典籍的内容、作者、史料特点,以及史料的分类、价值、鉴定和利用方法。有了这些知识,在从事历史研究时,至少可以知道有关此问题的一般资料从哪里可以找到。史料学方面的著作,有阐述搜集、鉴别和运用史料的一般规律和方法的,如梁启超《中国历史研究法》(东方出版社 1996 年版)、翦伯赞《史料与史学》(北京大学出版社 1985 年版)、荣孟源《史料和历史科学》(人民出版社 1987 年版)等。有主要研究和介绍某一历史时期或某一史学领域史料的来源、价值和利用的著作,如陈高华和陈智超等的《中国古代史史料学》(北京出版社 1983 年版)、黄永年《唐史史料学》(上海书店出版社 2002 年版)、冯尔康《清史史料学初稿》(南开大学出版社 1986 年版)、陈恭禄《中国近代史资料概述》(中华书局 1982 年版)、张宪文《中国现代史史料学》(山东人民出版社 1985 年版)、张柱洪《中国现代革命史史料学》(中共党史资料出版社 1987 年版)等。历史书籍目录学的著作,如张之洞《书目答问》、范希曾《书目答问补正》(上海古籍出版社 1983 年版)、李宗邺《中国历史要籍介绍》(上海古籍出版社 1982 年版)、陈秉才和王锦贵《中国历史书籍目录学》(书目文献出版社 1984 年版)、柴德赓《史籍举要》(北京出版社 1982 年版)、张舜徽等《中国史学名著解题》(中国青年出版社 1984 年版)、张志哲《中国史籍概论》(江苏古籍出版社 1988 年版)。这些书,大多倾注了作者多年苦心钻研的心得,各有特色,可以选读其中的数种。

另一方面,研究者对自己研究方向的专门史料知识的积累也是非常重要的。古代书籍有限,且不易得到,学者讲究背诵,许多人能过目成诵,他们研究历史,主要就是凭记忆引用材料。老一辈的史学家,也很重视史料功底。已故山东大学童书业教授,对重要的先秦古籍,包括佶屈聱牙的《尚书》在内,都能倒背如流。这些书中某个词出现过几次,他能信口答出。已故华东师范大学吕思勉先生,从 23 岁起,用 50 年时间,把二十四史细读了三遍,他著述两部中国通史、四部断代史、五部专史和其他多种史学著作,就得力于这种踏实而深厚的基本功。当代学人不可能从小读古书、背古书,又缺乏从容念书、专意读史的环境。但是,就每一个研究断代史或专门史的史学工作者来说,至少应该对所研究的领域的史料有一定的了解。比如,你的重点是研究宋代历史,那么《宋史》《续资治通鉴长编》《东都事略》《宋大诏令集》《宋文鉴》《宋名臣言行录》《名臣碑传琬琰集》《全宋文》《宋会要辑稿》等书,你应该认真地阅读过,宋代的野史、笔记,重要的宋人文集,以及《续资治通鉴·宋纪》《宋史纪事本末》《宋元学案》等后代人所编有关宋代的史书,你也至少要翻过一遍。无论读哪一部史书,都应对其作者、成书时间、体例特点、资料价值、版本情况等有所了解,并勤做笔记。这样,日积月累,由少到多,你的宋代史料根底必然愈来愈厚,在研究具体历史问题时,查找其资料就比较容易。

所谓方法问题,指的是要善于充分利用各种历史工具书,并且能从多方面找寻资料,包括利用计算机和网络检索和储存资料。我们主要通过历史资料书、目录工具书和计算机来检索专题资料。历史工具书种类繁多。依其内容与形式分,有字典、辞典、百科全书、年鉴、手册、索引、书目、文摘、图表谱录等。依其提供的材料又可分为向导型和教育型两类。教育型英文为 sources of informa-tlon,意为资料之源,它们简便、直接地解决我们在学习、研究和生活中遇到的难题,字典、辞典、手册、文摘、图录、表谱等属于这一类。向导型英文为 access to matteriats,意为通向资料之路,百科全书、年鉴、目录、索引等属于这一类,它给读者回答是什么为什么,或者提供方法、途径、资料,让读者去解答。两两相比,在查找历史研究专题时,主要使用向导型的工具书,而教育型工具书在主要向我们提供一些具体资料以便研究时参考的同时,也可以从中发现一些资料的线索。

查找资料最重要的工具书是索引型工具书。这是将书刊报章的篇名、作者、词句等,按一定的检查方法编排起来,各自注明出处,供人检索的工具书。

按其取材,索引型工具书有书籍索引和报刊索引两大类。依其范围,也可分为专书索引、群书索引和报刊索引等。依其检索对象,又可分为查人物的索引,如《明史人名索引》;查地名的索引,如《三国志地名索引》;查书名的索引,如《中国丛书综录》;查篇名的索引,如《五十二种文史资料篇目分类索引》;综合性语词索引,如《史记索引》等。

利用书刊索引,可以查找到所需专题资料的主要部分。比如,我们要研究一位西汉时期的人物,可以先从《史记人名索引》和《汉书人名索引》中查出两书中有无此人事迹。再查《中国历代年谱总录》看此人有否年谱,若有,出处何在。三查日本出版的《汉魏碑文金文镜铭索引》,看有否有关此人碑文存世。四查《居延汉简甲乙编》及其他汉简帛书资料,了解有没有此人的简帛资料。五查《全上古三代秦汉三国六朝文篇名目录及作者索引》,找此人有哪些传世文章。六查《艺文志二十种综合引得》《增订四库简明目录标注》《贩书偶记》《贩书偶记续编》《续修四库全书提要》《中国善本书提要》等看此人有否著述存世及有关情况。如能找到台湾出版的《汉史文献目录》还可望比较集中地发现此人的有关材料。七查《论衡人名索引》《华阳国志人名索引》《风俗通义人名索引》《汉魏丛书人名索引》《百子全书人名索引》《中国随笔索引》《中国随笔杂著索引》，看各种有关书籍对此人的记载或评说。八查《八十年史学书目》《战国秦汉史论文索引》，近年的《全国新书目》《全国报刊索引》及日本《东洋学文献类目》，找出20世纪以来国内外有关此人的研究专著、论文目录以及考古文物的新材料。

要想熟练地运用索引等工具书，第一，必须对读史工具书的状况有所了解。比如查考古代史料，需凭借中国古籍索引。据潘树广《古籍索引概论》统计，1983年以前，中国大陆和港台地区，以及日、欧、美等共出版550余部中文古籍索引工具书，所索引的古籍2000余种。我们应该熟悉自己常用的那些索引的特点、体例，最好能购备其中主要的几种。第二，要根据课题，选用最佳的检索工具。比如查找有关司马迁的研究资料，使用《史记研究的资料和论文索引》就比查《中国史学论文索引》要方便和详细得多。第三，由于各类索引工具都可能有遗漏，在查考同一问题时，最好多利用几部同类的工具书，以求相互补充。第四，要掌握和熟悉多种工具书检索方法。中文的文史工具书大体有字序（部首、笔数、笔顺、号码）、音序、分类、主题、时序、地序等多种编排方法，一般字辞典和索引，多用部首、四角号码、庋撷、音序等方法，古籍书目用四部分类法，词句索引用主题法，历史论著索引用朝代顺序和分类结合的方法等。若不掌握多种检索方法，使用工具书时就会遇到困难，或者影响速度。第五，由于编写、校对、印刷过程中的误差，各种索引工具书所提供的材料可能有不准确之处，应该进行查核，予以纠正。

通过以上各种手段，我们就能掌握本研究课题的主要资料的所在，并在此基础上编成专题资料目录，以便按图索骥、搜集资料。

在编写专题资料目录时，一定要将资料出处详细写出。比如是古籍，就要写出时代、作者、书名、版别、卷数、篇名，甚至页数、行数；对文章，要写出作者、篇名、载于何书何报刊及刊物的年、期，报纸的年、月、日、版等。这样，就便于查找。如果记载不准确，查找将是非常困难的。

第三节　资料的查找

查找资料的具体方法很多，大体可从以下几个方面着手。

一、从资料书中找材料

资料书材料集中，如果善于利用，可以节省很多时间，并从中搜集到比较齐全，甚至包括一些我们用通常手段难以找到的材料，以及一些久已散逸的书籍、文章中的材料。

要善于利用资料书，就必须对历史资料书的基本状况有所了解。

古代的资料书，主要有类书、政书、纪事本末体史书等。

类书是采摭各种书籍中的材料，按以类相从的方法编排，以供查考的工具书。类书的最大特点是便于检索系统的历史资料。根据类书的内容，可分为两种。一种是搜罗诗文、辞藻、人物、典故、天文、地理、典章、制度、飞禽、走兽、草木、虫鱼，以及其他的许多事物，内容极为广泛的百科性的类书，如《北堂书钞》《艺文类聚》《初学记》《太平御览》《太平广记》《册府元龟》《永乐大典》《古今图书集成》等。另一种是专收一类资料的类书，如专记年龄的《疑年录》，专考事物起源的《事物纪原》，专收佛家故事的《法苑珠林》等。类书一般卷帙浩繁，内容丰富，都是摘抄各书原文而成，对其文字不加改动，而且分类编排，注明出处，便于使用。我们要研究某一历史问题，最好先查类书，看看其中辑抄的有关材料。凡所引资料原书已佚的，可以直接使用。凡原书尚存的，则应以此为线索，再查考原书，以免误引。这就比我们直接从散漫无垠的文献中去摸索搜寻要方便得多了。各种类书中，隋唐类书因其保存了许多已散逸的古籍篇章句辞，价值最高。清康熙间编成的《古今图书集成》是现存分量最大（一万卷）、分类详细、编排系统、材料最丰富的古代类书，它不仅保存了清初以前许多著作的原文，而且检查材料十分方便，我们在历史研究中要充分利用。

政书是主要记载典章制度的专书。它不像类书那样完全抄录原文、注明出处，而是分门别类收录有关典章制度的材料，由作者加以融会贯通，甚至加以分析研究而写成的。从今天学者的眼光看，虽然其中研究的部分更有参考价值，但其丰富的资料也是我们在研究中应该注意利用的。古代的政书，有通载历代典制的综合性典志书——“十通”；有专详一朝一代各类典制的会要、会典，如《唐会要》《宋会要辑稿》《元典章》《明会典》《清会典》等；有关于某种制度沿革的专门性志书，如东汉卫宏《汉旧仪》、唐萧嵩《大唐开元礼》、明杨时乔《马政记》、清官撰《八旗通志》等。由于政书是一种专门的史书，所以其中的材料可以直接引用。只是在对材料有疑问时，必须查考其材料出处或前人记载，加以核对。

纪事本末体，是以事件为中心的著史体裁。这种体裁，每事一题，为一专篇，把分散的材料，按时间顺序加以集中叙述，兼有编年体和纪传体的优点，详于记事，为我们研究和了解某些重要历史事件的情况，提供了方便。这种体裁由南宋袁枢撰《通鉴纪事本末》创立，以后代有所撰，有《左传纪事本末》《宋史纪事本末》《辽史纪事本末》《金史纪事本末》《西夏纪事本末》《元史纪事本末》《明史纪事本末》,直到近年新撰成《三代纪事本末》《清史纪事本末》《民国纪事本末》,从而形成贯通古今、自成系统的著述。古代的诸种纪事本末多数是改编旧史而成,使用时要注意查对资料的原始出处。而《西夏纪事本末》网罗旧闻,《明史纪事本末》在《明史》之前成书,史料价值很高。

清代在每一重大军事外交行动结束以后,多将有关的诏谕奏报按时间顺序汇编成书,称为方略,总共有 28 种①。可分为三类,一类为平定叛乱、削除割据势力、统一和巩固边疆活动的有关资料,如《平定三逆方略》是有关平定吴三桂、尚之信、耿精忠的资料,《平定罗刹方略》汇集了在雅克萨驱逐沙俄侵略军的资料;一类为镇压农民和少数民族起义起事的资料汇编,如《兰州纪略》是镇压苏四十三起义的资料,《钦定剿平粤匪方略》是关于镇压太平天国的资料;一类是处理外交洋务的资料汇编,如《筹办夷务始末》等。方略类的书,兼有编年和纪事本末的特点,有人以其为编年体,有人以其入纪事本末体。从使用的角度看,它搜集了某些重大历史事件中形成的几乎全部官方文件,材料详明,价值极高。

近现代编印出版的历史资料数量很大。有通贯历代的,如翦伯赞、郑天挺主编的《中国通史参考资料》10 册;有只收一代的,如陈述《全辽文》;有专载一事的,如安作璋《秦汉农民战争史料汇编》;有专收某种研究资料的,如郭沫若、胡厚宣《甲骨文合集》13 册、日本人池田温《中国古代籍帐集录》。有关近现代史的资料出版得更多。《中国近代史资料丛刊》《近代史资料》《清代档案史料丛编》《历史档案》《中华民国史资料汇编》《文史资料》《党史资料》等都是刊发有关清代和近现代的专题或单篇史料的资料性丛刊。由沈云龙主编台湾出版的《近代中国史料丛刊》100 辑,台湾国民党中央党史史料编纂委员会编辑出版的《革命文献》《中华民国开国五十年文献》《中华民国史料丛编》《革命人物志》等都卷帙庞大,资料丰富。20 世纪 50 年代,中国史学会编辑出版了一套综合性的专题资料丛书,包括《鸦片战争》《太平天国》《捻军》《中日战争》《戊戌变法》《义和团》《辛亥革命》以及稍后出版的《第二次鸦片战争》等。

使用资料书,要注意几个问题。第一,凡仅见于该资料书的材料,可以直接加以引用。凡据旧史编辑的资料书,可能有割裂原文或抄录印刷错误,使用时

---

①清方略种数有不同说法,李宗侗《中国史学史》(中国文联出版社 1984 年版)第 173 – 174 页列表言有 29 种,《清代方略全书》(北京图书馆出版社 2006 年版)收书 24 种。比较二说,前者无《开国方略》《平定察哈尔方略》《平定海寇方略》,后者无《平定罗刹方略》《道光朝筹办夷务始末》《咸丰朝筹办夷务始末》《同治朝筹办夷务始末》,又将《平定准噶尔方略》前编、中编、后编,合为一种,将《剿平三省邪匪方略》前编、中编、后编,合为一种。种数说法的不同主要缘于分类标准不一。若将二者相合,仍将三编之书合为一种,则清代实应有 28 种方略。

务必查对原书。第二,资料书中资料的分类,反映了编纂者的观点意向,不一定科学合理,还有不少材料误置的情况。使用时要注意不为编录者设置的藩篱所左右,自己重新通盘查考分析。第三,任何资料书,都不可能无一遗漏地收录关于某一历史问题的全部资料。从事研究时,不要囿于此专题资料书,要下功夫搜寻其不收的散逸材料。

二、从各种史书中找材料

各种史书,为我们提供了许多重要的历史资料。有的历史著作有人名索引、地名索引或综合索引,依据索引指示去查材料是比较方便的办法。更多的历史著作从来无人编制出索引,这就需要我们有比较丰富的史料学知识,知道那些书的什么篇章可能有我们需要的材料。或者靠平时读书积累材料,更主要的是带着问题去翻阅有关书籍以找寻我们需要的材料。这有点像大海捞针,很可能翻了几百页书都一无所获。但这本身也是收获,即证明这些书中没有我们需要的资料,以后不必再翻了。而翻阅得来的材料,一般都比较宝贵。

从史书中查材料,要注意三个方面的问题。一要细致。无论成本成篇成段的材料,还是散见的零碎不全的材料,都尽可能找出,不要遗漏。二要不为成见所囿。有人带着成见去找材料,凡符合自己观点的,就注意,反之,就丢弃一边,这不是科学的方法,其研究所得,也必然是片面的。其实,相互矛盾的材料,正是我们研究工作最应注意的,因为它们能促使我们深入的思考问题。对这些矛盾的材料得出正确认识之时,就是解决研究课题难点之时。三要充分利用史书的注释。古代许多史书都有注,比如《史记》的历代注释就有许多家。这些注释,或者疏通文句,或者标注读法,或者解释典制,或者考证事实,或者补充史事,或者陈述己见,对于我们深入理解有关材料的本义和深入分析其内容会有所帮助,甚至还能向我们提供一些与这一史料有关的新的材料或材料的线索。

许多史学研究者常常为知道所要查找史料的书名,却找不到书而苦恼。怎么办? 首先是购置。历史工作者,应该随时注意购置自己专业范围内的书刊。这主要是为了使用方便,但也是现实情况逼得人们不得不如此。因为任何一个图书馆或资料室,其藏书总是有限的,而且又要面向广大的各专业的读者,这样,相对来说,某一专门领域的图书,就不可能全部都有收藏。自己从事这一专业,对本专业内的图书情报知道得多,搜集到的专业资料就可能比一般图书馆更齐备。第二,要熟悉自己所在单位和地区图书馆的情况,知道各图书馆的藏书特点,以便需要时有目标地去借阅。第三,有些重要书刊,本地区的图书馆或私人都无收藏而经费又有着落,就要去外地搜集。北京、上海两地藏书最为丰富,是我们查找资料的理想去处。北京地区的国家图书馆、北京市图书馆、北京大学图书馆、中国社会科学院历史所图书馆、中国第一历史档案馆等收藏的历史方面的资料最为集中。上海图书馆收藏量也很大。如果这些图书馆还找不到所需要的书,可以考虑到有关地区的图书馆或有关人员那里去找。比如研究顾炎武,到江苏苏州市和昆山县图书馆找材料,研究蒲松龄到山东淄博去找,研究顾颉刚找其女顾潮去了解材料等,都可能会有所收获。宋代学者郑樵总结自己搜求图书的经验,说:“求书之道有八:一曰即类以求,二曰旁类以求,三曰因地以求,四曰因家以求,五曰求之公,六曰求之私,七曰因人以求,八曰因代以求,当不一于所求也。”[①]所谓即类以求、旁类以求,是指到有关和相关的图书类目中去寻找书籍;因地以求,是到当地去找有关当地的历史、地理之书;因家以求,是到作者的家乡后代那里去找作者所著之书;求之公,是指凡公文、档案、报表、文件等,到有关官府去找;求之私,是到藏书家或专家学者那里去找书;因人以求,是到有关的人家去找书,比如某人在某地做官,某地之书其家或有收藏;因代以求,是指近人所著书,一般流传较广,寻找容易。郑樵所论是找书的宋代情形,我们今天的图书条件要比他的时代优越很多,但他讲的这些方法,对我们仍不无借鉴作用。

即使找到了史书,要从史书中查到自己需要的材料,也是一项非常艰苦的工作。已故北京师范大学刘乃和教授查找浡泥国王陵墓碑文的经过,说明查找资料这一工作本身也是一种艰辛的、创造性的劳动,并非一般人以为的举手之劳。原来,1958 年,南京市文物普查时,在南郊安德门外的乌龟山南麓石子岗发现浡泥国王陵墓。浡泥国在今加里曼丹岛,明朝初年,其国王麻那惹加那乃率妻子及弟妹、子女、陪臣来华访问,后病殁于南京,以王礼葬,墓前有石人、石马、墓碑。发现时墓碑已残,碑文大部漫没,仅有“浡泥王去中国累数万里”等字略可辨认。发现浡泥国王墓的消息在国内外引起巨大反响,印度尼西亚也希望了解其进一步的情况,为此查找该碑原文就成为一大关键。受国务院古籍整理规划出版小组的委托,刘乃和先生遂着手这一工作。她首先找了《明史》卷 325《浡泥国传》,传里有该王访华病殁建墓树碑事,但未载碑文,又未言碑文为何人所撰。后来又找到《明永乐实录》,其卷 55 至卷 60 记载该王来朝及卒事甚详,但仍未有碑文。又查《江南通志》及《江宁府志》等书。《江南通志·坛庙门》载有浡泥国王墓,但未说到墓碑,《江宁府志·金石门》说到立墓碑,但同样没有碑文。此后又查《碑传集》等,均未载。最后查明人总集。黄宗羲《明文海》有 482 卷之多,其中墓文占 44 卷,但并未载浡泥国王墓碑。最终,在《明文衡》卷 81 中

①《通志·校雠略》。

查到此碑的全文。得知碑文1270余字,是文渊阁大学士胡广所撰。刘乃和先生将查找经过,写成《浡泥国王墓碑文的发见》一文,刊载于1961年10月13日《光明日报》。

三、从有关论著的征引中找资料

查阅当代史学著作、论文的主要目的是了解学术研究的信息。但是,它还有一个附带的作用,就是可以为我们查找有关专题的资料提供一些线索。每篇史学论文或每部史学专著,都要征引许多有关的史料并注明其来源,有些论著还附有参考文献目录,我们可以以此为线索,了解所研究专题的资料情况。别人论著中所引用的史料,也许我们通过其他途径已经找到,但很可能有一些史料是我们不知道的,或者是虽然见过却没有予以注意的,这样的资料对我们的研究来讲,无疑是有意义的。对于初学者来说,如果你搜集的与本课题有关的论著较多,甚至据这些论著中的征引,就可以确定专题资料范围,构成专题资料目录。这个目录比较你通过自己的查考构成的目录可能是各有优劣。因为其中肯定有些内容是你以前的目录中缺少的,这是优。但是由于写书写文章,征引史料并不能包括作者所曾搜集到的全部材料,有些材料对于你可能很宝贵,但他人论著中却没有征引。从这个意义看,你自己构成的资料目录又比之为优。

要注意,他人论著中征引的材料,一般不宜直接拿来使用,一定要认真查阅原书核实原文。这是因为:第一,在抄摘印制过程中,文字可能有误,甚至可能误写出处。第二,作者为了论著行文的需要,可能只摘引其中一句话甚至半句话,而你要引用,必须看该史料的上下文,以免断章取义或以偏概全。第三,个别作者为了证明自己的观点而空穴来风,编造史料,歪曲史料,不查阅原书就会上当。第四,有的作者对自己很熟悉的材料,相信自己的记忆懒得动手查核,以至论著中的引文有误。若有些史料对你所研究的问题十分重要,自己又实在找不到材料的原始出处,需要转引,则应该在文章中注明。

另外,一般历史读物,包括现代人写的历史教科书、历史研究专著、历史普及读物、历史小说等等,它们的内容仅仅可以作为对本书作者进行研究的史料,其中对历史的叙述和描写,是不可以作为研究那一段历史的史料来使用的。这主要是由于一般历史读物本身的性质决定了它们不属于史料的范畴。因为一般历史读物是历史研究工作的成果和对历史事实的重新认识,它们对各种原始资料不仅做了整理和加工,而且做了大量的分析、综合、概括、提炼、引申等改造工作,主要反映作者对历史过程的理解及研究水平,重点在于阐述作者的观点和结论,因此,无论是多么著名的史学家所写的历史论著或教科书,它们都不再具有史料价值,不能把其中的文字作为史料引用。①

四、通过调查采访征集找材料

有关礼俗文化、艺术史、历史地理、近现代历史等专题的研究,只凭书刊上已有的或档案馆收藏的材料还不够,还需要进行现场调查,向当事人或知情人采访,以及公开征集等。进行现场调查,可以获得感性的直观的认识,对于研究有关历史地理的问题和研究某些历史事件的真实情况是非常必要的。研究礼俗文化,必须到民间直接观看、调查。研究近现代历史,如能向亲历某事者直接采访面谈,可以获得许多鲜为人知的重要材料。征集是指通过报刊电视媒体刊登启事、书信往来和发布文件等向一定范围的地区或人员征求有关历史资料。如研究地方史志,就可以在本地和向有关人士广泛地征集民间收藏的有关材料、文献、稿件、实物、图片等,使散落的史料集中起来,为地方史志的写作准备更丰富的材料。还可以向社会征集有关资料的线索。陈智超先生在美国哈佛大学研究哈佛燕京图书馆所藏明代徽州方氏亲友手札时,希望找到这批信件的收信者方用彬的家谱、族谱,于是他在《安徽大学学报》1998 年第 4 期发表《新发掘出的徽州文书——方元素信件介绍》一文,其中提出向社会征集资料情况:"如安徽师大图书馆所藏《歙淳方氏柳山真应庙会宗统谱》就很可能有方用彬的记载,可惜目前还无缘得见。希望本文的发表能引起知道有关线索的读者的注意,给我以宝贵的提示。"文章发表后果然得到了有关学者和单位的回响。②

五、利用计算机和互联网查找资料

随着计算机和网络技术的发展,利用计算机查找资料将日益代替手工检索和查找资料。一般的图书馆和资料室都以机读目录代替了卡片目录,研究者通过计算机检索系统能快速地了解到所需专题资料的情况。1997 年我国开始实施中国数字图书馆(http://www.d-library.com.cn/)的建设工程,至 2001 年底已开始进入可操作的实施阶段。该工程的实施从根本上改变了我国图书信息资料保存、管理、传播、使用的方式和手段,面向公众提供全方位的知识服务,任何人都可以享受到世界上最大的中文知识与信息库的服务。到 2005 年,中国数字图书馆已建成相当于 3000 万册图书、600 万幅图片、8000 部影视作品容量并互相链接的中文多媒体资料库群。1999 年,北京世纪超星信息技术发展有限公司建成超星数字图书馆,该馆作为国家"863 计划"中国数字图书馆示范工程,是目前国内最大的公益数字图书馆,正在对中国数字图书馆的建设和发展

①本段文字主要据张连生《历史论文写作》(吉林人民出版社 2002 年版,第 107 页)改写。

②陈智超:《〈美国哈佛大学哈佛燕京图书馆所藏明代徽州方氏亲友手札七百通考释〉导言》,载《中国史研究》2000 年第 3 期。

进行积极的探索。

近年来有许多公司、各种机构和个人不断将纸质文献数字化、网络化，其中也包括了众多古籍文献和历史研究论著，如：河北大学制作了《续资治通鉴长编》电子版，北京大学中文系李铎主持开发了《全唐诗电子检索系统》。北京书同文数字化技术有限公司研制开发了《文渊阁四库全书》《四部丛刊》《中国历代石刻史料汇编》《永乐大典》《十通》《康熙字典》等大型古籍文献的数字化、网络化，极大地降低了我们查找和获取文献的成本，为我们从事历史研究提供了便利。陕西师范大学 lnfo Digger 软件工作室开发的《汉籍全文检索系统软件》第四版，包括三个子系统：一是《汉籍全文检索系统(简体本)》，收入文史哲类古籍文献 2159 种，共 7.4 亿字；二是《汉籍全文检索系统(繁简双体本)》，已收入繁简两体二十五史、《十三经注疏》、《大正新修大藏经》、《四库全书总目提要》、《通典》、《朱子语类》、《艺文类聚》、《全唐诗》(加注本)、《全唐文》九种，共 3.9 亿字，以后还将根据需要进行增补；三是《文史哲科研教学参考资料全文检索系统》，收入海内外近现代文史哲文献 543 种，共 4.4 亿字。输校认真，错误较少，检索非常方便。人民邮电出版社也推出了《二十五史多媒体全文检索阅读系统》，收录了百衲本二十四史和关外二次本《清史稿》包括图表的全部内容，附录了张元济的《校史随笔》和《左传》《国语》《战国策》《吴越春秋》《越绝书》《东观汉记》《华阳国志》等史学名著，及清代至当代学者对正史所做的考证。还收录了一些十分有用的读史工具书。北京卓群数码科技公司制作出包含有二十六史、《资治通鉴》和《续资治通鉴》，而且可以全文朗诵的“中国历史文库”光盘。这个计划的实现，使研究人员查找资料更为方便。北京大学承担的国家重点电子出版物“十五”规划项目，由北京爱如生数字化技术研究中心开发制作，黄山书社出版发行的“中国基本古籍库”共收录上自先秦下迄民国的历代名著和各学科基本文献 1 万种，总分为哲科、史地、艺文、综合 4 个子库和 20 个大类、100 个细目，总计全文 20 亿字，图像 2000 万页，可实现古籍浏览、校勘、标注、分类、编辑、下载、打印等的全电子化作业，堪称规模空前的中国历史典籍总汇。

研究人员还可以通过互联网了解学术动态，查阅、下载有关资料，节省时间。例如国学网上就有数十种文史典籍可供学者查检。2005 年 1 月国家新闻出版总署宣布，从 2004 年起，在 5 到 10 年的时间里，我国新闻出版单位将对新中国成立以来已出版的各类学术著作和发表的学术论文进行分类整理，最终形成“中国网络学术文献出版总库”，建立一个超大规模的网络学术文献数据库。台湾故宫博物院已将《古今图书集成》全文数字化，并分别出版了单机版和网络版全文检索系统(http://192.83.187.228/gjtsnet/intro5.htm),可依原有分类的六大汇编、三十二点及各部的顺序检索。广西大学古籍所开发的古今图书集成网站(http://gjtsjc.gxu.edu.cn/)分为索引和全书图像两部,可进行目录和索引查询、阅读全文影像。二十五史全文阅读检索系统网络版(http://202.114.65.57/net25/),可在线阅读和查询二十五史的全部内容。由北京籍古轩图书数字技术有限公司发行的中国数字方志库(http://f.wenjinguan.com/),先期收录了1949年以前不同时期编撰的不同版本的旧志书10000余种,总册数近10万册,为我们从事方志研究提供了便利。台湾"中研院"开发的汉籍电子文献(http://hanji.sinica.edu.tw/index.html/)收入约12000万字的古籍,主要有二十五史、十三经、诸子43种、古籍18种+34种、大正新修大藏经(22卷)、台湾方志、台湾档案的电子文本等,有的还贴到了国际互联网上,可以全文检索。香港中文大学中国文化研究所建立了"汉达文库"(包括甲骨文、金文、竹简帛书、先秦两汉、魏晋南北朝等五个文库,http://www.chant.org/),香港大学建立了"香港大学学术库"(http://hub.hku.hk/)。

从事历史研究,近代以来出版的期刊报纸、研究论著也是我们必须要参阅的文献,这方面的电子数据库主要有:中国高校人文社会科学文献中心(简称CASHL)建立的"开世览文数据库"(http://www.cashl.edu.cn/),收藏有11796多种国外人文社会科学领域的核心期刊和重要期刊,1799种电子期刊以及28万种早期电子图书,52万种外文图书,以及"高校人文社科外文期刊目次库"和"高校人文社科外文图书联合目录"等数据库,提供数据库检索和浏览、书刊馆际互借与原文传递、相关咨询服务等。CNKI中国知网学术文献总库(http://www.cnki.net/),包含学术期刊、博士学位论文、优秀硕士学位论文、工具书、重要会议论文、年鉴、专著、报纸、专利、标准、科技成果、知识元、哈佛商业评论数据库、古籍等类型文献,总量10190万篇。万方数据知识服务平台(http://www.wanfangdata.com.cn/),提供学术论文、期刊图书等文献的综合检索。大成老旧刊全文数据库(http://www.dachengdata.com/tuijian/showTuijianList.action),收录了清末自有期刊以来到1949年以前,中国出版的6000余种期刊,共12万多期,150万余篇文章,具有全面性和独有性,是研究各个学科发展、科技传承脉络不可或缺的数据库工具。全国报刊索引数据库(www.cnbksy.com),提供了篇名、目次及晚清期刊的检索。HyRead台湾全文数据库(http://www.hyread.com.tw/)由凌网科技建置,于2009年正式上线营运,为专属台湾的电子期刊数据库,收录的内容以国内学术电子全文为主,共分为综合、人文、社会、自然、应用与生医六大主题,共数十万篇电子全文,与超过200种核心期刊,提供个人会员与团体订户阅读、下载电子期刊 PDF 全文等服务。在电子图书方面比较常用的数据库有超星电子图书(http://www.sslibrary.com/),阿帕比(Apabi)电子图书(http://www.apabi.cn/)。此外,许多以文献资源为主题的网站也提供不少图书报刊等文献资源,如国学数典论坛(http://bbs.gxsd.com.cn/),爱如生国学论坛(http://forum.er07.com/),书林网(http://www.booksforest.com/),先秦史论坛(http://xianqin.5d6d.net/),新浪爱问共享资料(http://ishare.iask.sina.com.cn/),等等,不过这些网站或多或少都设有一些门槛,需取得一定权限才有可能获取所需要的资源。

除了一些专题类的数据库和网站之外,还有一些综合类网站也能给我们从事历史研究提供帮助。如读秀学术搜索(www.duxiu.com),不仅提供图书、期刊、报纸等检索功能,还提供知识搜索功能,实现了各类资源的聚合检索。Google 学术搜索(http://scholar.google.com/),主要搜索网络学术资源,更新速度快,可及时了解各学科的学术动态。

能够熟练使用一些常用的数据库和检索系统,可以使我们从事历史研究更加方便、快捷,达到事半功倍的效果,所以说,这应该是现代科学技术背景下从事专业研究的必备技能。然而,以上列举的只是目前数字文献检索的小部分,如要熟练掌握数字化文献的检索,并非一朝一夕就能实现,需要读者自己在日常的研究学习过程中多加留心,注重平时的积累。现在,各种各类的图书馆和研究机构都很重视数字文献资源的发展,在其网站主页上,能够轻易找到通过各种途径获得的数字文献资源入口。图书馆和研究机构提供的各类数字文献,绝大多数都是我们从事科学研究需要用到的,所以我们首先应该对各个图书馆和研究机构所提供的各类数据库和检索系统有个大致了解,熟悉它们的用途和用法。但是图书馆和研究机构不可能对所有的数字文献资源都能囊括其中,一些相对专业的数字文献就需要我们平时积极地去发现、积累。我们可以向身边的同行请教,相互有无,也可以登录专业论坛学习,看到对自己有帮助的数据库或网站,就分门别类地收藏起来,以备不时之需,这样通过一段时间的积累,你也可以拥有一份自己的学术资源导航。

查找文献、摘录资料,在以往的史学研究中占去了研究者大量的时间和精力,计算机检索资料则可以使其从中解放出来,有更多的时间从事课题的研究。但利用计算机检索查找资料的前提是研究者必须懂计算机的操作和使用,懂得上网技术。这也就是为什么我们在谈到史学工作者的专业素养时强调掌握计算机技能的重要性。

上边说的,是查找资料的一些常规方法。在具体从事资料工作时,人人都有自己的一套行之有效的方法。但不管用什么方法，查找资料的基本出发点应该是像韩信将兵——多多益善，就是尽可能将自己所研究专题的材料搜集得多些、全面些，应该像胡适说的那样，“无论是破铜烂铁，竹头木屑，好的坏的，一起都收”①。材料愈多，历史研究的基础就愈厚，就愈容易出成绩而少出问题。

第四节　资料的采集

找到资料，就要将这些资料都采集到自己手边，以供研究和征引。采集资料的方法很多。但综而论之，不外乎复制、摘抄和计算机储存三法。

一、复制资料

复制资料是采集资料的最佳方法，因为它能反映原资料的原始状况，内容完整不走样，又能节省时间。

复制的办法，一是静电复印。这可说是现代科学技术给我们采集史料带来的一种革命，它省时省工，快速准确，经济实惠，还能长期保存。特别是一些重要材料、罕见书籍的复印，很有价值。一些书籍或刊物内容很多，我们只需要其中的一页一节或一篇文章，用静电复印更是经济的选择。

二是照相缩微。静电复印时产生的高温对书籍有损，因此古籍原本或珍贵易损的资料（如敦煌卷子等），就不能用静电复印的办法采集所需资料，但可以用照相的办法，制成缩微胶卷，然后用放大镜或显微阅读器阅读。如果把胶卷再翻印成照片或用于静电复印，那样当然更便于阅读和保存了。国内各大图书馆也都有替读者摄制缩微胶卷的服务项目，只要挑选好书刊，填好卡片，办理好有关手续，到时候就可以拿到质量上乘的资料缩微胶片了。新世纪以来，数码照相机的技术水平日益提高，操作使用日益方便简单，储存卡的容量越来越大，学者自备数码相机，对有用的书刊、文件、材料，用数码照相机拍摄出来，可以拷入电脑中储存和显示阅读，或者将拍摄的照片洗印出来，进行阅读，都是非常方便的。

三是拓印。碑石铭文、钱币腰牌、器皿花纹等，除了对实物进行照相以外，最好的办法是拓制。拓印是用宣纸贴在器物的表面，用墨打印，使凸起部分变黑，来记录其花纹形状和文字的方法。其基本方法是：先把要拓的花纹或文字尽可能剔刷清楚，用大小合适的宣纸盖在上面，用软笔或毛巾蘸上白芨水把纸轻轻润湿，然后在湿纸上蒙一层软性吸水的纸保护纸面，用毛刷轻轻敲捶，使湿

---

①《中国书的收集法》，载《中华图书馆协会会报》1934年9卷5期。

纸贴附在该物表面，随着它的花纹文字而起伏凹凸。再除去蒙在上边的那层保护纸，等湿宣纸稍干后，用扑子蘸适量的墨，敷匀在扑子面上，向纸上轻轻扑打，上第一遍时，墨色宜浅，干后再上一遍或几遍，等墨干后再揭下，就可以得到黑白分明的拓本（又称“拓片”）。

复制资料要注意两点，一要检查复制效果，如果有个别不太清楚之处，应当随即用笔描补，二要随时记录该资料的出处（如书籍的作者、版别、篇卷、页码、刊物名称、卷期页数、报纸日期及版数、作者、篇名）。这两点如果疏忽，以后再补，可能是非常困难甚至永远做不到的。

如果是自己拥有的报纸，可以在阅读后将需要的文章剪下来，并注明报纸名称日期等，予以保存。有的学者养成了随时剪报、定期分门别类整理粘贴剪报的习惯，长此以往，积累了许多有用的材料。

二、摘抄资料

在阅读中发现有关史料，如果不能马上摘抄下来，时间一长就会忘记，等到用时，却又想不起出处而无法查找。因此，即使是自己收藏的书籍刊物，找到有用的材料，也要当即做读书笔记或资料卡片，予以记录。历来的学者都很重视资料的摘抄和做学术笔记。清代学者俞正燮，“足迹半天下，得书即读，读即有所疏记，每一事为一题，巨册数十，鳞比行箧中，积岁月，证据周遍，断以己意，一文遂立”①，他就是这样写出了许多高质量的著述。赵俪生先生讲自己研究《日知录》的经验，说：“我的工作方法有二，一是圈点加批，二是写笔记。书要用木刻本，因为它字大，行距大，天地大，便于圈点加批。加批时要高度严谨，不随意下笔，自己对自己负责。写笔记，我有我自己的做法。我买下了一大摞笔记本，每页正反两面，正面写反面不写，留下空白。等笔记做到一定阶段，可以进行总结时，就把从感性资料上升到理性的认识写到反面上。这样一本笔记本打开，左手是理性认识，右手是感性资料，日后翻查起来很方便。”②

读书笔记有批注笔记、摘录笔记、提纲笔记和心得笔记等不同形式。

批注笔记，是在自己的书刊上用的。凡阅读中见到有关的材料、精语或值得注意的问题，随时画上各种不同的符号（如曲线、直线、三角、圆圈、叹号、问号等），以便引起自己的注意。还可以在书眉或其他空白处，写下其内容的要点及自己的看法、体会、疑问，也可写下自己在别处发现的相关资料或观点，然后用折角或夹签来做记号，以便于下次查考。

摘录笔记，是在阅读中，随时把书中的史料、观点、引语、资料等，摘录在专

①张穆：《癸巳存稿序》。

②《我和顾炎武研究》，载《学林春秋——著名学者自序集》，中华书局1998年版，第589页。

门的笔记本上。摘录要准确无误,并保持所抄材料的完整性,详细记录所摘材料的出处,以备引用和查考。

提纲笔记,就是用纲要的形式把阅读过的书籍文章的要点及主要史料记录下来。一般是按照原来书籍和文章的层次顺序做提纲,用十分简要的文字记下每章每段的要点和史料的大致内容,这种笔记能起到很好的提示作用,凡自己藏有的书刊及复制件的材料适用此法。

心得笔记,是读书后写出自己的认识、感想、体会、得到的启发与收获的一种笔记。这已不仅仅是采集材料,而是一种对资料的研究。其重要性我们在后边再讲。

做资料卡片,可以用活页纸、纸条或专门印制的卡片。抄摘史料,最好是用卡片,这样既便于长期保存,又便于分类和查找,还可以按各种不同问题重新组合,纵横比较。做卡片要注意五点。第一,要认真地记下史料的出处。第二,史料的抄录要准确无误。第三,在卡片上栏要标出史料的类别或要点。第四,同一史料,出处不同,最好能集中于同一卡片上,以便于比较异同。第五,做史料卡片时,可随时加上按语或记下看法、体会,既可备忘,更可以为以后使用该史料形成观点时做参考。

三、利用计算机采集资料

无论是复制资料,还是摘抄资料,保存和整理都不方便,容易混乱。计算机容量大,能保存丰富的资料,且随时可以根据需要对资料进行整理。因此最理想的采集资料的方法是将所需要的资料随时输入计算机中。

若拥有笔记本计算机,则可随身携带,随时键入看到的资料。凡平面的历史文献或图片,都可以用电子扫描仪将其文字或图像扫描到计算机中。市面销售的各种品牌和档次的扫描仪很多,可以按照个人的需要和爱好选购。扫描仪的操作也很简单。如果用照片保存资料,可以达到很清晰的程度。但要想将资料按文字的形态保存,以方便使用,由于目前各种扫描仪对汉字的识别率都不是太高,在将汉字文献扫描后,必须利用计算机的校对软件对其进行认真校改。我们从电子文献或网上查检到的资料,应该马上将其下载储存于软硬盘中,加上文件标题,便于以后查阅使用。如果是纸本文献的资料,也可以边阅读边摘要键入计算机中保存下来。这样保存的资料,可以在写文章时直接粘贴到有关的位置,省力省时,而且不会出现错误。

第五章　资料的整理

通过第四章所述的搜集资料的手段，我们搜集到大量的然而又是芜杂的史料。这些史料并不能马上拿来证史，因为它们的可信程度和使用价值是不一样的，所以首先需要对资料进行审订，辨别其真伪、校勘文字、确定史料价值、考证史实。法国年鉴学派领袖马克·布洛赫告诫我们，对史料应该像警察对待证据一样，即使是最天真的警察也知道取证不能仅仅以人们的证词为依据，研究历史同样不可盲目地轻信所有的史料。为数不少的文章、书稿伪造引文出处，有些史籍的记载全是虚构的，有的证词是强逼而成的，甚至有些实物也是赝品。历史上最为著名的文献《君士坦丁的赠予》，居然是8世纪罗马的一个教士伪造的。11世纪法国洛林的一个乡绅被一伙手持文字证明的教士所诬告时，他愤怒地喊道："任何人都能用墨水想写什么就写什么！"让我们永远记住这位乡绅的话，对所有文字材料保持警惕，不要被写在各种材料上的文字资料所蒙蔽。

第一节　资料的审订

一、鉴别真伪

历史文献中有以古人著述的面貌出现，而实系后人撰成的书籍文章，学界称为伪书、伪文。

历史研究必须凭借真实准确的史料。伪书伪文中的资料，使我们对于历史的判断陷入时代或史实的错误。时代和史实一错，全盘的研究，都将建立在沙滩之上。因此，审订史料的第一步，是辨别史料的真伪，对伪史料予以剔除或限制使用。

伪书出现的原因是多方面的。一是古人崇古之风很盛，有的人为了欺世盗名抬高自己，而把自己的著述伪称为前人所为。二是有的政客，在论战中为了击败对方而伪造古书,作为自己的论据。三是历代统治者在大乱之后,屡屡以高价搜求古籍,有人乘机制造伪书以骗取奖赏。四是在激烈的政治军事斗争中,有人为了某种目的,有意伪造文件或歪曲事实。五是有的古籍早已散逸,好心学者从杂书中辑出零篇碎语,参以己意,加以添补,纂录成书后冒以原书之名。

史料的真伪,一般并不需要我们亲自去一一予以辨明。自先秦至当代,许多学者从事辨伪工作,揭露出许多伪造的文献或器物。辨伪之学,在先秦已有萌芽。《孟子·尽心下》说道:"尽信书,不如无书。吾于《武成》取二三策而已矣。仁人无敌于天下,以仁伐至不仁,而何其血之流杵也!"就是怀疑《尚书·武成》非武王时作品。汉代已有了专门的辨伪篇章,唐代辨伪成为风气,明清的学者辨伪更取得了突出的成绩,使许多伪书因铁案如山而暴露于光天化日之下。历代专门的辨伪著作很多,明宋濂《诸子辨》、胡应麟《四部正讹》、清姚际恒《古今伪书考》、今人黄云眉《古今伪书考补证》、张心澂《伪书通考》、邓瑞全和王冠英《中国伪书综考》(黄山出版社 1998 年出版)是其中的代表,在我们的研究工作中可以拿来参考。当然,前人已考订为伪书的并不一定就是铁案。这是由于,第一,书籍流通抄写刊刻的过程极为复杂,而有的辨伪者矜异好奇吹毛求疵,可能将真书打成伪书。考古发掘材料就已经为《逸周书》《晏子春秋》《尉缭子》等曾被判为伪书者摘掉了伪托的帽子,或推翻了部分不实之词。第二,有些判定的伪书,因其系据旧史料编成,而有其可利用之处,不可一概排斥。第三,有的纯为后人所托之伪书,在判明其真实著作年代后,则可以视为作伪时代的真书。例如《周髀算经》托名周公,实为汉初人所作,即可作为汉初的数学书来读。第四,研究上古史,由于当时没有文字,或文字尚不够成熟,或所留存史料不足,而后代所说的伪书中,却有不少上古传说的材料,记载了一定时代尚在流传的上古历史事实。这些材料若能与考古发掘的材料相证明,就应予以重视。

既然前人所定伪书不可全信,有时我们自己就不得不做一些辨伪工作。辨伪的方法,清代学者已经做得十分精细。主要有以下八法:一是考察其著录和流传情况。如果查清了此书的原始出处、保存、抄刻的过程,就容易确定其真伪。假如突然出现的一部书,很长时间或者从来没有人见过,就可能有问题。梁启超认为:"其书前代从未著录或绝无人征引而忽然出现者,什有九皆伪。"①如《三坟》《五典》《八索》《九丘》之书名虽在《左传》中出现过,但汉、隋唐以来的《艺文志》《经籍志》从未著录过,司马迁以来没有一人征引过。而明朝人所

①《中国历史研究法》,东方出版社 1996 年版,第 102 页。

刻的《古逸史》中突然有《三坟》等书，其是伪书无疑。二是考察其所使用的材料和技术。历代所用的纸、绢、铜、磁、笔、墨等各有特点，不同时代和地区印制装订书籍文献的方法也各不相同。如果在这些方面有漏洞，也可借以辨明其真伪。三是考察其字体。即考察书写的笔迹，印刷的字形，避讳改字和用字的习惯，以断定其是否真书。例如《李秀成供状》，全文墨色相同，不像多少天陆续写作的样子，而像一气写成的，由此断定其是重抄的伪造本。四是考察其文体文句。各个时代的文章体裁格式不尽相同，文句语汇也自有特点。比如，三代文尚简质，六朝和唐尚华藻。辛亥革命前说到英国的货币单位用“磅”字，以后改用“镑”字等。这些特点，有经验的人一看就会明白。五是考察其所载史实制度及所征引资料。《太平天国轶史》刊有一篇《天王致英国国书》，文中说：“东王阅过，承朕览……特遣弟仁玕，远使贵国。”洪仁玕到达天京时，杨秀清已死数年，因此这篇所谓的国书肯定是伪造的。一般说，书中的事实、文句，只有后人征引前人、叙其前事，不会前人征引后人、叙及后事，若有后一种情况，该书当然不可靠。20世纪50年代，有人给《近代史资料》送去一份回忆录，自称参加过八一南昌起义。一开头，就描绘起义当夜月亮如何美丽。其实，1927年8月1日子时，即阴历七月初四子时，绝对没有月亮。这就露出了作伪者的马脚。六是考察其思想渊源。每一时代有其时代的思想，治学术史者自然会看出。例如，《管子》中有驳斥“兼爱”“寝兵”的说教，据此即可知其成书于墨子之后。七是考察其所凭借的原始材料。造伪书的人不可能一字一句都凭空伪造，必定要凭某些真实的原材料，再添油加醋，敷演成篇。其中如有割裂、敷演、添油加醋的情况，就露出了马脚。八是考察原书的逸文逸说。已逸的书，后人伪造，很难把散见各书中的逸文逸说全部搜罗进去。如果从别的古书中发现其所录引原书逸文为今本所无，“今本”就靠不住。

上边所说的是辨别伪书的方法，对并非伪托的古籍中的伪篇，也存在辨别的问题。一般说来，这种情况多出现于各类总集与别集中。此外，一些经书、史书及子书中，也经常有后人将注文掺入正文的现象。

鉴别古籍中掺入的伪作，应注意这样几点：第一，应尽可能地熟悉该史籍、诗文的作者和与之交游者的生平事迹。这样对于那些涉及作者与之交游者的诗文，就可能发现一些解决问题的线索。第二，尽可能地熟悉该史籍的体例、内容及风格。大凡书籍，在其撰著、编纂乃至刊刻时，都贯穿有一定的体例，而伪作则一般难以与之相吻合。第三，注意检核史籍的不同版本以及与之相关的文献。同一篇诗文，有时散见于若干种古籍中，通过考察这些古籍的编者、年代和刊刻时间及可信程度，来判断这篇诗文的作者与真伪。第四，根据各种古代文化知识来判断真伪。诸如避讳、地理、年代、目录、谥法等方面的知识，往往可以成为我们辨伪的工具。

辨伪举例：1983 年新华社报道，湖北省黄梅县农民杨海舟将家藏《杨家宗谱》献给政府，并称该杨为杨家将第九十七代孙。杨家将的故事，在我国家喻户晓，妇孺皆知。《杨家宗谱》及杨门后代的发现，引起人们的很大兴趣。但经考证，杨海舟所献之谱牒纯属伪造。据《宋史·杨业传》记载，杨业原是北汉大将，以骁勇闻名，后来降宋，出击契丹，屡立战功。《杨家将通俗演义》则是以杨业为主人公的小说。对历史与小说的关系，余嘉锡等老一辈学者早已考释清楚。①以信史与《杨家宗谱》对照，则发现该谱疑点颇多。第一，谱言杨业之父名相，但《资治通鉴》《东都事略》及欧阳修撰杨业侄孙墓志铭皆言其名信（本宏信，避北宋赵匡胤父弘殷之讳改）。第二谱言杨业妻佘氏。清李慈铭说："今山西保德州折窝村，有大中祥符三年（1010）折太君墓碑，即业妻也。西北人读折音如蛇，故稗官家作佘太君……"光绪十年《续修（山西）岢岚州志》"节妇类"有杨业妻折氏，注言："业，初名继业，仕北汉，任犍为（应为建雄）节度使，娶折德扆女，后归宋，赐姓杨。折性敏慧，尝使业立战功，号杨无敌。"第三，谱言杨业有延昭、延信两个儿子。据《宋史》及徐大焯《烬余录》《续资治通鉴长编》等，杨业有七个儿子，名延玉（渊平）、延浦、延训、延朗（延环）、延贵、延昭、延彬（延嗣），又与之不合。第四，谱言杨延昭之子为杨宗保，宗保子为杨文广、杨再兴，杨宗保娶穆氏为妻。据《宋史》及《隆平集》，杨延昭之子名传永、德政、文广，《宋史》中并有《杨延昭传》《杨文广传》，并无杨宗保之人，当然也不会有杨宗保之妻穆桂英了。第五，杨海舟自称为杨家将 97 代孙，这就破绽太大。杨家将是杨业至杨文广祖孙三代之称，所谓 97 代，第一代是杨业、杨延昭还是杨文广？其次，杨业死于雍熙三年（986），至 1983 年不足千年，按大体 20 年一代计算，也应是第 50 代孙。孔子死于公元前 479 年，至今 2480 年，其后代孔德成不过是其 77 代嫡孙，杨家子弟怎么可能 10 来年就传一代呢？综上所述，《杨家宗谱》显然是后人根据传说、小说伪造而成的，是一部彻头彻尾的伪书。

二、校勘文字

古籍在清稿、传抄和翻刻的过程中，可能出现增减笔画、讹字、脱文、衍文、倒文、错简、注文与正文混杂、脱句、脱页、误增、讳改等情况。我们在排比史料时，会发现同一原文彼此引述不同，或文字有错误，鱼鲁亥豕，乌焉成马，或上下文义不相连贯等等，这些都影响对历史真相的认识。如果不对史料中的文字进

①《余嘉锡论学杂著》（下册），中华书局 1977 年版，第 417 - 490 页。

行校勘，史料就无法使用。

造成古书中文字讹倒衍脱的原因是多方面的。有的是在辗转传抄、翻印中致误，有的是作者原稿有错，有的是因避讳改字，有的是被后人篡改。

校勘，又称校雠或雠校，就是广聚众本，并以善本或古本为底本，校正、勘定古书字句错误的方法。孔子搜集古代文献，进行比较、考释，删定为六经，可以看作是萌芽的校勘工作。《吕氏春秋·察传》记载道："子夏之晋，过卫，有读史记者，曰：'晋师三豕涉河。'子夏曰：'非也，是己亥也。夫己与三相近，豕与亥相似。'至于晋而问之，则曰：'晋师己亥涉河'也。"这是史书中所见第一个关于校勘的历史记载。西汉末的刘向、刘歆父子在从事中秘藏书的整理工作中创立了校雠学。刘向《别录》言："校雠，一人读本，校其上下，得谬误，为校；一人持本，一人读书，若怨家相对，为雠。"[①]隋陆德明《经典释文》对《周易》《尚书》《毛诗》等十四种经典进行了注释，并据各家传本对诸书的文字异同做了校勘，是流传至今最早的完整校勘成果。宋代随着刻书业和私人藏书的兴盛，校勘成为一个专门的学问而大放异彩。出现了诸如刘恕、刘涣、宋祁、沈括、郑樵、岳珂等名家。清代校勘学达到鼎盛，名家迭出，卢文弨、顾广圻、戴震、惠栋、钱大昕、王念孙、段玉裁、阮元、孙诒让等是其中最负盛名的人物。章学诚所著《校雠通义》则对校勘学进行了理论总结。近代最有成就的校勘家是张元济、陈垣等。

前人和今人为了校勘典籍做了大量工作，其成果一般反映于各种古籍及其校勘记或专著中。我们读古书，应该充分利用前人的校勘成果。以中华书局点校本二十四史为例，除了每卷之末附有本卷校勘记外，正文中也有校勘后对底本的改动，读书和征引时要注意利用。如《汉书·爰盎鼂错传》第 2279 页：

用少击众，杀一王，败其从而（法曰）大有利。（句中用圆括号标出的"法曰"二字为衍文，应删去。）

（萑）[萑]苇竹箫，中木蒙茏，支叶茂接，此矛鋋之地也，长戟二不当一。（句中用圆括号标出的"萑"字应删改为方括号标出的"萑"字。）

但是许多古籍没有校勘，即使有校勘，但由于种种原因，总有一定的缺漏。况且，校勘工作从来不是可以一蹴而就的。宋人宋绶说："校书如扫尘，一面扫，一面生，故有一书每三四校，犹有脱谬。"[②]因此，我们在进行专题研究时仍有必要自己从事一定的校勘。校勘古籍除了要有专业知识外，还要有诸如文字学、

①《太平御览》卷 618 引文。

②《梦溪笔谈》卷 25。

音韵学、古代汉语、典制文化、目录、版本等多方面的知识。具体从事校勘工作，第一要搜集尽可能多的版本，特别是较早的和较好的本子。“善本非纸白版新之谓，谓其为前辈通人用古刻数本精校细勘付刊，不讹不缺之本也。”①我们今天一般将宋元刻本、清代学者的精校精注本称为善本。王重民的《中国善本书提要》著录了北京图书馆、北京大学图书馆、美国国会图书馆等单位所藏我国善本古籍四千四百多种，可为我们了解善本书提供参考。第二要慎重地使用旧注和类书。第三要避免臆断和妄改。第四要充分利用前人的校勘成果。第五要研究古书的义例。

陈垣先生在前人校勘活动的基础上，结合自己的校勘实践，在《校勘学释例》中，总结出校勘四法。

第一对校法，是用同一部书的各种版本比较，从不同版本的异文中，根据情况，择善而从。

第二本校法，是以本书的前后文字互证，比较其异同，从而判断出错误之处。

第三他校法，是以几种书比较，凡某书有采前人书中之处，可用前人之书来校；有被时人或后人引用之处，可用时人或后人的书来校；其材料有为同时代的书所并载的，可用同时代的书来校。

第四理校法，是根据逻辑推理或文史常识，判断是非，定其正误。

在实际工作中，证据愈多，校正就愈准确，所以校勘四法总是参互配合使用的。尤其不能孤证定谳。校勘的原则有三：一是存真，存古本之真和求事实之真。二是校异，即罗列诸本异同，校者不做是非判断。三是订讹，即明其致讹原因，订正其讹误。

要注意的是，我们在从事专题研究时所进行的校勘与专门学者所从事的书籍校勘不同。专门家校勘的目的是为了刊印，而我们校勘的目的是为了得到准确的资料以便于研究。专门家校勘结束以后，都据校勘成果改正原书中的误、脱、衍、倒，并写出校勘记，说明诸本异同或勘正的理由。也有将校勘所得，单独印行的。至于平常的读书所得，则可以用读书笔记的形式，将其汇编刊印，以利学者。《古籍整理出版情况简报》1961 年第 2 号刊有《中华书局古代史编辑组讨论二十四史校改底本和撰写校勘记问题》一文，对校勘的具体做法有明确规定，可以参考。一般历史研究者校勘了有关资料，却不能以自己的校勘所得改史，在写论文征引时，仍然必须一字不差地引用原来的文字，只能在论证或注释

①张之洞：《輶轩语·语学篇》。

中运用自己的校勘成果。

三、判定价值

史料价值的审订，最主要的是区别直接史料与间接史料、有意史料和无意史料。

所谓直接史料，是历史事件本身或历史人物本人所遗留下来的材料。比如，各种契约、文书、档案、奏疏、谕旨、布告、条约、法律条文、碑记、实物，当事人的日记、笔录、诗文、书信电报、手稿、回忆录等。这些材料的原件，即原本史料，有无可替代的极高的价值。当然，即使直接史料也有不可尽信之处。比如封建官员关于地方事件情况的报告，为了冒功避罪，就多有讳饰虚报的例子。个人的日记，也可能因某种心理或原因，而不照实记录。谕旨、布告，也有为了策略上的原因而有意掩盖事实真相或其真实意图的。当事人的回忆录，可能因其所见不够全面或时间久远或记忆模糊而失误。当事人的记载，有可能因个人的偏见或其他原因，虚美掩恶。所以，即使是直接史料，也要经过考证分析，才能决定其史料价值。

直接史料对于历史研究者来说是最为珍贵的，所以大家在从事专题研究时都竭力搜寻直接史料，以定史实之是非。清初顾炎武十分重视直接史料，他将搜集寻找直接史料比之为采铜于山。他说："尝谓今人纂辑之书，正如今人之铸钱。古人采铜于山，今人则买旧钱，名之曰废铜，以充铸而已。所铸之钱既已粗恶，而又将古人传世之宝，舂锉碎散，不存于后，岂不两失之乎？承问《日知录》又成几卷，盖期之以废铜，而某自别来一载，早夜诵读，反复寻究，仅得十余条，然庶几采山之铜也。"①用第二手甚至第三手资料编辑而成之著作文章，如同以旧钱铸新钱，难以出精品。

当然，随着时间的推移，直接史料留存愈来愈少。我们研究历史，最主要的还要依靠间接史料。

间接史料，就是非当事人或非历史事件本身所遗留的材料。各类史书的材料，多属间接材料。间接材料，有的是作者闻见的记录，有的是据直接材料的改写综述，有的是根据前人著述辗转抄撮成书。一般说，间接材料比直接材料价值要低一些，愈间接的材料，价值愈低。我国古代一般史书不注明材料来源，我们很难判断哪条记载是来自直接材料，哪条记载是辗转抄得。在这种情况下，主要依据史书的成书年代来判断其价值。通常时代愈早的书，其可信度就愈高，晚出的书，史料价值就相对较低。比如，研究春秋历史，《左传》《国语》的价

①《亭林文集》卷4《与人书》十。

值，就在《史记》和《越绝书》之上。而研究秦和西汉前期历史，《史记》的价值又比《汉书》为高。因此，在引用材料时，如果同一史料，几本书都有记载，应该征引其中撰成最早的一部书的材料。

有意史料，是指有意识地留给后人的资料，有意要影响读者的记载，其编撰者希望后人按着他的叙述来认识或理解历史。传世的各种史籍大多数属于有意史料。如司马迁撰《史记》，述往事为的是思来者。希罗多德的《历史》是希望将希腊人的功绩流传后世。他在序言中写道："在这里发表出来的，乃是图里邑人氏希罗多德的研究成果，他之所以要把这些成果公布于世，是为了保存人类已取得的那些伟大成就，使其不致因年代久远而湮没不彰，为了不使希腊人和异邦人的那些可歌可泣的丰功伟绩失去应有的光彩。"我们今天阅读《史记》《历史》这样的书籍以了解过去，这正是作者所希望的。

无意史料，是指人们无意中所留下的有关过去的记载和实物。如废井中的陶片，房屋遗址，烽燧废墟中的简牍等。我国在20世纪的重大考古发现——甲骨文也是无意史料。殷人信鬼神，先神而后礼，凡事都要通过占卜以询问鬼神，并将占卜的内容刻在龟甲兽骨上。他们在龟甲兽骨上刻字只是为了记载占卜结果，而今天的历史学家却利用甲骨文研究商代社会的各个方面。与有意史料相比，一般来说无意史料的价值较高，它能告诉后人有意史料竭力想掩盖的真相，甚至可以填补历史研究中的空白。当然，这类史料也会有错误和作伪的情况存在，但却不是蓄意为了欺骗后人、误导后人。

就我国历代书籍的具体情况而言，可以大致区分各种不同体裁典籍的史料价值。如果某一朝代的日历、起居注、邸报、实录、本朝国史、正史皆存，那么，它们的史料价值是愈前愈高。而正史比之政书、野史、笔记，又以正史价值较高。国史、正史与地方志、家乘比较，国史、正史的价值更高。但地方志中有关撰修方志前不久的本地史实的记载，家乘中有关人物的生卒年、世系传承等的记载，又有很高的价值。传状碑铭诔文的史料价值一般在国史之上。官僚的信札比之奏稿要更为可信。如此等等。

即使是同一种体裁的历史著述，也因著作者的不同，距历史事件时间的远近，著书者史德的高低等等而价值有所区别。就正史来说，一般私修的史书比官修者价值为高，这是因为私修书忌讳较少，比较自由，可以随心著述，而官修受牵掣太多讳饰较重。同是私修或官修史书价值也有差距。比如《史记》和《汉书》比较，由于司马迁很讲究信以传信疑以传疑，不虚美不隐恶，所记史实价值较高。而班固思想正统，又受今文家谶纬迷信思想的影响，所记历史，就难免有附会之处。

甚至同一部书的不同篇章或部分其史料价值也有区别。例如《今文尚书》二十八篇,一般认为是真实的三代文献汇编,价值很高。但是,这二十八篇中,各篇撰成的时代或反映的历史先后有别,其中《虞书》《夏书》的真实性就很可疑。《禹贡》篇是成书于战国时期的历史地理作品。《商书》的价值虽说较高,但其中也有问题,如《汤誓》文辞不古,前人多疑其为后人追作。最可靠的是《周书》十九篇。

在史料价值的审订中,还应该考察史籍的版本。版本一词,在不同时代有不同含义。唐代以前,"版"指简牍书的载体,即用来书写的竹木板片,"本"指抄写好的简牍书。唐代出现雕版印刷术以后,版本专指以雕版印刷的方法印制的书籍,以与手抄本和碑石拓本相区别。清末人叶德辉言:"雕版谓之版,藏本谓之本。藏本者,官私所藏,未雕之善本也。"这就把版本的概念扩大为包括稿本、抄本、拓本、印本等各种书本了。今天,人们所说的版本,包括古今所有用不同的方法,在不同的地点、不同时间,形成的各种不同的书本。各种版本的书籍,依其产生的方式和形态,大致可以分为写本、印本、拓本三大类。写本,就是手工抄写出来的书本。在印刷术发明之前,各种书籍都是手写的。雕版印刷发明以后,一些有价值但篇幅太大的书籍,或者比较专业读者面不广的书籍,主要还是靠写本流传。那些书法工整精致的抄本,称为精抄本。元明以后,学者对宋版或稀见古籍,为了存真,常用薄透的纸蒙在原书上,一丝不苟地描誊下来,这叫影抄本。作者写成的书籍底稿,一般叫稿本。又有初稿、二稿、三稿以至定稿的区别。准备送印的稿本,叫清稿。古代写本,根据纸面栏界颜色的不同,有墨栏的乌丝栏写本和朱栏的朱丝栏写本等名称。印本的名目很多。根据制版情形,用木板雕字印刷的书,称刻本,也称刊本。初次印刷的书,称原刊本或原刻本。后来照原书翻刻印刷的书,称为重刊本或重刻本。精雕精校印成的书,叫精刻本。照名家手迹摹刻印成的书,叫写刻本。雕版屡经印刷,版片模糊漫漶,印成的书,叫邋遢本。版片经过修补印出来的书,称修补本。集合许多不同的书版,配印出一部完整的书,称配本。而用零散不全的各种版本,凑合印出的书,称为百衲本。刻本根据刊印的时代分,有宋本、元本、明本、清本的区别。甚至按刊印的年代,称南宋淳化本、明弘治本、清乾隆本等。宋代刻本,纸质洁白坚厚,雕镌精美,字体圆浑凝重,墨印匀称,且校勘认真,故而在各种版本中最为珍贵。刻本根据印期和墨色分,又有初印本和后印本、墨印本、朱印本、蓝印本、朱墨本和套印本的区别。朱墨本一般以墨色印书文,朱色印评语和圈点。套印本是元代发明的几次上版的多种颜色的印刷本。刻本根据刊刻者的身份划分,有官刻本、家刻本和坊刻本的区别。官刻本,国子监刊印的称监本,都察院刊印的称察院本，朝廷刊印的叫内府本或经厂本、殿本。清代各地有官书局，所刻印的书称局本。家刻本，指学者、文人、官僚刊刻的书，多用刊刻人姓名或家塾、斋堂名相称，如明清之际的毛晋汲古阁本。坊刻本，又称书棚本，是书商从营利的目的出发而刊印出卖的书，一般以书铺的字号相称。刻本根据字体的形状和大小划分，有大字本、小字本、仿宋本和聚珍仿宋本。仿宋本是摹仿宋版本字体刻印的书。刻本根据每半叶行格的多少，又可分为九行本、十行本、十一行本等名称。刻本根据刊刻内容分，仅有正文而无注的叫白文本，经过校勘的叫校本，经过批评圈点的叫评（批）点本，有正文又有注释的叫注本，兼有正文、注、疏的叫注疏本，抽取书中的一部分付印的叫节本，比原刊本内容有增加的叫增订本。除了雕版书以外，印本的书还有以石印方法印成的叫石印本，用活字排版印出的书叫活字本或聚珍本。拓本，是摹拓金石、碑碣、印谱之本。用墨色拓印的，叫墨拓本；用朱色拓印的，叫朱拓本。最早摹拓的称初拓本。雕版印刷的版式，对今天的读者来说，也是生疏的。雕版书都是单面印刷，对折起来，成为一张书叶。叶面上，印版所占的面积，叫版面。版面四周用墨线围起来，是版框的边栏。分出字行的细直线，叫边准或界行。版的中间，叫界口、中缝、版心，用来刻写书名、卷次、叶码等。版口上部，有专门的折叠符号 ，叫鱼尾，又称象鼻。

由于书本载体的不同和装订技术的演变，我国的古籍，有过编连、卷轴、折叠、册叶等多种装订方法。编连法是以甲骨和简牍为书写材料时的书籍装订形式，就是用两三道甚至四五道丝绳或牛皮条将一片片的甲骨书和简牍书连缀在一起。而缣帛书则多用折叠法，将其叠成若干幅长方形。或用细木棍为轴心，从左至右，将缣帛书收卷起来，这就是卷轴法。为防止卷成若干轴或叠成若干幅的一本书散乱，古人一般用囊来盛放，这样的一包，叫一“帙”。公元 3 世纪以后，纸被普遍用作书写材料，但其装订形式，在相当长的时间内，仍沿袭帛书的卷轴法。唐朝人学习印度梵文贝叶经的装订方法，将长幅纸反复折叠成几寸宽的长方形折子，前页和末页各粘一张硬纸，作为书面，叫经折装或梵夹装，是折叠法的一种形式。由于经折装的折缝在长期翻阅后易于破裂，有人将一叶叶的书叶按顺序粘贴在一大张纸上，可以循环翻阅而不会散开，这叫旋风装。又有人发明将散开的叶子订到一起，有了册叶法。蝴蝶装、包背装和今天通行的平装、精装，都属于册叶装。蝴蝶装是将书叶有字的一面向内折叠，再用一张纸顺着折缝的一边，从前面包到背后，以糨糊粘书的中缝，装上硬的书皮。这种书打开时，书叶如同蝶翅，所以叫蝴蝶装。包背装是版口向外折叠，使有字的一面完全露在外面，而把散着的书边粘连在书背的纸上，使版口变为书口。线装是我国古籍装帧的最后阶段，它是把包背装的书皮改为单叶书衣，分置书身前后作为封面，再打孔用纸捻或丝线订成册。为了使线装书能直立插架，有用两片木板结带把数册书夹在一起称为夹装；有用硬纸和布做成匣来装书的，叫函套；有用木板做匣装书的，叫木匣。现代书籍的装订，实际属于包背装，只是书叶双面印刷罢了。

鉴别古籍版本的方法很多，大致依据书名、著录、牌记、讳字、字体、刀法、版式、行款、纸墨、刻工、装帧等进行判断。看得多了，注意留心各种版本的差异，不断积累经验，见到一本古籍就可以做出大体准确的判断。人们常说，读书要求善本。从不同的角度出发，善本的标准各不一样。对藏书家，凡宋元刻本、精刻本、名家手稿、抄本、孤本、秘本，都可说是善本。就古籍而言，一般说，宋刻本最好，元不如宋，明不如元。但应具体分析，宋版也有错误，元明版也有佳本。官刻本、私刻本、坊刻本相比较，坊刻本的目的多为营利，较为粗糙。家刻本中的元董氏万卷堂本、明余姚闻人诠本、毛晋汲古阁本为后世所重。清代学者重视校勘，私家所刻之书多精刻精校本。一般的书都有许多版本，好的本子，抄刻精良，注释准确，错误极少，使用起来可以省却许多查考的功夫。而刊刻粗劣、错谬百出的本子，不仅不利于阅读，若引以作据，还会导致贻笑大方的学术笑话。张之洞《书目答问》指出："知某书宜读而不得精校精注本，事倍功半。"一般说，凡古代抄刻的本子，官刻本、家刻本优于坊刻本，初印本优于后印本，宋本优于元、明本，学者自用的写本优于一般抄本。至于同一部古籍，如果有当代点校本，如中华书局的二十四史点校本，论其校注质量和显目的编排，往往比古本更有阅读价值。对一般读者来说，凡经精校精注精刻精印的本子，都可算是善本。至于平常阅读的古籍，还是经当代学者精心点校、权威出版社认真编印出版的古籍最利阅读。

判定史料价值还有原本与编印本、正本与删节本的问题。比如清代编写的许多种方略，专门汇编某一重大军事外交行动的谕旨、奏折，而这些谕旨奏折多还完整地保存着。两相对照就可发现，原本的谕旨奏折与刊印本并不完全相同，有的为了讳饰而经过删改节录。蒋介石刊印《中国国民党第一次全国代表大会宣言》，竟删去民生主义中关于"革命的军队，为人民利益而奋斗"一大段300余字，又删去对内政策中有关农民的一大段160字。可见，一般情况下，编印本不如原本价值高，删节本不如正本价值高。

第二节　史实的考证

辨伪、校勘、史料价值的判定都是对史料的外部情况的审订，这是史料整理的基础工作。在这个基础上还需对史实进行考证。因为即使史料的来源没有问题,也不能由此断定所载的史实确凿无疑。司马迁的《史记》历来被人们视为信史,"其文直,其事核,不虚美,不隐恶,故谓之实录"[①],但《史记》对尧舜夏商周先王世系的记载有不少错误。以为帝尧是帝喾子,而"帝喾高辛者,黄帝之曾孙也",则尧为黄帝的四世孙。舜"父曰瞽叟,瞽叟父曰桥牛,桥牛父曰句望,句望父曰敬康,敬康父曰穷蝉,穷蝉父曰颛顼,颛顼父曰昌意:以至于舜七世矣"[②],昌意为黄帝之子,则舜为黄帝的八世孙。"禹者,黄帝之玄孙而帝颛顼之孙也。"[③]则禹为黄帝的四世孙。那么,尧传位于舜是下传四代孙,而舜传位于禹,则是上传于四世祖。又据《殷本纪》,商汤王是黄帝的十七代孙,汤传十六代是商纣王。据《周本纪》,后稷母姜源是帝喾元妃,则周文王为黄帝的十八世孙。那么武王伐纣,则是十四祖讨伐十四孙。《史记》之所以出现这种混乱,是因为所记事时代久远,史实难稽。宋代洪迈在《容斋随笔》已经指出了《史记》中存在的这些问题。在近现代史的研究中,新闻报道、现场录像是很重要的第一手资料,但研究者使用这些资料时切不可掉以轻心,否则就会上当受骗。如我国在大跃进和"文革"时期留下的文献往往并不能反映社会实际。《人民日报》特约记者康濯曾报道,徐水人民公社一亩山药产量达到120万斤,一棵白菜500斤,小麦亩产12万斤,皮棉亩产5000斤。[④]稍有些常识的人都不会相信这些天文数字,但当时的报纸却接二连三地报道这样的奇迹,正如1958年8月27日《人民日报》的一篇调查文章的题目所言"人有多大胆,地有多高产"。有的学者已经指出:"有些存留的'文献'与'生活'实际正好相反。当年'知识青年'上山下乡,绝大多数都是想方设法留城不成后被迫而去,临行的场面哭声一片,凄凄惨惨。但每批'知青'下乡时都要组织一个盛大的'场面',敲锣打鼓,红旗招展,胸戴大红花手捧'红宝书'在毛主席像前宣誓表决心扎根农村一辈子……于是,报纸上的图片和文字报道、新闻纪录片中全是这种'盛大'的场面,而真实的凄惨根本无人敢报道,因为这是'破坏上山下乡伟大战略部署',这在当时不仅罪可入狱甚至有杀身之祸。'真实的凄惨'就这样完全为'虚假的盛大'所取代。历史留下的就是这种'盛大'。"若不加考证地用这些资料研究当年的"知识青年上山下乡"运动,必然难以揭示其真相。档案也是第一手资料,但特定历史时期的档案的内容也可以是虚假的。"同样,当年'知青'在招工、招生、参军

---

①裴骃:《史记集解序》。

②《史记·五帝本纪》。

③《史记·夏本纪》。

④《徐水人民公社颂》,载《人民日报》1958年9月1日。

时‘走后门’更是司空见惯，甚至‘无所不用其极’。不过，走完‘后门’却都需要完备‘正常’的手续，所以若查档案，群众推荐、表现优秀、基层组织审查批准……各种‘合法’手续一应俱全。档案是历史研究中最重要的文献，如果以档案为准，就会得出当时基本没有走‘后门’的‘历史性’结论。‘历史’，往往就是这样形塑的。”①因而，从事历史研究，必须对所涉及的历史事实进行考订，以便使研究建立在科学的可靠的基础上。如果把历史研究比作军事进攻的话，史实考订就是对进攻道路中障碍的扫除工作。不扫除前进的障碍，进攻就要受挫，甚至失败。当然，从一定意义上说，史实考订本身就是历史研究，以求得事实之真。

前人把史实考订叫作考据。史实考证在我国有着悠久的历史传统。三国蜀谯周的《古史考》，是古代第一部史考的专著。宋代以后，出现不少考据的名家名著。司马光撰《资治通鉴》时，撰有《通鉴考异》30卷以明其史料的取舍，清代顾炎武的《日知录》，王鸣盛的《十七史商榷》，钱大昕的《二十二史考异》，赵翼的《廿二史札记》，都是其中的佼佼者。近人王国维、陈垣、陈寅恪等用新的思想和方法考证史实，校勘古籍，取得了更为杰出的成绩。当代史学刊物中亦不时刊出一些考据的文章。他们辛勤考据的成果，我们应该很好地汲取。他们所创造的史实考证方法，更是我们应该继承和发扬的。对待考证，在我国马克思主义史学发展中，曾出现过曲折。新中国成立后有一段时间考证被斥为价值不大的繁琐考据被抛弃，史学研究中架空立论，甚至出现歪曲伪造史料的现象。而“文革”之后，史学界有人提出“回到乾嘉去”，将考证当作历史研究的全部工作。季羡林先生曾说：“我觉得考证之学并没有什么神秘的地方，没有一些人加给它的那种作用，也没有令人惊奇的地方，不要夸大它的功绩，也不要随便加给它任何罪状，它只是做学问的必要的步骤，必由之路。特别是社会科学，你使用一种资料，一本书，你首先必须弄清楚，这种资料，这本书，是否可靠，这就用得着考证。你要利用一个字、几个字或一句话、几句话证明一件事情，你就要研究这一个字、几个字或一句话、几句话，研究它们原来是什么样子，后来又变成了什么样子，有没有后人窜入的或者更改的东西？如果这些情况都弄不清楚，而望文生义或数典忘祖，贸然引用，企图证明什么，不管你发了多么伟大的议论，引证多么详博，你的根据是建筑在沙漠上的，一吹就破。这里就用得着考证。必须通过细致的考证，才能弄清的东西，你不能怕费功夫。”②季羡林先生在此阐明了考证在学术研究中的地位、作用和对待考据应持的态度。

①雷颐：《“日常生活”与历史研究》，载《史学理论研究》2000年3期。

②《季羡林学术论著自选集》，北京师范大学出版社1991年版。

法国的年鉴学派反对 19 世纪的实证主义史学将史料的整理等同于历史学,但并不反对考证。马克·布洛赫在《历史学家的技艺》中,对历史考证非常重视,详细地讨论了辨诬正伪的种种方法。

运用历史资料进行史实考证,从证据的形式来说,有事证、物证和理证三类。事证,就是用历史事实做证据来判断史事的正误。事证又因资料来源的不同分本证和旁证两种。本证,是指从原书中搜集材料,以子之矛攻子之盾,证明史事的正确与否。旁证,就是从其他书籍中搜集史料,作为证据。物证,是指用实物材料做证据,进行考订。比如明建文帝在燕王朱棣攻入南京后究竟下落如何,有两种说法,一说在宫中焚死,一说从水道逃出京城,流落各地为僧,晚年至北京,死后葬西山。清代学者万斯同研究了明南京紫禁城的构造,发现该城并无水关,因此建文帝"无可出之理"。这就是一种物证。理证,就是根据常识或逻辑推理,予以证明。

在从事具体问题的历史考证时,因考证的对象和内容不同应灵活运用不同的手段和方法。我国史学家从事历史考证的基本方法,大体可以归纳为如下 14 种。

(1)专题资料梳理排列法。这是古代学者做笔记、考证某些具体历史问题常用的方法。大体是将历代各种典籍材料中有关此问题的记载说法,尽可能全部找出,予以梳理比对,查清了所要考证专题的来龙去脉、演变过程或致误原因,问题也就解决了。进行这种考证,史家所掌握的资料的多少是最关键的。例如明人胡应麟在《少室山房笔丛》卷 12,以一卷的篇幅考证妇人裹足始于何时。其先引《周礼·屦人》说明三代以前男女屦舄无大异,既而引西汉至唐之诗文中咏妇人美丽者,多不言其足。"言妇人足者,不曰素洁,则曰丰妍",而"今妇人缠足,美观则可,其体质干枯腥秽特甚",可见唐代仍无妇人缠足事。又列举关于晋代以前妇人所穿之鞋袜的记载,证明当时妇人皆天足。再引《道山新闻》所云"李后主宫嫔窅娘纤丽善舞,以帛绕脚屈上如新月状,由是人皆效之",以此知裹脚五代以来方有之。但从《九国志》和刘克明诗看,"五代女子尚不皆缠足也"。最后据《墨庄漫录》所引,知宋初妇人尚多不缠足者。"盖至胜国(指元朝)而诗词曲剧,亡不以此为言,于今而极,然美色愈无闻矣。"意为至元、明两代,人们已普遍以缠足为美。这一考证,就是通过大量资料的排列,弄清了妇人缠足的历史。

(2)事实反证法。在判断某一史实或说法的正误时,设法找出与此完全相反的确凿证据来推翻伪误的记述,确立正确的意见。从逻辑方法上说,这是由证明反论题之假或真来确定原论题之真或假的间接证明方法。张荫麟先生指出："凡欲证明某时代无某某历史观念，贵能指出其时代中有与此历史观念相反之证据。"①使用这种方法，最重要的是反证材料的选择，必须是自身的真实性毫无疑义而且又正好与伪误说法完全相反。如果材料自身不够可靠，或者说法含糊，就不可拿来作为证据。例如，《新五代史》卷35《唐六臣传》载："张策，字少逸，河西敦煌人也。父同，为唐容管经略使。策少聪悟好学，通章句。父同，居洛阳敦化里，浚井得古鼎，铭曰：'魏黄初元年春二月，匠吉千。'同以为奇，策时年十三，居同侧，启曰：'汉建安二十五年，曹公薨，改元延康。是岁十月，文帝受禅，又改黄初，是黄初元年无二月也，铭何谬邪？'同大惊异之。"一个小孩通过年代学的资料就否定了所谓古鼎及其铭文的真实性。《三国志·魏书·武帝纪》建安二十年："冬十月，始置名号侯至五大夫，与旧列侯、关内侯凡六等，以赏军功。"裴松之注云："今之虚封盖自此始。"宋人王应麟《困学记闻》卷12下，对裴说所谓虚封始自建安二十年的说法进行考证，说道："按，汉《樊哙传》'赐爵封，号贤成君。'颜注云：'楚汉之际，权设荣宠，假其位号，或得邑地，或受空爵。'则虚封非始于建安也。"再如，唐代宗之子嘉王李运的卒年，《新唐书·十一宗诸子传》和《德宗纪》都说是贞元十七年(801年)，《文宗纪》却说在开成三年(838年)。钱大昕在《潜研堂文集》卷28《跋唐大诏令》中没有按照少数服从多数来处理，而是找到《唐大诏令·宝历元年(825年)南郊赦文》，发现其中有嘉王李运因任亚献而被赐物一百匹的记载，从而否定了其卒年为贞元十七年说。反证法，是一种非常有力的考证方法。

(3)历日推算法。考证年、时、月、日记载的误差及人的年龄，区别不同时的人事，可用此法。大体是从有关材料中找出与所考专题有关的一些时间记载，再据以推算比较，就可以解决问题。使用这一方法，最重要的是考证者必须有丰富的年代学知识。比如，汉刘向《说苑》卷6《复恩》载，赵襄子晋阳之围被救后，赏赐有功之臣。"仲尼闻之曰：'赵襄子可谓善赏士乎！赏一人，而天下之人臣莫敢失君臣之礼矣。'"宋人叶大庆《考古质疑》卷4考证道，晋阳之围在周贞定王十六年，孔子死于鲁哀公十六年，即周敬王四十一年。孔子在晋阳之围以前26年已经死去，怎么能有这么一段称赞赵襄子的话呢？再如，中共一大的开会时间，一般认为是7月1日，还有6月、7月、7月20日、7月27日、7月底等多种说法。邵维正在《中国社会科学》1980年第1期发表文章，从三个方面排比日期，考证出一大的开会日期。他首先对代表的行踪进行考察。13位代表中，有2人原在上海，有3人较早到达。较晚到上海的有毛泽东、何叔衡、刘仁静、

①《评近人对于中国古史之讨论》，载《古史辨》第二册下编，上海古籍出版社1982年影印本，第271－272页。

陈公博、周佛海、包惠僧等。毛泽东、何叔衡,于6月29日从长沙动身,途中如不停留,7月3日左右到沪;刘仁静,7月4日还在南京参加少年中国学会年会,会后停留了两三天,才去上海开会;陈公博,7月14日从广州动身,31日夜离上海乘车往杭州,是7月21日左右到上海的;周佛海,7月初从日本鹿儿岛动身,下半月到上海;包惠僧,7月20日左右从澳门到达上海……这些代表的行踪说明,开会约在20日至31日间,绝不在7月1日。然后,他根据两条间接材料推断出一大在上海的最后一次会议时间是7月30日。一条是7月31日黎明,在代表住宿的大东旅庄发生的谋杀案,这有几位代表的日记和当时的报纸为证。一条是租界法国警察针对党的一大,于31日发布规定,在租界开会必须在48小时前取得警察的批准。一大开会地点被法国巡捕发现,只得改到嘉兴南湖举行最末一天的会议。最后,作者转引了苏共中央移交给中共的共产国际档案俄文译件《中国共产党第一次代表大会》,文件中写道:"代表大会预定6月20日召开,但是来自北京、汉口、广州、长沙、济南和日本的各地代表,直到7月23日才全部到达上海,于是代表大会开幕了。"文章根据这些证据,得出了中共一大于7月23日召开、31日闭幕的结论。

(4)引文辑植溯源法。各种著述中的记载、说法、引文,一般都有所本,抄辑汇录的诗文,也多有原件原书可据。遇到疑难问题,设法找到此种说法或记载的出处或原始依据,往往就能弄清真相。运用这种方法进行考证,关键在于作者必须有相当的史源学修养,能找到关于某一问题的最早的记载。清高士奇《天禄识余》中,有一条说"《周礼》漏下三刻为商。商音滴"。邵长蘅《古今韵略》十二锡部商字下,亦引"日入三商为昏",大体与高士奇的说法相同。钱大昕《潜研堂文集》卷14《天禄识余》中指出,高氏所引之文不在《周礼》,而在《仪礼・士昏礼》注中,原文为"日入三商为昏",疏云:"商谓商量,是漏刻之名。"钱氏说:"既以商量为义,则读如参商之商明矣。商啇二字,形声俱别,岂可读三商为漏滴之滴?且其文出《仪礼》郑注,乃误作《周礼》,又妄改为漏下三刻,是并《周礼》亦未尝读也。"再如,《史记・孔子世家》言:"孔子生鲁昌平乡陬邑,其先,宋人也,曰孔防叔,防叔生伯夏,伯夏生叔梁纥,纥与颜氏女野合而生孔子。……丘生而叔梁纥死,葬于防山。防山在鲁东,由是孔子疑其父墓处,母讳之也。……孔子母死,乃殡五父之衢,盖其慎也。陬人挽父之母诲孔子父墓,然后合墓于防焉。"这就引起后世学者的猜疑,既然其母连父亲的墓葬之处都不让儿子知道,大概是因为他俩的结合不够光明正大,野合而生则是说孔子乃私生子。我们知道,司马迁是据《礼记・檀弓》写这段话的。其原文是"孔子少孤,不知其墓殡于五父之衢,人之见者皆以为葬也。其慎也,盖殡也。问于陬曼父之母,然后得合葬于防”，殡和葬是古代两种不同的埋尸方法，殡为浅葬，葬为深埋。这段话的关键是“不知其墓殡于五父之衢”十字。汉朝人都在“不知其墓”下读断，比如郑玄就以“不知其墓”为句，为说明其所以然，加注道“孔子之父陬叔梁纥与颜氏女征在野合而生孔子，征在耻焉，不告”。司马迁看来也是这种读法，于是说了那么一段话。清人孙濩孙著《檀弓论文》才纠正了前人的误读，以“不知其墓殡于五父之衢”十字为一句。意思是，孔子由于幼年丧父，不知父亲是深埋还是浅葬，为了慎重起见，就设法了解，从陬曼父的母亲那里问清父亲系浅葬，这才启殡，亦与其母合葬于防。张舜徽先生在《中国古代史籍校读法》第一编中引此为例，说明把古书读错了会招致一些很不好的后果，影响史料的真实性。从考证方法看，这就是一种引述究本法。

（5）数字统计法。对一些有疑问的资料，追出其本源，进行细致的统计，可以判断其正误。例如《南史·宋后废帝纪》讲：“孝武帝二十八子，明帝杀其十六，余皆帝杀之。”赵翼《廿二史札记》卷10，从各书中一一搜索，发现“孝武诸子，除前废帝及明帝所杀共十八人外，余十人皆夭死，并无为后废帝所杀者。《后废帝纪》内有桂阳王休范、建平王景素举兵被杀之事，而非孝武子也。然则《南史》所云‘明帝杀十六，余皆后废帝所杀’者，实谬悠之词。即以《南史》各纪传核对，亦无后废帝杀孝武子之事，此李延寿之误也”。再如1934年10月，中央红军长征出发时的总人数，一说8万余人，一说86000余人。黄少群在《党史通讯》1985年第9期上发表的文章，查出两种说法都来源于1934年10月8日中央革命军事委员会公布的《野战军人员武器弹药供给统计表之一》。于是将原表所列各项数字复核，发现原来表中4个数字有差误。一是一军团的“小计”数，应为19880，错成19800；二是军委纵队的“现有”人数为4893，“小计”数错为4693；三是“现有”人数的“总计”数应为77359，错为77159；四是“现有”人数加“拟补充”人数的总计数应为87059，错为86859。所谓86000余人，就是引用了这个错误的“总计”数。根据上述考订，中央红军长征出发时人数的正确说法，应该是87000余人。

（6）据籍里、履历、行踪等考订法。这是考证与人物行事有关问题时所用的方法。历史记载中，有不少将名人在别地的活动误说为本处的，有将前后年世相差较远的人妄称为共事的，有将毫不相干的同姓名者误以为一人的。遇到这类问题，可以考核有关人物的地望、履历、行踪、世系等，通过确定一定的时间、地理或方位坐标来解决问题。例如，元人蒋子正《山房随笔》记有一件辛弃疾、朱熹与张栻的逸事，言：“辛稼轩帅浙东时，晦庵（朱熹）、南轩（张栻）任仓宪使。刘改之欲见辛，不纳。二公为之地云：某日公宴，至后筵便坐，君可来。门者不纳，但喧争之，必可人。”刘改之依计而行，果然被辛弃疾召见，当堂赋诗，颇受赞誉云云。钱大昕在《潜研堂文集》卷30《跋山堂随笔》中写道：“予考《宋史·辛稼轩传》，稼轩两知绍兴府皆在庆元四年（1198年）以后，与朱、张皆不同时，晦庵提举浙东乃在淳熙八九年间（1181—1182年），南轩未尝官浙东也。传闻之难信如此。”既然三人从来没有同时在浙江任官，哪里会有三人在一起宴会和召见某人的事呢？

（7）据用语、名称考订法。许多用字、话语、称谓、名号具有强烈的时间性。比如元朝人称元朝为大元，明、清人绝不这样称呼；尊号、谥号、庙号是特定的时间才有的，活人无谥号，不在帝王位者无尊号；避讳字是有其人才有此讳，而且国讳一般在本朝使用，翌代即废；地名都有其产生的时间，当此地无此地名时不应在文献中出现此名称，等等。这些材料，都可用于历史考证。有一部记元太祖、太宗事迹的《皇元圣武亲征录》，不著撰人姓名，亦无著作时间。钱大昕在《十驾斋养新录》卷13《圣武亲征录》中考证说：“其书载烈祖神元皇帝、太祖圣武皇帝谥。考《元史》烈祖、太祖谥皆在世祖至元三年，则至元以后人所撰。”

（8）歧说择优法。同一问题，有不同说法，用其他方法难以确定时，可以分析各种说法的情况，从中选出最为可靠的说法。所谓最为可靠，大体包含两层意思。一是对诸说法本身从史料学上检验，看哪一种更早、更直接。凡年代比较早或直接史料，比起年代较晚或间接转述的史料较为可信。二是对说法从典制、文化、习俗等诸方面检验，看哪一种更符合实际。比如诸葛亮与刘备最初的交往，魏晋之际有两种说法。鱼豢《魏略》说：“刘备屯于樊城，亮乃北行见备，备与亮非旧，又以其年少，以诸生意待之。坐集既毕，众宾皆去，而亮独留。……亮乃进曰……备从其计，故众遂强。备由此知亮有英略，乃以上客礼之。”这是说诸葛亮主动找刘备的。而陈寿的《三国志·诸葛亮传》记载为：由于徐庶的推荐，刘备主动去见诸葛亮，“凡三往，乃见”。裴松之在《三国志》注中指出：“亮《（出师）表》云：‘先帝不以臣卑鄙，猥自枉屈，三顾臣于草庐之中，咨臣以当世之事。’则非亮先诣备，明矣。”就是因为《前出师表》无可怀疑，而选择了陈寿三顾茅庐的说法。

（9）方位确定法。地名考证，重要的是确定该地的大体地理方位，方位一定，再在其周围搜寻，往往可得其实际位置。如《春秋》载鲁定公十年夏，鲁君与齐侯会盟于夹谷。夹谷究竟在何处？杜预《集解》及服虔《史记注》都因夹谷又称祝其，而说地在“东海祝其县”，即明代赣榆县西50里处。顾炎武《日知录》卷31“夹谷”条中指出：“赣榆在春秋为莒地，与齐、鲁之都相去各五六百里，何必若此之远？”从而以为夹谷不宜离二国都城太远，更不应在他国境内。他发现，《金史》云"淄川有夹谷山"，而《明一统志》言："夹谷山在淄川县西南三十里，旧名祝其山，其阳即齐、鲁会盟之处，萌水发源于此。"而《莱芜县志》又说："夹谷在县南二十里，接新泰界。"顾炎武说，齐、鲁边境"在莱芜县东，至淄川则已入齐地百余里，二说俱通"，又从《水经注》中找到莱芜县旧为莱人居地，后来荒芜故名莱芜。而夹谷之会，齐侯使莱人以兵劫鲁侯，可见夹谷离莱芜不远，绝不可能是赣榆县西的夹谷山。

(10)音训法。古代有很多人名、地名、事物名，由于据民族语言、方言译为汉语、通语，文字有所不同，而使后人发生误解，或以一为二，或以二为一。用音训法考证，就要追寻出此字或名原来的读音，读音清楚了，问题往往就能解决。如青海湖之名，历代变化很大，有仙海、西海、青海、鲜水海之名，王先谦《汉书补注》卷28下云："仙、西、青并声转字变，仙海之为西海，犹先零之为西零矣。《赵充国》《王莽传》又作鲜水海，鲜、仙亦音同变字。"再比如，唐《旧唐书·音乐志》有胡旋舞，历来人们都以为指胡人旋舞。但元稹《胡旋女》已称"胡旋之义世莫知"，可知其原义并非胡人旋舞。龚方震先生考证此为粟特语 xwcyy 音译，意思是"上佳、漂亮"，形容胡旋女的容貌、服饰、舞蹈均属上乘。[①]

(11)常识判断法。史料中的说法，如果与常识相抵触，虽然缺乏直接证据，也能定其是非。如《东观汉记》和《后汉书》的《郭伋传》都记载，郭伋在任并州牧时，"始至行部，到西河美稷，有童儿数百，各骑竹马，道次迎拜。伋问：'儿曹何自远来？'对曰：'闻使君到，喜，故来奉迎。'至辞谢之。及事讫，诸儿复送至郭外，问：'使君何日当还？'及谓别驾从事，计日告之。行部既还，先期一日，伋为违信于诸儿，遂止于野亭，须期乃入"。刘知几在《史通》卷20"暗惑"中分析："此事不可信者三焉。案，汉时方伯，仪比诸侯，其行也，前驱蔽野，后乘塞路，鼓吹沸喧，旌旗填咽。彼草莱稚子，龆龀童儿，非惟羞赧不见，亦自惊惶失据。安能犯驺驾，凌襜帷，首触威严，自陈襟抱？其不可信一也。又方伯案部，举州振肃。至于墨绶长吏，黄绶群官，率彼吏人，颙然伫候。兼复扫除逆旅，行李有程，严备供具，憩息有所。如弃而不就，居止无常，必公私阙拟，客主俱窘。凡为良二千石，固当知人之所苦，安得轻赴数童之期，坐败百城之望？其不可信二也。夫以晋阳无竹，古今共知，假有传檄它方，盖亦事同大夏，访诸商贾，不可多得，况在童孺，弥复难求，群戏而乘，如何克办？其不可信三也。"刘知几就凭这三条常理推论，指出这个千载美谈，实为乌有之事，不过是人们为了溢美郭伋而编造的故事罢了。笔者曾研究过清代咸丰、同治年间的西北回民起义。其中，西宁

①《我和中西交通史》，载《学林春秋二编》，第113页。

回民起义领袖是马归源(又写作马桂源)、马本源弟兄二人。他们还有个兄弟名马真源(又写作马祯源)。有人写书称,马真源是老大,马桂源是老二,马本源最幼。我查《清文宗实录》卷259,发现有个名马复源的人,清政府于咸丰八年委任其为巴燕戎格厅和循化厅各庄回民总约,赏五品顶戴蓝翎。此人咸丰十年后不见记载。而马归源也曾为两厅回民总约,五品顶戴蓝翎。我就怀疑马归源可能承袭马复源的世俗职务与顶戴,但没有直接证据。又有材料说,马本源是马归源的哥哥,马真源是马归源的弟弟。就是没有材料能肯定四人关系与马归源名究竟是桂还是归。后来,我想起,穆斯林有"复本归真"的说法,顿时领悟出马氏兄弟四人,马复源为长,马本源为次,马归源为三,马真源为四。并定马桂源之名为同音之讹。这一考证后来写成文章,发表于《青海民族研究》1991年第1期。

(12)逻辑推理法。有的材料,其文字或说法明显有误,却又找不到直接的证据来否定它,就可以通过一些间接材料,或不同证据,凭逻辑推理推测其正误。比如,《弦明集》卷1收有《牟子理惑》一书,历来都说是东汉牟融所著,也有称为牟子博所著。陈垣《中国佛教史籍概论》考证道:"今所传《牟子理惑》,本名《治惑》,如扬雄《解嘲》之类,初无'论'字,唐人改为《理惑》,后人又加上'论'字。牟子为后汉逸士,失其名。今本《理惑》前有苍梧太守《牟子传》,题曰'一云苍梧太守博传',颇疑'博'者误文,'传'讹为'博'回改为'传'而未去'博'字,后人因牟子无名,遂题曰'苍梧太守牟子博传'……苍梧太守《牟子传》者,苍梧太守所撰之《牟子传》也。故以为牟子自传者非,称牟子为牟子博者亦非,直以牟子为苍梧太守者尤非,以为汉有两牟融,则调停之说也。"如此考证,虽说没有一条坚实证据,却因其分析处处合乎情理,而一扫前人误说,令人信服。再比如《解放日报》1979年12月9日发表文章说:"方志敏早在1929年7月,就有幸结识了鲁迅先生,并结下了真挚的友谊。"有人找了4条间接证据考证这一说法。第一,方志敏与缪敏于1926年结婚,共同生活了10年。缪敏也是文学爱好者,如方志敏见过鲁迅,不可能不对缪说。但缪敏肯定:"方志敏和鲁迅并不认识,生前也未通过信。"第二,鲁迅夫人许广平也没有说过鲁迅曾见过方志敏。第三,鲁迅日记、书信集里没有关于他与方志敏见面的记载。第四,方志敏三次去上海的时间,鲁迅都在北京。而鲁迅在上海的时间,方志敏没有去上海。通过这四条间接材料的推理,可以肯定,方志敏与鲁迅没有见过面。

(13)多重证据法。考证历史问题,有时举一两条确凿证据即可弄清真相。但由于历史现象本身极为复杂,许多问题难以孤证定案,这就需要引用多种不同性质的证据来予以考订。这样的考证成果,一般多为铁案,极难推翻。例如关于陶侃为陶渊明曾祖的考辨。在《宋书》和《晋书》中，都称陶渊明（靖节）为陶侃（桓公）曾孙。清乾隆间，阎咏不信其说，“乃据《赠长沙公诗序》中‘昭穆既远，已为路人’二语，辨其非侃后”。钱大昕在《潜研堂文集》卷31《跋陶渊明诗集》中，以六个方面的证据，辩驳了阎咏误说。一从陶渊明《命子诗》中颂祖宗勋德包括陶侃，证侃为其曾祖。二从六朝人重门第谱牒，说明沈约撰《宋书》，定亲见陶氏家谱，所说可信。三从《赠长沙公诗序》有“同出大司马”句，言大司马必指陶侃。四从宗法制度及家世状况证明渊明为陶侃之后。五从居住地证两人之曾祖孙关系。六引颜延之《靖节诔》中“韬此洪族，蔑彼名级”，言陶渊明必为大族后裔。就这样，钱大昕如老吏断狱，列举多证，层层剖析，遂使铁案如山。

（14）考而不断法。有些历史问题，有分歧说法，或明显有误，但凭现有材料或逻辑推理又难以定其是非或建立新说，不妨经过一定的考证，两存其说，不做结论，留待以后解决。比如辽朝大臣室昉统和十二年任何官？《辽史·百官志》言其为中京留守，治大定府。钱大昕考证说：“辽中京大定府本奚王牙帐地，统和二十五年始筑城称中京，不应此时有留守，当是南京之讹。方本以南京留守入参政事，乃统和八年请致政，太后令常居南京。至是，以病剧，遣使就第拜留守，必是南京，非中京也。”但是，《辽史·圣宗纪》和《室昉传》也都讲室昉为中京留守，也许中京之名早已有之，钱大昕考证的结论不一定正确。为此毕沅等人作《续资治通鉴》，虽据《辽史》写室昉为中京留守，又在《考异》中全载钱大昕说，言：“今姑从其旧，而兼采钱说，俾后人论定焉。”再比如，毛泽东在延安给哲学家艾思奇写过一封信约他面谈哲学问题，信的下款没有年月日。有人根据信中提到毛泽东把自己对艾思奇著作《哲学与生活》的摘录附在信内让艾思奇看一看，而其摘录所署日期是1937年9月，因此判定此信亦写于此时。《毛泽东书信选集》编辑小组认为，写信的时间不一定就是做摘录的时间。他们考证了艾思奇到延安是1937年10月，毛泽东的信是艾思奇到延安以后写给艾的，因而，该信绝不会写于9月。那么，是不是10月写的呢？也缺少直接的证据。于是，编者将这封信的时间署为1937年，在目录上排列于1937年10月10日《致雷经天》与11月27日《致文运昌》这两封信之间，表示这封信大体在此间所写。这样处理，从考证学上说，就是存疑法。这一考证文章，发表于《文献和研究》1985年第2期。

史实考证还可以总结出一些方法。必须注意的是，比较重要的历史考证，很少用一种方法就可以得出结论，而是要综合运用各种方法，才能完成。

第三节　资料的整理

审订过的资料仍然是杂乱无章的一团乱麻，既不便于寻找，更不利于研究。因此，对所积累的考订过的资料加以整理是十分必要的。

资料的整理大体可分为两法。一法是将资料予以分类排比，这是一种初级的整理。另一法是根据资料所反映的内容制成各种图谱表格，这是一种综合的整理。现分述如下。

一、分类排比

分类排比指将搜集到的材料不依其来源，而是依需要按照一定的类别加以归并，使同一方面的材料集中在一起，古代史学家称此为资料长编。

分类排比的第一步工作是拟定分类纲目，就是决定材料如何分类。一般可分为几个大类，每一大类再分为几个小类。类别的划分，要最大限度地体现资料内容之间的主要联系。可以按时间顺序分类、按人物分类、按观点分类、按地点分类、按问题分类等等。这都要视我们研究专题的具体内容来灵活决定。比如有人研究五四运动的历史背景，就设有：(1)中国民族资本主义的发展，(2)中国工人阶级的成长，(3)北洋政府的卖国，(4)新文化运动的兴起，(5)马列主义在中国的初步传播，这五大类。

分类排比的第二步，是按类别排比材料。在排比材料时，第一，要宁滥毋缺，应将所有搜集到的材料，不管写论文时是否用得着，内容是否重复，都一律归入各类之下。这是因为，有些材料粗看起来可能价值不大，但研究到一定阶段，在考察某一具体问题时，可能会突然发现其中潜在的信息，从而有了很重要的价值。因此千万不要将辛辛苦苦搜集来的材料随便丢弃。第二，要同类归并，凡属于同一类的材料放到一起，同一类中各条材料的先后顺序亦应有一定的逻辑联系，尤其是内容完全相同或近似的材料一定要放到一起。第三，属于综合性的材料，可以在各类之外，另设总类，将其置于其他各类之首。第四，若某材料涉及问题较多既可归入甲类，又可归入乙类的，应分析其内容各方面的主次关系，按其主要内容归入相应的类别中。第五，所搜集的材料，如有与此研究专题仅有连带关系，是做研究参考用的，哪一类也不宜归入，则可另设附件类置入。

分类排比的第三步，是区别资料的主次。在资料按一定逻辑顺序分类排比后，各条资料本身在研究中的价值就很容易显露出来。这时，我们就可以用笔在资料上做出记号，标明哪条特别重要可证明什么问题，哪条有参考价值，哪条与哪条重复而且系抄自前者,哪条毫无意义等,还可以就资料写出简单的分析意见,以备研究时参考。

分类排比的第四步,是找出资料中的问题。有的资料对同一问题有不同说法,有的资料自相矛盾,有的资料的含义费解,有的资料所述与传统或流行说法有别,等等。这些问题,在排比史料后都会发现,从而为我们进一步研究提供了对象。

二、制作图表

资料的分类排比,使我们对所要研究的历史问题有了比较清楚的概念,然后就有必要将资料中的一些内容再予以整理,制成图形或表格。

图表是用图像、谱系和表册的形式反映一定历史对象情况或特点的一种方式。它能将复杂的事物简单化,将用文字很难讲清的历史现象表现出来,将许多同类事物或数字进行具体的比较,将被淹没于具体材料中的核心问题突出出来,历来受到学者的重视。从整理史料的角度说,制作图表是对材料进行驭繁就简的一种方式,是为研究历史所做的最好的资料准备,其本身亦是一种基础的历史研究工作。它梳理了我们从复杂资料中所得到的历史认识,是所谓的"由此及彼"的逻辑认识过程。

老一辈的历史学家非常重视制作图表的资料工作。张传玺发表的纪念文章中说,翦伯赞先生为写《从西汉和亲政策说到昭君出塞》一文,遍查了正史、方志、汉简、敦煌资料、乐府诗、元明杂剧、考古资料等有关数据,做了大量的笔记,还为王昭君写了一个较详细的"年谱"。"年谱"始自西汉宣帝甘露元年(前53年)正月,"匈奴呼韩邪单于及郅支单于各遣子入侍",止于东汉光武帝建武七年(公元31年),"匈奴与卢芳为寇不息,帝令归德侯王飒(昭君之侄)使匈奴修好",前后共80余年,其间详细记载了昭君出嫁匈奴单于的史事。为写年谱,翦老还对昭君的身世做了探索。他写道:"王昭君的家世不可考,但知她在汉元帝时以良家子选入掖庭。当时所谓良家子是指非医、巫、商贾、百工的子女而言。"这份"年谱"和有关昭君身世的考证,在写文章时只作为参考,基本未写进文章中。[①]赵俪生先生将图表的制作摆到非常重要的位置。他说:"光材料不行,还要考核辨析,因为在几种不同材料中有关年月、人名、地名(包括山川城镇)间,往往有歧异。歧异一般较小,有时也有很大的歧异。于是我们着手做两样东西:年表和地图,这是两样最低级的劳动,但经验证明,若干精辟的高级的认识,又都是以这低级劳动成品为基础而产生出来的。因为年表是把事情发展在时间

①《晋阳学刊》1981年第1期。

方面的纵向显示出来了;地图是把事情发展在空间方面的横向显示出来了。经线有了,纬线有了,就自然而然织成一具网子,用这网子你才可以捉到鱼(科研成果)。"①

绘制什么样的图谱表格,要视我们研究专题的需要和资料的特点来定。比如研究一个历史人物,可以制作其家族世系表、师友关系表、本人生平年表、著述年表等;研究一场战争,可以绘制行军日程路线图、攻战形势图、双方军队系列图等;研究经济问题,可以编制各种资料统计表;研究地理问题,可以绘制地形地理政区图等等。

各种图表的制作方法与要求,我们将在第九章第一节讲述。如果我们制作的目的仅是供自己研究参考,就不必绘制得非常正规,仅为草表草图即可。但是,制作图表时最好注出其中数据或材料的出处,并且制定凡例,否则事后说不定自己也弄不清楚图表中符号的意思或数字的来源。制作图表时还要注意同一类型的事要尽可能集中于一张表上,一张纸不够可以再接一张,甚至可以接成一张桌子大。这样,有关资料或路线一览无余,看起来很是方便。当然,利用计算机绘制图表则更为方便,省去了粘贴纸张的麻烦,便于随时修改和增加资料。

第四节　资料的解释

历史资料经过考订整理,还存在一个解释的问题。对同一条史料,不同的人往往得出不同的解释,其中有深浅不一,有角度不同,更有正误之别。所谓"失之毫厘,差之千里",在历史研究中的例子是屡见不鲜的。

供我们解释的史料,不是纯理论的东西,也不是纯形象的东西,而是对曾经客观存在过的历史事实的记述。因此要正确地解释历史资料,最根本的是实事求是的历史主义的态度。不实事求是,对史料的认识必然有偏差,所得出的结论也肯定是站不住脚的。

实事求是地解释史料,第一,要勤查字典、辞典和前人注释,不要想当然。中国古代的史料和近代的大部分史料,都是用文言文写成的,其中还有不少古体字和异体字。在阅读史料时,必须勤查字典、辞典和前人的注释。凡自己不认识的字,说不准的字的读音、含义,不太理解的词语典故,都应一一查考,一本字辞典查不出,再从另一本上查,一本注释太简单,再查另一本注释详细的,这

①《赵俪生学术自传》第四章,巴蜀书社 1993 年版,第 56 页。

样反复查考深究，不仅有助于我们正确理解史料的含义，有时还能发现很重要的问题。若不能读懂史料，则谈不上解释和运用史料研究历史问题。

第二，要尊重前贤，又不迷信前贤。任何一门学科的研究，一个专题的探索乃至一条史料的解释，都要凭借着一代一代学者的辛勤探索。前辈的研究成果为后辈的研究创造了条件或奠定了基础，如果不认真继承，而是另起炉灶，事事都从头开始，将费力甚大而做无效劳动。解释史料，也要充分参考前人的成果，如果前人已有合理解释，我们就不必再去考释。同时，对前人的解释也不可迷信，必须持实事求是的态度予以分析，如果其解释有不足甚至错误之处，我们就要加以补充或订正，做出自己的判断。

第三，要尊重历史，不主观臆断，更不能用现代的概念去理解古代的事情。研究历史，最忌带着成见去看史料，六经皆为我之注脚。因为，任何一条史料，都是特定历史背景的产物，只有对当时历史的各方面有所了解，才可能对史料做出准确的解释，古人讲“知人论世”，就是这个意思。有的人看见一条材料，就从主观愿望出发，予以解释，很难不出差错。比如《史记·秦始皇本纪》中载：“三十六年，有坠星下东郡，至地为石，黔首或刻其石曰：‘始皇帝死而地分。’”一位著名历史学家在1946年发表的文章中说，这条史料“暗示出当时的贫苦农民对土地之渴望”①。这一解释简直是滑天下之大稽。因为中国的土地制度到战国、秦、汉时正是土地公有向土地私有开始转化的时期，当时土地买卖还很有限，劳动者一般有足够的土地（原属公有的）归自己耕种，所以秦始皇三十一年“令黔首自实田以定赋”②，就是要求劳动者申报自己拥有的土地以确定国家所收田赋的数额。在这种情况下，哪里有所谓“贫苦农民对土地之渴望”呢？这条史料的“地分”显然不是指农民要求分配土地而是六国旧贵族希望重新分封食邑，复辟旧的政治制度。对史料也不能随便用现代的概念去解释。比如“籍贯”一词，现代的意思大体指为何地人。但给古人写传记，就不可以说某人的籍贯在某地，因为，古代籍与贯是两回事，贯是说某人的出生地，籍指其家庭对朝廷负担的徭役种类，或即其所从事的职业，天下民户都被编入某一籍（户籍）里去当差，如煮盐的灶户入灶籍，做工的入匠籍，当兵的入军籍，经商的入商籍，一般人入民籍，伎女入乐籍，为官的入仕籍。各种籍，分别隶属于朝廷的不同部门，只有民籍，才归户部掌管，户籍一经确定，就不能随便变更。

第四，要适合国情，不能生搬硬套。我们提倡中外历史的比较研究，这种研究是为了开阔眼界，认清国情，而不是要我们一切都用外国的框框来套中国的

①上海《中华论坛》2卷3期，1946年10月10日出版。

②《通典·食货典一》。

历史。中国自有中国的国情。有许多历史名词或问题，从表面上看，中外似乎没有多大差别，但其实却完全不同，这就是国情。不注意这一点，对史料的解释就可能出错，北京师范大学赵光贤教授举例说："有人解释周代的'国'，说这就是中国古代的城邦，'国人'就是全国的民众。并由此得出一个更加离奇的结论，说中国古代有原始的民主制度。非常明显，这就是完全用古代西方，特别是希腊雅典的情况来解释我国殷周时期的政治。实际上，殷代是不是城邦，没有明文可据，但从地下发掘的情况看，长江之滨有殷人筑的盘龙城，河北中部有槁城，邢台等地有殷代遗址，地域相当广泛，不像城邦。至于甲骨文中所见的许多方国是不是城邦，也很难说。周代的'国'，一是指诸侯的封国，这不管从最初的'诸侯皆方百里'讲，还是从春秋时期大国争霸讲，都不是城邦。因为古希腊、罗马的每一个城邦都很小，而且都是独立的。而周代的国，除少数小国外，一般都不是指一个城。例如齐国占了大半个山东，鲁国占了小半个山东。而且封国与周天子是有君臣关系和封建义务的，如果不听命，周天子可以'六师移之'。这些情况都与古希腊的独立城邦完全不同。'国'的另一意义是指都城，'国人'指都城里的人。而都城里的人多半是贵族，也有一小部分平民。"因此"国人暴动"不是平民起义更不是奴隶起义，而是贵族内部的斗争。① 这说明以西方的观念硬套中国历史资料难以得出正确的结论，也难以说明历史真相。

第五，要善于联系比较，不要孤立地看问题。史料一条一条地存在，它是孤立的，但又是互相联系的。有的是叙说同一事件，有的有前后关系，有的性质相近，等等。把它们放在一起，加以比较，往往可以对史料得出新的解释。例如，当今俗语中有"张王李赵遍地刘"的说法，是讲这五个姓人数很多。笔者查古史，《汉书·外戚传》中有"孝惠张皇后""孝景王皇后""孝武李夫人""孝武钩戈赵婕妤"等传。又有汉景帝、武帝遍封同姓诸侯，使 9 个同姓王发展至 408 个王侯的记载。由此，萌发出"张王李赵遍地刘"之说始于汉武帝时的设想。再看东汉《风俗通义》中有"张王李赵皆黄帝之后也"，王符《潜夫论》说："至汉，司邑闾里，无不有张者。"更肯定这一说法到东汉已经定型，而且这五姓在汉代人数已经很多。这些见解的得出，就依赖于史料的比较和关联。史料一经比较串联往往就有了生命，成为活生生的历史。再对其加以解释，就可以更加准确。

第六，要深究史料中隐含的内容，即潜在信息，不为其表象所迷惑。比如，过去各地都有许多庙，像土地庙、关帝庙、城隍庙等，这些庙宇无非是某种迷信观念的反映，其本身并没有多大研究价值可言。20 世纪 50 年代，联合国粮农组

①《中国历史研究法》，第 124－125 页。

织要求香港著名地理学家陈正祥教授提供一份中国历史上蝗虫灾害分布地图。陈正祥久经探索,发现方志中常有建八蜡庙或虫王庙的记载。八蜡是农业的祭祀,其中包括祭昆虫,以免虫害。而虫王则是指蝗虫。他想,这种庙的建筑肯定与虫灾有关,有这种庙的地方,蝗灾一定经常发生,而且非常严重。事实上,许多方志记载建八蜡庙之前也往往先记蝗灾。于是,他用 8 个月时间,翻阅了数千种方志,终于绘制成了《中国蝗灾分布图》。根据此图,发现蝗灾分布密集在华北地区,决定蝗灾的因素是湿度和温度,其分布边缘与年平均湿度 0.8% 的等湿线,及年降水量 1200 毫米的等雨线相近,从而得出了一系列科学结论。这样,就把方志中迷信材料中的潜在信息挖掘出来,做了科学的解释,堪称点石成金。

第七,要注意史料的层累现象。我们研究历史,总希望材料愈全面、愈详细愈好。但是,关于上古史的材料以及许多原始记载十分简略的史事,愈往后代,对此事的记载往往愈丰富、愈详细。比如关于三皇五帝的历史就是层累地积攒起来的。以顾颉刚先生为代表的古史辨史家通过考证,发现周人心目中最古的人王是禹;禹原来是个神,逐渐变为人王,又变为夏后,变为舜臣;到孔子时才有了尧、舜;尧、舜的翁婿关系,舜、禹的君臣关系,那是后来编成的;从战国到秦汉,尧之前又添上了许多古帝王,战国时有黄帝、神农,秦有三皇,汉以后才有盘古。秦的三皇是天皇、地皇、人皇。到晋代始确定为伏羲、神农、黄帝等。他们从对古史的研究得出结论,认为古史是层累地造成的,时代愈后,传说中的古史期愈长;时代愈后,传说中的中心人物越放越大;在这上面即使不知道某一件事的真确状况,但可知道某一件事在传说中的最早状况。[①] 这些意见,对我们分析史料很有参考价值。不仅上古史料如此,古代的一些传说(如徐福东渡、孟姜女哭长城、西施、钟馗等等)也都是如此。分析这类史料,千万不要被层累地造成的历史所迷惑,更不可凭后来放大了的说法去研究其本来的历史。因为层累的历史,不是信史。我们只能据最早的比较真实的史料去分析历史。

①《古史辨》第一册,第 60 页。

第六章 历史研究的理论和方法

第一节 思辨及其意义

搜集了丰富的史料，并对所搜集的史料进行了去伪存真的整理，这就为课题的研究打好了基础。史料的搜集和考证是史学研究不可或缺的一项基础工作，但要进行史学研究仅有史料还不够，还必须有正确的理论做指导，用正确的理论去思辨，形成自己的观点、看法，否则就会被浩繁的史料所淹没，迷失方向，解决不了问题。没有理论指导的史学研究，即使史料丰富，难免就事论事，或以常识为指导认识问题，易失之片面、肤浅、平庸。缺乏史料基础的史学研究，亦不免架空立论，易失之空洞、浮华。因此史料和理论对史学研究来说都十分重要。翦伯赞先生针对史学界不重视理论的现象，曾指出："研究历史，一定要学好理论，从收集资料、研究资料到写成文章，都需要资料，都要理论。没有正确的理论，只有史料堆砌，怎能成为历史学家？当然，只有理论，没有历史知识，没有资料，只放空炮，那也不行，我们马克思列宁主义者从来没有说过搞历史不要资料，我们是说要重视史料，要掌握大量资料；但是，我们说，更要重视理论，在理论的指导下分析研究资料，从而得出符合历史实际的结论来。"①在此，翦伯赞先生正确地阐明了历史研究中理论与史料的关系。打个比方，史料和理论的关系，犹如蚕吃桑叶与吐丝的关系。蚕不吃桑叶无法生存，桑叶在蚕体内经过一系列物理与化学变化，在绢丝腺内产生透明的胶质液体，才能吐出丝，而为人所用。

---

①翦伯赞：《史料与史学》，北京大学出版社 1979 年版。

周一良先生写文章说,20 世纪 30 年代燕京大学历史系的洪业(煨莲)教授,给学生讲授历史方法的课程,第一堂课开始就说,历史是什么?只要你抓住英文里的五个 W,就抓住了历史,这五个 W 是:who, when , where, what, how,即什么人,什么时间,在什么地方,做了什么事,怎样做的。新中国成立以后,接触马克思主义,学习历史唯物论,周一良先生运用马克思主义的立场、观点、方法研究历史,感到这五个 W 还不够,补充了一个最大的 W,就是 why(为什么)。他认为:"只有对于历史事件、历史现象做出解释,说明它为什么如此,讲出一些带有规律性的东西,说出个道理,解答了为什么,才能算真正抓住了历史。"①解决 why,就是要以正确的历史理论与史料相结合研究问题,这个过程就是思辨。

王玉哲先生说:"我们研究历史,搜集的史料当然越多越好。但研究者是否有成就,绝对不决定丁史料的多少。即使是材料具备、题日选好,也未必能有什么发明创造。研究学问,除了勤于阅读材料之外,还必须善于思考问题,别具只眼,常于别人不注意的地方,或别人不认为有问题的地方,我们偏从此间看出问题、解决问题。这就是所谓'读书得间'。能读书得间,才能突破前人、发前人所未发,创造出新成就的可能。"又说:"研究者对资料的整理、阅读是必要的,但更需要的是对资料的消化、思考。古人云'学而不思则罔',只一味地死读书,不去思考问题,也会是惘然无所得的。"②

何兆武先生说:"史料是客观给定的、是有限的、对所有人都是一视同仁的;但是人们的思想认识则是不断变化或不断深入的,所以呈现于人们心目中的历史构图也就必然随时不断地在改变,日新又新。这是历史学永远不断地在更新的原因所在。"③一个学者思辨能力的高低,主要在于其是否具备非凡的史识,即通过学习理论,形成自己的一套研究方法,具备较强的洞察力。道教学者陈国符先生说:"科学研究主要在于创造,还要善于思考。判断一个人是否有能力,主要看他是否有创造力。要攻克一个堡垒,首先要创造自己的研究法。"④而研究能力的提高主要在于其理论水平、社会阅历和研究历史的经验的培养。顾颉刚先生在 1926 年讲他自己研究历史的方法,说:"我屡次问自己:'你所得到的科学方法到底有多少条基本信条?'静中温寻旧事,就现出二十余年来所积下的几个不可磨灭的印象。十二三岁时,我曾买了几部动植物的表解,觉得它们分别种类的清楚,举出特征和形象的细密,都是很可爱的。进了小学,读博物理化

①《怎样写学术论文》,第 66 页。

②《怎样学习中国历史》,上海人民出版社版,第 12 - 13 页。

③《苇草集》,生活 · 读书 · 新知三联书店 1999 年版,第 536 页。

④《中国外丹黄白法考 · 序》,上海古籍出版社 1997 年版。

混合编纂的理科教科书,转嫌它的凌乱。时有友人肄业中学,在他那儿见到中学的矿物学讲义,分别矿物的硬度十分明白,我虽想不出硬度的数目字是如何算出来的,但颇爱它排列材料的齐整,就借来抄录了。进了中学,在化学堂上,知道要辨别一种东西的原质,须用它种原质去试验它的反应,然后从各种不同的反应上去判定它。后来进了大学,读名教教科书,知道惟有用归纳的方法可以增进新知;又知道科学的基础完全建设于假设上,只要从假设去寻求证据,更从证据去修改假设,日益演进,自可日益近真。后来听了(胡)适之先生的课,知道研究历史的方法在于寻求一件事情的前后左右的关系,不把它看作突然出现的。老实说,我的脑筋中印象最深的科学方法不过如此而已。我先把世界上的事物看成许多散乱的材料,再用了这些零碎的科学方法实施于各种散乱的材料上,就欢喜分析,分类,比较,试验,寻求因果;更敢于作归纳,立假设,搜集证成假设的证据而发表新主张。"①

随着历史科学的发展,历史研究的方法也在不断改进,出现了专门研究史学方法的流派和著述。我们今天思辨历史资料,应该以马克思主义的历史研究方法为基础,以中国传统的历史研究方法为依托,学习外国的历史研究方法,以便掌握更多的思辨历史的武器。正如姜亮夫先生说的:"纵观先代的学术工作者,其成就的大小和深浅,往往决定于方法是否多方面的,是否灵活运用得纯熟。"②

第二节　史学理论的层次

指导我们从事历史研究的理论大体上可以划分为社会历史观、与某一具体的历史发展过程相关的理论以及历史学的学科理论三个层次。

一、社会历史观

社会历史观是指人们对人类历史发展过程的认识和看法,包括诸如社会存在和社会意识的关系、人类历史是前进的还是倒退的和是螺旋式地前进还是循环往复的、历史发展的动力是什么、历史发展是否有规律、谁是历史的创造者等问题,要回答的是人怎样创造历史的这一理论问题。

不同的时代有不同的历史观,同一时代不同的社会和不同的人群也会有不同的历史观。只有马克思主义唯物史观是迄今为止被证明为唯一科学的历史

---

①《古史辨》第一册《自序》,上海古籍出版社 1982 年版,第 94 - 95 页。

②《学人谈治学》,第 11 页。

观。基督教神学史观认为上帝是人类历史的主宰，支配着人类的命运，人类社会及其一切活动都是上帝意志的反映。人类历史是从原罪到末日审判的天路历程。基督教历史学家奥古斯丁在《上帝之城》中说，自从亚当犯了原罪后，世界被分成两部分：上帝之城和世俗之城。上帝之城是上帝所代表的天国，世俗之城是魔鬼撒旦控制的地狱。人类历史就是上帝的信徒和魔鬼的信徒的斗争史。到末日审判时两城分开，上帝的信徒与上帝在天国享福，魔鬼的信徒在地狱永受折磨。这种历史观支配着中世纪的人们对历史的认识。18 世纪法国的启蒙思想家孟德斯鸠以地理环境解释人类历史。他认为土壤、气候、环境甚至国土面积的大小，对民族性格、道德风俗、法律制度的形成有着决定性的作用。炎热的气候使人萎靡不振，缺乏勇气，故热带地区的民族怯懦，成为奴隶。寒冷的气候下的人们勇敢、俭朴、耐劳、勤奋，适宜于战争。土地肥沃，使人生活宽裕，变得怠惰，贪生怕死。肥沃的平原地区无法同强者抗衡，只好屈服，一旦屈服，自由精神便一去不复返。小国宜于共和政体、中等国家适宜于君主治理，而大国多实行专制制度。亚洲地区平原辽阔而建立专制国家，只有极端的奴役，不可能存在自由思想。欧洲的领土天然地划分为一些不大不小的国家，这种自然条件成为欧洲国家实行法治、欧洲人们爱好自由的前提。伏尔泰认为理性是推动人类不断进步的动力，人类是在同迷信、愚昧的不断斗争中前进的。黑格尔认为理性是历史的主宰和推动力，历史是理性的产物，因此具有合理性，不是一串偶然或荒谬的事实，有其内在必然的联系和从低级向高级发展的矛盾运动过程，理性在实现自己的过程中表现为人类利己的欲望和热情。由利己的个体所产生的热情，是人们从事一切活动的直接推动力。“假如没有热情，世界上一切伟大的事业都不会成功。”利己主义和盲目的热情是恶的表现，但在历史发展过程中，恶却成了历史发展的杠杆。人的行动无非是一幕热情的冲动和表演，理性就是利用热情作为实现它的目的的工具，这就是“理性的狡计”。对黑格尔的“理性的狡计”，恩格斯予以很高的评价，说：“在黑格尔那里，恶是历史发展的动力借以表现出来的形式。这里有双重的意思，一方面，每一种新的进步都必然表现为对某一神圣事物的亵渎，表现为对陈旧的、日渐衰亡的，但为习惯所崇奉的秩序的叛逆，另一方面，自从阶级对立产生以来，正是人的恶劣的情欲——贪欲和权势成了历史发展的杠杆，关于这一方面，例如封建制度的和资产阶级的历史就是一个独一无二的持续不断的证明。”①受黑格尔历史观的影响，马克思以其为起点，创立了唯物史观。法国复辟时代的历史学家基佐、米涅等人亲

①《马克思恩格斯选集》第 4 卷，第 233 页。

身经历过法国大革命，他们认识到阶级斗争在历史发展中的作用。基佐认为阶级斗争产生于不同阶级的利益，不同阶级的利益与所有制和财产关系有关。但追溯阶级斗争根源时，却又归之于不同的政治原则和观念之间的斗争，甚至认为所有制和财产关系也源自某种观念。

在马克思主义唯物史观创立以前，人们的历史观丰富多样，也不乏真知灼见，但从整体上说来都难以科学地说明人类历史。列宁指出，一切旧的历史理论都存在两个最主要的缺点："第一，以往的历史理论，至多是考察了人们历史活动的思想动机，而没有考究产生这些动机的原因，没有摸到社会关系体系发展的客观规律，没有看出物质生产发展程度是这种关系的根源；第二，过去的历史理论恰恰没有说明人民群众的活动，只有历史唯物主义才第一次使我们能以自然史的精确性去考察群众生活的社会条件以及这些条件的变更。"①唯物史观没有停留在人们的思想动机面前，而是探索思想动机背后的原因，结果发现了一个被人们长期忽视的简单事实：人们首先必须解决吃、喝、住、穿的问题，然后才能从事政治、科学、艺术、哲学、宗教等活动，没有物质资料的生产，就不可能有其他的社会活动，也就不会有人类历史。因此决定人们思想动机的，是社会的经济关系即人们的物质利益。一切思想动机都直接或间接地受到物质利益的制约。引起历史变迁的行动的动力是由物质生活资料的生产方式所制约的经济利益。不是社会思想、政治生活决定社会物质生活，而是社会物质生活决定社会的政治生活、思想生活，是社会存在决定社会意识，而不是社会意识决定社会存在，一切社会性变迁，政治变革的终极原因应到生产方式和交换方式的变革中去找。唯物史观的产生使"人们过去对于历史和政治所持的极其混乱和武断的见解，为一种极其完整严密的科学理论所代替"②。"历史唯物主义是唯一科学的历史观，它的整个体系和所有原理，都是对社会历史的唯物辩证本性的揭示，是对人类社会发展的自然历史过程的普遍本质的理论再现，是对社会的合乎客观规律的发展过程的逻辑展开。"③

当人们接受了或形成了比较系统的历史观时，在进行历史研究时，其社会历史观就会成为指导其考察历史问题的理论原则。持不同历史观的人们，其对历史的看法也各不相同，只有在正确的历史观的指导下，才有可能真实地揭示人类历史。基督教史学家以上帝的意志来说明人类历史发展，在他们眼中，看到的只有基督的奇迹和异教徒的罪恶。奥古斯丁在解释罗马城被哥特人洗劫

①《列宁选集》第2卷，第586页。

②《列宁选集》第2卷，第443页。

③肖前、李秀林、汪永祥主编：《历史唯物主义原理》，人民出版社1983年版，第33页。

这一现象时，认为罗马的劫难是上帝对人类世俗罪恶的惩罚，世俗之城罪孽深重，它的毁灭在所难免，在其废墟上将建立永恒的、充满光明的上帝之城。他的弟子奥罗修斯将古史中有关战争、瘟疫、饥饿、地震、火山、水旱等灾难、罪恶事例汇集在一起，写成《反对异教的历史》一书，证明基督降生以前的世界充满灾难。“没有理由说奥罗修斯的著作是一派胡言，他所汇集的不也是某种史实吗？但在基督教史观的照射下，他在历史中只能瞥见异教世界的罪恶、灾难和基督的神迹，别的一概进不了他的视野。他的史观规定他所能看到的只是这些史实。”①基佐、米涅等人则以阶级斗争来说明人类历史。基佐在其代表作《欧洲文明史》中力图证明阶级斗争充满着人类历史。他认为罗马帝国留给欧洲中世纪的主要遗产是市政自由思想和专制皇权思想这两个对立原则，中世纪和封建主义时代充满了以教会为代表的神权政治原则、以王权为代表的君主制原则和以公社为代表的民主制原则之间的斗争。城市公社从封建主统治下争取自治权的解放运动为以后各阶级之间的斗争拉开了序幕。米涅在其代表作《法国大革命》中指出，法国大革命是各阶级物质利益冲突的结果，阶级斗争是法国大革命发生的原动力。

正因为人们所信奉的社会历史观会成为其考察历史问题的指导，因此史学研究者能否真实地揭示客观历史发展的过程，所得出的结论能否与客观历史实际相符合，与其所持的社会历史观关系密切。以错误的历史观指导历史研究、考察历史发展，必然不能反映客观历史实际，甚至将历史看成“是一个很服从的女孩子，他百依百顺的由我们替他涂抹起来，装扮起来”②。马克思主义唯物史观科学地阐明了人类社会历史，是被证明了的科学的历史观，因此史学工作者应掌握唯物史观，并以之作为历史研究的指导，以便客观地揭示历史的真相。

二、与某一具体的历史发展过程相关的理论

由于世界历史的发展是多样性的统一，不同地区、不同民族、不同国家的历史既有共同之处，又有自己独特的发展历程。因此史学工作者研究某一社会具体的历史过程时，就需要解决与这一历史过程发展有关的理论问题。如研究中国古代史时，就会遇到诸如奴隶社会与封建社会的分期、历史人物的评价标准、农民起义和农民战争的历史作用、汉民族的形成、中国古代的民族关系、中国封建社会为何长期延续、爱国主义和民族英雄、资本主义的萌芽等理论问题。这些理论问题与中国社会历史发展的具体过程紧密相连。对这些理论问题的认识正确与否，与人们的社会历史观密切相关，并影响史学研究。例如，在我国封

①刘昶：《人心中的历史》，四川人民出版社 1987 年版，第 18 页。

②《胡适文存》第二卷，第 106 页。

建社会曾发生过大小数百次的农民起义和农民战争，其规模之大，延续时间之长为世界历史所罕见。因此研究中国历史就需要对农民起义和农民战争的历史作用从理论上进行阐述。我国史学界长期以来对唯物史观进行简单、机械的理解，认为阶级观点是唯物史观的核心，阶级斗争是历史发展的根本动力。在这种社会历史观的指导下，认为只有农民的起义和农民的战争才是推动我国封建社会发展的真正动力。以此为理论指导，人们将我国封建社会的历史简化成一部农民起义和农民战争史，说什么“三千年的封建统治，没有一个好家伙，一句话，朝朝代代都是坏蛋坐江山”。在历史研究中要打破王朝体系，删减统治阶级的活动和政治制度的沿革史，要突出劳动人民的阶级斗争、生产斗争，建立新的人民史体系。农民战争史的研究逐渐成为史学研究的核心，从五朵金花之一变成一枝独秀。据学者统计，新中国成立以后40年间，发表、出版有关农民战争史的论文4000多篇，著作300多部。丰富多彩的历史被概念化、公式化的阶级斗争史所代替。对剥削阶级代表人物不做具体分析，一概否定，即使是在历史上起过积极作用的帝王将相也要从史书中抹去。赵光贤先生指出：“从50年代以来，关于我国封建社会农民起义和战争的文章不计其数，争论的问题很多，但多半是空论，而通过一次大规模的农民战争，用明确而可信的史料证明农民战争直接推动社会生产力前进一步的文章，一篇也没有看到。”①如何评价农民起义后建立的新王朝所实行的轻徭薄赋、与民休息等有利于社会经济发展的措施，是研究中国古代史，特别是农民战争史必须面对的问题。一部分坚持历史主义的学者如翦伯赞等希望历史地看待中国的过去，对中国封建社会予以全面的分析，肯定历史上的剥削阶级曾在一定历史时期起过进步的作用，但由于受阶级斗争是推动历史前进的根本动力观点的影响，他们只能从阶级斗争的角度来考察这种历史现象，将新王朝所采取的一系列措施概括为“让步政策”，认为在农民战争中新王朝的统治者看到了农民力量的巨大，不能不有所畏惧，为了长治久安，缓和阶级矛盾，对农民做出了一定的让步，实行轻徭薄赋、与民休息的政策。由于“让步政策”的实现，社会经济有了一定的发展，文化也繁荣了。他们以“让步政策”来肯定新王朝的进步作用。但是这种解释却难以令人满意，也难以说明问题。若纯粹从阶级斗争的角度来看问题，新王朝所采取的一系列措施，对农民来说未必是一种让步。农民起义期间，农民政权控制下的农民，挣脱了封建政府和地主的束缚，不当兵，不纳粮，暂时获得了解放。而新王朝建立后，他们又重新被束缚在土地上，接受剥削。于是坚持阶级斗争说的人们认为

①赵光贤：《中国历史研究法》，第69页。

这是对农民的反攻倒算,这种政策实施的结果是农民战争的胜利果实被吞没了,封建统治和剥削逐渐加强。“让步政策”论者与“反攻倒算”论者进行了很长时间的争论,但由于二者认识问题的理论前提都是阶级斗争是推动历史前进的根本动力,在中国封建社会里只有农民起义和农民的战争才是历史发展的动力,因此都从阶级斗争观来认识这一历史现象,故而未能揭示其真相。今天,当研究者对推动历史前进的动力和农民战争的历史作用有了正确的认识,才能恰当地评价新王朝所采取的一系列措施。“这两种观点都没有揭示农民战争之后地主阶级新政权所施行的政策的实质。农民不代表新的生产力,农民战争的任务只在于推翻或打击已经腐朽了的旧王朝,建立新王朝不是农民阶级的历史使命,而是另一部分地主阶级的历史使命。新王朝建立后,这一部分地主为了巩固政权,就必须使社会安定,致力于发展生产力。这些措施全部的目的是为了地主阶级自身的利益。但对凋敝的社会进行恢复和发展的一些措施,在客观上对农民阶级也有利,因为它促进了社会生产力的发展,可以使农民在比较安定的环境下生活。这一点,不论是西汉初年的刘邦、东汉初年的刘秀、唐初年的李世民、明初年的朱元璋等的措施,客观效果都是如此。他们所实行的政策,并非专为对农民让步或对农民实行反攻倒算。”①

三、历史学的学科理论

历史学的学科理论,我国史学界称之为史学理论,以与阐述客观历史过程的历史理论相区别。西方史学界称之为分析的历史哲学,以之与阐述历史本体的思辨的历史哲学相区别。也有人称之为历史学的哲学,而将有关历史本体的理论称为历史哲学。史学理论是对历史学自身的反思,所关心的是人如何写历史的问题。因此诸如历史研究的对象、目的、历史学的学科属性(是科学还是艺术)、历史认识论(包括历史认识的形成、特点,史学成果的检验等)、历史编纂学理论、史家修养、史学批评等问题都是史学理论要探讨的。对这些问题的认识不同,其所从事的历史研究也呈现出不同的面貌。19 世纪自然科学取得了辉煌的成就,历史学也向自然科学看齐。以兰克为代表的实证主义史学认为“历史是不折不扣的科学”,其任务是如实地说明历史而已。因此他们要求史学家效法科学家的严谨,通过严格的史料考证和不偏不倚的撰史态度,再现历史的真实,他们的研究领域集中在政治史。兰克学派的史学理论在 20 世纪初传到我国,傅斯年先生继承了兰克实证主义史学观,认为“史学即史料学”,史学的工作就是整理史料。他要将史学建设成为与天文学、地质学、物理学、化学一样的科

①苏双碧:《马克思主义历史学发展中的几个问题》,载《社会科学战线》1993 年第 1 期。

学，强调必须以客观的态度治史。“一分材料出一分货，十分材料出十分货，没有材料便不能出货”，因此要“上穷碧落下黄泉，动手动脚找东西”。他领导的历史语言研究所发掘了珍贵的地下资料，抢救了一批濒危的史料，整理了一批明清档案，这是他们的成就，但他们的史学成就也仅限于此。英国历史学家屈维廉认为历史学是艺术，曾发表论文《克莱奥，一位缪斯》。他说历史的价值不是在科学方面，而在教育方面，能够使人们回想过去，从而教育人们的心智。因此历史学家不仅应具有学术能力，而且应具有艺术修养，不能为其他原因而牺牲历史的艺术性。罗素认为历史不仅是为历史学家们而写的，而且是所有受教育的人的学问的基本组成部分，因此必须有趣味，史家对其所描述的事物就要怀有感情。历史应研究个人，特别是英雄人物。法国年鉴学派提出用跨学科的方法研究整体历史，他们借鉴自然科学特别是社会科学的理论和方法从事历史研究，扩大了史料来源，扩展了史学研究领域。

新中国成立以来，我国史学界以历史唯物主义代替历史学的学科理论，因此不重视史学理论的研究。从 20 世纪 80 年代开始，随着对新中国成立以来史学研究的反思，学者们认为不能将历史唯物主义等同于马克思列宁主义的史学理论，唯物史观是历史研究的理论基础，正如马克思主义哲学不能代替任何一门自然科学本身的理论一样。历史学科若没有自己的理论和方法论，就难以成为一门独立的学科，许多史学问题的研究最终要追溯到史学理论上去。因此历史学应像经济学等社会科学一样，在马克思主义唯物史观的指导下发展起自己的学科理论，并对唯物史观与史学理论的联系和区别进行了探讨。

史学理论的发展是以研究范型更换的方式出现的，历史学家 T. 斯托瓦诺维奇认为西方史学史上有三个范型，第一个范型是从修昔底德开始到圭昔亚狄尼时代达到高峰，这一范型的中心是历史是当代政治的工具，目的是为政治提供范例。第二个范型是以 19 世纪德国史学为代表，认为历史是按着严格要求的线性模型发展进步的。第三个范型是由法国的年鉴学派所建立的，关心的是整体与部分的关系。研究范型的不同，所关注的研究重心和角度也不同。随着史学研究的发展和时代的前进，史学理论也需要更新，因此我们要有理论创新的勇气。

指导历史研究的三个层次的理论既有区别又有联系，社会历史观是基础，决定和影响着研究者对具体社会历史及史学本身的认识。但我们必须以社会历史观为指导考察具体社会历史，并以史学理论为中介使之转化为历史研究的理论原则，只有这样，社会历史观才能起指导作用，否则因其思辨色彩太浓、太抽象难以指导具体的历史研究。

第三节 正确处理好史论关系

史论关系是指理论与史学研究的关系。在我国马克思主义史学的发展过程中,对史论关系的认识,主要出现过“以论带史”“论从史出”“史论结合”三种观点。新中国成立以来,史论关系一直吸引着史学工作者的注意,成为史学研究的重要理论问题。1958 年毛泽东在《工作方法六十条(草案)》中说:“开会的方法应当是材料和观点的统一。把材料和观点割断,讲材料的时候没有观点,讲观点的时候没有材料,材料和观点互不联系,这是很坏的方法。只提出一大堆材料,不提出自己的观点,不说明赞成什么反对什么,这种方法更坏。要学会用材料说明自己的观点。必须要有材料,但是一定要有明确的观点去统率这些材料。材料不要多,能够说明问题就行,解剖一个或者几个麻雀就够了,不需要很多。自己应当掌握丰富的材料,但是在会上只需要拿出典型性的。必须懂得,开会同写大著作是有区别的。”[①]这本是指中共党内开会时做报告的要求,但史学工作者却以此为历史研究中处理史论关系的理论指导,以为历史研究就是为了阐述理论,史料不过是理论的注脚罢了,提出“以论带史”的口号。他们以马克思列宁主义代替具体的历史研究,到经典著作中去寻找有关中国历史问题的现成答案,或将史料作为例证来注释原理原则,历史研究仿佛就是证明经典著作的结论是正确的。所撰的文章缺少史料,空话连篇,从概念到概念。到后来这种观点发展为以论代史。“文革”以后,这种观点受到史学工作者的严厉批评,学者们认为其是“左倾”思潮下的产物,违背了实事求是的原则,有意无意地为伪造历史、篡改历史开了方便之门,不是唯物主义的研究方法。现在已极少有人坚持这种史论关系观。

为了纠正“以论带史”给史学研究带来的危害,吴晗提出“论从史出”观点。他认为强调理论的指导是对的,但“以论带史”,从字面上看先讲理论,后讲史实,结果会论多史少,甚至有论无史。理论只能指导历史研究,不能代替历史研究。论不能代替史,论在史中,不在史外,要运用正确的方法,掌握大量的、充分的、可信的史料,加以合理的安排,通过史实的把握,将观点体现出来,只要将史实弄清楚了,观点自然也就出来了,所以说“论从史出”。20 世纪 60 年代,陈伯达等人把“论从史出”说成是“反马克思主义的史学纲领”,将主张这一口号的史学家打成“反动的资产阶级史学权威”,进行批判。“文革”后,重新讨论史论

①《工作方法六十条(草案)》,载《毛泽东文集》第 7 卷。

关系时，许多学者赞成这种观点，认为作为历史研究方法，“论从史出”的说法最合适。研究一个历史问题，首先必须掌握有关的史料，弄清事实真相，从事实出发，通过分析研究，得出理论性的认识。但是我们应该看到，“论从史出”是就具体的历史研究而言的，讨论的是历史研究中结论和史实的关系，强调史料对历史研究的重要性，观点来源于材料。这种看法对纠正空话连篇的学风有一定的积极意义，却没有阐明马列主义与史学研究的恰当关系。同时这种观点本身也有致命的弱点，妨碍研究者得出正确的结论。西方史学家曾说过史料不会自己说话，只有历史学家要其说话时才会说。这种看法虽然夸大了历史研究主体的作用，但也说明了同样的史料不同的史家会得出截然相反的结论。所以同一个曹操，在封建史家的眼中是乱臣贼子，在马克思主义史家的笔下却是应该肯定的雄才大略之君。

“史论结合”观认为史料与观点的统一是进行历史研究最科学的方法，要求在马克思列宁主义的指导下，用具体的史料来说明历史问题。吕振羽提出学习和研究历史，必须坚持和贯彻理论与实际相结合的方针，马克思主义观点和方法是理论和实际的统一，“史”和“论”的统一，“论”就是观点，就是马克思主义理论和基本原理，“史”就是“史料”。“史”和“论”的统一，就是运用马克思主义的理论和方法，通过对具体历史进行具体分析，揭示出历史发展的规律。针对史学界重论轻史的倾向，翦伯赞提出：“理论挂帅，不是只要理论不要史料，不是用空洞的、抽象的社会发展的一般原理代替具体的历史，只是说要用这样的原理原则分析具体的历史。”“历史是具体的科学，论证历史，不要从概念出发，必须从具体史实出发，从具体史实的科学分析中引出结论，不要先提结论，把结论强加于具体的史实。”①历史研究中，必须把史论结合起来，以为重视史料就是资产阶级思想，在史料与资产阶级思想之间画等号是不对的，问题不在于要不要史料，而是用什么立场、观点和方法对待史料。他也反对以写一段材料再写一段理论的办法来体现史论结合，认为这不是史论结合，而是理论和史料分了家。正确的方法是让读者从史家的叙述中能得出作者要得出的结论。“文革”之后，“史论结合”说得到许多学者的肯定，并进一步分析史、论的内涵和探讨史论结合的途径。认为客观历史事实是历史认识的本源，同时历史研究必须以马克思列宁主义为指导，但马克思列宁主义的理论不能代替对历史事实的研究。如果说“以论带史”过分强调了理论而忽视史料，“论从史出”则忽视了理论的指导作用，二者从一个极端走到另一个极端，而“史论结合”说既重视了理论的指导，

①翦伯赞：《对处理若干历史问题的初步意见》，载《光明日报》1961年12月22日。

又重视了史料，是历史研究中应采取的方法，其关键在结合点的选择。

第四节 史学研究方法

有了丰富的史料和正确理论的指导，还须选择合适的研究方法，否则也难以达到预期的目的。俗话说“工欲善其事必先利其器”，史学研究方法可以说是史学研究者从事历史研究的工具，掌握得愈多愈熟练愈有利于史学研究工作。我们将史学研究方法分为传统史学方法和国外新史学方法。新史学方法是为弥补传统史学方法的不足而产生的，但难以取而代之。在具体的课题研究中，应根据课题的性质、研究目的，尽量采取多种方法，从不同的角度、多层次揭示研究对象。而采用跨学科的方法研究整体的历史则是21世纪我国史学研究的趋势。

一、传统史学方法

1. 历史的方法

历史的方法也称为实证的方法，即通过对事物发展过程的考察，注重按事物发展的顺序和历史事实说明历史问题。一般从具体的事实出发，搜集丰富细致的材料，从而弄清历史过程的各个环节，甚至细节。历史的方法是史学研究中运用得最普遍的方法，也是最基本的方法。胡应麟考察妇女缠足始于何时所用的就是这种方法。史学家对某一历史人物生卒年的考证，某一史书编纂经过的考察，某一战役具体进程的探寻等，多运用历史的方法。考证的方法可以使史学工作者的研究建立在扎实的史料基础上，避免游谈无根。但是单纯的历史方法有其局限性，适宜考证、确定史实，却难以揭示历史现象之间的内在联系及发展规律。因此研究者应将历史的方法与其他史学研究方法相结合，不仅叙述所研究的问题是什么，而且阐明为什么是如此。

2. 阶级分析法

阶级分析法，是指运用马克思主义关于社会划分为阶级，及由此产生阶级斗争的观点，分析社会历史的方法。要求史学研究者将其研究对象与其相关的阶级、阶层联系起来进行考察，揭示其阶级实质。因为在阶级社会中，无论是经济关系、政治法律制度、军事斗争、思想文化和伦理道德，无不打上了阶级的烙印，反映一定阶级的利益和阶级意向。所以研究历史问题，要深入分析这一历史时期的阶级状况和阶级斗争形势，着重考察产生阶级、阶级斗争赖以产生的经济基础。使用阶级分析法时应坚持具体情况具体分析，避免将阶级当作标签到处乱贴，用同一个模式到处乱套。同时应区分有阶级性和不带阶级性的历史现象,不能将阶级性统括一切。将所有的历史现象都纳入阶级斗争的范畴中去,并不能说明历史的真相。新中国成立以来,我国史学界在运用阶级分析法时造成过失误,教训是深刻的。史家将所有的历史问题,都套用马克思主义的阶级斗争理论,甚至认为研究者要站在各个历史时期被压迫阶级的立场上研究问题。研究奴隶社会的历史就要站在奴隶阶级等劳动人民的一面,研究封建社会的历史应站在农奴或农民阶级等劳动人民一面,研究资本主义社会就应站在工人阶级和其他劳动人民一面。在这种观念影响下的历史研究难以对历史进行实事求是的研究,不能历史地看待历史上的剥削阶级,往往见封建就反,见地主就骂,甚至要以农民战争史代替中国通史。因此使用阶级分析法时一定要杜绝简单化、庸俗化。

3. 系统的方法

即运用系统的观点,将研究对象置于系统中进行考察,从客观世界(历史过程)的整体与部分、整体与层次、整体与结构、整体与环境的辩证统一关系出发,去认识和揭示事物的整体关系与整体特性。系统论是20世纪30年代形成的自然科学研究方法。钱学森认为系统的方法是对所有的系统都具有普遍意义的科学方法,因此也适应于历史研究。

4. 分析与综合法

分析是将研究对象分解为各个部分、方面和特性,通过对各部分、方面、特性、因素和阶段的分析来研究整体。客观历史是一个整体,要对其进行深入研究,就需要将组成其整体的各个部分、方面、特性、因素和阶段分解开来加以考察,将复杂的历史现象分解成简单要素,通过对简单要素的研究,进而把握整体的本质特征。在分析的基础上,再将研究对象的各个部分、各个方面统一起来,从整体上进行考察,这就是综合。分析和综合二者互为前提、互为条件,没有分析就没有综合,而分析的目的是为了综合,分析过程中有综合,综合过程中也有分析。

5. 归纳法和演绎法

归纳法是从个别前提出发,推出一般性结论的逻辑方法,是从具体到抽象的一种推理方式。历史研究中,归纳法是常用的逻辑方法。由于历史材料不易搜罗完备,因此历史研究中只能就其研究对象的某一方面做出不完全的归纳,其结论没有绝对的肯定性,故切忌以偏概全,就是人们常说的孤证不立。搜集的材料愈完整愈好,证据愈多其结论愈可靠。归纳法对探讨历史的本质、因果关系及其他联系有着重要的作用。

演绎法是从一般性的原理、原则推出与其有关的个别事实或结论的逻辑方法，是由抽象到具体、由一般到个别的推理方法。演绎法是以已有的原理为前提，因此要使推出的结论正确，必须保证其前提是正确的。否则虚假的前提得不出正确的结论。演绎法也是历史研究中常用的逻辑方法，在具体的研究活动中，归纳法和演绎法通常交替使用。20 世纪西方逻辑实证主义者波普尔、亨佩尔等人提出的“覆盖定律”，讨论的是“普遍定律”在历史研究中的作用，即根据“普遍定律”从史料中逻辑地演绎出历史现象的真相，说明其发生的原因和条件。①“覆盖定律”的不足之处是将历史科学等同于自然科学，而忽略了二者之间的差别。

6. 历史假设法

假设是在已有知识的基础上，对研究对象从理论上提出假定的解释的思维方法。恩格斯说：“只要自然科学在思维着，它的发展形式就是假说。一个新的事实被观察到了，它使得过去用来说明和它同类的事实的方式不中用了。从这一瞬间起，就需要新的说明方式了——它最初仅仅以有限数量的事实和观察为基础。进一步的观察材料会使这些假说纯化，取消一些，修正一些，直到最后纯粹地构成定律。如果要等待构成定律的材料纯粹化起来，那么这就是在此以前要把运用思维的研究停下来，而定律也就永远不会出现。”②因此科学的假设是突破旧理论、提出新观点必不可少的思维方法，是建立科学理论的普遍形式。历史假设往往是建立科学结论、发现真理的前导。历史研究中也常采用假设的方式。假设的提出必须与科学的世界观、历史上的科学结论以及逻辑的要求相一致。在已有的结论的基础上提出假设再进行推演，即以假设为前提，逻辑地引出一系列的结论，然后运用各方面的材料对假说进行验证。验证的结果可能证明假设是完全正确的，也可能证明是部分正确的，或完全错误的。最后根据验证的结果对假说做出相应的结论。历史研究中的假设实际上是我国传统的考证方法与近代西方科学假设的结合。胡适所说的“大胆的假设，小心的求证”，就是传统史学方法与资产阶级史学方法相结合的产物。大胆假设对破除迷信、解放思想、提出问题有积极作用，但假设必须建立在坚实的基础上，不能胡思乱想，建立假设的前提和根据不能忽视。如美国汉学家根据公元前 53 年古罗马克拉苏兵团克莱尔战役溃败后，有一万余人被安息俘虏，然后不知下落，而公元前 36 年汉西域都护甘延寿、副都护陈汤率兵剿灭郅支单于的战役中，郅支单于守卫时有鱼鳞阵和重木城，就断定郅支军队中有罗马军人，而这些罗马军人战败后被汉朝安置于河西，并为之建立了骊靬县。此假说早就受到台湾学

①参见亨佩尔：《普遍定律在历史中的作用》，载《史学理论》1987 年第 3 期。

②《马克思恩格斯选集》第 3 卷，第 561 页。

者的驳斥，但1989年以后有人却将德效骞的假说当成结论，在中国大肆宣扬，从而蒙骗了广大读者，造成了极坏的影响。还有人说："假设辛亥革命由中国共产党领导，就能彻底地推翻封建势力，取得革命成功。"这样的假说是反历史主义的，因而也不可能得到历史的验证。

7.历史比较法

历史比较法是指通过对不同时间、不同空间条件下的复杂历史现象进行对比研究，分析异同，从而探讨历史现象之间的共性和特殊性的史学方法。在进行比较研究时，用于比较的历史现象必须具有可比性，有共同的基础和联系，同时又要具有差异性。否则，比较就毫无意义。我们可以将李白与杜甫进行比较研究，秦始皇与隋炀帝进行比较研究，却不能将李白与秦始皇进行比较。历史比较研究的运用程序，一般分为五步：第一步，确定可比性主题；第二步，分别研究可比对象各方面的特点；第三步，综合比较异同；第四步，提出假设命题，探讨历史现象的本质和规律；第五步，验证假设。比较的类型，有性质比较、数量比较、关系比较、历史模拟比较、横向比较、纵向比较、宏观比较、微观比较等等。针对不同的研究对象，可以采用一种或几种比较方法，以加深对课题的研究。比较研究可以帮助研究者纠正偏见，避免坐井观天，或妄自菲薄，更好地认识世界历史的发展的统一性和多样性。当然，在进行比较研究时应避免机械的模拟和毫无原则的以古喻今的"影射史学"。

8.类型法

即将历史现象划分为不同的类型，分别研究各类型的特点和相互关系的方法。社会经济形态的研究就是一种典型的类型研究，人们以生产方式为标准将人类社会的历史划分为五种社会形态，分别研究每一种社会形态的特点、发展规律。汤恩比在《历史研究》中，运用文化形态学研究人类文明的起源、生长、衰落和解体，将人类六千年的文明史概括为二十一个类型。通过对各种类型的文明的考察，他认为其中二十个类型的文明已经解体或正在解体，只有西方文明充满生命的活力。而影响文明发展的因素是挑战和应战。[①]进行历史类型研究时，必须以唯物史观为指导，从不同的历史现象中，找出其本质的联系，从而划分出不同的类型，分析不同类型之间的联系和区别。

9.具体历史对象的特殊研究方法

各种具体的历史对象，还有一些特殊的研究方法。比如研究历史人物，评价的目的是看其在历史进程中所起的作用的正反与大小，即是非功过，有人将

①《历史研究》第一部《序论》。

这种研究方法称为“功过论”。具体方法除了阶级分析、心理分析、素质分析、气节论、盖棺论等以外,还有阶段论,就是根据历史人物历史活动的不同性质,分为不同阶段,结合该人物所处的历史大势及具体时间、地点、条件,逐段评论其功过得失。综合论,就是在分阶段评论的基础上,从总体上对历史人物的是非功过做出评价,做出基本的结论。比如康有为,先是变法维新的领导人,后是保皇派的首领,有人做出总体评价:康有为是近代史上向西方寻找真理的先进的中国人的代表之一。方面论,就是把历史人物多重性的各个方面分解开来,进行评论,既谈主要方面,也说次要方面;既论政治态度,也评学术成就,从而把历史人物的复杂性和多样性完整地显现出来。历史条件论,即从历史人物所依存的客观历史条件出发,考察这些历史活动的性质和规律,以观察这些历史人物的是非功过。角色论,这是胡如雷先生引进社会学中的“角色”原理来研究历史人物的方法。每个人物在历史上都要扮演一定的角色,如秦始皇是政治家,杜甫是诗人等。曹操除了充当政治家这个角色之外,还兼有诗人的角色,这个角色决定了他在历史舞台上的地位,对他的思想行为心理都有重要影响。按照社会学原理,一个人从 6 岁到 12 岁是社会化的第一个阶段,对其一生有重要影响。杨坚出生于冯翊的一座般若寺,而且一直在寺中为尼姑所抚养,13 岁时才离开寺尼回家。据之可以解释,为什么北周武帝要灭佛而杨坚却大力提倡佛教。角色原理中角色的内心冲突,包括角色改变时的心理矛盾,也可以用于研究历史人物。例如杨坚一方面受佛教影响,性格中有行善、忠厚、宽容的一面,但作为皇帝,这个角色又要求他玩弄权术、施行刑罚,这就产生了角色冲突。从此就不难理解其既佞佛又对百官异常猜忌的矛盾现象。总的看,研究历史人物的方法尽管各种各样,实际上都是历史唯物主义原理的具体化,将它们综合起来分析历史人物,就能使我们对历史人物的评价更为准确。

二、国外新史学研究方法

1912 年美国历史学家鲁滨孙出版《新史学》一书,对传统史学进行猛烈抨击,提出历史是研究人类过去事业的一门极其广泛的学问,大到可以描绘各民族的兴亡,小到可以叙述一个最平凡的人物的习惯和情感,呼吁建立新史学以取代以政治为研究中心的实证主义史学。在更新史学观念的同时,鲁滨孙提出历史学应同其他科学合作以改进研究方法,史学应将经济学、社会学、人类学、心理学等社会科学当作自己的同盟军,大胆地吸收和利用其研究成果。新史学的代表法国年鉴学派提出以跨学科的方法研究整体历史的主张,他们广泛地运用地理学、语言学、数学、经济学、社会学、人类学、心理学等学科的理论和方法从事历史研究,更新了史学研究方法。扩大了史料来源,拓展了史学研究领域,取得了辉煌的成就。1950 年巴黎召开的国际历史科学大会上，年鉴学派的史学理论和实践引起了各国历史学家的兴趣和关注。从此以后年鉴学派逐渐成为一个国际性的史学流派，影响遍及世界各地。年鉴学派不仅提出了跨学科方法研究整体历史的史学理论，而且在这种理论的指导下，从事具体的研究活动，产生了一批世界一流的史学家和史学著作，大大地改变了 20 世纪世界历史学的面貌，因而被视为 20 世纪西方史学的范型。

我国从新中国成立到 20 世纪 70 年代末，将唯物史观作为指导历史研究的全部理论和方法论，不重视对史学方法论的探讨，虽有科学的历史观做指导，但研究方法仍沿袭传统的实证史学方法。80 年代初，为克服“史学危机”，史学研究者对西方新史学采用跨学科的方法研究历史予以特别关注。一方面大量介绍和翻译国外有关如何利用自然科学特别是经济学、人类学、人口学、心理学、社会学等社会科学的理论和方法进行史学研究的文章和书籍；另一方面，一些学者尝试用控制论、系统论、计量方法、心理学方法研究中国历史。此时采用多学科的方法还处在介绍引进和尝试阶段，难免出现生搬硬套的现象。到 90 年代史学研究者已经普遍认识到史学研究中采用多学科的方法，特别是经济学、人类学、心理学、数学等其他学科方法，不但必要，而且可行。不少的学者通过自己卓有成效的史学实践也证明了这一点。马新博士著《两汉乡村社会史》（齐鲁书社 1997 年版），采用古气候学、古地理学、社会学、民俗学等多学科的方法，研究两汉乡村社会，分析了两汉乡村的分层、农民的地位和归宿，两汉乡村村落与宗族的基本面貌，两汉乡村的婚姻形式、家内人际关系和家产分割方式，两汉民间信仰和乡村神祇及巫术，获得学术界的好评：“本书实不愧为近年少见的社会史力作之一，为历史学跨学科研究的可行性提供了又一个有说服力的例证。”①近年来，史学界对心理史学、文化史、社会史研究的重视，也是多学科方法在史学研究中受到重视的结果。

新史学方法是随着史学观念的变化而产生的。传统史学关注的是政治史，往往依靠文本文件资料，通过搜集和罗列史实来叙述历史，因此实证的方法被广泛采用。但是历史学研究的是人类社会的过去，是一门综合性学科，不仅要研究错综复杂的政治事件、波澜壮阔的战争场面，而且要透过这些喧嚣的历史表象探讨那些长期起作用的、具周期性的规律；不仅要研究上层精英人物的活动，而且要研究默默无闻的普通人的生活、情感、信仰。实证的方法对此无能为力，因为通过罗列排比历史事实研究历史，易停留在历史现象的表面，无法说明

①王学典：《历史研究的民间取向值得倡导——两汉乡村社会史》，载《史学理论研究》1998 年第 3 期。

历史变化深层次的原因和发展规律。正如历史学家林甘泉所言："有些深层次的问题，并不是靠历史实证就能解决得了的。譬如中国走向近代化为什么步履维艰？它和中国传统经济结构的特点有什么关系？探讨这些显然需要逻辑方法和历史的方法的结合，需要有一定理论规范的指导。"①同时普通人的活动很少甚至没有在史籍中留下记载，要研究他们的历史，实证的方法无济于事。因此巴勒克拉夫在《当代史学主要趋势》中引用费弗尔的话说，史学家必须"从文本文件和由文本文件造成的限制中解放出来，必须利用人类的一切创造物——语言符号、农村证据、土地制度、项圈、手镯——以及任何其他可选用的史料"。带着问题去寻找史料，扩大史料范围，这就必须更新史学研究方法，借鉴地理学、经济学、人类学、社会学、心理学等学科的理论和方法。

1. 计量史学方法

计量史学也称数量史学或定量史学，指有意识地采用数学和统计学的方法从事史学研究，并以定量分析为主要特点，而不同于定性分析占主导地位的传统史学。巴勒克拉夫在《当代史学主要趋势》中说："就方法论而言，当代史学的突出特征可以毫不夸张地说是所谓的'计量革命'。"并认为计量史学诞生于1955年前后。计量史学首先在美国、法国兴起，然后扩展到世界各地。随着计算机的广泛运用，使用计量的方法研究历史取得了很大的成就，并形成了新的学科分支。美国的新经济史、新社会史、新政治史学派是伴随着计量方法的使用而产生的。1958年，哈佛大学的康拉德和迈耶发表了《南北战争前的南方奴隶制经济》一文，他们不是根据南方种植园主的手稿对奴隶制经济效益进行定性描述，而是以新古典经济学理论为依据，利用农业部、商业部、人口调查局等机构的统计资料进行计量分析，重新考察争论已久的有关南方奴隶制经济效益问题。经过研究，他们得出的结论是：蓄养男奴的平均纯收益率为5%～8%，蓄养女奴的平均纯收益率是7.1%～8.1%。因此奴隶制给南方带来了效益，其自行消亡的说法没有根据。从而使那种认为内战爆发前南方的奴隶制经济已经无利可图的传统观点受到挑战。此文是美国计量史学产生的标志，也是新经济史出现的标志。康拉德和迈耶的研究引起了史学家对计量研究方法的浓厚兴趣，1960年帕杜大学举办了"经济史中的计量方法"讨论会，对计量史学的发展起了推动作用。1964年，新经济史学派的代表福格尔出版《铁路与美国经济增长》一书。在书中，他用计量分析法对罗斯托的著名观点"铁路与美国经济起飞不可分割"进行了验证。他认为要说明铁路对美国的经济发展是不可缺少的，

①林甘泉：《历史方法与逻辑方法的统一》，载《中国经济史研究》1999年第1期。

只有证明铁路运输比其他最佳运输方式带来的增值额直接或间接占19世纪美国经济产出的大部分。他借助于反事实模型进行推理论证，即将当时的实际国民收入与假设没有铁路时的收入进行比较。他假定1890年没有铁路，美国的运输方式会出现三种情况：一依靠已有的公路和水路，二开凿一条约5000英里的运河，三对公路进行改造。通过一系列复杂的计算，结果是，采用第一种运输方式时，铁路带来的净收益占国民生产总值的3.1%，采取后两种方式时仅占1.3%。因此，罗斯托的论断是没有根据的。福格尔的结论引起了史学界的激烈争论，同时也推动了计量史学方法的发展。本森则将计量的方法引进政治史的研究。在《杰克逊民主的概念》一书中，他用计量的方法分析公民的选举行为，得出不同于传统史学的结论。在社会史的研究中，学者利用人口资料、政府税单、银行账簿、城镇指南等通过计算机进行计量分析，研究美国普通人的流动史。

法国是计量史学的另一个中心。年鉴学派提倡研究整体的历史，特别强调研究社会结构，必然用计量的方法作为研究的工具。1966年，布罗代尔对《地中海与腓力二世时期的地中海世界》一书进行修订时，增加了许多图表，凡可用数字计量的历史现象都用图表来表示。菲雷用计量分析研究18世纪的精神状态。在《18世纪法国的书籍和社会》一书中，他通过对书名、评论、读者成分、外省学院状况、术语概念等的统计分析，研究18世纪法国精神状态的趋势。拉杜里运用计量方法研究15—18世纪朗格多克地区的社会经济、人口。拉杜里甚至说唯有计量的史学才是科学的史学。

计量史学在20世纪70年代末传入我国，立即引起我国史学界，特别是青年史学工作者的兴趣。据学者统计从1979年至90年代初发表有关计量史学的论文50多篇，并出版了专著，如项观奇《历史计量研究》、霍俊江《计量史学基础——理论和方法》等。对西方计量史学的发展及其研究方法进行了介绍研究，同时也对计量史学的理论问题进行了探讨。有学者认为，数量关系、空间形式、抽象结构不仅存在于自然界，而且存在于社会历史领域，所以计量的方法完全可以运用于历史研究。计量的方法使历史研究的对象从传统的以个人和时间为中心的政治史向以普通大众及历史发展过程为中心的整体史转变，扩大了研究的范围，拓新了研究课题。同时也扩大了资料的范围，过去许多被忽视和没有很好利用的资料被发掘和充分利用起来了。计量的方法使历史学变得更严谨、精确。在传统史学中，常出现一些诸如“重大的”“占主要地位的”“非常重要的”“微不足道的”等模糊判断，而通过计量分析，可使这些模糊判断精确化，使其更能明确清楚地说明研究对象。在我国利用计量的方法从事具体的历史研究不如理论探讨活跃。这主要是因为,用计量的方法从事历史研究的前提是研究者必须具备一定的数学和统计学知识,有时甚至需要较高深的数学知识,而由于教学体系的关系,我国的史学工作者的知识结构中恰恰缺少这方面的知识,因而限制了计量史学方法的运用。然而,一种史学研究方法若仅停留于理论探讨层面,无异于纸上谈兵,终究不能推动史学发展。因此,有志于从事计量史学的研究者,首先必须学好数学和统计学。计量史学方法,一是统计资料,即通过数量关系作为论证历史问题的精确根据,从而做出历史判断。二是将研究资料或数量关系制成简明的图形或表格,以成为确切的根据。三是根据相似性原理,把研究对象制成一种模型,进行历史模拟研究的方法。四是利用计算机处理历史资料中的数据,从其终端获得计算的结果。计量方法并不能使用于历史研究的一切领域,主要在经济史、政治史、科技史、人口史、社会史、军事史的研究中能较好地发挥作用。

2. 心理史学方法

心理史学方法是指利用心理学的理论和方法从事历史研究,即通过分析历史人物的心理活动、气质、意志品质与个性特征等,来探索人物的精神世界及其对历史产生的影响的方法。心理分析方法为现代史学的发展开拓了新的渠道,有助于从不同侧面、不同角度,揭示个人与群体、个人与历史进程、群体与群体、群体与历史运动之间的联系与关系。

美国精神分析学的创始人弗洛伊德的《达·芬奇及其对童年一个回忆》是心理学方法应用于历史研究的开始。埃里克·埃里克森、李夫顿、托马斯·A.科胡特、洛温伯格等是20世纪美国心理史学的代表人物。埃里克森认为:"从根本上讲,心理史学就是用精神分析学和历史学相结合的方法研究个体和群体的生活。"①埃里克森运用精神分析法对个体和群体进行研究,提出了人格发展渐成说和伟人理论。他将人的一生分成八个阶段,认为每一个阶段都会遇到心理危机,人格就是在解决心理危机的过程中逐渐形成的。每个人在青春期经常会发生认同危机,对自己是何人产生了疑问,而对疑问处理的方式严重地影响他的行为。《青年路德——对精神分析学与历史学的研究》是埃里克森的代表作,也是心理史学的经典著作。在这部书中,他以"认同危机"解释马丁·路德的宗教改革。"埃里克森有意识地表明,马丁·路德的自我认同危机如何以他与罗马天主教会决裂和在人身及宗教方面发现自我的方式得到了解决。"②埃里克森的伟人理论对"领袖的实质作了解释。他认为领袖和被领导者是十分接近

①转引自理查德·舍恩沃尔德:《对历史的心理学研究》,载《史学理论》1987年第2期。

②托马斯·A.科胡特:《心理史学与一般史学》,载《史学理论》1987年第2期。

的。因此,领袖创造地利用客观世界、社会制度、语言文化去解决自己的问题,就会引起成千上万要求外部世界满足自己需要的人们的共鸣。领袖将成为模范和导师,因为他与其众多的追随者在本质上别无二致”。埃里克森注重对伟人进行心理研究,为路德、甘地、萧伯纳等人写过心理传记。洛温伯格则关注集体心理研究,他探讨了德国青年纳粹追随者的心理历史渊源。精神分析学认为,缺乏父母之爱的儿童会产生焦虑、自卑感,易于沉溺于幻想,缺少安全感,对挫折缺少承受力。儿童生来就有的破坏性也随之加剧并易倾向于暴力。童年的遭遇形成了一个“固结点”。当这些人成年以后,新的创伤会使他们回归到童年时形成的“固结点”上去,希望找到强有力的庇护力量。以此为理论依据,洛温伯格分析了德国青年追随纳粹的心理特征。这些年轻人的童年是在一战中度过的,那时的德国处于大萧条时期,人民饱受饥饿的折磨,为了生活父母离家在外,他们缺少父母之爱。而当他们成年步入社会后,又遭到始于1929年的经济危机的打击,找不到工作,即使是大学生也前途暗淡。新的打击使他们在心理上回归到童年时形成的“固结点”。“向这种阶段回归的心理症状包括:用对外的方式来宣泄个人心中的紧张感情,将全部反对国家和社会的消极品质投射到外国和少数民族的个人及群体身上,以要求立刻得到满足来对付挫折。……而且尤其在于渴望一位被美化、被理想化又令人敬而远之的父亲:他无所不知,无所不能,他宣扬武德,要子女同他一样穿上制服,为国参战,并向他认同。”①在希特勒身上,在纳粹组织中,在法西斯行动中,他们找到了他们所渴望的一切,于是,他们就成了支持希特勒的重要力量。

随着美国心理学的发展,精神分析学以外的心理学理论和方法对史学研究的影响日益增强。人们甚至认为“对心理史学家来说,精神分析法已经完成了她的使命”。并对心理史学进行了重新界定:“心理史学的一种新观点认为:对历史的心理学研究,就是用心理学和社会科学的部分思想、方法和结论对过去进行考察。”②对心理史学研究的对象、范围、方法重新进行思考,认为心理史学研究的是人类内心世界的历史,不但要研究大人物、知名人士,而且普通群众应成为心理史学不可回避的研究领域。而人的外部生活仍然是其他历史专业的研究领域,心理史学家必须利用其研究成果,加深对所研究对象所处的环境的理解。同时要加强与社会科学的联系,利用社会科学的成果,加深对人类过去的理解。这些看法,反映了美国心理史学突破了精神分析学的限制,使心理史学呈现出多样性的发展。

①洛温伯格:《纳粹青年追随者的心理历史渊源》,载《史学理论研究》1996年第3期。

②理查德·舍恩沃尔德:《对历史的心理学研究》,载《史学理论》1987年第2期。

在法国,年鉴学派的领导人马克·布洛赫和吕西安·费弗尔都对集体心理感兴趣。布洛赫于1924年出版了《国王魔术师》一书,研究中世纪英、法两国存在的对国王具有超自然的神奇力量的民间信仰和民间对奇迹的态度。费弗尔1928年出版的《马丁·路德:一个命运》,主要探讨了16世纪德国社会的精神风貌和社会心理。他的《拉伯雷的宗教:16世纪不信教的问题》,被誉为法国历史心理学的经典之作。此书通过考察16世纪法国的精神状态和民众普遍的思想情感,说明16世纪的法国不可能产生不信教的现象。费弗尔重视对人类情感的研究,他认为历史上人类的情感领域还没有被历史学家触动过,而这些正是历史学的研究领域,否则,历史学家关于过去的知识就存在一个很大的空白。而要研究人类的情感必须借助于心理学的理论和方法,将历史学和心理学有机地结合起来。在《历史与心理学——一个总的看法》中,费弗尔阐述了他对心理史学的看法:通过心理学家和历史学家的合作,重建或重现过去的时代精神和社会全貌。20世纪60、70年代,费弗尔倡导的历史心理学进一步发展。精神状态史是新一代年鉴学派研究的一个重点。法国的历史心理学,我国有些学者称之为心态史。

在我国,20世纪20年代,梁启超、杨鸿烈等曾提出在史学研究中应重视历史人物的心理研究。心理学家张耀翔撰有《中国历代名人变态行为考》、林传鼎撰有《唐代以来34个历史人物的心理特质估计》,但几乎没有历史学家利用心理学方法从事研究。新中国成立后,心理学曾一度被取消,更谈不上对历史人物进行心理研究。80年代,随着心理学科的恢复和西方历史心理学方法的传入,在历史研究中运用心理学的理论和方法,引起了史学工作者特别是青年史学工作者的浓厚兴趣。一方面,介绍西方心理史学的成就、理论和方法,另一方面探讨在历史研究中运用心理学理论和方法的可能性和必要性。通过讨论,历史学可以也应该借鉴心理学的理论和方法以深化历史问题的研究成为大多数史学工作者的共同看法。彭卫《试论心理历史学的主题原则与理论层次》一文和《历史的心镜——心态史学》一书、胡波的著作《历史心理学》等探讨了历史心理学的理论和方法。在理论研究的同时,史学工作者对历史人物和社会群体的心理进行具体研究。如彭卫研究历史上的异常心理——变态行为,著有《历史的活动与迷离的心灵——对中国历史上心理异常的研究》一文和《另一个世界——中国历史上变态行为考察》一书;胡波研究孙中山的个性心理,在《岭南文化与孙中山》一书中,他充分展示了孙中山的内心世界;王玉波在《传统的家庭认同心理探析》一文中,对我国传统的家庭认同心理进行分析;赵良《天子的隐秘——七位中国帝王的心理传记》一书,对帝王心理进行研究;李文海、赵晓华《“厌讼”心理的历史根源》一文,对普通百姓普遍存在的害怕打官司的心理进行研究等。心理史学在我国虽有一定的发展,但还没有成为史学的一门分支学科。随着史学研究的深入,心理史学将会得到进一步的发展。

3. 社会学、人类学方法在历史研究中的运用

历史学家采用人类学的理论、方法、视角来考察历史现象,或者说像人类学家那样对历史上的人们进行提问和与之对话,就形成了历史人类学。历史人类学与传统史学相比,更关注历史上人们的观念、心态、欲望、习俗、风气、行为等。如对家庭、宗教、爱、死亡、私生活、性、政治、服装、色彩、财物、人际关系、休闲生活等等的种种观念和态度。历史人类学无论是方法,还是对待史料的观念和史料的种类等方面,与传统史学都有很大的差别。

历史学家在史学研究中引进社会学的理论和方法,形成新的学科分支——历史社会学,在我国称之为社会史。

采用社会学、人类学的理论和方法进行历史研究是20世纪西方新史学的重要特点之一。

杰弗里·巴勒克拉夫将社会学、人类学等社会科学对历史学的影响归纳为21个方面。[①]其中最重要的影响是在研究态度和研究方法方面,使历史学家恢复了在李凯尔特、狄尔泰等人打击下丧失了的对历史的科学精确性的理想。历史学与人类学、社会学的不同不在于研究对象和所使用的证据,而是处理证据的方法。“社会科学家处理证据的方法完全不同于传统上教给历史学家处理证据的方法。……社会学家不可能期望通过使用叙述的方法来罗列事实资料这样一种简单过程就可以得出有意义的结论。因此,不管他愿意与否,都不得不转而采用其他的研究方法,例如民意测验、抽样分析、统计分析等等。”人类学家则缺乏通常的历史档案,“有必要创造其他研究方法,那就是搜集埋藏在地下的资料,探询活着的见证人”。社会学和人类学都要带着问题去寻找资料,不是寻找随手捏来的资料,而是寻找具体的资料来回答问题。并将答案置于某种理论体系中,且与社会学家和人类学家所研究的社会结构秩序一一对应,以衡量这些答案的价值。人类学家用科学方法可以解释原始社会的机制,社会学家用同样的方法也可以说明当代社会的结构和功能,历史学家也能用同样的方法对过去社会进行研究。“正是坚信科学的态度和方法有可能应用于人类社会的研究,才是一般的社会科学,尤其是社会学和人类学,对那些试图摆脱拘泥于历史主义而陷入困境的历史学家的主要贡献。”在社会学和人类学的影响下,历史研

①参见巴勒克拉夫:《当代史学主要趋势》,第76-100页。

究的中心发生了重大的转变，即从特殊转向一般，从个别事件转向一致性，从叙事转向分析。

法国的年鉴学派以坚定不移地推动历史学科与社会科学的合作而著称，在他们的研究活动中广泛地采用多学科方法。勒华·拉杜里《蒙塔尤，1294—1324 年奥克西坦尼的一个山村》一书中，历史人类学的方法有很好的体现。陈启能先生认为这本书是作者使用“历史人类学”方法的杰作，成功地运用了历史人类学的方法解读了法国中世纪农民的文化、宗教观念和行为，详细地考察了当时农民的行为和意识，揭示了广大民众的文化和宗教生活。

布罗代尔的《腓力蒲二世时期的地中海和地中海世界》和《15 至 18 世纪的物质文明、经济和资本主义》两书，突破了传统史学的研究模式，将研究的重点置于探讨那些变化缓慢的、具有普遍意义的影响历史进程的因素上，即社会结构方面。他将历史时间分为三部分：短时段、中时段、长时段，与之相对应的是事件、态势、结构。短时段的历史是传统史学家所关注的，就是我们熟悉的政治史，强调的是短时段、个别任务和事件。中时段的历史是经济史和社会史，研究的重心是周期变化，时间跨度比传统史学要大，以 10 年、20 年、50 年为研究单位。长时段的历史时间跨度更大，以世纪为单位，研究那些长期不变或变化极为缓慢，但对历史发展却有长期的影响的历史现象，如地理环境、气候、人和自然的关系、文化传统、思想意识等，这些构成了历史的深层结构，是其他一切历史活动的基础。只有研究长时段历史现象，才能从根本上把握历史总体。在《腓力蒲二世时期的地中海和地中海世界》中，他通过阐述人与环境的历史、社会史即人类群体或集团的历史、事件的历史展示地中海世界的总体史。在《15 至 18 世纪的物质文明、经济和资本主义》中，他从物质文明即人们最普通最平凡的日常生活出发来探讨资本主义的基础和变化规律。布罗代尔的研究方法也不同于以叙述方法罗列的事实以说明问题的传统史学，采取的是提出问题——分析问题——形成假设的社会学方法。美国历史学会主席埃里克·方纳在谈到过去 30 年美国史研究发生的重大变化时，认为“最引人注目的变化便是社会史学（有时也称新社会史学）的全面崛起，并取代传统的政治和外交史学而成了美国史研究的中心内容”。“社会史学的兴起和发展，不仅丰富了美国史本身的内容，也极大地开拓了美国史研究的范围。社会史学的一个重要贡献就是扩大了在美国历史上扮演过重要角色的‘演员队伍’，换句话说，就是对那些被传统美国史无视或忽视的美国群体的历史给予了高度重视。”①美国妇女史的

①王希：《近 30 年美国史学的新变化——埃里克·方纳教授访谈录》，载《史学理论研究》2000 年第 3 期。

兴起、劳工史研究重点的转变,家庭史、性别史、刑事犯罪史、城市史等研究课题成果的取得,都与社会史学的兴起密切相关。

人类学对我国史学研究的影响始于20世纪80年代。80年代文化史研究热的出现,学者认为主要原因是人类学意义上的文化概念被引进历史思维,使研究者对我国的过去有了一种不同的看法。我国学者认识到"在历史研究中运用人类学的方法可以开拓新的研究模式和新的研究领域。从人类学的角度研究文化为历史学家解释人类现象提供了新路子。人类学的比较方法也使历史学家能更好地解释历史事件。因此,用人类学的理论方法去研究人类行为的文化层面并理解其对社会演进的作用具有重要意义"。①一些社会史研究者采用人类学的田野调查方法,深入乡村,获取了大量文献上没有记载的资料,加深了对区域社会史的研究。

利用社会学的方法研究历史,我国在20世纪初就已经开始,新中国成立前出版了一系列社会史论著。新中国成立后,社会学一度被作为资产阶级学术被取消,社会史的研究也随之衰落。80年代随着社会学的复兴和史学研究的深入,社会史的研究引起了广大史学工作者的兴趣。1986年,南开大学历史系、《历史研究》杂志社、天津人民出版社共同主持召开了首届社会史讨论会,与会者认为开展社会史研究能"开拓史学研究领域,改变史学研究现状"。1987年第1期《历史研究》刊登评论员文章《把历史的内容还给历史》,呼吁史学界扩大视野,复兴和加强关于社会生活发展的研究。此后,学者们纷纷撰文论述社会史研究对史学研究的重要意义,指出开展社会史的研究是史学界刻不容缓的课题,也是摆脱史学研究困境的良好途径之一。一些学者以自己的研究成果展示了社会史研究的广阔前景。乔志强主编的《中国近代社会史》、陈旭麓所著《近代中国社会的新陈代谢》、冯尔康主编的《中国社会结构的演变》、赵世瑜所著《吏与中国传统社会》、沈大德和吴廷嘉合著的《黄土板结——中国传统社会结构探析》等为社会史研究的代表作。广东、福建的一些学者如陈春生、刘志伟、郑振满等注重对区域社会史的研究,他们对珠江三角洲、韩江三角洲、莆仙平原和闽北地区乡村社会,进行田野调查,对乡村的家庭宗族、民间信仰、风俗习惯、基层组织和生活的研究取得了丰富的成果。社会史扩大了历史研究的范围,使历史研究的课题在政治、经济、文化之外找到了新的研究领域,家庭宗族、婚姻、风俗习惯、仪礼服饰、妇女儿童、人口生育、社会心理、民间信仰等都成了史学研究的重要课题。社会史研究主要采取社会学方法,同时也借鉴人类学、语言学、

①何平:《20世纪80年代中国史学发展若干趋势》,载《史学理论研究》2000年第1期。

地理学、心理学、人口学、统计学等多学科的方法,丰富了史学研究的方法。

每一种研究方法都有一定的适用范围,新史学研究方法虽然能补弊纠偏,但也存在着局限性。“计量学的方法是尺子,能衡量有线段的地方;但是在历史脉络弯曲或不清晰或根本没有脉络之处,尺子便部分失去甚至全部失去了意义。心理学的方法是银针,找准穴位,酸麻疼胀,颇能见效;但也会出现‘滞针’毛病,倘使用不慎,刺入隔膜,还会引起‘气胸’甚至更严重的灾厄呢。”“社会学方法是一张网,抛洒下去,肯定多有收获;但也肯定不会得到所有东西,且不说网节密疏不匀,就是用最好的网去打水,也只能是‘竹篮打水一场空’。”①新史学的方法还需和传统史学的方法相互配合,才能发挥其作用,加深研究的力度。如计量史学的方法可以使历史研究更为精确、更为客观,也能解决一些传统史学方法无能为力的研究课题,扩大历史研究的范围。但是计量史学却无法说明社会的变革。正如巴勒克拉夫所指出的那样:“计量历史学可以说明社会的正常功能,但无法解释由量变而引起的重大突变,或者说,无法解释由量变而引起的从一种社会类型向另一种社会类型过渡的进程。简单地说,计量历史学本身不可能对它所叙述的社会进程提出圆满的解释。”②因此,在史学研究中应该将定量分析和定性分析有机地结合起来。历史心理学普遍存在的问题是以理论模式硬套历史,剪裁历史,“非历史”的倾向严重。因此,在进行心理史学研究工作时,应将历史研究的原则和现代心理学理论和方法结合起来。

4.后现代史学理论及方法③

从20世纪70年代以来,有些学者开始用一种批判现代理性的方法研究社会、研究现实、研究现代文化,逐渐成为一种以批判现代文化为主的社会思潮,而被人们统称为“后现代主义”。后现代思潮先是在建筑、艺术等领域,继而在文学批评、社会学、人类学、教育学等领域大行其道,随之进入历史学。美国学者海登·怀特于1973年发表《元史学,19世纪欧洲的历史想象》一书。在书中,他以19世纪的四位史学家和四位哲学家为例,指出历史学家和哲学家所写的著作没有什么不同,历史学家虽然用的是史料,但目的是为了表达一种哲学理念,所以人们无法从历史著作中获取真实的历史。人们在写作历史的时候,与其说是追求真相,不如说是追求语言的修辞效果。历史语言与文学语言没有

①彭卫:《穿越历史的丛林》,三联书店1997年版,第130-131页。

②《当代史学主要趋势》,上海译文出版社1987年版,第135页。

③这一部分文字主要依据《光明日报》2005年1月27日仲伟民文《后现代史学:姗姗来迟的不速之客》,特此说明。读者还可参考《史学史研究》2003年第3期刊发之杨共乐文《后现代主义与后现代史学》一文。

什么区别，历史和文学一样都是人们想象的产物。后现代史学提出的一些观点在某种程度上彻底颠覆了传统的史学观念，对传统史学的认识论和历史编纂学是一个严峻的挑战，而且其影响下历史研究的兴趣也正在转移。

通常认为，求真求实是中外史学家共同追求的目标，是历史学科区别于其他学科尤其是区别于文学的重要标准，也是衡量传统历史学著作的一把标尺。古往今来无数历史学家为了维护历史著述的客观性而付出了巨大的努力，甚至生命。对历史学的这种朴素认识，在西方以兰克史学为代表，在中国以乾嘉史学为代表。在20世纪，这种观念受到了挑战，反映在历史哲学上是由思辨转移到分析的路数上来。与黑格尔、斯宾格勒、汤因比思辨的历史哲学不同，分析历史哲学的代表人物雷蒙、阿隆、卡尔、鲁滨孙、柯林武德、克罗齐等，提出了“一切历史都是当代史”“一切历史都是思想的历史”“历史是历史学家心目中的历史”等命题，其核心是认为在历史学家笔下，纯粹客观的历史是不存在的，因为你在收集材料、整理及写作的过程中，已经自觉或不自觉地参与了历史的创造，历史著作渗入了历史学家个人主观的因素，这些主观因素可能有个人兴趣的影响，也可能有党派、民族、宗教感情等等的影响。此可归结为库恩提出的“范式”理论，即学者在从事实际研究时，实际是对一个已形成的先行观念进行修正、补充、改造，或者彻底推翻它。应该说，上述对科学历史学的质疑，对20世纪后半期的历史认识论和历史编纂学产生了深远的影响，当然也对后现代史学产生了影响。尽管分析的历史哲学与后现代主义有异曲同工之妙，但后者在照单全收的基础上对历史认识论的解剖又大大前进了一步，或者说具有颠覆性的作用，以至于大多历史学家无法接受。

如果说分析的历史哲学着重强调历史学家主体作用的话，后现代史学则是通过分析语言的运用和语言的结构来解构传统史学。他们认为，历史描写采取陈述的形式，而陈述要通过语言来实现；我们所了解的历史事实只是通过语言中介构建的历史，历史的真相我们永远无法知道。德里达就说，只存在文本，这些文本除自身外毫无意义，它们之间没有内在的联系。怀特认为，即使历史学家尽量能摆脱政治、宗教等主观的因素，他们还会受到另一种主观的甚至是先验因素的影响，这就是语言风格和修饰形式。因为历史著作通过语言来叙述，实际上就是讲故事；故事有情节，于是历史学家在写作的时候，自然而然地就会设置、安排情节；至于设置什么样的情节，讲什么故事，是喜剧还是悲剧，什么时候开始，什么时候结束，则与历史学家个人的爱好、性情、人格等因素有关。在怀特看来，历史学家的工作与文学家的创作，没有根本的区别。与极端的后现代史学家稍有不同的是，怀特仍然承认历史事实是客观存在的（因此他宁愿称自己是最后一位现代主义者)，只是它的存在已没有实际的意义，因为一旦历史学家将历史事实编织到历史叙述中去，该事实的客观性就丧失殆尽了。

很显然，既然历史学家的工作与文学家的创作没有本质的区别，那么，历史学家的考据还有什么用呢？传统的历史编纂学还有什么意义呢？有的史学家不能忍受后现代对传统史学的这种批判，认为这是历史虚无主义的态度，是彻头彻尾的“破坏”行为。但实际上问题并非这么简单。有学者指出，后现代论者尽管提出了很多极端性的结论，极具“杀伤力”，但我们更应该重视后现代史学对旧的认知范式的反省、批判和对新的人文知识认识论基础的更新与探讨，即应看到其“立”的方面，不能仅看到其“破”的方面。

历史研究兴趣的转移和内容的更新在某种程度上也是受到了后现代史学的影响。这一点与后现代主义的总体认识倾向有关。作为反思和批判以往所有“现代文明”思潮的总汇，后现代主义对启蒙运动以来的理性主义、科学主义、普世主义和目的论等进行了猛烈的抨击，强调事物的复杂性、相对性、多样性、特殊性和无结构性。中国古代史学向来视考证为正途，是史学家的看家本领，至今仍被认为是学院派传统；视鉴戒史学为史学之大用，是史学研究的真正用意所在和存在的理由。20 世纪以来，我国现代史学在继承传统史学的基础上，几乎全盘照收了西方的科学主义和理性主义，因为二者血脉相通，所以融合起来不困难。我国虽然是非西方国家，经济文化发展水平与西方相比也还有很大差距，但是中国现代史学的一些基本概念和方法却差不多完全跟随西方，在某些方面可能有过之而无不及，比如我们对历史进化论的尊奉，对现代化的狂热，对历史规律性的追求，对一元历史发展观的信仰等等。然而，随着后现代主义的兴起，上述理念被后现代学者无情地解构了。反“基础”、去“中心”、斥“整体”、远“结构”、非“理性”，成为后现代主义的典型特征，也成为后现代史学追求的目标。

在后现代思潮的影响下，传统历史学研究中的“宏大叙事”不见了，代之以日常生活、底层人物、突发事件、妇女、性行为、精神疾病等微观和细节，这差不多就是我们平常所说的社会史研究的勃兴。当然新社会史研究的兴起有多种原因，决不仅仅是因为后现代的影响，但后现代在其中的推动作用是显而易见的。另外，西方近代化运动的先行造成了“西方中心论”(或“欧洲中心论”)话语霸权的牢不可破，而后现代主义将它打得粉碎，萨伊德就认为，“东方主义”源于西方文明的排他性，西方需要人为地制造一个“他者”，以衬托西方文明的优越和超前。我们看到，史学领域里的“非西方中心论”新论迭出，如“中国中心论”“白银时代”“大分流”等等，都是直接或间接地受到了后现代主义的影响。

后现代史学在世纪之交对我国的历史学研究产生冲击，不是一个偶然的现象。自20世纪90年代以来，我国的史学研究就笼罩在“史学危机”的阴影之下，表现为史学研究的不被重视、史学理论研究兴趣索然、史学从业者纷纷改行、历史专业毕业生就业困难等。这一切都意味着史学研究可能的转向。此时的后现代史学对中国未来的史学研究到底会产生怎样的影响，我们不敢妄断。不过无论怎样，我国学术界要认真地对待和分析后现代史学，而不要盲目追风或一棍子打死。后现代史学的许多观点是走了极端，但其认识论和方法论上的意义不可小视。

新史学的方法是我国史学界为促进史学发展从西方史学中移植来的，要使其在我国的史学研究中发挥作用，必须使之本土化，否则就会昙花一现。这就要求史学工作者不能停留在理论探讨层面，必须使之与具体的研究活动相结合。社会史的研究实践，为我们提供了范例。

第五节 创造性思维 确定中心论点

一、两种思考类型

人们用历史理论对历史对象进行思考，有两种类型。一种是发散的思考，一种是收束的思考。发散思考，是抓住一个历史现象或围绕一个历史问题，对与它有关的各个方面，尽可能广泛地思考探索，无拘无束地从多方面寻求答案，有人称这是一种联翩思考的方法。通过发散思考，会得出一系列有一定联系的看法和观点，其中不乏创造性的见解。而收束思考，是在发散思考以后，把联翩思考出来的各种看法意见加以集中、收束，从中搜寻出那最有价值、最有独创性，而又能统率全局的看法（中心论点）。用这一看法来规范其他意见，弄清它们的主从关系，并舍弃与中心论点毫无关系的一些不重要的或在这一主题中不需要的看法，最后确定论文的中心论点及其基本论证方法。论文的中心论点，凝聚了学者对问题的看法或主张，是学者论述问题的集中体现。一篇论文没有自己特殊的见解不行，将许多论点平列在其中叫人不得要领也不行，历史研究中思辨的目的，就是要辨出这个中心论点来。

如果把发散思考比喻成画龙，收束思考就是点睛。北京大学哲学系教授张世英先生说：“画龙不点睛，不能使龙飞腾；写论文不指出一点道道，也不能使论文活跃起来。写一篇论文，首先要注意‘睛’（中心论点）点在哪里，并且自始至终都要注意让读者对‘睛’有深刻明确的印象。”①

二、联翩思考，寻求答案

历史研究中的创造性思维是写好学术论文的关键，这就首先需要我们善于运用各种方法对具体历史对象进行联翩的思考。

人的大脑有贮存信息，并运用信息进行思考的功能。我们平常的知识积累和掌握的研究理论及方法，以及在从事专题研究中搜集资料，都是贮存信息。思考，则是使这些信息互相结合、互相作用，以组成问题的答案，产生创造性的成果。我们通常说的，对历史现象要从各个方面、多角度、多层次、多侧面思考，就是为了进行这种信息间的碰撞，从而加大出现创造性思考的可能性。联翩思考，则是我们达到这种目的的一种思考方法。对一个历史问题，在联翩思考中，思路愈宽，头脑愈灵活，用尽可能多的方法与知识对这一对象进行作用，对其数量、表象、关系、实质都进行联想，神思飞越，才能产生创造性的思考。

就好像将一团乱麻整理成线，要一个疙瘩一个疙瘩地解，无论是大疙瘩、小疙瘩，还是死疙瘩、活疙瘩，都要一一摸过，一一解开。切莫以为这是个小疙瘩就不管，说不定到后边，这个小疙瘩就非解开不可，而又极难解开了。思考历史问题，也应该这样，一个现象一个现象地思考，一个问题一个问题地解决，不要单线单面思考，要多线多面思考，不要先入为主，不要浅尝辄止，不舍弃任何细节，不绕开任何疑点。思绪随着对历史现象的一点点认识而不断深入，穷追不舍。然后，将思考的一个个所得（观点），结合起来思考，或加上其他成分、其他条件、类似现象等联系思考，又会产生一些新的观点。如有条件，将自己思考的情况，与朋友、同事、同行交谈讨论，进一步打开思路，激发新的思考，产生新的观点。

三、收束思考，确定中心论点

通过联翩思考得到的观点是分散的、平列的、混杂的，只有将其加以集中梳理，进行收束思考，才能对历史问题形成自己系统而有独创性的看法。

收束思考的过程，是将联翩思考所得的种种概念认识，进行分类、综合、比较、追加和剔除，弄清它们之间的关系，将它们进行一些必要的集合、比较，发现其中最有特点、最能反映问题本质，又最有独创性、最不同凡响的观点，并找出来。围绕这个观点，去排比其他观点和材料，进行新的组合，产生线的认识，形成独创性的思考。这种思考，就不是平面的，而是集中的；不是混杂的，而是中心突出的，有主有从的。

①《怎样写学术论文》，第60页。

攻城要有突破口,写史学论文也要有突破口。这个突破口,就是你不同于他人的独特的认识。收束思考,就是选择攻击突破口战斗队的过程。战斗队选得好,你的论文成功的把握就大,反之,论文只能是平平常常,缺乏新意。对任何一个历史问题,人们可以从各种不同的角度去认识。高明的历史学家,都是巧于选取认识角度的高手,善于从众多的历史认识中,择取最能反映历史本质、最能显示研究真正价值的认识,就能写出高人一筹、自成一家的论文来。田余庆先生说:“在这方面最让我引为榜样的,莫过于陈寅恪先生在纷乱如麻、无从入手的周隋之际历史过程中看到了一根他名之为关陇本位政策的粗大线索,使这段历史得到理论性的阐述;而且以之向纵深方面延伸,构成贯通南北朝到隋唐历史演进的系统。这真是独具慧眼,真是化腐朽为神奇的大手笔、大学问。”①

四、善于抓住思想的火花

审察历史事实的各种具体方法,究竟何种效果最好,何种效果不佳,是很难说的。因为,研究的对象不同,方法也应该有区别。而同一对象各个层次或问题的研究,又需要运用不同的方法。我们应该在实践中总结经验,以期更熟练、更灵活、更有成效地运用各种方法,使思辨臻于完善。

在研究中常常出现百思不得其解的情况,苦思冥想,就是想不出个道道来,就是无法融会贯通。出现这种情况,可能是材料不够,那么你就再从更广泛的范围去补充材料。也可能是对材料还看得不仔细,那你就把重要的材料或原来认为不重要的材料再过一过。也可能是你用的方法不对,就换一种思考方法试试。也可能是你思考的顺序不合适,顺着不行就倒着来,横着不行就竖着来,正面不行从反面来。实在不行,就闭目静思,或者出去散步、打球,说不定突然间会茅塞顿开、豁然贯通,一下子悟出了契机,那些死的毫无联系的材料猛地在我们头脑中变活了,在一瞬间闪现出它们之间的关系,发现本质的问题。这类情形的出现,往往很突然、很短暂,出现的时间与场合也不固定,走路时,吃饭时,睡觉时,与朋友闲谈时,看书看报看电视时……这类短暂出现的想法,很可能超出平时思考的深度,或是平时根本不可能想出来的,这就是思想的火花,有人叫作灵感或顿悟。对于这样的思想火花,必须立刻抓住它,用笔记下来,哪怕是几个字或几句话。如果不及时记下来,它可能稍现即逝,以后怎么也想不起来。善于抓住思想的火花,在历史研究中是一个窍门。

五、克服获得真知的障碍

英国思想家罗吉尔·培根(约1214—1292)归纳阻碍人类获得真知灼见的

---

①《我和拓跋历史研究》,载《学林春秋》第二编,朝华出版社1999年版,第175页。

障碍有四种，一是崇拜权威，二是因循旧习，三是固执偏见，四是狂妄自负。

权威总在某个领域高人一筹，有所建树，我们应该服膺和尊敬。但如若盲目崇拜，连他说错的话、过时的结论，也不敢正视和质疑，就不对了。因为，检验学术研究的标准是实践，对历史研究来讲，就是事实。事实是客观存在的。我们从事历史研究，就是要探寻历史对象的真实情况，从而发现真理。权威的错误结论，你碰都不敢碰，自设罗网，哪里谈得上去研究并发现真理呢？在历史学领域，这样惨痛的教训是很多很深刻的。例如，汉初陆贾撰《新语》一书，《四库全书总目提要》举出三条理由，认为今本《新语》是后人伪托，非陆氏原本。其第一条理由是"《汉书·司马迁传》称，迁取《战国策》《楚汉春秋》、陆贾《新语》作《史记》……惟是书之文悉不见行于《史记》"，许多人迷信《四库全书总目提要》的权威性，竟人云亦云。后来胡适查《汉书·司马迁传》，发现其中并无"取陆贾《新语》作《史记》"的话，《四库全书总目提要》乃空穴来风，因而其结论根本就站不住脚。再如，20 世纪 30 年代，斯大林提出五种社会形态的学说，中国的某些史学家将其看成是一个"放之四海而皆准"的结论，从而对一些否定中国有过奴隶社会阶段的学者进行了严厉的批判。80 年代以后，不少学者对此进行新探索，发现就具体国家或部族而言，原始社会以后，可以进入奴隶社会，也可以进入封建社会。有人甚至认为，中国的夏、商是"贡赋制"即早期封建制，国家保护农业公社所有制，堵塞了奴隶制的去路。[①]应该说，这些探索有助于更科学地认识中国的历史真相。

因循守旧也是人们发现真理的一大敌人。许多传统的意见、说法，包含有错误甚至荒谬的东西，人们却视之泰然，从来没有想过它还有问题，更不用说去纠正它了。聂夷中《伤田家诗》是一般中学生都很熟悉的诗。其中"二月卖新丝"一句，明显有问题。因为二月蚕尚未生，哪里来的新丝可卖？在我们的知识结构中，错误的或不够准确的知识占有相当的比重，它们禁锢着我们的思想，只有不断地吸收学术界新的研究成果，并通过自己的研究，清除这些错误的东西，才能树立正确的观点。虚假的、错误的东西总是凭借历史的惯势，有相当大的势力，阻碍人们追求真理。要想获得真知灼见，就需对什么事都要问个为什么，根据实践检验真理的原则予以检验，从认识领域里不断把虚假的东西剔除掉。

固执偏见，狂妄自负，也是我们认识真理的大敌。苏格拉底说："我比别人聪明一些的，是我知道自己的无知。"柏拉图说："不知道自己无知，乃是双倍的无知。"这些告诫对我们治学有很大的好处。有个故事，说苏东坡有一次去拜访

①黄伟成：《贡赋制是华夏族从野蛮进入文明的契机》，载《广西民族学院学报》1982 年第 1 期。

王安石，先进了王的书房等候。恰巧，案头放着一篇王安石未写完的诗稿，题目为《咏菊》，开头两句是“昨夜西风过园林，吹落黄花满地金”。苏东坡想，秋菊跟春花不同，她能和寒霜鏖战，宁枯在枝头，也不凋谢零落，说西风“吹落”“满地金”不符合实际，于是提笔接了两句“秋花不比春花落，说与诗人仔细吟”。王安石看到苏东坡的续诗，心中好笑，后来就把苏东坡调往黄州。一次，大风过后，苏东坡闲步花园，才知道黄州的菊花与别处不同，自己的续诗是不妥当的。知识的问题，是实实在在的，知之为知之，不知为不知，任何一位知识渊博的人都有知识的盲点，决不能强以不知为知，固执己见，抱残守缺，装腔作势，借以吓人，否则真理会离你越来越远。

崇拜权威、因循守旧、固执偏见和狂妄自负是我们有时陷于愚蠢的原因。不努力地排除这些障碍，即使真理近在咫尺，也会听而不闻、视而不见的。我们要时刻警惕，做一个头脑清醒的人，崇拜真理，又不为任何伪装的真理所欺蒙。2001年夏，山东烟台二中“张敏之教学楼”落成，诺贝尔奖获得者丁肇中写的祝贺信中通过几则小故事，谈他所参与20世纪物理学研究所得到的四个启示。一是切勿永远顺从专家的想法；二是对于你认为正确的事，应永远保持自己的信心坚持做下去；三是对预料之外的事件做好充分的准备；四是常保持好奇心，对自己正在进行的工作感兴趣，并辛勤地工作，力求达到最终的目标。①这是从正面讲如何获得真理。自然科学如此，人文社会科学的研究也是如此。

①丁肇中：《写给中学生们——我参与20世纪物理学研究得到的四个启示》，载《人民政协报》2001年11月6日第5版。

第七章　拟定提纲

第一节　纸上的提纲和心里的提纲

搜集了丰富的材料，经过思考，形成观点以后，就要整理自己的思路，拟出论文的写作提纲。

有的人经过深思熟虑，打好腹稿，在心里有了提纲，往往提笔就写，一气呵成。也有的人在思考好以后，先在纸上草拟写作提纲，然后根据提纲来撰写论文。对于不同的人来说，两种办法都是可行的。但是，就初学者及对一般的史学工作者来说，还是将提纲写成书面形式为好。

这是因为，拟提纲是疏通思路的重要一步。人的头脑思索出来的一系列观点和意见，虽然经过初步思考，还不可能非常明晰，更不可能将各个大小观点之间的关系、证明方法及其论据考虑得非常周到。拟提纲的过程可以使我们进一步分析研究材料，深化思考，分清主从关系，考虑怎样更鲜明地提出问题，进行严密科学的论证，有层次、有步骤、有说服力地解决问题。

这又因为，拟提纲是恰当安排材料的必要环节。史学论文要用大量的材料来论证自己的观点，但并不是堆砌材料。在拟提纲的过程中，就需要对搜集的大量材料进行取舍、增删和调整。要从全局出发，选择最适当的最有力的材料来作为自己观点的证据；考虑什么地方材料充分，什么地方材料不足，还有必要进行补充；什么材料与论点配备不当，需要调整；论证某一观点以哪一材料为主，哪一材料为次，它们之间如何恰当排列等等。这种按照观点精选、安排和检验材料的工作，也要在拟定提纲中进行。否则在论文写作时临时瞎抓，将会事倍功半，十分费力。

这也因为，拟提纲是构造论文骨架的关键措施。写作提纲，就是进行论文的总体设计,从这个总体出发,具体构思论文的布局、各部分的安排、篇幅及其在全局中的地位和作用,处理好前一观点与后一观点的逻辑关系,分支观点与中心论点的配合,论证的逻辑展开等等,以便把各个观点及其材料组成一个层次清楚、结构完美、有严密逻辑关系的理论体系。

这还因为,拟提纲是思路备忘的特殊形式。写短文章可以一气呵成,用胸中的成竹去勾画出一幅墨竹图。写史学论文,一般不是一两千字就能表达清楚的,很难一蹴而就,必然要花费数日甚至数十日时间。在执笔过程中,如果没有提纲提醒,很可能中途辍笔,写了前边,忘了后边,写到论点,忘了证明材料的出处。将提纲写到纸上,使思维可视化,直观而且具体,本身就具有备忘的功能,写作时可以一泻而下,不受窒碍。

总之,拟写书面提纲是撰写史学论文的一个必要环节,不应忽视。正如清人崔学古所言:"文之有格也,犹作室之有间架也。某处为室,某处为厅,某处为门楼。其高凡几,深与广凡几,虽斧斤未操而规模已定,故一举斧而成堂也。作文亦然。"①

第二节 拟定提纲的步骤与方法

拟定提纲,是以自己的思考所得,构成论文的基本骨架,尽可能地达到思维和逻辑、内容和形式、观点和史料的完美的统一。在这方面,人们认识水平和写作水平的高低是非常重要的。但是,史学论文提纲拟定的基本步骤和方法却是有共同规律可循的。

一、简单提纲与详细提纲

史学论文的写作提纲,有简单提纲和详细提纲之分。

简单提纲,有人又称为标题写法,就是非常概括地用标题的形式写出论文的段落骨架。例如,范文澜《论中国封建社会长期延续的原因》一文②,其简单提纲可以归纳如下:

(一)序论

(二)本论

1.从农业生产力的迟缓发展来看封建制度的延续

---

①《学海津梁》。

②载《范文澜史学论文选集》,第93-107页。

2. 从生产关系对生产力的破坏来看封建制度的延续

3. 从工业生产力发展的迟缓来看封建制度的延续

（三）结语

这种提纲简明扼要，一目了然。缺点是过于简略。

详细提纲，是把中心论点和各主要部分，甚至一些重要史料，都比较详细地写出来。还以上文为例，其较详细的提纲拟为下式：

（一）序论

1. 中国封建社会延续了三千年，其原因主要应从社会内部即其生产方式探索。

2. 马克思关于旧社会形态灭亡条件的论述及其意义。

3. 本文论述的方法（以马克思之原理来研究中国封建社会实际）。

（二）本论

1. 从农业生产力的迟缓发展来看封建制度的延续。

①封建社会的基本特征是农民与地主的关系与斗争。

②农民与可供耕种的土地是发展封建农业经济的两个重要条件，只要土地还能容纳人口，旧制度就不会消亡。

③《联共党史》两段话证明地理条件与人口增长对社会发展有影响。

④中国古代人口数总趋势是不断上升。

⑤土地面积扩大后就有人口增长。

⑥开发土地的六种方式。

⑦土地过度集中的地区，人口过度，就可能发生农民起义。农民起义的打击使地主阶级实行让步，缓和矛盾，生产得以发展。

⑧农民只能打击封建制度，不能打破封建制度。闭关自守，封建农业经济将保存下来。

2. 从生产关系对生产力的破坏来看封建制度的延续。

①农业生产力发展迟缓的最主要原因在于地主阶级对农民残酷的剥削和压迫。

A. 残酷的剥削使生产力萎缩。

B. 疯狂屠杀，使生产力遭受破坏。

C. 军阀混战，破坏生产。

D. 外族侵入，带来落后的生产关系。

②毛泽东论封建社会的长期延续由于地主阶级的残酷剥削和压迫造成的农民的极端穷苦和落后。

③农民枷锁的沉重使生产力发展迟缓以至停顿。

3. 从工业生产力发展的迟缓来看封建制度的延续。

①消灭封建制度的市民阶级。

②唐宋以后,手工工场发展缓慢是由于农民的日益贫困和国内市场的愈益缩小。

③中国的手工工场主不曾形成新的阶级。

④中国的专制制度、重农抑商政策和闭关自守使国内市场狭小又不开辟国外市场。

⑤宋明之际出现进步的生产工具,但因为劳动力的低廉使之不再改进。

⑥清朝的统治使明代传入的西洋科学被遏止。

(三)结论

1. 中国封建社会里一切生产力还保有发展的余地,没有新的生产关系出现,只能沿着老公式缓慢行进而长期延续。

2. 鸦片战争以后,封建制度继续存在,只有中国新民主主义革命才能胜利地消灭三大敌人(帝国主义在华势力、地主阶级、官僚资产阶级)。可见新民主主义革命之无比伟大。

这种详细的提纲,虽然费时较多,但内容丰富、具体、明确,可以引导我们顺利地完成史学论文的写作。

对初学者来说,提纲详细一点好。当然,提纲也不必过于详细。因为提纲到底不是论文,太详细了,花时间太多,而且繁杂,反而不利于写作时的发挥。另外,不要把提纲看得过死,不要完全亦步亦趋地照提纲写文章,从而限制了自己思路的驰骋。因为作者对历史问题的思考存在于历史研究的始终,提纲再详细,也存在不合理、不适当的地方,论文执笔中,随着思考的进一步深入,往往会发现提纲的不足,甚而爆发新的思想火花,这就要突破提纲的限制进行写作。

二、拟定提纲的步骤

第一步,用准确精练的文字写出论文的中心论点。中心论点是论文最关键的内容,是论文的主旨所在。将自己经过深刻思考所得的中心论点凝聚为一句话或一小段话,并且形诸文字,是非常重要的。中心论点的文字,第一要集中,就是一个观点,不要同时摆出几个观点,从而分散了主题,要给读者留下印象。

第二要深刻，就是要有丰富而深入的内涵，用凝练的语言表现自己深刻的见解。第三要新鲜，不仅思想新，而且角度新、语言新，让别人一看就觉得其与众不同。许多论文的题目就是其中心论点。比如宋健的《超越疑古　走出迷茫》发表于《光明日报》1996 年 5 月 21 日，赵俪生先生的《光考据不行，还需要思辨》发表于《文史哲》1982 年第 2 期，高清淑的《〈晋书〉取材〈世说新语〉之管见》发表于《社会科学战线》2001 年第 1 期等。提炼中心论点主要靠自己对历史问题的深入思考。

第二步，考虑论文的布局谋篇。就是围绕中心论点，论文拟从几个方面，按什么顺序，来进行论证和叙述。是径直入题，还是经过论证分析再归纳中心论点；论证的方法，是先总后分，还是先分后总，或者是层层深入。通过这一步，构成论文的大骨架。从大的方面解决论文从几方面写的问题。

第三步，逐个安排各部分论证的逻辑顺序。就是考虑和写出各部分本身的段落层次安排。一篇论文有中心论点，然后要分几个部分，从几个方面予以证明，每一部分有一个支论点。这个支论点，又要由几个分支论点构成。

第四步，安排材料。史学论文要用史料说话，论据主要由史料构成。在已拟好论文写作提纲以后，就要进行安排材料的工作。就是把准备好的资料按照提纲的顺序进行排队，哪一部分安排哪些史料，哪一个论点用哪一条或几条材料来证明，都要考虑周到，分别归并，或者标上顺序、做上记号，甚至各自粘贴，以便查考和引用。

第五步，全面审视写作提纲及材料安排。要检查提纲的安排是否合乎逻辑，是否紧紧围绕中心论点，整个结构是否紧凑完整，有没有不必要的段落或自相矛盾的地方，有没有安排不合适的材料等。必要时进行调整修改。

第三节　史学论文构成的形式

一、史学论文的基本形式

史学论文一般按照提出问题、分析问题和解决问题的次序来安排内容，表现在文章中就分为序论（又称引论、导论）、本论（又称正文）、结论（又称结语）三部分。人称这种形式为“三段式”。

序论，是论文的开头部分。其核心内容是提出问题，明确中心论点，使读者对论文写作的理由及其内容有一个基本的了解。有的序论还对本课题研究的情况及问题做些概述，并阐述选择本课题的意义。序论文字要简明扼要，在论文中占很少的篇幅。一般的序论只有数十字或一两百字，也有千字左右的。

常见的序论有:1. 直接申明自己的主张和看法,提出中心论点;2. 交代背景,说明写作的目的与原因;3. 提示内容,对全文做扼要介绍;4. 通过对反面观点的叙述,引起下文;5. 从对分歧意见的分析,说明选题的意义;6. 以譬喻和典故开头。

本论,对提出的论点进行分析论证,是表达阐述作者研究成果的部分。这是学术论文的主体部分,其内容决定整篇文章的质量高低,必须用全力写好。

本论部分主要根据论题的性质来确定写法。有的是直接推论,即提出一个论点之后,步步深入,层层展开论述,单线条地按逻辑思维的顺序写下去。有的是并列分论,即把从属于基本中心论点的几个下位论点并列起来,一个个分别加以论述。各个下位论点之间是并列的关系,它们都用来说明基本论点。多数史学论文,常常使用直接推论与并列分论两者相结合的方法来写。直接推论下有并列分论,并列分论之下又有直接推论,多重结合,以充分展开论述。史学论文一般长达数千字乃至数万字,本论部分的篇幅占其中百分之七八十,文字较多。因此,为求眉目清楚、层次鲜明,本论部分可以用序码来表示各部分的不同,甚至用不同序码(一,二,三,四,1.2.3.4,①②③④……)标示各部分之下多个层次的关系。也有的加大小标题来表示,以便于读者把握各部分或各段的要点。

结论,是论文的收尾部分。结论一般与序论相呼应,如果序论只提出问题,结论就要对本论分析、论证的问题加以综合概括,对论文要旨做简明扼要的归纳,从而使读者明了作者论文之独到见解究竟是什么。这种结论,应该是从本论自然引申出来的,如果本论有问题,结论也就站不住脚。有的在序论中已经对论文的中心论点予以说明,结论就不一定再去归纳论文的中心论点,可以总结全文,进行收尾,以与序论相照应。还可以说明论文在本课题研究中已达到的水平,以及尚有什么遗留问题及其解决的可能途径等。有的论文序论虽已揭示了中心论点,结论还可以根据本论,对中心论点予以比较全面的说明,一略一详,相互呼应。结论的最后可以对论文撰写中的重要问题予以说明,还可以对给予自己帮助或指导的人员表示感谢。结论的文字可长可短,视具体情况而定。但一般篇幅不大,甚至可以是一句话。

史学论文三段式的形式是符合逻辑思维规律的基本构成形式。当然,并不是所有史学论文都由三部分构成。有的论文没有序论,直接开始本论,最后写出结论;有的论文以序论点明中心论点,本论论证中心论点,论证结束,论文就此终结。总之,论文的构成形式,可以由作者根据研究的内容,予以灵活处理,只要讲清问题、表达观点即可。

二、几种参考形式

史学论文的基本形式是三段式，但每篇论文的具体构成形式却千差万别，无一定之规。即使是同一类型的论文甚至同题论文，也有多种不同的构成形式。对于初学者来说，要想掌握史学论文的各种形式，不妨多看别人发表的史学论文。认真阅读和揣摩优秀的论文，包括《历史研究》和专业学术刊物上发表的文章，是非常重要的学习方法。据说，有人向扬雄请教写赋的技巧，扬雄回答说："读千首赋，乃能为之。"①古语说："熟读唐诗三百首，不会作诗也会吟。"看同行的文章，除了可以增进自己的知识以外，还可以学习其表现形式，看他是怎样构造论文框架的，如果自己的选题类型和论证方法与之大体相同，甚至可以模仿其框架进行写作。

为了向初学者提供参考，下边选择几篇有一定代表性的史学论文制成提纲，以见其大概。

▲西汉贾谊《过秦论》，载《新书》及《史记·秦始皇本纪赞》《史记·陈涉世家赞》，共3篇，统论秦之过失。这是三篇著名的总结成败兴亡经验的史学论文。现以上篇为例，言其结构特点。（《过秦论》版本很多，文字不一。此据方向东《贾谊集汇校集解》，河海大学出版社2000年版。）

上篇全文不计标点为895字，分为5段。

第一，从秦国开始强盛的秦孝公说起。论地利人谋，奠定秦强盛之基础。（82字）	秦孝公据殽、函之固，拥雍州之地，君臣固守，以窥周室，有席卷天下、包举宇内、囊括四海之意，并吞八荒之心。当是时也，商君佐之，内立法度，务耕织，修守战之备，外连衡而斗诸侯，于是秦人拱手而取西河之外。
第二，概述六国削弱、秦势日强的过程，说明当时形势对秦有利。（307字）	孝公既没，惠文、武、昭襄王蒙故业，因遗策，南取汉中，西举巴、蜀，东割膏腴之地，北收要害之郡。诸侯恐惧，同盟而谋弱秦，不爱珍器重宝、肥饶之地，以致天下之士，合从缔交，相与为一。当此之时，齐有孟尝，赵有平原，楚有春申，魏有信陵。此四君者，皆明智而忠信，宽厚而爱人，尊贤而重士，约从离衡，兼韩、魏、燕、楚、齐、赵、宋、卫、中山之众。于是六国之士，有宁越、徐尚、苏秦、杜赫之属为之谋，齐明、周最、陈轸、召滑、楼缓、翟景、苏厉、乐毅之徒通其意，吴起、孙膑、带佗、倪良、王廖、田忌、廉颇、赵奢之朋制其兵。尝以什倍之地，百万之众，仰关而攻秦。秦人开关延敌，九国之师逡巡遁逃而不敢进。秦无亡矢遗镞之费，而天下诸侯已困矣。于是从散约解，争割地而赂秦。秦有余力而制其敝，追亡逐北，伏尸百万，流血漂卤。因利乘便，宰割天下，分裂山河，强国请服，弱国入朝。

①《西京杂记》卷2。

续表

第三，写秦始皇统一及其以暴政治天下的措施。(220字)	延及孝文王、庄襄王，享国日浅，国家无事。 及至秦王，续六世之余烈，振长策而御宇内，吞二周而亡诸侯，履至尊而制六合。执搞朴以鞭笞天下，威振四海。南取百越之地，以为桂林、象郡；百越之君，俯首系颈，委命下吏。乃使蒙恬北筑长城而守藩篱，却匈奴七百余里，胡人不敢南下而牧马，士不敢弯弓而报怨。于是废先王之道，焚百家之言，以愚黔首。堕名城，杀豪俊，收天下之兵聚之咸阳，销锋鍉，铸以为金人十二，以弱天下之民。然后践华为城，因河为池，据亿丈之高，临不测之渊以为固。良将劲弩，守要害之处；信臣精卒，陈利兵而谁何！天下已定，秦王之心，自以为关中之固，金城千里，子孙帝王万世之业也！
第四，平庸的陈涉起义，竟导致秦之灭亡。(106字)	始皇既没，余威振于殊俗。然而陈涉，瓮牖绳枢之子，氓隶之人，而迁徙之徒也。材能不及中人，非有仲尼、墨翟之贤，陶朱、猗顿之富。蹑足行伍之间，俛起阡陌之中，率疲弊之卒，将数百之众，转而攻秦。斩木为兵，揭竿为旗，天下云合响应，赢粮而景从，山东豪俊并起而亡秦族矣。
第五，比较秦取天下与被灭双方力量与地形的情况，得出结论，秦之亡在于“仁义不施而攻守之势异”，这是中心论点。(180字)	且夫天下非小弱也，雍州之地、殽函之固，自若也。陈涉之位，非尊于齐、楚、燕、赵、韩、魏、宋、卫、中山之君；鉏櫌棘矜，不敌于鉤戟长铩也；谪戍之众，非抗九国之师也；深谋远虑，行军用兵之道，非及向时之士也。然而成败异变，功业相反也。试使山东之国与陈涉度长絜大，比权量力，则不可同年而语矣。然秦以区区之地，致千乘之势，序八州而朝同列，百有余年矣。然后以六合为家，殽函为宫。一夫作难而七庙堕，身死人手，为天下笑者，何也？仁义不施而攻守之势异也。

▲王国维《殷周制度论》，载《观堂集林》卷10，中华书局1959年版。全文不计标点约10000字。这是一篇以历史学与考古学方法相结合，研究殷周政治制度变革的文章。

叙论，殷商间的大变革是新旧制度和新旧文化的废兴。周制度与殷制度的最大不同，一是立子立嫡之制，二是庙数之制，三是同姓不婚之制。(930字)

本论一，论立子立嫡制度的产生及其影响。(5000 字)

1. 殷以前无嫡庶之制，商之继统法以弟及为主而以子继辅之。周公立成王以后子继之法遂为百王不易之法。

2. 由传子之制而嫡庶之制生焉。周之立子立嫡之制系为矫殷制之弊而生。

3. 由嫡庶之制生宗法之制。

4. 由嫡庶之制生丧服之制。

5 由嫡庶之制生为人后者为之子制。

6. 由嫡庶之制生分封子弟之制。

7. 由分封制确定天子诸侯君臣之分、天子尊严之制。

本论二，论祭祖制度的演变。(1800 字)

1. 殷人祭其先无定制，周人以亲亲之义经尊尊之义而立庙制。宗周之制当在七庙四庙之间。

2. 周人以尊尊亲亲二义上治祖祢，下治子孙，旁治昆弟，而以贤贤之义治官。

本论三，论同姓不婚之制的产生及其意义。(640 字)

1. 殷以前女子不以姓称，周人始男子称氏，女子称姓。

2. 殷人六世以后或可通婚，同姓不婚之制实自周始。

3. 异姓通婚制使天下诸国皆有兄弟甥舅之谊，国家安，民人定，一切制度遂通行无阻。

本论四，论制度典礼与国家兴亡的关系。(1630 字)

1. 制度产生典礼，制度典礼皆道德而设，这是周人为政的精髓。

2. 尊尊、亲亲、贤贤、男女有别四者为道德之结体，周之制刑亦本于德治礼治之大经。

3. 从殷商之亡、周以为鉴，论纲纪道德之重要。

▲傅斯年《夷夏东西说》，载《历史语言研究所集刊》外编第一种《庆祝蔡元培先生六十五岁论文集》，1933 年出版。全文约 32000 字。这是一篇研究古政治地理的文章，除绪论外，共分五个部分。

绪论，论三代及其以前，政治的演进，以河、济、淮流域为地盘，地理形势只有东西之分，并无南北之限。夷与商属于东系，夏与周属于西系。两系统因对峙而生争斗，因争斗而起混合，因混合而文化进展。(320字)

一、亳—商—殷(9000字)

1. 商代发迹于东北渤海与古兖州是其建业之地。

2. 商之先世起源之亳当在今河北省之渤海岸。

3. 商代拓展之三期：相土时，以渤海为宇；成汤时，北对韦，西对夏，南对淮水流域，均拓土不少。

二、夏迹(4600字)

1. 古书称夏为夏后氏，意有一族为诸夏之盟长，此族遂号夏后氏。

2. 分别探讨见于《左传》《国语》《诗》《周诰》《史记》《战国策》的夏后踪迹。

3. 由上可知夏之区域包括今汾水流域、渭水下游，东方的商邱是其与夷人相争之线。

三、夏夷交胜(5400字)

1. 夏代的大事统是和所谓夷人的斗争。

2. 羿浞与夏少康故事的有关材料(《左传》《论语》《楚辞》《山海经》《吕氏春秋》《说文》)。

3. 分解材料得出，羿是夏之敌国之君，羿为东方主，夷夏之争数十年，《左传》之神话故事已伦理化。

4. 夏代开国与亡国时皆有与东方夷人的争斗。

四、诸夷姓(8000字)

1. 诸夷实包括若干族类。

2. 疏解太皞之族、少皞之族。

3. 其他夷名号下的部落。

4. 这些分布于东南的一大片夷名号部族，和分布在偏于西方的一大片名诸夏的部族，恰恰成对峙的形势。

五、总结上文(4500字)

1. 中国地形，东边为东平原区，西边为西高地系。

2. 东平原区是绝好的大农场而缺少险要形胜，便于扩大政治，而不便于防守。

3. 西高地系有天然的林木和便于畜牧，这样的地理形势，容易养成强悍部落。

4. 夷与殷属于东系，夏与周属于西系。因地形的差别，形成不同的经济生活、不同的政治组织，古代中国之有东西二元，是很自然的现象。

5. 东平原区的地理重心是空桑，别以韦为辅；西高地系地理重心是洛邑，别以安邑为次。四个地理重心虽时隆时降，其为重心却是超于朝代的。

▲韩儒林《论成吉思汗》，载《历史研究》1962 年第 3 期，又收入作者论文集《穹庐集》(上海人民出版社 1982 年版)，全文约 11500 字。这是一篇评价政治人物历史作用的文章。除绪论外，本论有三部分。

绪论：从学术界对成吉思汗评价的分歧说明考察其历史作用的必要性。(240 字)

本论：

一、在蒙古民族历史上的作用。(2600 字)

1. 12 世纪末蒙古高原的混乱要求统一各部落。

2. 成吉思汗统一蒙古，使人民得到了安定。

3. 成吉思汗完成蒙古统一历史使命的原因。

A. 金国几次出兵打击塔塔儿集团，间接地帮助了成吉思汗完成统一。

B. 成吉思汗接受金朝官职与支持，从而打败东方集团。

C. 成吉思汗控制了呼伦贝尔牧场，物质力量成倍增加，打破蒙古各集团间的势力均衡，终于成就统一大业。

4. 成吉思汗的统一事业对蒙古族的形成有很大贡献。

5. 统一以后驱迫蒙古牧民进行大规模掠夺战争，给蒙古高原的牧民和生产造成了灾难。

二、在中国历史上的作用。(5400 字)

1. 成吉思汗结束了安史之乱以后中国的分裂局面，恢复了统一。

A. 安史之乱以后中国的长期分裂阻碍了各族经济文化的发展。

B. 成吉思汗统一中国使各族人民的精神状态顿时改观。

2. 成吉思汗为何能统一中国？

A. 成吉思汗成功的原因在于当时北中国特别衰朽。

B. 与西夏的战斗说明成吉思汗不是无敌的。

C. 成吉思汗兴起时，全国已处于瓦解的前夕。中原人口的大量死亡，不能完全归咎于成吉思汗。

3. 成吉思汗统一中国后外族和少数民族进入中原，使他们发挥了才干。

4. 驳元朝为黑暗时代的偏见。

A. 大汉族主义历史家所谓元朝黑暗的胡说。

B. 忽必烈以后的屯田和马政及生产数字证明元代社会经济有所发展。

三、在世界历史上的作用。(2650 字)

1. 必须用批判的眼光看待中亚人有关成吉思汗西征的记载。

2. 成吉思汗西征是复仇战争。

A. 花剌子模人的夺人越货与军事进攻使成吉思汗决心进行复仇战争。

B. 花剌子模内部矛盾使其节节败退。

C. 钦察部藏匿成吉思汗之世仇是其受进攻的原因。

D. 钦察联军意见与行动不一致导致其失败。

3. 西征有进步意义。

A. 西征打破了西域各国的封锁禁闭，推动了社会的发展。

B. 成吉思汗在西域的破坏是巨大的。

C. 成吉思汗在西征中采用中原的交通制度，改善了交通条件，维护了交通安全。

D. 促进了东西方物质文化的交流。

▲宁可《汉代农业生产漫谈》，载《光明日报》1979 年 4 月 10 日《史学》副刊。这是一篇经济史研究的论文，全文约 7000 字。除绪论和结论外，本论分三部分，各有小标题。

绪论：直接提出论文研究的问题是汉代农业生产达到什么样的水平，从汉代情况看，我国传统农业走的是什么道路，具有哪些特点、成就和局限。(150 字)

本论：

一、从三个数字谈起，研究汉代农业生产达到的水平。(1700 字)

1. 根据马克思的论说，谈汉代农业生产发展水平要看三个数字。

2.研究汉代每个农业劳动力年产(原)粮数。

A.晁错言每一劳力年产粟约1350斤(今斤,下同),麦约1450斤。此为偏低数。

B.李悝言每一劳力年产粟约2025斤。

C.《管子》言每一劳力年产粟约2700斤。这是较高数。

D.参照其他记载,知汉代正常年份每个农业劳动力产粮2000斤左右。

3.研究汉代每个农业人口的口粮数。

A.汉代一家平均五口。

B.李悝言每人月食粟一石半,居延简言每人每月口粮在1.2~1.5石间,《氾胜之书》言每人每月食粮一石半。

C.根据各材料每个农业人口每月口粮为1.5石左右,即每年食粟486斤。

4.研究汉代全国每人每年平均占有粮食数。据《地理志》《郡国志》全国人口为5000万人上下。其中农业人口约4000万,每家两个劳力产粮4000斤,全国粮食总产量320亿斤,每人平均占有640斤。

5.小结。两千年来,我国农业的三个数字仍在汉代已经达到的水平上徘徊。

二、农业生产发展的途径。(2400字)

1.我国农业发展历来主要靠扩大耕地面积和精耕细作两条途径。

2.汉代已形成这两条途径。

A.汉代人口增长八倍,促进了农业的进一步发展。

B.适应人口增长,总耕地面积增长十五六倍。每户占田也有增加。

C.两种途径中,精耕细作占主导地位。

D.从各种资料推算,粮食每亩产量平均140~150斤,高产可达700多斤。

3.我国两千年封建社会农业发展情况。

A.两千年间土地和粮食增长数低于人口增长数。

B.宋以后人口增长成为阻碍农业生产发展的因素。

C.至新中国成立前我国传统的个体小生产农业走到尽头,处于停滞状态。

三、传统农业生产的局限。(2400字)

1. 我国传统农业一开始就呈现出其局限。

2. 局限之一为单纯发展种植业特别是粮食生产,忽视了畜牧业。

A. 汉代农业已开始失掉畜牧业的支持补充。

B. 战国秦汉已将畜牧业置于次要地位,汉代以后,畜牧业越来越落后于农业。

C. 当时畜牧业不易发展的四个原因。

D. 畜牧业不发达影响了农业的发展。

3. 局限之二是忽视林业和水土保持。

A. 大量垦荒,毁坏森林,带来灾难性后果。

B. 两汉及其以后灾年比先秦增多,尤以黄河中下游严重。

4. 传统农业的局限性是一种巨大的保守势力。

结论:社会的大变革必然带来生产的大发展,当前农业的根本任务是摆脱局限,形成适合我国具体条件的新的农业发展的道路,把农业搞上去。(350 字)

▲郭沫若《中国古代史的分期问题》,载《红旗》1972 年第 7 期,全文约 6700 字。这是一篇从正面立论的文章,主要阐述其春秋战国之交为中国奴隶制下限的观点。全文共分四个部分。

一、绪论:提出中心论点及论述重点。(1800 字)

1. 提出中心论点。

A. 中国古代经历了奴隶社会,这是马克思主义的常识。

B. 古史分期中比较重要的是奴隶制与封建制交替时期的问题。

C. 殷代毫无疑问是典型奴隶制。

D. 奴隶制下限的几种不同意见以及个人看法的变化,最后定为春秋战国之交,即公元前 475 年。

以上通过直线推论,提出中心论点。

2. 说明本文论述之着眼点。

A. 毛泽东关于抓主要矛盾及封建社会主要矛盾的论述给了我解决此问题的方法与途径。

B. 要抓住主要矛盾(地主与农民双方)尤其是地主阶级这一方,严格意义的地主阶级不存在,就不是封建社会。这是说明论述的途径。

C.单纯从劳动者身份着眼不易解决分歧问题。

D.要抓住地主阶级有无这一方面来研究。

第二三两部分是本论。

二、私田剧增与铁器使用是春秋至战国社会变革的标志。(1600 字)

1.春秋中叶以后,私田剧增,导致奴隶制灭亡。

A.殷周奴隶制为土地国有制。

B.私田超过公田迫使鲁国实行“初税亩”,这是两个社会制度变化的标志。

2.春秋开始使用的铁器,破坏了旧的生产关系,成为两种制度变化的又一铁证。

3.各国社会发展不平衡使制度的变革从公元前 594 年(鲁初税亩)至前 350 年(商鞅变法)持续了两百年。

三、春秋战国之交是各国社会性质由量变到质变的时期。(2500 字)

1.各国制度变革主要是用私门向公室争夺人民的方式实现的。

A.齐、晋采取革命形式变成了封建制。

B.楚、燕、秦是以流血的改革变为封建制。

2.封建制战胜奴隶制是一场剧烈的革命。

A.楚、燕、秦变法者之死说明斗争之剧烈。

B.各国之兼并战争直至秦统一是流血的阶级斗争的继续。

C.这些斗争中人民是主体却没有成为真正的主人。斗争是革命不是和平过渡。

3.总结以上说明春秋战国是不同的时代,春秋战国之交是古代社会发展由量变达到质变的时期。

四、结论。

1.春秋战国在各方面都有划时代区别(举齐国临淄前 539 年与前 333 年的衰败与繁荣对比)。

2.解释毛泽东“自周秦以来,中国是一个封建社会……”中“周秦”即春秋与战国之交。

▲王毓铨《汉代“亭”与“乡”“里”不同性质不同行政系统说——“十里一亭

……十亭一乡”辨正》，载《历史研究》1954 年第 2 期，收入其《莱芜集》中，全文约 7200 字。这是一篇考辨历史典制的论文，共分五部分。

一、绪论：引出论题及需要解决的问题。（950 字）

1. 从诸书记载的矛盾引出论题。

A.《汉书·百官公卿表》“十里一亭……十亭一乡”，人都以为乡、亭、里皆为地方行政组织，且互为统辖。

B. 同书所言亭数与乡数并非一比十，故而引起怀疑。

C. 应劭言“十里一乡”，说明东汉“乡”“里”之间没有“亭”。

2. 提出本文需要解决的三个问题。

二、论“亭”不是施政主民的机关。（2000 字）

1.《汉旧仪》《汉官仪》《续汉志》等皆言亭的设置目的是为禁盗防盗。乡官里正的任务重在民事行政。

2. 从汉简、碑、刺所记名籍表现出的当时的户籍制度证明亭与乡里不属同一系统。

3.《春秋繁露》等所记汉代实际行政系统，说明乡里相制，而亭只是徼循机关。

三、从亭的历史证明其为军事性质的机关。（800 字）

1.《韩非子》《国语》记载说明原先亭是设在边境上用以守望以防备敌人进攻的。

2.《墨子》言城上设亭与汉代边境之亭障、亭燧都是军事的，大体秦时才将亭由边境发展到内地，由防御外敌转为逐捕内“盗”。

3. 归纳汉代内地之亭本质上仍是军事设备，与乡官里正不同。

四、古代地方行政组织的考察证明亭不主民，乡不辖亭，亭不辖里。（1550 字）

1. 先秦地方行政组织的考察。

A. 春秋末至战国初里（邑）即已变成里这一地方行政基本单位。

B. 乡的出现在春秋时期是侯国以下的行政区。

C. 在地方行政系统上总是以乡辖里，以里隶乡，乡里之间没有亭。

2. 晋唐之间行政系统皆为县乡里。

五、结论。（1900 字）

1. 亭与乡里是不同性质的地方组织，不属于一个行政系统。

2. 汉代地方行政组织为乡里。《汉书》“十亭一乡”的亭是错字。

3. “十里一乡”之里为居住地区，“十里一亭”之里为长度距离。

4. 亭的设置根据面积的大小和距离的远近，乡里的设置按户口多寡。

▲蒋大椿《当代中国史学思潮与马克思主义历史观的发展》，载《历史研究》2001 年第 4 期，全文约 27000 字。这是一篇对传统唯物史观的缺陷进行评议，提出建立唯物辩证的以实践为基础的系统史观的理论文章。正文共分五部分。

绪论：新时期社会主体即人的变化使历史学包括史学思潮发生重大变化。（310 字）

本论：

一、“文革”结束到 20 世纪末，我国史学有了很大发展。史学界对历史和历史学认识的多元化逐步形成。（3200 字）

1. “文革”结束，史学界沿着两条路径（考据研究和加强史学理论研究）恢复和建设史学。

2. 1983 年兴起的“史学危机”论核心内容之一，是要求改变现存的史学观点和历史研究模式。

3. 在一致否定打着唯物史观名义的阶级斗争史观的同时，出现了突破传统唯物史观的局限，以至怀疑、否定唯物史观的意见。

4. 沿着马克思主义方向思考的历史学家对传统唯物史观个别观点和部分原理有所突破。科学主义思潮对唯物史观的排拒。社会史和文化史热潮对传统唯物史观形成强大冲击。历史认识论研究兴起。

二、曾经处于独占地位的马克思主义史学的理论影响之所以下降，是由于其本身的理论缺陷。（2400 字）

1. 历史学是作为研究主体的历史学家通过一定的思维认识方式、手段与历史客体发生互动作用的历史研究这种精神生产实践及其创造出来的产品，即历史知识。历史学的发展取决于历史学家对历史存在的看法以及用什么方式来研究历史。

2. 在我国未来史学多元化的发展格局中，马克思主义史学的地位是近年来人们经常思考的一个问题。

3. 中华人民共和国成立后，处于独占地位的马克思主义史学存在的两种主要史学思潮的分析。

4. 80 年代以来经过长期思考、各种史学思潮的融会和研读马克思的有关著作，我清楚地看到了传统唯物史观的理论缺陷。

三、分析唯物史观的严重理论缺陷。(8200 字)

1. 唯物史观的理论核心及其最基本的原理：①人类社会及其历史是客观存在的，②人类社会历史按照不以人的主观意志为转移的客观必然规律向前发展，③社会存在和社会意识的关系是社会历史观的根本问题，④就整个人类社会历史发展而言依次经历了五种社会经济形态，⑤生产力、阶级斗争[①]、科学实验[②]是推动历史发展的动力，⑥人民群众是历史的创造者。

2. 其第④点和第⑥点的局限和不足已经有许多学者看出。

3. 其第①点的主要缺陷是对社会历史内容的理解，强调生产力的物质性，忽视作为社会主体的人及其实践活动。

4. 其第②点，社会历史不存在那种完全不以人的意志为转移的客观的必然的历史规律，也不存在生产力决定生产关系这个规律。人的实践活动在一定的范围内有着不止一种的选择。

5. 其第③点，传统唯物史观从直观的观察中所区分的社会存在与社会意识概念过于狭窄。从认识论的角度看，历史上和现实中人们创造出来的一切，对于当代的认识者来说，都是历史的客观存在，而人们正在反映和生长着的意识和思维运动，便是当代的社会意识。人们的思想不仅反映世界，而且创造世界。离开社会主体的人及其实践活动，所谓社会意识对社会存在的反作用是不存在的。社会意识可以超越社会存在，在条件具备时会经过新的超越意识支配下的社会实践而创造出新的社会存在。

6. 其第⑤点，人类的社会实践除所说三种以外，还存在着在历史上起支配作用的其他各种类型的基本实践活动。

7. 在历史研究中经常而且普遍地出现教条主义，当代越来越多的青年史学工作者不愿选择唯物史观，其根源在于存在着严重理论缺陷的传统唯

---

①社会革命。

②指自然科学技术。

物史观自身。

四、重新认识的马克思主义新历史观的基本内容。(11000字)

1. 承认对于任何一位历史考察者来说,人类社会历史在他之前而存在,也就是在历史考察者的身体、大脑、思维之外而客观存在。

2. 关于人类历史的科学研究,当然不能仅仅停留于观察,必须深入下去,以揭示人类历史的本质。

3. 没有人就没有人类历史,因此具体考察历史的出发点是“现实的人”。

4. 必须建立关于现实的人的理论体系。包括:人的生产和成长理论,人的各种社会关系构成及其功能的理论,人的社会生活理论。

5. 关于社会历史环境。由多种基本因素构成的社会历史环境,既是人的历史创造活动的前提,又是人的历史创造活动的结果,而这个结果又成为新的一代的历史创造前提。

6. 关于人类社会的历史发展理论。考察人们的各种实践活动对于人类社会及其历史发展所起的作用。

7. 人自身的生产实践和人的物质生产实践是人们各种基本实践活动的两种基本实践,人们的物质生产实践是人类历史及其发展的现实基础。

8. 人类社会历史共同的规律即体现人与自然关系的人们的物质生产实践活动的规律是:随着人们认识和改造自然能力的提高,人们的物质生产实践活动时慢时快地不断地推动着物质生产力发展。

9. 结论:人类历史是在物质生产实践的现实基础上,人们的各种实践活动交错的相互作用改变现实社会历史环境和社会历史主体以及实践方式而创造出来的各种结果的实际发展过程,这是一个具有规律性和人们选择创造活动相统一的极为曲折复杂的实际发展过程。

10. 定名:唯物辩证的以实践为基础的系统史观。

五、新马克思主义史学即唯物辩证的以实践为基础的系统史观,是一门以科学性为基础的内在地融合了实证性、抽象性、价值性、艺术性的整合学。(1800字)

第八章　撰写论文

第一节　撰写程序和执笔方法

一、撰写程序

撰写学术论文，如八仙过海各显神通，很难说有固定的程序。任继愈先生在谈到学界前辈的写作风格时指出，写学术文章只有共同的要求，却没有共同的程序。①如朱谦之先生治学兴趣广泛，知识渊博，文思如泉。他写文章的特点是快。写作时，手不停挥，文不加点，一两万字的文章，一挥而就。有时连引文也懒得查对。汤用彤先生则与朱谦之先生恰好相反。写起文章来慢条斯理，不以敏捷擅长。中年以后，患高血压，写字不便，几千字的文章要断断续续写好几天。在写作的过程中不断修改，但并没有给人留下不连贯的感觉。使人读后觉得清通简要，文质得中，深得魏晋风格，却没有魏晋文风虚诞浮华的弊病。冯友兰先生晚年目力不佳，写文章由他口授，助手记录，然后他再在记录稿上做些修改，最后整理出版。他逻辑性强，善于化繁为简，使人读后印象深刻。朱光潜先生写文章，先要把必要的材料收集齐备，把文章的大端、纲目列出来，摆到手边，然后按拟订的纲目，逐章逐段地写下去。其文章条理分明，不枝不蔓，有理论文的清新，又有诗的韵味。熊十力先生写文章富有批判、论战风格。急于下笔时，随手抓几张纸，奋笔疾书，字如狂草。为文气势磅礴，如长江大河，字句不加雕饰，用词遣句却十分准确，不可更改。这些学问大家各有各的写作方式，文如其

①任继愈：《谈学术文章的写作》，载《光明日报》1986年12月1日。

人。因此,史学研究者可以采用自己独特的方式进行论文的写作。但对大学生和刚进入史学研究领域者来说,按着一定的步骤撰写论文有助于论文的按时完成。

撰写史学论文与撰写一般文章一样,都先要起草初稿,经过修改,最后定稿。不同的是,史学论文除正文外还有注释,有的还有图表,甚至必须列出参考文献目录,或写作(中、外文)论文摘要和编写论文目录。这些工作,是在撰写论文的不同阶段完成的。注释、图表,在起草初稿时即应同时录出或草成,参考文献目录、论文摘要和论文目录一般在论文写成后再做。

一般把最先起草的稿子称为草稿,经过初步修改抄出来的稿子称为初稿或征求意见稿(第一稿),征求意见或认真查核材料后修改出的稿子称为修改稿(或第二稿),经过几次修改的稿子称为第三稿、第四稿等,多次修改最后抄清交付印刷以供审查答辩或发表的稿子称为清稿或定稿。初稿的写作顺序,大体有三种。一种是自然顺序,即按照提纲的顺序,从绪论开始,接着写本论和结论。这种顺序完全是按照人们思维的自然过程进行,一般窒碍较少,比较顺手。但万事起头难,史学论文的绪论因其高度凝练而难以下笔。有的人拘于提纲顺序,结果因为开不了头而耽误了许多时间。在这种情况出现时,不妨抛开自然顺序,采用从本论入手的写法。先写本论,本论写好以后,再写绪论和结论。这是第二种方法。因为论证观点一般是作者在构思中考虑最多、研究最为深入的部分,况且有些论文的本论主要是用史实和史料说话,史实和史料是已经搜集好了的,不必过多地考虑,所以从本论入手,写作比较容易。在本论写出后,结论自然就出来了,回过头再写那抽象凝练的绪论也就不再是困难的事了。还有第三种方法,就是先写最有把握的部分,再写其他部分,陆续写出各部分之后,再根据提纲的顺序和逻辑思维的要求,将各部分拼装结合成一篇论文。这可以叫作零件拼装法。一篇论文有许多部分,每一部分,尤其本论部分,又含几个分论点,需要对一个个分论点进行论证。各个分论点之间如果是并列的,则不必完全按照提纲中各个分论点排列的顺序去写作,而是哪一个分论点考虑得最成熟,或者最重要,就先写这一部分,这一部分写好后,再写其他的分论点,再写结论和绪论。这种写法,可以叫作重点突破,再逐个消灭的办法。其优点是易于着笔,尤其在论文写作过程中写不下去,不得不中途辍笔时,这无疑是一种可行的方法。但是这样写,不完全合乎论文总体思维的逻辑顺序,写出来的各部分往往轻重失调,不好连缀,或者各部分内容重复,不合总体要求等等。故而,此类论文调整、修改的任务一般都比较大。

写作史学论文，要注意两个问题。第一，概念要清晰，逻辑要严谨。有的初学者的论文中充满各种含混而不加界定的概念，又喜欢将前一段提出的假设不加论证就在下一段转换成论据，这是不好的。第二，要写好每一个段落。一个好的段落的结构和内在逻辑要严谨，段落的第一部分最好是主题句，点出全段所要表达的意思。第二部分应由几个支持句组成，说明、解释、论证、发展主题句所提出的论点。最后一部分可以是结论句，回到主题，但不要重复主题句。段内不要枝节横生，硕果乱结，东拉西扯，使人不知所云，把握不住中心。

二、集中精力　一气呵成

1. 集中时间，速战速决

史学论文写作是一种非常艰苦的脑力劳动。一旦动手，就要高度集中精力，在相对集中的时间，按照提纲的要求，随着思想的驰骋，不顾一切，奋笔疾书，尽快地写出初稿。而不要写写停停，延宕时日，这样写出来的论文没有神韵。许多人有这样的经验，如果思路顺畅，资料顺手，不受干扰，抓紧时间，一天可以写几千字甚至上万字，有时一两天顶多三四天就可以完成一篇万字上下，甚至两三万字的论文初稿。有经验的史学工作者在正式写作时，很少有人完全遵循平时的作息时间表，往往是废寝忘食，一天工作十几个小时，走路、吃饭也不中断思考，甚至睡梦中也在构思文章，推敲论据。而且一般都要将工作学习进行妥善安排，在相对集中的一个整段时间（几周、几天或每天的一段时间）进行写作。必须参加的活动，也尽量缩短其时间，尽量不因其中断思路。因为处在高度兴奋中的思维是十分敏捷的，又有一定的连续性，充分发挥敏捷思维效力，可以爆发许多思想火花，下笔不仅逻辑性强，还可能文采斑斓，获得意想不到的成果。万一打断了思路，高度兴奋的思维冷却了，以后要重新使思维活跃，往往是很困难而且费时间的。

2. 不要因查资料打断思路

史学论文进行论证时，往往要引用许多的材料，寻找材料和摘抄材料比较费时间，可能因此打断思路。有的人在编写提纲时，已将史料按照顺序予以整理，写作时，史料一索即得，一般不会打断思路。如果有的史料事先没有整理好，但大体知道其意思，不妨在写作时先凭记忆写出该史料的大概，等全段或全文写出后再寻找出该史料，完整无误地补充抄出，这也是不打断思路的一种有效办法。

3. 不要因字写得慢打断思路

有人论文初稿就写得很整齐，字写得很工整；有人论文初稿写得龙飞凤舞，东涂西勾，甚至用一些外文字、自造字、别字代替，只有他自己能认识。这两种做法都可以，对后一种写法尤其不必指责。因为初稿只是要记下自己的思想，写出来的文字，只要作者自己认识就可，他人有什么权利批评？况且，汉字的笔画较多，一笔一画写比较费时间，更不可能跟上一泻千里的思绪。为了更快捷地记下自己的思想，不中断思路，论文中的一些字词不妨缩写，如把《资治通鉴》写作《资——》，清朝政府写作清府，成吉思汗写作成汗，社会主义写作 SO 之类。有的字，猛一下想不出其写法，查字典又怕打断思路，不妨先用一个别字或者拼音来代替。写作告一段落，等以后再查字典或补全该词。有的意思，一下子想不出合适的词句来表达，也不必中断思绪去推敲，不妨先把大概意思写出来，闲的时候再想更恰当的表现形式。还有的人在思绪澎湃时，害怕笔写太慢，而用嘴说出论文的内容，用录音机记录下来，以后再根据录音整理成文，也是一种可行的打论文草稿的方法。当然，最理想的是用计算机写作史学论文。熟练掌握计算机文字输入方法的人，每小时可以输入 6000 个以上的汉字，速度自然比手写快多了。当然，在用计算机写作时，也会遇到某个难字突然打不出来的问题，某个意思一下子想不出恰当表达方法的问题，这些都可以按照上边说的办法，空出来或打上别字、拼音、英文词等，留待有空闲时解决。

4. 不要分散注意力

在撰写论文时，精力高度集中，脑子完全围绕论点、论证、论据、结论去运转，才能更快更好地写出论文。在写作中，尤其要避免分散注意力。许多人在撰写论文的过程中，或者在征引分析史料进行论证时，会爆发思想火花，产生一些新的想法，发现以前没有发现过的问题，这种想法或发现，如果与本论题有关，不妨继续思索，穷追猛打，说不定由之引起整个论文的重心的转移、论证方法的改变，使论文的思想深度有很大的提高。如果这种想法或发现虽说很有价值，却与本篇论文的中心论点没有多少关系，那就只能将这一想法与发现用一张纸头记下来，以备将来进一步研究思考，而不能在写作中丢开本题，去研究这一新发现。因为注意力转移，会影响本篇论文的起草，延误论文的写作，甚至可能见异思迁，论文起草了一半就再也写不下去或不想写了。

三、论文的字数

一篇史学论文究竟写多少字合适，并不由作者的主观意志决定，而是取决于题目的大小和材料的多少及读者对象或杂志刊物的要求。

有的论文题目较大，牵涉面广，许多问题需要辨析，不妨写成两三万字或四五万字，甚至更多。有的论文题目较小，问题比较集中，材料也不太多，可能三四千字就可以解决问题。长的论文，比如收于《古史辨》第七册中编的顾颉刚、杨向奎的《三皇考》，正文即142500余字，另外有两篇序文、七则补遗和一篇跋近4万字。短的论文如载于《历史研究》1954年第3期荣孟源的《太平天国的"天"》一文，只有700余字。字数在几百或一两千字的论文多为历史考证或读书札记。稍微重要一点的论文，没有四五千字，恐怕是很难说清楚的。一般史学论文，字数大体在一万字上下，少则5000~6000字，多则15000字。有这么大的篇幅大体能说清问题，又比较容易发表。由于报纸杂志篇幅有限，一般很少发表太长的文章，许多学术杂志约稿声明中往往就说"万字以内的佳作尤所欢迎"，我们写论文时不能不考虑这一要求。

至于历史系学生学业论文的字数，并没有全国统一的要求。学年论文因系初学写作，题目也较小，一般有三五千字即可，不要写得太长。本科生的毕业论文，题目不大，写论文的时间不多，也不能写得太长，大体在一万字以内即可。《兰州大学毕业论文工作暂行规定》第三条明确规定，本科生的毕业论文"字数一般不超过一万字"。这一规定是比较符合实际的。有的人学问不大，却动辄把论文拉得很长，字数达两三万字或者更多。其实按照一般本科生的学识是难以写出内容充实而又有新见的长篇论文的，结果，不是废话连篇、不着要领，就是内容重复、颠三倒四，甚至不过当了个文抄公，没有多少自己的东西。这种毕业论文自己抄了费劲，导师看了费时，成绩肯定高不了，真是害人害己。硕士学位和博士学位论文，要求较高，字数就不能太少。北京大学已故王力教授认为研究生"毕业论文有两万字左右就可以了"①。《兰州大学研究生学位论文规范》正文字数要求规定："博士学位论文5万字左右，硕士学位论文3万字左右。"也有人对字数要求更多，比如北大法律系赵理海先生提出："硕士论文大体上相当于一本小册子，约五万字以上，博士论文，即一部专著，起码要有十多万字，乃至好几百页。"②这一要求，似乎不宜一概而论。当然，在现实生活中，确实有长达五六万，甚至十多万字的硕士、博士论文，印出来就是一本小册子。但

①《谈谈写论文》，载《怎样写学术论文》，第2页。

②《怎样写学术论文》，第87页。

是，从规定来说，绝不能把小册子作为硕士、博士论文的普遍要求。因为，说到底，他们都还是学生，如果在读学位之前，对这一专题没有长期研究，仅仅花一两年的功夫，要求他们就写出自成体系，全面阐述一个重大问题的方方面面的著作是非常困难的。况且，论文水平的高低，绝不在其字数的多少，三万字的论文绝不可能是一万字论文价值的三倍。反过来，短而精的论文，价值有可能更高。

总之，论文字数的多少，没有定规。主要看内容来定，要量体裁衣、看菜吃饭，尽可能用精练的文字，写出最能充分表达作者观点和反映历史真实的论文。

四、计算机写作史学论文的一些问题

现在许多同学都用计算机写作史学论文，这是应该鼓励的。用计算机写作史学论文，不仅快捷、规范，而且可以反复修改、删除、移动，多次拷盘，无数次地印制。倘若将史学论文交印务社去打字印刷，不仅费时间，而且由于打印工的水平和专业知识的不足一般都错误很多，校不胜校，特别麻烦。

使用计算机写作史学论文，也会遇到许多问题。首先是用什么输入法来录入汉字。汉字的录入有语音技术、手写技术和键盘技术三大类。由于汉字不是拼音文字，各地乃至各人的语音都有差别，汉字语音录入技术尚不成熟，难以应用。手写技术输入较慢，识别率不高，比较容易出错，也不适于在撰写历史论文中使用。目前最实用的还是键盘输入。键盘输入汉字要依靠汉字编码。汉字编码方法有“万码奔腾”之说，各种编码方案特别多。但一般来讲，主要是音码、型码和音形码三大类。型码目前用得最多的是五笔字型输入法。它认为，汉字是由基本字根组成的，基本字根是由五种基本笔画（一、丨、丿、丶、乙）组成的。根据构成汉字的各字根之间的位置关系，可以把成千上万的汉字分为三种类型的排列方式：左右型、上下型、杂合型。在五笔字型方案中，将汉字的基本笔画组成 130 种基本字根，把这些字根安排在英文键盘上，就形成了“字根键盘”。按照上述基本认识，把汉字用字根编成字码表，在键盘上按英文字母就可以打出相应的汉字来。用这种方法打汉字，其优点是击键次数少、重码率低，缺点是其字根不易记忆，而且其拼字顺序不一定与汉字的笔顺相符，难学。音码，主要就是汉语拼音法，汉语拼音方案规定用来拼读汉字的拉丁字母，与通用键盘上的英文字母完全一样，因此，只要会汉语拼音，这种输入法极易掌握。但是由于汉字的同音字多，因此用拼音法输入时，汉字的重码多，输入者还必须从中选出需要的汉字，速度就受到影响。后来又有了智能全拼输入法，它直接使用汉语拼音，并且具有自动造词和模糊拼音、智能处理功能。用这种方法，只要输入该词每个字的声母或第一个字符，提示行就会显示出该读音的一组词语，你再从中选出所需的词语，速度当然比单拼要快得多。尤其是在进行多字词的输入时，全拼法的优点最为明显。例如，你要输入“中华人民共和国”一词，只需键入“zhrmghg”7 个字母即可。五笔字型输入法和全拼输入法各有优缺点，对于史学论文的写作者来说，拼音掌握得好的人可以学全拼法，而拼音不准确者还是学型码好。要注意的是，学习并熟悉一种汉字输入法都要花一定时间，因此，一开始就应该慎重抉择，千万别过了一段时间又要换码，浪费时间，甚至将两种输入法混到一起，难以区别。

其次，难字的查找问题。史学论文中难免出现一些繁难和冷僻的汉字。目前一般计算机汉字字库都按照《中华人民共和国国家标准信息交换用汉字编码字符集》（GB 2312—1980），共收集了汉字、图形符号等 7445 个，其中汉字 6763 个。按照汉字的使用频度又分为两级，其中一级汉字 3755 个，二级汉字 3008 个。后来又有了 GBK 国家标准，共收集汉字 21008 个，但一般汉字字库软件中都未收入。我们在计算机汉字输入中，如果遇到非常用字，可以用以下办法：一是用输入繁体字的办法找。二是从插入栏（I）的“符号”“中文标准字体”中去仔细查找，其中所收为 GBK 国家标准的汉字。三是用 GBK 组字符或造字、拼合字的方法解决。2000 年全国信息技术标准化委员会又颁布了国家标准 GB 18030《信息技术信息交换用汉字编码字符集、基本集的扩充》，共收集汉字 27000 余个。目前一些最常用的操作系统（如 windows 系列产品和红旗 linux 等）和应用软件（如二笔输入法和方正排版系统等）已经在一定程度上支持了 GB 18030，用其进行历史论文写作，基本可以满足需要。但是，大部分软件只支持原标准 6763 个汉字，而没有对 GB 18030 规定的非常用文字提供足够的支持，所以我们目前只好依靠本段开始所述办法，到插入栏中去寻找非常用字。

第三，繁简字转换问题。有的刊物发表史学论文要求用繁体字，学者一般是用计算机进行繁简字自动转换。但在实践中，我们发现计算机自动转换繁简字会出现许多问题，尤其是《简化汉字方案》中将几个繁体字简化为一个简体字时，或繁体字与简体字本来是不同音义字时，问题更多。比如，皇后之“后”和前后之“後”字，如果是连成一个词，转换一般是正确的，但若单独使用时，就会出问题，将（皇）后之“后”转换成（前）后之“後”了。再如，“袜”和“襪”在古文里音义皆不同，但计算机肯定要将前者转换为后者。还有姓范的“范”字和典范的

"範"字,路程长度和社会基层组织的"里"字和里里外外的"裏"字,说话的"云"字和云彩的"雲"字,升斗的"斗"字和打斗的"鬥"字,系统的"系"字和系鞋带的"繫"字,冲喜、冲洗的"冲"字和冲锋的"衝"字,历史的"歷"字和日历的"曆"字,一只鸭子的"隻"字和只能如此的"衹"字,咸阳的"咸"和咸甜的"鹹",弦乐器的"筑"字和建筑的"築"字,茶几的"几"字与几个人的"幾"字,辛丑的"丑"字与丑恶的"醜"字,头发的"髮"字与科学发明的"發"字,复仇的"復"与复杂的"複"字,松树的"松"字与放松的"鬆"字,于是的"於"字与单于的"于"字,三山五岳的"嶽"字与姓岳的"岳"字,树干的"幹"字与干燥的"乾"以及乾坤、乾隆的"乾"字等,在繁体字或古文里音义多不相同,自动转换常常出错。所以在利用电脑自动转换繁简字以后,一定要认真检查,纠正错字误字。

第四,尽量使用电脑中自动程序解决编辑修改打印的各种需要。现在的电脑中,都装有文字编辑、修改、打印等各方面的自动程序,只要熟悉电脑的性能,就能很方便地解决论文写作中的各类问题。比如,发现文章中某个词用得不够确切,需要更改,又一下子找不到这个词在什么地方,可以在"编辑"栏中找出"替换"键,点出窗口,在"查找内容"框内输入要替换的词,在"替换为"框内输入替换的词,再点击"全部替换"键 ,电脑就会将文件中的旧词全部替换成新词。

第二节　史学论文的基本要求

一篇史学论文,怎样才能算是成功的?综合史学界评价论文的一般原则,似乎有以下四个方面的基本要求。

一、必须有独到的见解

1. 史学论文为什么必须有独到见解

史学论文最主要的要求是必须有独到的见解。创新是历史研究内在生命力的体现,没有新的发现、新的见解,而是炒别人的剩饭,沿袭模仿,历史学本身将永远停滞不前。每个社会都要求历史研究者站在时代的高度重新认识和阐述历史问题,以为现实和未来服务,历史研究不创新,就会日益脱离时代的需要,丧失其赖以存在的基础。从学术界和读者的角度说,人们阅读史学论文,是要从中得到新知,受到启迪。如果史学论文都没有新见,千人一面,满纸陈言,岂不是有意浪费纸张,耗费他人精力?

古今学者都非常强调论文的创新问题，北魏学者祖莹说：“文章须自出机杼，成一家风骨，何能共人同生活也。”①宋黄庭坚说：“文章切忌随人后。”清袁枚说：“著书立说最怕雷同，拾人牙慧。”②北京大学吴小如教授说：“写学术论文，没有自己的一得之见决不下笔，哪怕这一看法只与前人相去一间，却毕竟是自己的点滴心得，而非人云亦云的炒冷饭。否则宁缺毋滥，决不凑数或凑趣。”张岱年先生说：“过去评论有价值的论文，常说是发前人所未发，即发现了前人没有发现的客观事实或前人没有发现的客观规律。这就是很大的贡献。初学写论文，不一定能够完全做到‘发前人所未发’，但也要提出自己的见解，决不能人云亦云，仅仅重复前人已经讲过的意见。”③

2. 何谓史学论文的独到见解

所谓史学论文的独到见解，主要有以下几种情况。

其一，是某一历史问题，别人从来没有研究过你进行研究，并且提出了自己的看法，开辟了研究的新领域，填补了学术研究的空白，你的见解，就是独到的见解。这是写他人所未写。

其二，是某一历史问题，前人从来都是这么说，你经过研究发现前人的说法不符合历史真实，你揭示了历史的真相，你的意见，也是独到的见解。这是见他人所未见。

其三，是某一历史问题，学术界的结论如此。你经过研究，发现了新的情况，得出了新的结论，你的结论，就是独到的见解。这是说他人所未说。

其四，对某一历史问题，你的研究结果虽然与他人的意见相同，但是有自己的感受，补充了新的理由，发现了新的史料，或者用新的方法进行了研究，从而丰富和提高了这一论点，这种情况，也算是有独到的见解。这是达他人所未达。

此外，写史体例的创新，治史方法的变革，对史书、史实鉴别的新结论，对历史规律的新总结等等，都是新的学术成果，是创新。许多人的论文，标以“新题”“新探”“新证”“新论”“新说”之题，都是标明自己的研究成果有独到之处。

史学论文的独到见解，有大有小，有深有浅，有多有少，但无论怎样，都是作者经过艰苦研究的一得之见。这样的研究成果，自然有了学术价值或社会价

①《魏书·祖莹传》。

②《寄奇方伯》。

③《怎样写学术论文》，第47页，第51页。

值。对于初学者来说，写出的论文没有自己的见解当然不行，但也不能脱离实际要求过高，只要他的研究比前人有进步，哪怕是一点儿小小的进步，也是应该鼓励的。

3. 在求得创新时应注意的问题

历史研究要求有新的见解，但不能专意求新而违背科学精神和学术道德。创新必须是符合真理的追求，而不是对真理的否定，有的人为了证明自己的"新"观点，而故意伪造古书、曲解史料。有的人对前人他人的学术观点有意歪曲或无中生有，以编造批驳对象。有的人不遵循科学的理论准则专作翻案文章，你说东来他说西，你说好来他说坏，故意唱反调。有的人不认真查阅史料抓住一点不及其余，对不合自己意见的史料视若不见，想以偏取胜。有的人不考虑学术研究的社会效果，追求怪诞、诡异，专发奇谈怪论，企图一鸣惊人，如此等等。他们的观点虽说也是新，却离真理很远，愈新愈谬。这是我们应该注意防止的。史学创新还需结合历史学本身的特点进行，不能离开历史学去标新立异。金冲及先生指出："学术研究的创新对学术的发展至关重要。历史研究也要重视这个问题。但历史研究的创新要有它的基础，要从历史学的性质、特点出发，围绕着如何更好地发挥它的作用来展开。……如果丢掉历史学的这个特点而另搞一套，那就不是历史学的创新了。"①

4. 如何才能有独到的学术见解

独到学术见解首先来自于作者对历史问题的深入研究。其次，选题也很重要，题目空泛庞大，即使在某些问题上有一些独到见解也会被淹没于总体思想的平庸之中。题目与他人雷同，要有新的见解也很困难。再次，历史观点来源于作者的历史认识，每个人对现实和历史都有自己的一套看法，哪怕这种看法是幼稚的，不够成熟的。从事历史研究能从自己对现实与历史的总体看法出发，写自己的胸襟，一般总能有独到之处。最后，要善于博采众长，又能独辟蹊径。我们的学问都有师承，但搞研究就不能抱门户之见，要对业师知其长、识其短，博采众家之长，学习各种研究方法，开阔视野，自己的研究才能有大突破、大发展。

5. 应遵守学术规范

所谓学术规范就是学术研究中历史地形成的、研究者应普遍遵守的基本要

---

①史革新、张林：《金冲及先生访谈录》，载《史学史研究》2000 年第 3 期。

求，其旨趣在于保证学术的积累和创新，净化学术氛围。就历史研究而言，其学术规范主要包括两大方面，一是把握现有研究状况，使自己的研究在前人的基础上有所创新。因此，论文或专著的作者在论作开始时应该说明所研究的课题在国际和国内学术界已经取得的成就和存在的不足之处，自己在哪些方面有所突破或贡献。二是论著中的注释应规范，特别要注明所引用的资料的来源，供学术界监督和评判。遵守学术规范是学术创新的要求，是研究水平的体现，是学术道德的基础。学术创新“指的是对新知识的发现及对前人知识的超越。这一活动的基本要求是，创作者必须明了前人所做的工作，并对已有的成绩作出恰如其分的分析与评价，从而明确自己所做工作的意义。在这一活动中，应当尽可能避免对已有成果的重复，应当将自己的研究置于已有的研究成果之上。也就是说，既以已有的成果作为自己工作的基础，又以已有的成果作为超越的目标”①。作者在论著中说明课题研究的起点、学术价值和资料的来源，正是表明自己的研究不掩没前人，而要超越他们，不是简单的重复研究。

20 世纪 80 年代以来，史学界浮夸浮躁和道德水准降低的情况日益严重，出现的违规行为五花八门，如采用他人成果不注出处，没有注释，低水平重复，抄袭，粗制滥造，学术包装等等。有的人明知故犯，无所顾忌。史学界普遍认为有重建学术规范的必要性。为此，举行过几次有关的学术会议，在严肃批评各种违背学术规范行为的同时，建议对审编制度、职称评定、成果评奖、课题申报等制度进行改革，以减少违规行为的诱因。1999 年 12 月，《历史研究》《中国史研究》《近代史研究》《世界历史》《当代中国》《中共党史研究》《史学理论研究》七刊编辑部发表了《关于遵守学术规范的联合声明》，要求向其刊物投稿者严格遵守学术规范：“1. 学术研究必须尊重前人研究成果：凡专题研究论文，应就主要的研究内容，概略说明或介绍前人研究的主要成果或研究状况；此种说明或介绍，可以列入正文，亦可采用注释的方式；完全没有此种说明或介绍的来稿，各刊编辑部将不予以受理。2. 各编辑部将严格遵守各刊与作者约定的审阅处理稿件的期限，并将及时奉告处理情况；作者接获编辑部的采用稿件通知后，需以书面方式确认将被采用的稿件系首次公开发表，并承诺不再交其它刊物发表；对违反约定而造成不良影响者，七刊编辑部将联合采取必要的抵制措施。3. 严禁抄袭剽窃：自 2000 年 1 月 1 日起，凡投稿而有抄袭剽窃行为者，七刊编辑部在

①葛剑雄、曹树基：《是学术创新，还是低水平的资料编纂？》，载《历史研究》1998 年第 1 期。

五年之内均不受理该作者的任何稿件。”李大钊曾以“铁肩担道义,妙手著文章”自勉,我们无论是做学业论文,还是向刊物投送论文都应当遵守学术规范。

二、论证必须严密

上边所说论文新的见解,主要表现于论文的中心论点(当然也可能是某些分论点)。而这一新见解能否站得住脚,就要看论证是否严密,是否能自圆其说。

论证是指用证据通过一定的方式和方法证明论点的过程。所谓论证严密,就是论证要合乎历史事实,合乎逻辑,周密严谨,没有缺漏,不留破绽,使别人无懈可击。

史学论文常用的论证方法主要有:

一是用典型史料和历史事实进行论证。这是历史研究最基本的论证方法。就是用历史事实说话,可以是一条或几条具体史料,也可以是概括的历史事例,用来证明论点的史料或事例本身的真实性和准确性必须毫无疑问。事实胜于雄辩,史料和事例,往往最能说服人。当然,举出史料和事例后,还要进行归纳、分析,或者边摆事例边论证,这属于归纳推理。

二是用贤哲名言或科学原理进行论证。许多史学论文,引用古人的言论话语、成语典故、民间俗语或经典作家的论断来作为说理的根据,以证明自己意见的正确性,这也是一种可行的方法。当然,这些名言、俗语或论断必须是经过实践检验过的,为大家所公认的,其科学性是无可争辩的。使用者对之要正确理解,完整、准确地引用。不能断章取义,牵强附会。也不能教条主义地生搬硬套,有无必要,都引上一段经典著作。贤哲名言、典故、俗语和经典等著作的论断,一般都很精练、深刻,用来作为论据,很有说服力。从逻辑上说,这属于演绎推理。

三是用模拟的方法论证。各种历史人物、历史事件等等既有其个性,也有其共性。模拟的方法,就是选取一个或两个以上的历史现象进行比较,或者以同一事物的前后情况进行比较(如史书的不同版本),从比较中看出其特点、实质与问题。这种方法在史学论文中运用得也较为普遍。

四是用事物的因果关系论证。研究历史问题,分析其来龙去脉,揭示其产生的原因,就可以说明为什么会有这种现象,也可以从结果推断其原因。

五是用正反对照的方法论证。就是用正反两种历史现象进行对比,以反面的谬误来证明正面的正确,或用正面的观点来反驳错误的观点。这种方法,论证比较有力，能增强论证的表达效果。

六是用比喻的方法论证。在论证过程中，可以用比喻的方法来加强对论点的证明。比如郑樵把司马迁与班固比作龙与猪，就很能启发读者领会其意思。当然，比喻不过是一种修辞手法，只能用来作为论证的辅助手段，主要还得靠正面的阐述，论点才能阐明清楚。

七是用反证的方法论证。论证有时可以从自己论点相反的一面来证明自己论点的正确性。这种反证，常常比单纯从正面论证更能引起读者的注意，增强论证的力量。当然，反证只是一种间接的论证方法，要与正面的论证结合起来运用。

八是用驳论的方法论证。驳论是通过对错误论点的批驳来证明自己的正确观点。驳论要能抓住对方的要害，明确对方观点的实质，然后有针对性地进行批驳。可以先举出对方的错误观点，用正确的道理和确凿的事实直接予以驳斥。也可以将对方的论点加以引申或推论，将其本来不很明显的错误暴露出来，再对其加以批驳。还可以通过揭露和驳倒对方的论据来推翻其论点。又可以揭穿对方论证的不合逻辑来驳倒对方的论点。

立论和驳论都要慎之又慎。艾思奇曾经指出："每当我们要去驳倒对方一种意见时，切不可草率从事，要考虑我们一方的论据，使之审慎又审慎，周详又周详，我们要立于不败之地。"①这段话值得我们深思。它不仅是指态度，更指方法。论据严密审慎周详，才能自圆其说，使自己立于不败之地。为此，必须根据论证的对象，灵活运用各种方法，把道理讲深讲透，不让别人从论证中挑出一点毛病。为了使论证周密无间，作者应该自己从正面反面多想想，针对别人对论文可能提出的疑问，主动出击，提出问题，予以分析，往往更能防止纰漏。

三、资料必须准确可靠

史学论文的论证要有说服力，一靠周密的论证，二凭准确可靠的历史资料。如果把论文的论证比作房子的构架，资料就是砖瓦木石。砖瓦木石的质量不过关，构架再好房子也不牢固。

1. 资料要真实

我们在第五章中已经讲过对历史资料进行审订，对史实进行考证的方法。经过审订的资料，经过考证的史实，才可能用来作为史学论文的论据。宋人洪

---

①《赵俪生学术自传》第三章《师承》。

迈说:“作议论文字,须考引事实无差忒,乃可传信后世。”①论据真实是论点正确的基础,如果论据不真实,论点就站不住脚,所以一定要重视作为论据材料的真实性问题。

2.资料要具有典型性

在论证的过程中,要选择具有典型性的资料来证明论点。我们不可能也没有必要将所有真实的材料都用来作为论据,也不能随便征引史料,用作论据的应当是典型的材料。列宁认为:“在社会现象方面,没有比胡乱抽出一些个别事实和玩弄实例更普遍更站不住脚的方法了。罗列一般例子是毫不费劲的,但这是没有任何意义的或者完全起相反的作用,因为在具体的历史情况下,一切事情都有它个别的情况。如果从事实的全部总和、从事实的联系去掌握事实,那么,事实不仅是‘胜于雄辩的东西’,而且是证据确凿的东西。”②列宁所说的就是指作为论据的材料,必须是能反映历史现象的实质,有典型价值的材料。否则,随便选取几条材料,就用来论证,并由之做出结论,这个结论很可能是错误的。正像鲁迅《内山完造作〈活中国的姿态〉序》中所批评的那样:“一个观察者到上海来一下,买几种猥亵的书和图画,再去寻寻奇怪的观览事物,便说中国是‘色情的国度’。”这种结论,岂不是荒谬绝伦吗?要选择出典型材料,重要的是利用自己掌握的历史知识从大量材料中去比较、筛选,去粗取精,也就是刘知几论述采撰史料所提出的善择原则。

初学者撰写史学论文,往往喜欢堆砌材料,以显示自己读的书多,知识面广。其实,这是不必要的。用作论据的资料贵精而不贵多。用一条典型材料可以证明的观点,就不必用两条、三条。论据繁杂,势必损伤论点的鲜明和突出,是费力不讨好的事。

3.材料要能充分证明论点

论据使用的材料要能证明中心论点。即使是典型的材料,也要看它是否能充分说明中心论点,使例证与论点完全统一,不能矛盾,也不能脱节,更不能把与中心论点关系不大的材料硬塞进论文。与中心论点完全统一的例证才能有分量、有权威性和说服力,否则论文也难以站住脚。

①《容斋随笔》卷4“二疏赞”。

②《列宁全集》第23卷,人民出版社1958年版,第279页。

四、必须用尽可能完美的文字表述

“言之无文，行而不远。”史学论文要阐明作者的观点，使读者爱看，必须讲究论文的文笔。启功先生说：“文章写出来是给人看的，给人看就要让人看得明白。如果文章写得谁都看不明白，那么学问再大又有什么用？也有的人本来就没有什么学问，却故弄玄虚，玩弄新名词、新术语，把文章写得诘屈聱牙，莫名所以，借以掩盖自己思想的苍白。”[①]

所谓用尽可能完美的文字来进行表述，大体包括以下几方面。

第一，用字规范用词正确。论文用字规范用词正确是一个常识性的问题，但在当前来说又是一个不得不提出来的问题。因为现在有些人很不注意这一点，论文错别字多，用词不当，甚至生造谁也不懂的词。读者一看到错别字或胡乱编造词语的论文，觉得作者连字词都不会写，文章就更不值得看了。史学论文，还有一个繁体字、古体字与简体字互相转写问题，也常常有人搞错。比如，明胡应麟的辨伪著作《四部正譌》之“譌”，是“讹”字的别体，有刊出的论文中却将其转写成“伪”字。历史的历字，繁体字为“歷史”，有的公开出版物中竟写成“曆史”，岂不贻笑大方？用词正确，还包括对历史人物、制度的称谓要符合当时的情况和现在的认识。有人写邓颖超母亲的事迹，称之为“同志”，邓颖超就建议改称“女士”。有人文章照清朝人的习惯称呼，称礼部尚书为大宗伯，巡抚为方伯，这实际上是混淆了不同时代的官制。还有人文章中称唐为“大唐”，清为“满清”都是不应该的，应该改正。否则读者会认为你不是现代人，或者说你不承认清朝是中国过去的中央政权。

第二，史文繁简得当。古代史家都认为历史文章应崇尚简明，反对冗繁。孔子说：“辞，达而已矣。”[②]杜预评价《春秋》：“言高旨远，辞约义微。”刘知几《史通·表历》提出：“文尚简要，语恶烦芜。”《叙事》中说：“夫国史之美者，以叙事为工。而叙事之工者，以简要为主。”当然，简也不是绝对的。像《春秋》那样，简得叫人不知道历史的具体情况，也是不行的。所以要讲究论文文字繁简得当，犹如顾炎武所言“辞主乎达，不论其烦与简也”[③]。论文不要有枝词蔓语，也不要有浮词冗文，尽可能用精练的文字很好地表达思想，使人觉得增一句则长，

---

①徐可：《历史不能割断　传统岂容忽视——访启功》，载《光明日报》2000 年 10 月 31 日。

②《论语·卫灵公》。

③《日知录》卷 19“文章繁简”。

减一句则说不清意思，就最好了。要做到文字繁简得当，一是要在材料的剪裁上下功夫。重点突出务必周详，一般的则一带而过，能简则简，不要平均用力。二要锤炼字句。用洗练的语言表达丰富的内容。《左传》就非常善于用简洁的文字叙述复杂的历史事实。如晋楚邲之战，在楚军追击下，晋军慌忙败退过河，舟少人多，军士争抢。《左传》只用了“中军、下军争舟，舟中之指可掬”12字，就把晋军仓皇逃命的紧张争夺的场面，有声有色地表现了出来。《餐樱庑随笔》说：“文笔贵简，‘逸马毙犬于道’，作‘有犬卧于街中，逸马蹴而毙之’，则赘矣。明祝氏《猥谈》云：一守禁戴帽，不得露网巾，吏草榜云：‘前不露边，后不露圈。’守曰：‘公文贵简，何作对偶语？’吏曰：‘当如何？’守曰：‘前后不露边圈。’斯旨可以喻大。《新唐书》《新五代史》，其较胜旧史，亦事繁文简耳。”

第三，要借鉴文学表现手法，又要力戒奢华夸张。多年来，大家痛感许多史学论著形式单调、语言干瘪，叙述拖沓，味同嚼蜡，材料堆砌，论证繁琐，令人难以卒读。孔子早就指出：“言之无文，行而不远。”①史学论文，要影响更多的读者和流传长远，不能不讲究文字表达，使论文既有深刻的内容，又有生动活泼引人入胜的表现形式，深入浅出，文理并茂。为了使论文更加有文采，要借用许多文学的表现手法。诸如，讲究谋篇就势，整体布局；讲究“豹头虎尾猪肚子”的总体美；讲究气韵的波澜起伏；运用形象的语言来表达深奥的事理；用比喻阐述抽象事理和抽象关系，用反语来增强感染力，用排比使文章更有气势，用设问来变换文句的形式等等。但是，史学论文不能用夸张和虚构的表现手法，也应该力戒奢华。这是因为，历史是昨天的现实，事实的夸张和情节的虚构破坏了史学论文的科学性，而过分雕饰藻绘华丽不实的文字，只不过增加了史学论文的篇幅，对表现论点毫无意义。

应该承认，由于史学论文本身的特点所致，要想寓史于文，把它写得生动活泼、引人入胜确实并非易事，这需要作者不仅有很高的史学修养，还要有很高的文学修养。因此不能拿这个标准去要求一般史学论文。但是，文辞简洁，叙述流畅，转折自然，通俗易懂，使形式与内容尽可能完美地统一，却是最一般的要求，不能忽视。

①《左传》襄公二十五年。

第三节　论文的修改定稿

一、反复修改的必要性

文不厌改,是所有文章家的经验之谈。所谓玉不琢不成器,文章经反复修改,才能精益求精,达到比较完美的境界。清人李沂在《秋星阁诗话》中说:“安能落笔便好?能改则瑕可为瑜,瓦砾可为珠玉。”果戈理给自己规定,每写一篇稿子要进行八次修改。他说:“据我的意见,应该这样做八次。对于某些人,也许用不着这些次数,但对另一些人还得再多几次。反正我自己的稿子是要修改八次的。只有经过八次的亲手修改之后,工作才算圆满地完成,才能达到创造的意义。”①

一般的诗文需要修改,史学论文更应该反复修改。这是因为:

第一,史学论文的写作目的是为了公布于世,以影响社会。如果论文一挥而就,不做修改,其中难免存在各种各样的问题,刊印出来,不仅浪费了许多人的劳动,给社会造成不良影响,还会败坏作者的社会声誉。只有经过审慎修改,确定没有问题时再拿出来发表,才是论文作者应该具备的对读者对社会和对自己负责的态度。

第二,史学论文作为一项有创见的科研成果,必须运用丰富的材料,经过反复的研究,并采用恰当的形式来予以表达。客观事物是如此复杂,历史现象又是那么博大和纷繁,人们对任何一个历史问题的认识,都必须反复多次,才能实现。在论文初稿写成后,还存在认识进一步深化、表达形式进一步完美的问题,这也需要对论文进行多次反复的修改。

第三,写作论文初稿时,人们往往由着思绪,信笔写来,顾不上对遣词造句、论点、论据、数字、年代、征引材料、论文结构、表达方式等进行仔细斟酌、推敲和查对,就这一点来说,论文的修改也是非常必要的。

第四,论文初稿从动笔到完成总要经过相当时日,其间难免写写停停,多次重新动笔,以至初稿各部分不连贯、不严密,或者疏漏抵牾、重复之处都在所难免,只有经过修改,才能使论文连贯通畅,转折自如,合乎逻辑。

第五,论文初稿一般难以做到文字精练、重点突出,如果不进行大删大改,

---

①《写作趣闻录》,人民日报出版社 1983 年版,第 96 - 97 页。

就可能臃肿异常、废话太多，根本谈不到文字简洁。

二、修改的方法

史学论文的修改方法，大体包括如下几种：

一种是在初稿写作过程中边写边改，写出一部分，就停下来修改一部分，在初稿完成以后再趁热打铁，抓紧时间进行通盘修改，一鼓作气，完成论文。

一种是初稿写出后，先放一段时间，让自己的头脑冷一冷，随便翻一些参考材料或史料，进行一些思考，过一段时间再将初稿拿出来审看和修改。这样做，因为思路的改变和头脑的冷静，常常可以发现一些在论文刚写出时难以发现的问题。张振鲲先生说："我写的文章不很多，但多年来养成一个习惯、一种作风，就是文章写成后不马上发表，而把它放下来，冷一冷。过一段时间之后，取出来认真审查一次，做一次修改。然后再冷却，再审查修改。如此反复多次，大体上就可以比较放心了。这个习惯、这个作风延伸到研究上，就是有些问题在一次进行研究之后，隔一段时间再研究，再隔一段时间做第三次研究。这里应特别说一下文章的'冷却'或研究的'间隔'时期的作用，这个期间表面看来与文章或研究似乎没有什么关系，但实际上，已写成的文章或已做过的研究仍潜存于自己的思想深处或下意识中，读书、工作以至日常生活中往往会有某种感触、领会或灵感在自觉不自觉间与之联系起来，给人以启示。这样在重新审查文章或重做研究时，就可能生出新视角、新观点，由此而拓宽视野，深化认识。'冷却'或'间隔'期间又可以使人超越已写成的文章或已做过的研究，从整体上去衡定其得失，从而为修改文章或重做研究寻找新的表达方式或新的方向。"①

一种是将初稿简单修改抄出后，送请同学、同事、专家或老师过目，虚心听取他们的意见，根据他们的意见进行认真修改。由于同学、同事的知识结构、见闻等与作者有差别，他们对论文的看法就不会完全与作者相同，往往能提出许多作者原来没有想到的意见，发现作者难以发现的问题，对论文的修改有很大的启发和帮助。陈垣教授说："文成必须有不客气之诤友指摘之。"②就是这个意思。而毕业论文和研究生学位论文，按规定必须经由导师审阅，才能定稿或付印。专家和导师的专业水平和撰写论文的经验都在论文作者之上，他们提出的论文修改意见，当更中肯、更重要，作者必须充分重视，据之进行修改。

---

①《我和中日关系史》，载《学林春秋二编》，第246－247页。

②转引自《中国史研究》1979年第1期，陈乐素文。

无论是个人修改论文或者是同学、同事、专家、导师对论文提出修改意见，都首先必须仔细阅读论文，反复推敲有关内容，查对思考材料，斟酌词句提法，才能找出问题，想出修改办法。阅读论文不外乎细看和鸟瞰二法。

细看，是一种微观的方法，借以发现论文的具体问题。细看是对论文一字一句、一行一段认真看，反复推敲斟酌，看看有没有错字错词，有没有不合适的句子，意思的表达是否准确贴切，论点和论据能否站住脚？还要一条一条地对照原书核对引文，看看有没有抄错，有没有割裂歪曲之弊，引文是不是典型，有否更合适的材料可以与之更换等等。这是修改中花时间最多的工作。

鸟瞰，是一种宏观的方法，借以发现论文的重大问题或结构缺陷。具体说，就是用登高望远的办法对论文进行扫描，看论文的构架是否合理，论证是否合乎逻辑，各部分内容是否能紧密地配合中心论点，论文的论证方法是否恰当，论文重点是否突出，论文还缺点什么，有些什么根本性的问题或重大缺陷等。这一工作虽然不一定花太多时间，但因其从宏观的角度找问题，发现的就不是细枝末节，而是比较重要的甚至是要害的问题，这对于论文的成功与否，关系重大。

三、修改什么

清人龚炜所著《巢林笔谈续编》卷下有“改文之法”一则，讲述他的老师朱维暎为初学者改文章：“其法在：申其未申之旨，达其未达之词，通其未通之线，接其未接之榫，传其未传之神，足其未足之气；呆板则启其灵机，径遂则导之层折，单薄则加以衬托，枯竭则生以波澜，夹杂则芟其芜词，累坠则镌其赘字，茶弱则振以健笔，俚俗则泽以经腴，蹈虚则益以精实，太实则提以翻空；因题体而绳墨之，就思路而引申之，即文境而开拓之。”这段话可说是把修改文章的内容全都说到了。

从总体上说，史学论文无非从思想、内容和形式三方面来修改。

龚炜所谓“因题体而绳墨之，就思路而引申之，即文境而开拓之”，就是指从思想上对文章的修改。首先，根据论文中心论点的需要，全面核查文章，与之无关或关系不大的枝枝蔓蔓，要毫不吝惜地予以砍削。其次，从论文总的思路出发，进一步探求，看能否加以引申，使思想更为深刻，认识更为圆满。再次，对论文所体现的境界加以开拓，以求达到更高的水平。

龚炜所谓“申其未申之旨，达其未达之词，通其未通之线，接其未接之榫，传其未传之神，足其未足之气”，则是指从内容上对文章的修改。第一，看论文的观点，将其中表达不到的地方予以进一步的表达。第二，看论文中的结论和各个论点的表述，将不准确、不清楚、不透彻、不合理之处，进行修改。第三，一篇论文总要有一根线予以贯穿，就是说合乎逻辑思维的规律，如有前后互相矛盾之处，要改。第四，论文各部分，应该转折自如，相互之间有必然的联系，如有不连接之处，要设法改得缜密一些。第五，对历史事实的叙述要实事求是，文字尽可能道尽历史真实之神妙，如有违背史实或叙述不够准确之处，要改正。第六，论文要气足，就是要尽可能把道理讲深讲透，讲到最后使人感到这一问题写到此再也无可置喙了。如果看到论文的论述还不充分，还有考虑不周之处，就再加以补写。也可以调换引文，使之更典型更能说明论点。

龚炜所谓"呆板则启其灵机，径遂则导之层折，单薄则加以衬托，枯竭则生以波澜，夹杂则芟其芜词，累坠则镌其赘字，茶弱则振以健笔，俚俗则泽以经腴，蹈虚则益以精实，太实则提以翻空"，是指从形式上对文章的修改。第一，如果文字过于呆板，要用修辞手法改得生动活泼一些。第二，如果论述过于直接，要调整段落或话语次序，使之富有曲折。第三，如果论文太单薄，要予以润色增加衬托，使之变得厚实。第四，如果文章平铺直叙，枯燥无味，就适当改变写法，突出重点，使其产生波澜。第五，如果论文中夹杂有不必要的引文，就予以删除。第六，压缩论文篇幅，凝练文字，将可有可无的字、句、段删掉。第七，如果文字疲弱，就需要改得刚健有力。第八，如果文字过俗，就改得文雅一些。第九，如果空论太多而论据不足，就增加材料，使论述建立在更坚实的基础上。第十，如果论文引证太多，就应增加阐述的文字，虚实相间，更好地阐述中心论点。此外，还需要认真核对文章中的引文、年代、资料、人名、地名、史实等，千万不能出差错。

修改论文，如果是用纸笔，一般直接在原稿上改，假如增加的内容太多，可以贴上一张纸来写，假如有段落的调整，可以用剪刀糨糊剪贴。如果原稿改得实在太乱，难于下笔，可以重新誊清，边抄边改。有的甚至重抄几次，一遍又一遍，终于使原来很不像样的初稿的质量有了很大提高。如果利用计算机写作论文，修改起来更方便，可以根据需要任意调整段落，增删文字。但要注意调整改动后的文字必须上下连贯，不得支离破碎，不成体统。

如果发现论点根本不成立，或者论文有严重问题，怎么修改也不行，这时要敢于自我否定，将论文推翻重写。当然，倘若我们从选题到拟提纲、执笔写作，进行过反复思考论证，一般说，不会出现完全推翻论文的情况。

四、定稿

经过反复修改，作者已经基本满意的稿子，就可以定稿，予以誊清或打印出来。有的人请别人帮助自己誊抄论文清稿，一来节省些时间，二来别人的字可能写得更漂亮。我们并不一律反对这一做法。但从许多写作者的经验看，定稿还是自己誊抄为好。这主要因为，作者对论文的修改，贯穿于论文写作的始终，当专门修改论文时，因原稿较乱，有些问题可能发现不了。而清抄定稿则是又一次通盘思考和进行逐行逐句逐段修改的机会，抄着抄着，还会发现少量错别字、用词不当甚至引文和论证中的问题，经过改正，再逐步誊清，可以进一步提高论文的质量。

誊抄清稿，要用单面方格稿纸，而且一篇论文无论多长，都必须用大小规格一样的稿纸，不能中途换纸，更不能部分用 16K 稿纸，部分用 8K 稿纸。用于起草的稿纸，可以大一些，每页字少一些，如用 8K 每页 400 字或 500 字的稿纸，以便于补充修改。而清抄用的稿纸，一般以 16K 每页 300 字的为佳。电脑打印的论文，一般用 A4 纸，也可以用 16K 的纸，不要用 B5 纸，因为这种规格的纸太小，天头地脚和左右两侧空间不大，将来编辑或老师在上边没有地方修改批注或标明打印版式要求。

誊抄稿子书写文字要工整清楚，一字一格。要正确使用标点符号，每一标点占一格，逗号、句号、顿号、冒号、分号、问号、感叹号不能置于行首。这样容易辨认，也便于统计字数。一般应该用钢笔书写，不能用铅笔、圆珠笔书写。因为清稿要拿出去让老师、编辑看，或者让输录人员据之打印，铅笔和圆珠笔书写的字容易模糊变形，让人看不清、认不准。有的稿子，前头是蓝墨水写，后头又换成碳素墨水，这也不好。电脑打印论文，字要大一些，最好用小四号，字距、行距也要大一些，不能太密，满篇黑乎乎的，阅读不易，也无处批改。

誊抄稿子要符合规定的行款格式。题目写在正文之前的头一行居中。少于 4 个字的标题，字与字中间可以均匀地空一格或两格。作者署名写在标题下边一行居中，姓名各个字中间可以空一格，以求美观。论文各部分如有小标题，也居中占一行。没有小标题，可以用一、二、三、四之类的序号代替。也可以空一行，表示是两个部分。用电脑打印文章之前要进行编辑，解决行款格式和字体、空格等问题。一般论文标题用二号字，作者姓名和文中小标题用三号或四号字，正文用小四号字，注释用小五号字。

有人撰文，提出原稿十忌，值得我们参考。① 一忌字迹潦草（过分潦草，难以辨认，要从上下文来猜，有时还猜不准）。二忌标点混乱（随便点上一点，既不像“、”又不像“，”，使人无所适从）。三忌规格不一（译名不统一，阿拉伯数字和汉文数字混用，技术规格不统一）。四忌生造汉字（滥用、误用简化字、异体字或生造根本没有的汉字）。五忌抄写不校（誊抄过的原稿如果不认真校对就交来出版社发稿，很可能错到书上去）。六忌外文草写（排、校者未必都通晓外文，最好写成印刷体，或用铅笔标注清楚，否则无法辨认，错误百出）。七忌铅笔改稿（铅笔字迹容易模糊，原稿经过辗转使用，到校对时铅笔改动部分极难辨认）。八忌改画过乱（改画线路不明，纵横交错，朱墨相重）。九忌符号不明（改稿时不使用通用的符号，使人无法了解，只有自己懂）。十忌加工不细（作者和编辑对原稿均应反复审阅，精心加工，避免看校样时大改文章）。

稿子抄清后，要认真细致地检查几遍，看有没有错别字，有没有衍（多字多句）、倒（文字或段落颠倒）、脱（掉字掉句掉段）、误（抄写错误）的情况，标点符号是否正确，还要对照原书刊核对引文，再查对注释与正文需注处的序号是否一致，编出页码，等等。检查没有差错，这一篇论文才算最终完成了。用电脑打字，必须反复校对多遍，最好在打印前请别人再校对一两遍，将错误减少到最小的程度。根据笔者的经验，在电脑上校对自己的稿子，无论多少遍，都可能有看不出来的错误。大概是由于看的遍数越多，自己越熟悉，越会有所疏忽。所以，在论文打印出来以后，还必须再校对一至两遍，把错误尽可能完全消灭掉。

①摘引自《宣传动态》第45期。

第九章　论文构件及有关技术工作

撰写史学论文最基本的要求是有自己独到的见解，言之成理，持之有故。但是要完成论文的写作，还有一系列具体的技术工作要处理。例如引文，注释，绘制图表，编写参考文献目录，撰述论文摘要以及印刷装订等。这些论文构件或有关技术工作，不按照规范要求制作处理，论文就无法送出发表或申请学位，所以也是很重要的。

第一节　引文和图表

一、引文

撰写史学论文，一般都要引用文献来进行论证。所谓文献，照朱熹的说法："文，典籍也；献，贤也。"[①]就是说，文献有两方面的含义，文指典籍文章，献指先贤的见闻言论。就史学论文来说，既有史料的引用，也有他人观点话语的引用。有的引用是为了作为论据，有的引用是为了提出问题，有的引用是为了表示尊重他人的劳动，但都是论证的基础，是十分重要的。引用文献，有两种方法。一种是照录原文，加上引号，这叫直接引用。另一种是不录原文，而用作者的语言转述其主要内容，这是间接引用。使用哪一种引用方式，要视原文情况、与论点的关系以及其内容的重要程度来定。如果原文太长，或者找不出所需要的关键话语，则可以间接引用，用自己的话概括原文大意。如果内容重要又是论证的关键材料，就必须直接引用。有的学者为了"让史料说话"，标榜自己"无一字无

①《四书章句集注》。

来历”,往往在论著中大量引文,自己所撰写的文字极少。有的短短一篇五六千字的论文,竟有近百条引文。这种做法是不值得提倡的。因为史学论文是要从资料的研究中得出科学的结论,引文太多,不仅没有必要,还会使论文诘屈聱牙,难以阅读,并且结构松散,破坏了论文的逻辑性,削弱了论文的说服力。所以,论文中的引文分量不宜太大,如果没有十分的必要,尽量不要大段引用原文。

抄录引文可以随文在段中引用,也可以提行引用。一般的引文,都在段中引用,重要的或强调性的引文可以提行自成一小段,以引起读者注意,为了使提行引文与正文有所区别,引文第一行要比正文缩进四格,第二行开始都缩进两格。单独提行的引文不能再加引号。

引文必须准确无误,不能断章取义。间接引用不可歪曲原文意思。直接引用必须字字照录,连标点符号也不能改动。应该节录其有完整意思的句子,不可只截取与自己观点相吻合的部分或者把原文的反语、转述的话加以正面引用或当成作者的话引用。有的初学者写论文不是从原书中抄录史料,而是转抄他人著述中的二三手史料,却标以出自原书,结果出现错误,甚至闹出笑话。比如有篇论朱元璋的文章,竟引用吴晗《朱元璋传》里用现代语体文转述的一道朱元璋的禁令,却加上引号,注明出自《皇朝本纪》。难道朱元璋会用现代语体文写作吗?

引文一般不宜太长,只把其关键部分抄出即可。太长了影响论文的表述,又易使读者生厌。为了便于读者理解,可以在引文前后加以说明、阐述,或者概括出要点加以介绍。

引文要说明来源,注明出处。有的随文在引语前的正文中说明出处,有的在引文之后加括号随文注明引文出处。有的则在引文之末加上注释序号,然后另外加注。

引文的标点,要特别予以注意。

凡直接引用完整的原文要加引号,“说”的后面加冒号,引语中间的标点照原样写,引语末尾的标点(句号、问号、叹号等)放在引号里,注释序号加在后引号外。如:

正在日本学习的郭沫若在家信中说:“今次吾国上下一心,虽前日之革命党人，今亦多输诚返国者，此则人和之征也。”[①]

如果引用的是不完整的原文，引语末尾的标点放在引号外面，注释序号加在最末句号的前边。如：

他感叹地说：“是非之不明于天下者久矣”，“天下真是非转为言论所混淆”[⑦]。

凡间接引语，由作者转述的，不能加引号，注释序号放在引文末句号的后边。如：

按照李大钊和时人的一般看法，民党属激进系统，进步党属温和系统，而所谓“折衷者”则是指上述二者之外的一些小党，如统一共和党等。[③]

直接引语与作者的叙述融合时，引语用于句末的，应把标点放在引号之外，引语末尾原来的标点应该去掉。如：

宣言庄严宣布袁贼为“叛国”，而“决意反对”[④]。

而引语夹在句中的，引文末尾一律不用标点，引语当中的标点要保留。如：

对于“抗不解兵，叛迹已著”的都督，就应该“挞伐宜速”，“雷厉风行，不少宽假”[①]。

上举诸例句引自《历史研究》1983 年第 6 期朱成甲《李大钊对袁世凯的认识过程》一文，末尾之注释序号亦是原有的。

二、图表

史学论文中为了更好地处理资料，帮助论证，往往要借助一些图画、照片、表格等，作为描述手段。

1. 图画

图画直观形象地展示出用文字难以描述的内容，它本身就能用以证史或补充史料,还能收到图文并茂的效果。

史学论文中的插图,包括人物和事物图像、拓片及地图等。生产工具、生活资料、武器、刑具、仪仗、军事布阵、历史遗迹、艺术品和纪念物等,都可以绘成论文插图,政区图、地形图、战争图、旅行或进军路线图等也常附于论文中。还有各种示意图,如八卦图等。

用于论文插图的照片,可以是黑白的或彩色的。黑白照片必须反差鲜明,以便制版。彩照,可以是彩色反转片,也可以是一般照片。插图可以从其他书刊中移植,也可以自己或请专业人员绘制。用于绘图的纸一般是半透明的、洁白的硫酸纸,或洁白平整光滑的纸,不能用有色纸。为了使插图清晰,必须用专门的绘图墨水或碳素墨水绘制,不能用蓝色墨水。图的大小比例应该适当,并选用最佳的布图方式。用于发表的论文中的图稿的尺寸应比发表时的实际尺寸稍大一些。这既是为了方便贴字,也是为了保证刊印图的清晰度。在电脑中用扫描仪将图片扫描后再贴到论文中非常方便。

以下为转引自《书稿著译编校工作手册》(中国建筑工业出版社出版)"四,插图"中的有关文字:

一般要求

(1)插图必须同内容密切相联系。图、文中的符号、数据要一致。可有可无的插图要舍弃。图稿在交稿前必须认真核对无误。

(2)插图均应编号,图号写在图的下面。图的顺序号可从1起编连续号,也可按章编号,如第二章第二图可编为"图2-2"。几个图组成一个图号的图,尽可能不要大小悬殊,并应在各个图下用(a)、(b)、(c)标注。所有图稿一律不要贴在正文稿内,应按章装在纸袋中,表图也按章序装在纸袋中。大型图稿不要折叠,应该卷起包好。全部图稿(包括表图)应按章列具图码清单,随图稿一并交来。

(3)用线条图还是用实物照片图,要根据表达效果确定。如果两种图都能表达,则应选用线条图,印刷效果较好。由于目前纸张印刷条件所限,非十分必要,一般不要采用彩色插图。

(4)翻译稿的图和采用外文书刊的图,最好用原版书制版。要求另复印一份,将图中要译出的文字译成中文,写在插图外的空白处。如无原版书供制版,应提供符合制版要求的复印稿或重描稿。

(5)对不能缩小的图和需要按一定尺寸缩小的图,均需标注清楚,与邻近几个图的缩尺有关的应注明"与某图同缩"的字样。凡表图无表号或用统一图号编序的表图,均需注明"表图",以便准确地批缩尺。

对线条图的要求

(1)插图的画法和尺寸符号的标注,应符合《机械制图》和《建筑制图标准》等有关制图标准的规定(线型的粗细比例除外)。无规定的,应以通常习用的标注方法为准。

(2)铅笔画的图稿、油印图稿及晒制的蓝图等不能作为正式图稿交付制版。图稿要用黑色绘图墨水在硫酸纸上或白图纸上描绘,线条特别是细线条要黑、实、均匀,不能有淡线、断线和着墨浓淡不匀的现象,线的交接处要密合,不要有"开口"的地方,否则不能制版或影响制版效果。

(3)插图中线条要粗线、细线分明,粗实线、细实线、虚线等三种基本线型的粗细比例、线与线的距离、小圆圈的直径和箭头的形式及大小等可参考《插图描绘按缩去比例使用的字号、线型及符号参考表》(以下简称《插图描绘参考表》)的要求描绘。表中1/20即1/10到6/10各栏缩去后的效果。

(4)图中注字的地方要考虑所注的字是否能放得下,如果放不下,要考虑减字或引出适当的位置。每个缩尺图字的大小见《插图描绘参考表》。

(5)在着墨描图之前,最好经出版社在草图(底图)上批注缩尺比例后,再参考《插图描绘参考表》的要求正式描绘。如果事先无法由我社批注缩尺,可自行根据该书开本大小按《插图描绘参考表》要求描绘,以免描好后不符合出版要求,返工重描。

(6)图中注字和符号要用绘图墨水(不能用钢笔、铅笔或圆珠笔)书写清楚,易于辨认,并且便于后期校对,特别是外文字母的文种(如希腊文、拉丁文、俄文)、大小写及上下角字要用印刷体书写,并按本手册"三,文稿"之"7.外文符号"的书写和标注要求标注清楚。

图下注除带图例的随图制版外,其余文字注(图序号、图名及呼应注)或表注,均应抄写在文稿图框下或表下,以便排字。

(7)除直线型方框流程图可直接抄写在文稿上排版外,凡有交叉斜线、圆形、弧形或特殊图形符号的流程图,均需绘制成图稿或提供原版书制版。复杂的化学结构式或过长需回行的数学公式,亦需绘制成图稿或提供原版书制版。

(8)译稿中以数字为主的大表格,以及内容较多的外文参考文献,最好制版,以避免排校错误。要求原版书印刷质量好,字迹清晰。表中外文应译成中文标在书中最近位置上。

(9)套色图每一色要有一张墨稿,注明颜色,并附一张套印效果样。翻译书中带色线条图及挂网分色线条图,一般不宜制版,必须采用时,应事先与责任编辑及插图设计人员商议解决。

(10)同一本书和成套书的插图风格、体例、名词、术语、字母、符号要前后统一,并要与正文相呼应。

(11)无自然方向的图稿,应注明上下标记,以免拼版时颠倒。

(12)图中的零件、部位、名称尽量用数码代替,对号码的注释应在图注上予以说明。图上的数码不要加圆圈、括号和横线。图中需要标明的字不多可不编号,直接用中文标出即可。

(13)图稿不宜过大,一般缩去3/10以下较好,最好不缩。因此,属于特别大的图或者较大图又不宜缩小者,最好不要采用,必须采用时,可画出局部或者与我社取得联系,以便共同研究处理,尽量不做插页。

2. 表格

史学论文中的表格,有编排资料的统计表,有标示人物情况的家族世系表、师承关系表、生平活动年表,有排列地理名词的行政区划表、疆域表、地名变迁表等,还有各种将具体的事物或抽象的概念进行分析、分类、比较、对照的表格等等。

表格的运用要恰到好处,能用文字说明的问题,最好不要用表格。表格内容要与正文一致,衔接紧密。表格一般应有标题、标目,描述的问题要集中,每一个表最好只表达一个主题。如果有两个以上的表,要加上序码,如表1、表2等。计算机的WORD自动制表软件,用起来十分方便。在WORD中,利用表格中的数据生成图形也比较容易,我们应该学会使用。

第二节　注释和参考文献目录

一、注释

史学论文的注释主要是为了便于读者查核，表示对原论著劳动成果的尊重和表明资料的可信性。史学论文的注释有的是标示引文出处和材料来源，有的是进行必要的资料考辨，避免读者生疑，又免于正文另生枝蔓；有的是想说明情况，不致引起误解；有的是概述前人或时人对作者所研究的问题所取得的成果和不足；有的是评论性的，以表明在正文中不易说清的评述意见；有的解释论文中涉及的名称如人物的字号、经历，古地名的地望；有的是生僻或有争议的字词的解释等等。

标示引文出处在注释中数量最大。这种注释的格式一般如下：

1. 专著、论文集

(序号)主要责任者，文献题名，出版者，出版时间，起止页码。如：

王献唐：《山东古国考》，齐鲁书社，1983年，242页。

陈寅恪：《王静安先生遗书序》，《金明馆丛稿二编》，上海古籍出版社，1987年，248～249页。

李天石：《试论唐宋时期奴婢的雇佣化趋势》，载《中国唐史学会论文集》，三秦出版社，1993。

孙中山：《与马林的谈话》，1924年4月27日，见陈旭麓、郝盛潮主编，王耿雄等编《孙中山集外集》，上海人民出版社，1992年，260页。

2. 期刊文章

(序号)主要责任者，文献题名，刊名，年，卷(期)，起止页码。如：

马非百：《关于管子〈轻重篇〉的著作年代问题》，载《历史研究》1956年第12期。

罗家伦：《我对于中国在华盛顿会议之观感》，载《东方杂志》19卷2号，42～43页。

3. 报纸文章

(序号)主要责任者,文献题名,报纸名,出版日期(版次)。如:

周扬:《三次伟大的思想解放运动》,载《人民日报》,1979 年 5 月 7 日,1 版。

4. 古籍

(序号)编撰者,书名,卷次,篇名。(常用古籍可不注编撰者和版本,其他古籍应标明编撰者和版本;卷次和页码使用阿拉伯数字。)如:

《汉书》卷 62《司马迁传》。

《旧唐书·地理志二》。

《温国文正司马公文集》卷 32,四部丛刊初编本。

何良俊:《四友斋丛说》卷 5。

章学诚:《文史通义·申郑》,中华书局,1985 年,叶瑛校注本,464 页。

5. 译著

(序号)主要责任者,文献题名,译者,出版者,出版年,起止页码。如:

〔美〕孔飞力:《叫魂》,陈兼、刘昶译,上海三联书店,1999 年,207 ~ 209 页。

如果在正文中已说明了作者,或者此书非常著名,一般读者皆知其为谁所作(如《史记》《资治通鉴》),或者书名本身已包含有作者之名(如《郭沫若全集》《郭嵩焘奏稿》),则注释中的作者名可省。至于古籍,由于其往往都有很多版本,一般注出卷数或篇名即可,而不应不注篇卷却只注出新版古籍的版别及页数,因为各位读者手头的古籍版本很不相同,这样注释难以查找。

古籍卷数的注释,按照国标《出版物上数字用法的规定》之 11,应该使用汉字。但有的古籍卷数很大,用汉字标明卷次就很麻烦,如《太平广记》卷四百八十三,不如写成卷 483 为便,所以一般刊物古籍卷次还是使用阿拉伯数字。

如果此古籍的版本很通行,如中华书局点校二十四史,不妨注出其册数、页码，以方便查考。比如：

《旧唐书》卷70《王珪传》，中华书局点校本第8册，第2528～2529页。

个别罕见材料，不得不转引自其他书刊文章的也应予以注明，如：

克罗齐：《历史学的理论与实际》，转引自徐兆仁：《历史认识的十大特性》，载《社会科学研究》(成都)1987年第6期。

如果是概述性的引用，在注释中加“参见”(或“参阅”“参考”)二字。如：

参见史凤仪：《中国古代的家族与身份》第二章第二节，社会科学文献出版社，1999年。

如果是直接来自其他文种书刊中的引文，则应注明其原文出处，外文书刊的标识方法，应遵循国际通行标注格式，篇名加引号、书刊名用斜体。如《历史教学》1982年第7期刊登的《基督新教与天主教的关系及其区别》一文中的注释：

多蒂，罗斯：《美国宗教》，载《美国的语言和生活》，第399页。Glady Doty, Janet Ross ：“Religion in America”, *Language and Life in U. S. A*, *p*. 399, 1968。

出版物的版本信息，一般只在文内第一次出现时标明。

为了适应电子出版物的需要，颁布了国家标准《文献类型与文献载体代码(2)》GB 3469—834，其中规定了各种文献载体代码为：

A 录音带	B 档案	C 会议记录	D 学位论文	E 其他
F 缩微平片	G 汇编	H 手稿	I 乐谱	J 期刊
K 参考工具	L 唱片	M 专著	N 报纸	O 古籍
P 专题文献	Q 图表	R 科技报告	S 技术标准	T 中译文
U 录像带	V 缩微胶卷	W 检索工具	X 产品样本	Y 电影片
Z 幻灯片				

其中历史研究常用的主要是J(期刊)、K(参考工具)、M(专著)、N(报纸)、O(古籍)、C(论文集)等。其注释格式举例如下:

张羽新.元代的维吾尔族喇嘛僧[J].中国藏学,1996(2).

胡厚宣.甲骨文所见商代鸟图腾的新证据[J].文物,1997(2).

荣新江.海外敦煌吐鲁番文献知见录[M].南昌:江西人民出版社,1996:117.

牛汝极.维吾尔古文书与文献导论[M].乌鲁木齐:新疆人民出版社,1997:178-179.

[美]卡特.中国印刷术的发明和它的西传[T].北京:商务印书馆,1991:122.

邹衡.夏商周考古论文集[C].北京:文物出版社,1980:89.

杨振宁.中国文化与科学[N].参考消息,2000-03-08.

左传.成公十三年[O].

墨子.经说上[O].

司马迁.史记·殷本纪[O].

后汉书.杨震传附杨赐传:卷84[O].

考辨资料的注释,应力求简明。例如王毓铨《汉代“亭”与“乡”“里”不同性质不同行政系统说》中的一条注:

魏晋以后,亭制废,地方上逐捕“盗贼”的责任就转到“里长”或“里正”身上了。这有唐律为证(见《唐律疏议》户婚上)。所以张守节才把他那时候的“里正”比作秦汉时代的“亭长”(《史记·高祖本纪》注)。

说明情况的注释,在史学论文中也不可少。例如范文澜《论中国封建社会长期延续的原因》一文,主要从生产力和生产关系的情况来探求中国封建社会长期延续的原因。为避免有忽视上层建筑作用之嫌,特加注释道:

封建社会的上层建筑如政制、政策、宗教、哲学、学说、传统惯例等等,无疑是服务于地主阶级的利益,阻碍社会发展的一种严重力量,不过,它对于社会发展的影响,不能是具有决定作用的影响,本文没有较多地论到上层建筑所起作用而着重在生产力生产关系发展情况的探讨,用意即在于此。

概述研究状况的注释,是为了说明作者的论述是建立在已取得的成绩的基础上,并且有所创新。如《史学史研究》2000 年 4 期载林甘泉《吕振羽与中国社会经济形态研究》一文,在注释中说明马克思晚年的几部著作已经不再提到亚细亚生产方式。

参看何干之:《中国社会史问题论战》,上海生活书店 1937 年版,戈杰斯(戈德斯):《亚细亚生产方式问题讨论总结》,见郝镇华编:《外国学者论亚细亚生产方式》下册,中国社会科学出版社 1981 年出版。

评论性的注释,如《历史研究》2001 年第 2 期载吕一飞《匈奴汉国的政治与氐羌》中的:

《晋书·刘元海载记》称刘渊为南匈奴单于於扶罗之嫡裔。但《魏书·卫操传》载卫操《颂功德碑》称刘渊为屠各匈奴。当代不少学者都怀疑刘渊出自匈奴之别部屠各族。刘渊所以冒充南单于后裔,是为了提高自身的地位和树立威信。详唐长孺《魏晋南北朝史论丛》,三联书店,1955 年,397 ~ 403 页。

名称注释,是为了帮助读者了解情况。有人名、机构、官职和政党团体名称等等的注释。如《江苏行政学院学报》2001 年第 1 期载金重远《挫败“两个法国”的阴谋》中的注释:

古罗(1879—1949),法国将领,毕业于圣西尔军校,历任团长、师长、军长等职。1940 年 5 月西线战事爆发时,率第 7 军在前线作战,失败被俘,后脱逃成功。

《李大钊传》(人民出版社 1979 年版)39 页,正文讲述李大钊 1917 年发表

的《欧洲各国社会之平和运动》时有罗马那夫一词,因为当时的译名与现在的通行译名不同,故而注释:

罗马那夫朝,即俄国沙皇的罗曼诺夫王朝。

地名的注释,一般包括今之省(直辖市、自治区)县(市)、乡镇或方位等部分,但一般不加省(市)县字样,只有其名称为单字时才加上县市字。如《西北民族研究》1988 年第 2 期载周伟洲《唐末党项拓跋部割据势力的形成和发展》的注释:

庆州,治今甘肃庆阳。

兴元,今陕西汉中。

美原,今陕西耀县东。

如果古今地名相同,只是统属不同,只注明"今属××"即可。

字词的注释,如日本加藤繁《汉代国家财政和帝室财政的区别以及帝室财政的一斑》,载吴杰译《中国经济史考证》第一卷,商务印书馆 1959 年版,第 72 页注:

汉代,往往把"上"字用作"尚"的意思。除了本文所引《佞幸传》的文章而外,《史记·秦始皇本纪》二十六年条有"衣服旄旌节旗皆上黑",《汉书·地理志下》韩这一条有"夏人上忠",都是例子。

加注的位置有如下四种:

第一种夹注,又称文中注、段中注,就是把注释加括号放在正文中间。在古代,这类注法用得很多。但夹注过多,不便于阅读正文,且影响文面的美观,现在的书刊只有考证文章或关于研究状况评介的文章,因为注释太多,往往仍用此法。不过,作者在撰写论文初稿时,不妨用夹注法写出引文出处或其他注释,以便检查。待正式定稿时再改为其他注法。

第二种脚注,又称页末注、页下注,是将注释写在正文本页稿纸的下端,即页脚部分。中间用一条线将注释与正文隔开,线长一般为稿纸的三分之一。这种注法方便阅读,用电脑做注也很方便。但若为手写稿则颇为不便。因为书写时必须在页下留出适当的位置,注释一多或文字稍长而预留的位置不够时就只好写到本页的下线外了。

第三种章节注,就是将每一章或每一节的注释,集中在该章、节正文之后。有的古籍整理或长文章采用这种方法。一般书刊论文极少使用此法,因为章节有短有长,读者要找注释颇为不易。

第四种尾注,又称文后注、文末注,即把全文的注释统一编出顺序,全部置于正文之后,在注释之前,加上"注"或"注释"等字。现在的学术刊物中用此法者最多。

第五种混合法,就是使用两种以上的注释方法。全国高校文科学报研究会制定了《中国高等学校学报编排规定》(修订版),其中在形式上区分了参考文献和注释。按照其规定,"参考文献序号用放入方括号中的阿拉伯数字表示,在正文中标注为上角注或正文内容,对于多次引用的参考文献还应在正文中的序号后以'(P起止页码)'的形式标出起止页码。文后应按规范的格式著录参考文献表,例如:专著著录为[序号]主要责任者.文献题名[M].出版地:出版者,出版年.起止页码.,期刊文章著录为[序号]主要责任者.文献题名[J].刊名,年,卷(期):起止页码.。对题名、文章内容等的解释与说明,作为注释标注在当页地脚。注释序号用带圆圈的阿拉伯数字表示"。

目前不少刊物运用此法。就是在文末以"参考文献"标出所有文章中引用过的资料名称及其责任者、出版者、出版时间和期等,每种资料编一个序号。而正文的注释一般是标出资料序号和书中的页码或篇名。有的引自古籍篇章,则用文中夹注解决。例如:《天水师范学院学报》2001 年第 6 期所刊汪受宽《唐先祖李虎与清水李虎墓志铭》一文,列有 7 部参考文献:

[1]成纪李氏[M].兰州:兰州大学出版社,1997.

[2]资治通鉴[M].北京:中华书局,1956.

[3]周书[M].北京:中华书局,1977.

[4]魏书[M].北京:中华书局,1977.

[5]旧唐书[M].北京:中华书局,1977.

[6]通典[M].北京:中华书局,1984.

[7]新唐书[M].北京:中华书局,1977.

在正文中注释时,采用[1](P3-4),意为见参考文献第1之第3至4页;[2](卷157),意为见参考文献第2之第157卷;[3](卷20《王盟传》),意为见参考文献第3之第20卷的《王盟传》。

在使用脚注或尾注时,正文中需加注释之处,统一标出①②③④……的"注码",写在所注对象的后面上角。若是完整地照录某段引文,注码应放在引号之外上角。若是以作者语气转述注码则置于句末标点符号之前。如果注释极少,也有用米花符(*)来标示注释的。

每条注释的序号要与正文注码一致,切不可移位或错写,使人无法查对。

建议作者使用电脑自动处理注释的功能。就是在"插入"键中点出"脚注和尾注"窗口,按照要求选择插入的是脚注还是尾注,再确定编号方法(一般操作系统中加圈的阿拉伯数字只有①-⑩)。在输入论文的同时,若需注释,在注文之末点击"插入""脚注"或"尾注"即自动编号画线,然后在页脚或文末相应的注释号后键入注释文字即可。电脑自动处理注释颇为方便,而且可以任意转换、改动或删除。

二、参考文献目录

费林《The writing of history》第171页根据西方近代著作习惯提出,历史著述附录第一种是"参考书目",亦即参考文献目录。就是将撰写本著述时所参考过的著作和论文分类详列于著述之末。其目的在于:对作者来说,一旦发现引文有差错,便于查找;对读者或审阅者来说,从所列参考文献目录可以看出论文作者的阅读范围与材料来源,便于查考或进一步开展研究;从学术规范来说,是对所参考文献原作者劳动的尊重。

国内历史论著中,一般是书籍有参考文献目录或本书征引书目,论文则不一定有参考文献目录。史学论文附录参考文献的有以下几种情况:一是刊物要求文章有参考文献目录,如2000年以来的《文史哲》杂志;二是史学论文引证注释很少的话,应该有参考文献目录;三是学位论文必须有参考文献目录;四是一些著述或通俗性史学文章,要求有参考文献目录。比如戴逸等人主编的《清代人物传稿》的每篇人物传记之后,既有注释,又有"主要参考书目"。如其下编第一卷之《秋瑾传》的"主要参考书目"为:

《秋瑾传》,上海古籍出版社1979年版。

《秋瑾史迹》,中华书局 1958 年版。

《中国近代史资料丛刊·辛亥革命》(三),上海人民出版社 1957 年版。

《辛亥革命回忆录》(四),文史资料出版社 1981 年版。

《辛亥革命浙江史料选辑》,浙江人民出版社 1981 年版。

如果参考文献不多,参考文献可以按其在本篇论文中所起的作用排列,可以按其在本篇论文的参考顺序排列。如果参考文献数量较多,则应适当予以分类。可以按文献的性质分类,或按文献的时代分类,或按文献的文种分类。例如林悟殊《摩尼教及其东渐》(中华书局 1987 年版)所附的《摩尼教研究文献目录》即按文种分为"西文部分""俄文部分""日文部分""中文部分"。西文和俄文部分目录按论著第一个字母的顺序排列,日文部分目录按作者姓名首字笔画数排列,中文部分目录按作者和中译者姓名的拉丁拼音排列。

参考文献目录中的外文文献,应该按照原文写目录,如果外国人著述有中文译本,当然可以用中文写出著述名称、作者、译者及出版单位和出版年。

有人以为参考文献列得愈多愈能显出论文质量高,这是一种误解。有些文献,对你的论文没有多大关系,就不必列入,只列入论文引用过的,或者对论文思想形成有一定影响的论著就可以了。无休无止的参考文献目录不仅会使读者生厌,还会冲淡主要参考文献的地位。

第三节　论文摘要、关键词和学科分类代码

一、何谓论文摘要

论文摘要,简称文摘,是对论文内容的简略而准确的叙述。硕士学位和博士学位论文都要求写出中外文论文摘要。许多学术刊物,也要求作者投递论文时,附以论文的摘要。当代文献数量剧增,文摘不仅是人们获取学位、发表论说的必要工作,而且有利于学术成果的广泛传播,使读者以很少的时间就能获得较大的信息量,因而在国际上受到极大的重视,在当代社会文化生活中影响愈来愈大。由苏、美、英、法、加拿大、澳大利亚、南斯拉夫、印度等 28 个国家作为团体成员的国际标准化组织(ISO),于 1979 年举行其第 46 次文献工作技术委员会,制定了国际标准 214《文献工作——出版物的文摘和文献工作》,这个国际标准规定:"文摘这个术语是指一份文献内容的缩短的精确表达而无须补充

解释或评论。”按照该文件，文摘字数以不超过 250 词为宜，每篇要有文摘号、题录。

我国也颁布了编号为 GB6447 的《文摘编写规则》的国家标准。学术界往往把论文摘要与提要混为一谈，但在国际上是很注意二者区别的。简单说，文摘是文献的浓缩，是要帮助读者迅速了解文献的基本内容，而提要不仅介绍文献的内容，还要对其进行评价，甚至介绍作者、成书情况、版本等等。

二、文摘的类别与制作方法

文摘有报道性文摘和指示性文摘之别。前者用于单独报道，篇幅以原文献的 10% ~25% 为宜。指示性文摘只是向读者提示文献的主题、范围与内容梗概，以决定是否需要阅读原始文献，这种文摘，篇幅有原文献的 3% ~5% 即 250 词左右就可以了。我们所说的学位论文摘要和向刊物提供的论文摘要，就是一种指示性文摘，由于它将与论文同时印刷或发表，有人称之为同址文摘，这类摘要也应大体控制在 200 ~500 字。《兰州大学研究生学位论文规范》第三条，要求“硕士学位论文中文摘要一般应在 500 字左右，博士学位论文中文摘要一般应在 1000 字左右”。

论文摘要应指出原论文所探讨的对象、目的、角度、方法和主要结论。作者对自己的论文，当然比其他任何人更了解，因而要比较准确地概括出论文的主要内容，不是一件困难的事。但是，由于对自己科研成果的偏爱，往往难以控制摘要的字数，或者不能实事求是介绍自己的论文，这就需要学习制作文摘的方法。

史学论文摘要应该用凝练简洁的语言，准确地表述论文的内容及其特色。其篇幅虽小，却应讲究表达，文字要多加锤炼，尽可能利用论文中的精要语词，突出作者有创见的论点，还要注意前后文的逻辑联系，使文摘实现对论文最完美的压缩。

《光明日报》1979 年 4 月 10 日发表宁可《汉代农业生产漫谈》一文中，在题目之下、正文之前有一篇 230 字的摘要。其文为：

> 我国封建社会的个体小生产农业的发展道路在汉代已经形成了。当时农业生产的水平，平均每个农业劳动力年产粮约二千斤，每个农业人口每年口粮四百八十六斤，全国每人一年占有粮食六百四十斤左右；为了适应人多地少的情况，汉代农业已是精耕细作为主；而传统的个体小生产和

水土保持的局限，如忽视畜牧业及林业和水土保持等，在汉代也已暴露出来。这种情况直到解放前基本未变。研究汉代以及整个封建社会的传统农业的道路、特点、成就和局限，对今天实现农业现代化是可以起一些借鉴作用的。

这篇同址文摘，包括三方面内容，第一句，揭示了论文的中心论点。中间近200字，概述了论文的主要研究成果。最后一句，说明了这一研究的价值。是一篇比较典型的史学论文摘要。

再如，《历史研究》2001年第2期阎步克《"品位—职位"视角中的传统官阶制五期演化》一文的同址文章摘要：

本文揭著"品位分等"和"职位分等"概念，对传统官阶制演变大势，尝试提出一个五阶段的分期：先秦的爵级命数具有浓厚的"品位分等"色彩；秦汉"若干石"构成的禄秩等级具有附丽于职位的鲜明特征；魏晋南北朝的中正品、大量品位性官衔和涉及士庶清浊的选例，形成"品位分等"的一个高峰；唐宋的阶官制度呈现为又一种"品位分等"；明清时的品级制则又出现了向"职位分等"的一定回归。以上变迁与官僚群体的"自利取向"和"服务取向"的此消彼长密切相关。

笔者发表的《〈隋书〉曲笔论》，原文7000余字。被专业人员制成400余字的文摘，刊于《新华文摘》1988年第5期上。其全文为：

《隋书》有严重曲笔隐讳

汪受宽在《兰州大学学报》1988年第1期撰文说，唐初官修前代正史，以撰写胜国兴亡事迹的《隋书》最受重视。唐太宗李世民屡屡亲自过问，还为之组织了最为强大的史官班底。但认真考察《隋书》的内容，却发现该书的曲笔隐讳仍是那样的严重。最突出地表现在为隋帝弑君篡权的隐讳上。《隋书·高祖纪》对其真实的篡权过程讳莫如深。《炀帝纪》对篡弑之事，或是一句带过，或是干脆不提。《隋书》的曲笔，也表现在为仕唐诸人文饰上。对于仕唐的隋朝旧臣，《隋书》一般都不为立传，偶而提及的，也是嘉言善行，无秽恶事迹。《隋书》的曲笔，还体现在对后妃的隐善扬恶上。他们承袭儒家对妇女的偏见，把失败的过错推到后妃身上，在写后妃传时，有意夸大其缺陷。《隋书》的曲笔，甚至在表彰忠节之臣时也不例外。在李世民心目中，真正的"忠节烈士"是兵败降唐的屈突通、扶持代王的姚思廉，不是为隋朝尽忠的死节之士。故而，魏征等人在撰写《隋书·诚节传》时，做了很多手脚，尽量分散和减弱烈士抗唐的事迹和程度，以达到既表彰忠烈，又不损害李唐"义师"形象的效果。

这篇文摘，比较全面地概述了本人论文的结论及主要观点与论证情况。如果要总结特点的话，该文摘大量使用了原论文中概要性、提示性的词语。看来，这是作文摘的一大窍门。

至于外文摘要。用何语种一方面视发表刊物的要求和研究对象，另一方视作者对某语种的熟悉程度来定，用英文、日文、俄文均可。但送刊物发表的外文摘要，则一般以英文为多。

外文摘要宜在中文摘要写出以后，根据中文摘要进行制作，同样要求内容精练，既简明扼要又不要遗漏重点。篇幅有200词左右即可。英文摘要的错误常发生在使用现在时态和过去时态、主动式与被动式上。李汝祺先生为此提出两点建议："第一，凡一般规律已成定论的东西，不妨都用现在式如 is, has, has been 等，像叶子是绿的，花是红的，人用两条腿走路，兽用四条腿；这些在任何情况下都可以用现在式。但是个别的活动，如论文中具体的材料、方法及获得的结果等，最好用过去式如 was, had, had been，因为这是作者叙述一个历史的事实，应与已成定论的情况分开另论。只有许多历史的事实一次再一次地重复多次，才可以说是一般的规律。第二，用中文写报道我们不大习惯于用被动式如 was observed, had been described 等，但在外文中被动式的动词比主动式用得多，特别是材料和方法的使用和现象的观察等。这样做事物描述更客观一些，也更像外文一些。"[①]如果对自己写出的外文论文摘要信心不足，不妨请专业人员或教师帮助审订。

以下为从网上检索出的一篇关于英文摘要编写的注意问题的文字，供参考：

①《怎样写学术论文》，第113－114页。

国际重要检索系统通常采用英语。它们在收录一篇论文摘要时，主要看英文摘要写得好不好。所以提高英文摘要的质量非常关键。对于英文摘要书写较差的论文，在前几年的做法是由标引员重新写，或寄到菲律宾等地委托人写。后来，刊物和文章太多，标引员感到英文摘要写得不好，就可以把这篇论文淘汰。一部分中国期刊就是由于英文摘要质量太差，已经被 Compendex 数据库淘汰。因此一定要重视英文摘要的书写质量。它包括：摘要内容、格式、语句的时态和用词的准确性。

(1)内容充实，不要空调。在这次工作会议上，标引员列举了一个例子："我们研究了大变压器缘损坏导致变压器失效。研究了各种失效原因，并提出了改进方法。最后，本文获得了一种可靠方法，有效地解决了这一种大问题。"他认为这个摘要不妥，此类文摘不能被收录。Compendex 数据库、GB 7713—87、GB 6447—86《文摘编写规则》对摘要内容的要求是一致的：

对于报道性文摘，应当列出研究课题"目的、方法、结果、结论"四个要素。对于指示性文摘，仅指出研究课题内容和评述，可不列出方法或结果。

(2)摘要的详简度 。Compendex 数据库要求一般为 100 ~ 150 个英文单词，最多不超过 1500 个字符；GB 7713—87 的要求与此相当。标引员希望用简单句型，尽量用短句，少用 of，使动词尽量靠近主语。第一句不要与题名重复，因为在题名之后，紧接着录入英文摘要。语言要简练。去掉废话、套话，英文摘要中不要出现如下句子："本文……""我们……""作者……""首次发现了……""达到……水平，填补了……空白""对……进行了改进……""……未曾报道"。

一篇文摘不应太短，也不要重复文章标题中已给出的内容。不要使用多余的词语，如"据报道……"，或"大量的调查表明……"。除去或尽量少用背景信息(如，历史或者其他注释)。摘要中不要写作者将来的打算。

(3)时态。用过去时态叙述作者工作，用现在时态叙述作者结论。

(4)保持摘要的独立性。由于英文摘要单独使用，避免在摘要中出现公式、图表、参考文献的序号。

Ei 对英文摘要的撰写要求，请见 http://www. edu. cn 或 http://zjupress. com《科技论文英文摘要的书写规范化》。文摘长度一般不超过 150 word。少数情况下允许例外，视原始文献而定。在不遗漏主题概念的前提下,文摘应尽量简洁。

1 缩短文摘方法

(1)取消不必要的字句:如“It is reported…”“Extensive investigations show that…”“The author discusses…”“This paper concerned with…”;文摘开头的“In this paper”;

(2)对物理单位及一些通用词可以适当进行简化;

(3)取消或减少背景信息(Background Information);

(4)限制文摘只表示新情况、新内容,过去的研究细节可以取消;

(5)不说废话,如“本文所谈的有关研究工作是对过去老工艺的一个极大的改进”,“本工作首次实现了……”,“经检索尚未发现与本文类似的文献”等词句切不可进入文摘;

(6)作者在文献中谈及的未来计划不纳入文摘;

(7)尽量简化一些措辞和重复的单元;

如:不用 而用 at a temperature of 250℃ to 300℃ at 250℃ ~300℃ at a high pressure of 2000 psig at 2500 psigat a high temperature of 1500℃ at 1500℃ discussed and studied in detail discussed

(8)文摘的第一句应避免与题目(Title)重复。

2 文体风格

(1)文摘叙述要完整,清楚,简明;

(2)尽量用短句子并避免句型单调;

(3)用过去时态叙述作者工作,用现在时态叙述作者结论:如“The structure of dislocation cores in GaP was investigated by weak - beam electron microscopy. The dislocation are dissociated into two Shokley partials with separation of 80 ± 10 and 40 ± 10? in the pure edge and screw cases respectively. The results show that…”

(4)可用动词的情况下尽量避免用动词的名次形式;

例如用 Thickness of plastic sheers was measured. 不用 Measurement of thickness of plastic sheet was made.

(5)注意冠词的用法,不要误用、滥用或随便省略冠词;

(6)避免使用一长串形容词或名词来修饰名词,可将这些词分成几个前置短语,用连字符连接名词组,作为单位形容词(一个形容词);

如应用 The chlorine－containing propylene－based polymer of high meld index. 代替 The chlorine containing high melt index propylene based polymer.

(7)不使用俚语外语表达概念,应用标准英语;

(8)尽量用主动语态代替被动语态;

(9)尽量用简短、词义清楚并为人熟知的词;

(10)慎用行话和俗语;

(11)语言要简练,但不得使用电报型语言;

如 Adsorption nitrobenzene on copper chromite investigation. 应为 Adsorption of nitrobenzene on copper chromite was investigated.

(12)文辞要纯朴无华,不用多姿多态的文学性描述语言;

(13)组织好句子,使动词尽量靠近主语;

例如:不用 The decolorization in solutions of the pigment in dioxane, which were exposed to 10 hr of UV irradiation, was no longer irreversible. 而用 When the pigment was dissolved in dioxane, decolorization was irreversible after 10 hr of UV irradiation.

(14)删繁从简;

如用 increased 代替 has been found to increase

(15)文摘中涉及其他人的工作或研究成果时,尽量列出他们的名字;

(16)文摘词语拼写,用英美拼法都可以,但每篇中须保持一致;

(17)文摘中不能出现"图×""方程××"和"参考文献××"等句子。

3 文摘中的特殊字符

特殊字符主要是指各种数学符号、上下脚标及希腊字母,它们无法直接输入计算机,因此都需转成键盘上有的字母和符号。Ei 对此有专门规定。希望在文摘中尽量少用特殊字符及由特殊字符组成的数学表达式。因为它们的输入极为麻烦,而且极易出错,影响文摘本身的准确性和可读性,应尽量不用,改用文字表达或文字叙述。更复杂的表达式几乎难以输入,应设法取消。

4 缩写字及首字母缩写词(Abbreviations and Acronyms)

对那些已经为大众所熟悉的缩写词,如 radar、laser、CAD 等,可以直接使用。对于那些仅为同行所熟悉的缩略语,应在题目、文摘或关键词中至少出现一次全称。

三、关键词

关键词,就是文章是最重要、起决定性作用的词语。它是文章内容观点和涉及问题、类别等方面的标志和提示。撰写史学论文关键词的目的,是易于图书馆或电子计算机分类、存储和检索。关键词应该由反映文章主要内容的规范化词或词组组成。所用词或词组,可以从国家公布的《汉语主题词表》中选用,也可以自撰。但千万不能生造谁也不懂的词或词组作为关键词。一篇文章的关键词,一般要求是 3 ~ 7 个。关键词与关键词之间,有的刊物要求空一字的位置,有的要求加分号(;)。

例如《新疆师范大学学报》2000 年第 4 期刊周泓《从考古资料看汉唐两朝对古代新疆的管辖经营》一文的关键词为:“西域　管辖　经营”。《兰州大学学报》2000 年第 3 期发表雷紫翰《〈说文〉鼓字释义辨析——兼言儒家经学对汉代学术的影响》一文的关键词为:“鼓;经学;礼乐文化”。《历史研究》2001 年第 2 期沈志华《中苏条约谈判中的利益冲突及其解决》一文的关键词为:“中苏同盟　冷战　毛泽东　斯大林”。

四、分类号

为从期刊文献的学科属性实现族性检索,并为文章的分类统计创造条件,要求学术性期刊上发表的论文都要标注分类号。历史论文的作者应配合编辑部做好此项工作。目前世界上常用的分类法有如下几种:

(1)《中国图书分类法》(原名《中国图书馆图书分类法》,以下简称《中图法》)是我国图书馆和情报单位普遍使用的一部综合性的分类法。到 1999 年《中图法》已进行四次修订。

(2)除《中图法》以外,目前我国常用的还有《中国图书资料分类法》(简称《资料法》),《资料法》是在《中图法》的基础上,由中国科学技术信息研究所会同有关单位,根据科学技术文献资料的需要,进行加细和适当修订而成。《资料法》在体系结构、类目设置和标记符号等方面,都与《中图法》保持一致。

(3)国外文献分类法的种类很多,其中主要的大型综合性图书分类法为《国际十进分类法》(简称 UDC)。《国际十进分类法》(Universal Decimal Classification)最初发表于 1905 年,一直由国际文献联合会负责修订,其重点放在科学与技术各类,有目的地按类扩充细目,独立分编成册,以供专门图书馆和科技情报部门使用。我国科技情报界曾在 20 世纪 50—60 年代推广使用 UDC。

目前,我国各大文献数据库《中国科学引文数据库》《中国学术期刊综合评价数据库》以及数字化图书馆、中国期刊网等都要求学术论文按《中图法》标注中图分类号。

中图分类号——是指采用《中国图书分类法》对学术论文进行主题分析，并依照文献内容的学科属性和特征，分门别类地组织文献，所获取的分类代号。《中图法》将学科分为5个基本部类、22个大类。采用汉语拼音字母与阿拉伯数字相结合的混合号码，用一个字母代表一个大类，以字母顺序反映大类的次序，在字母后用数字作标记。类目名称如下：

马列毛思想	A 马克思主义、列宁主义、毛泽东思想、邓小平理论
哲学	B 哲学、宗教
社会科学	C 社会科学总论
	D 政治、法律
	E 军事
	F 经济
	G 文化、科学、教育、体育
	H 语言、文字
	I 文学
	J 艺术
	K 历史、地理
	0 史学理论
	1 世界史
	2 中国史
	3/7 各国史
	3 亚洲史
	4 非洲史
	5 欧洲史
	6 大洋洲史
	7 美洲史
	81/83 传记
	81 世界人物传记及传记研究与编写
	82 中国人物传记

83 各国人物传记

85/88 文物考古

85 考古学

86 世界文物考古

87 中国文物考古

88 各国文物考古

89 风俗习惯

9 地理

自然科学	N 自然科学总论
	O 数理科学和化学
	P 天文学、地球科学
	Q 生物科学
	R 医药、卫生
	S 农业科学
	T 工业技术
	U 交通运输
	V 航空、航天
	X 环境科学、安全科学
综合性图书	Z 综合性图书

1 丛书

2 百科全书、类书

3 辞典

4 论文集、全集、选集、杂著

5 年鉴、年刊

6 期刊、连续性出版物

8 图书目录、文摘、索引

按照《中图法》对文献进行分类标引时须注意的普遍问题是:

①在文献内容与形式的关系上应以内容为主要依据。

②在基础科学与应用科学的关系上应以其内容重点、作者写作意图、读者对象的需要为依据。

③在总论性与专论性的关系上，应尽可能给予专论位置的类号。

④在概括一般与特殊具体的关系上，应尽可能给予特殊具体位置的类号。

⑤ 在学科、专业与主题的关系上，应以学科、专业为分类的主要依据和落脚处。

⑥在处理文献研究对象与文献所涉及的地区的关系上，应以研究对象的学科属性为主要分类标准，以此涉及的地区为辅助性标准。

⑦在分化学科与边缘学科、交叉学科关系上，如果这门新兴学科是由某一门学科分化出来的则应归入某一门学科。

文献分类工作的程序是：分析文献主题→归类→给号→校核。分析主题，就是对文献内容进行主题分析，具体说是对文献论述的对象、研究角度和著述目的等做出正确判断，以将其归入分类体系中合适的类目。我们在判断文献论述对象时必须抓住其最主要的问题，也就是著者想要说明的问题，排除那些次要的成分。其次，应弄清这篇文献是从什么学科角度研究这一论述对象的。对同一个论述对象，往往可以从不同角度来进行研究，这些不同角度大多可以作为归类的依据。

归类是根据文献内容的学科性质，将其归入所使用的分类体系中最恰当的类。确认了一种文献的主要内容及其学科属性后，就可以在分类法中查找合适的类目，将该文献归入此类。同时，还可以利用所使用的分类法之索引，作为参考，查到相应类别，对照主表及索引，也可以归到应入之类。在归类时应注意以下两点：① 应先确定文献所属大类，然后从大类下的基本类目逐级细查，直至找到最恰当的类目。②所谓最恰当的类，就是要符合各数据库的规定。

发表论文，还需有文献标识码。按照《中国学术期刊（光盘版）检索与评价数据规范》的规定，每篇文章均应标识相应的文献标识码：A 理论与应用研究学术论文；B 理论学习与社会实践总结；C 业务指导与技术管理性文章；D 动态性信息；E 文件、资料。中文文章的文献标识码以“文献标识码：”或“［文献标识码］”作为标识。

第四节 印刷与装订

一、需要印刷的论文

目前许多史学论文由作者用电脑写作，然后打印装订投送有关刊物。学士学位论文一般由本人按统一格式清抄或打印后，加上学校统一印制的封皮，装订成册，在封面写上论文题目、作者、院系、专业、班级等有关项目后，即可交指导教师评阅。

研究生学位论文需要请多位专家评审，并需立卷存盘，取得硕士学位的论文要送交学校图书馆保存，博士学位获得者的论文还应送国家图书馆和有关的专业图书馆各一份，总计需要 20 份以上，这就需要采取印刷的方法来复制论文。至于提交学术会议交流的论文，则应根据会议主办者的要求，印制一定的数量。

史学论文需要份数较多时，论文的印刷一般交由专业人员去做。作者本人可以向其提供已经编辑好的软盘，或者向其提交项目完整、抄写整齐、合乎规范的底稿。这就需要在印制前进行整理。也可以自己利用计算机按要求打印好，然后再送专业人员复印装订出所需要的论文份数。

二、研究生学位论文的项目及其顺序

研究生学位论文必须经指导教师审阅同意后方可送交专业人员印制装订。研究生学位论文的统一格式是：封面，中文摘要，英文摘要，关键词，目录，正文，结论，参考文献，附录，致谢。

封面由学校统一印制，其格式见下页。

对封面有关项目应认真准确地填写或打印，然后复印若干份，待装订用。

论文摘要中的中文摘要和外文摘要各另起一页。中外文关键词分别置于中外文摘要的下方，不必另起页。论文目录另起页，要将论文从序论、本论、结论、注释及各部分的大小标题，都准确录出，以供评审人翻检。论文的正文另起页。如果论文很长，每章也可以另起页。参考文献目录要注明其文献名称、责任人、出版者或刊登者、出版年月版别或刊期。附录，是论文特别需要附加的内容，可以是作者自己的论说，也可以是别人的论说，或其他非附不可的内容。附录不必篇篇都有。致谢，是用以对在自己完成学业和写作学位论文过程中给予帮助的导师或其他人员表示谢意。

作者在将以上各部分的清稿按顺序装订好并编出统一页码，交专业印刷人员时，应提出格式质量和开本的具体明确的要求，以便其印刷出合乎要求的论文。印制论文的大小，目前一般要求为 16K 本。国际上通行的 A4 开本，也在逐步流行。

分类号：　　　　　　密级：

××大学

研究生学位论文

论文题目(中文)____________

论文题目(外文)____________

研究生姓名____________

学科、专业____________

研究方向____________

学位级别____________

导师姓名、职称____________

论文工作

起止年月____________

论文提交日期____________

论文答辩日期____________

学位授予日期____________

校址：××省××市

三、如何看校样

论文印制，现在一般采用计算机处理的方法。由计算机打印出来的清样要交作者校对，经修改后才可上机印刷。

看校样就是由作者检查自己或打字员制作的清样是否合乎要求，有没有错误或遗漏，如有必要，还可以进行个别的修改。拿到校样后，作者可以从下边几方面进行检查：

1. 看清样是否齐全，各部分是否齐全，有没有遗漏原稿的某些部分，如有，应弄清原因，补充进去。

2. 检查清样的格式、字体、注释等是否合乎要求。

3. 对照原稿，认真进行文字校对，对发现问题，按照国家统一规定的校对符号进行改正。改正时要特别注意用字的规范并要书写清晰,否则打字员照作者的修改制作出的定样还会有错误。

4.检查插图和表格复制得是否正确,位置是否得当。

5.在不影响版面的情况下,可对校样中的文字和内容进行少量的改动。这是作者看校样中常有的事。因为当作者看校样时,仍要对论文进行审查,删除不恰当的提法或用词,修改病句,甚至改写部分文字。当然,从印刷打字者来说,他很不希望你这样做,因为那会增加他的工作量,而且也容易出错。所以如果不是原则问题,对校样内容尽量不要改动。自己用电脑修改文字或段落等都比较容易。如发现论文有的词或词语都要改动,可以用"编辑"键中的"替换"自动修改,不仅快速,而且可以毫无遗漏。

6.在校样目录上标出各章节的页码。打字工人在打论文时,一般先不打出目录中项目的页码。因为印刷纸张的容量比原稿纸容量大得多,印刷页码与原稿页码肯定不同。在看校样时,应对照印刷页码,在目录页上注出各章节的新页码,以便工人补上。电脑中自动制作目录的功能很方便,还能自动标示每章节的页码,就可以省去在校样目录上标出各章节的页码这一工作。

审阅校样时一定要勾画清楚。作者用蓝(黑)色、责任编辑用红色墨水改样,并要使用规定的校对符号。

如果可能,在论文付印前,作者对其再进行一次校对,以利用最后一次机会尽量减少其错误。

四、论文的装订

无论是由印刷厂家装订还是自己装订,都必须首先进行印刷质量的检查。其内容主要是:

1.看是否按作者校对结果进行了改正。

2.所用纸张的大小和厚薄是否合乎要求。

3.印刷质量如何,墨色是否均匀,字迹是否清楚,有没有残破的纸张。

4.论文印刷是否完全,不可有漏印的部分。

5.有否装订错误、颠倒、缺漏。

6.印制的份数是否足够。

经过检查,印刷质量没有问题,就可以进行装订。装订要注意折页整齐、放置端正,按顺序排好所有印张,检查没有颠倒、缺页以后,再将论文订贴成册,尽量做到整洁、美观、齐整、结实。

第十章 答辩、发表与维护著作权

第一节 论文的答辩

一、答辩的准备

《中华人民共和国学位条例》规定，高等学校和科学研究机构的研究生，或具有研究生毕业同等学力的人员，通过硕士（或博士）学位的课程考试和论文答辩，达到规定的学术水平者，授予硕士学位或博士学位。有的学校规定，学士学位论文要进行答辩。还有的学校规定，学士学位论文初评优秀者必须进行答辩后确认其成绩。总之，论文答辩是获得学位的重要步骤，也是审查论文学术水平的一种形式。

在论文答辩会之前，学位授予单位至少要做四项准备工作。一是对学位申请人进行资格审查，决定是否允许答辩。二是将论文交请有关的专家评阅，硕士论文一般请至少两位副教授（或相当专业技术职务）以上的专家评阅，其中至少有一位是外单位专家。博士论文至少由五位教授（或相当专业技术职务的专家）评阅，其中一半以上应是外单位的专家。有的单位还要求，外单位的论文评阅者应是具有相应的硕士、博士学位授予权单位的专家。由评阅人对论文写出详细的学术评语，并对论文可否提交答辩，是否达到作者申请学位的学术水平等提出意见，供论文答辩委员会参考。评阅人对论文若无异议，方可组织论文答辩。评阅人若有异议，应根据评阅人的意见，修改论文后重新组织评阅一次。凡论文评阅专家有异议且重新评阅后仍未通过的学位论文，不能答辩。三是组织答辩委员会。四是提前将论文送达全体答辩委员以便审阅。

至于答辩者个人，则应抓紧时间进行答辩的学术准备。大体要考虑以下这些方面的问题：

1. 自己为什么选择了这个课题，这一课题的研究有什么社会价值和学术价值。

2. 国内外史学界关于本课题的研究情况，主要成果，他们的主要观点。本论文在这方面有什么发展、突破或新的见解。

3. 论文的中心论点、基本内容及主要的论证方法。

4. 关键史料的内容、出处及其分析。

5. 与本课题有关而在论文中没有涉及的其他理论和历史问题。

答辩者根据上述1至4条写出论文报告提纲，第5条则要通过阅读和思考进行准备，考虑时路子要宽些，范围要大些，对答辩委员有可能提出的问题做好充分的准备。

二、论文答辩会的程序

硕士论文答辩委员会由5位副教授以上专业技术职务的专家组成，其中外单位专家必须有1~2位；博士论文答辩委员会由5~7位专家组成，其中一半以上应是教授或具有相当专业技术职务的专家，外单位专家不少于2位。学位论文答辩委员会设主任1名，答辩者的指导教师不能担任答辩委员会主任，主任主持论文答辩会。此外，论文答辩会应设秘书1名、记录员1~2名。秘书负责处理答辩前后的有关具体工作；记录员负责答辩过程的记录工作。记录要求做到准确、完整。整个记录应由记录员和答辩委员会主任签名。学士论文的答辩小组一般由教研室有关教师组成，教研室主任或副主任担任答辩小组组长。

论文答辩会的程序大体是：

1. 主席宣布开会，介绍答辩委员会成员姓名及其专业技术职务，指定记录人。博士论文答辩会还要进行录音。

2. 答辩者报告论文主要内容。

3. 答辩委员会委员提问，在答辩者进行短时间准备后进行答辩。

4. 休会。由答辩委员会委员单独举行会议，宣读导师及评阅人的评语，讨论答辩的情况和意见，对论文提出评价意见。对是否同意毕业、是否同意授予学位进行表决。表决以无记名投票方式进行。经全体成员三分之二以上（不含三分之二）同意方为通过，报学位评定委员会。答辩委员对未通过的论文，是否同意在一年（博士学位可以为两年）以内加以修改，重新答辩一次，应做出明确的决议(需经全体成员半数以上通过)。

5. 复会。宣布答辩委员会决议及有关事项,答辩会结束。

三、如何进行答辩

答辩者参加论文答辩会应携带论文、主要资料和有关问题的笔记或卡片,以便届时查询,要携带提前准备好的论文报告提纲,还要带上纸和笔,供记录和书写之用。

参加自己的论文答辩是一个光荣的时刻,应该满怀信心,又要虚心和细心,精神要放松,处之泰然,从容镇定,不必过分紧张。

在报告论文主要内容时,应口齿清楚,要言不烦,语言流畅,适当控制时间,一般不应超过 30 分钟。对自己论文的介绍要实事求是,不可自吹自擂过高评价,否则会引起答辩委员的反感。

答辩委员的提问一般集中在两个方面。一方面,是从论文本身,对其选题、论点、论证方法、论据选择、表达方式及论文的学术规范等方面提出问题,要求对其中的某一点或几点做更为清楚、详细、确切的说明。另一方面是从该选题所涉及而论文没有写到的有关理论和知识方面提出问题。这种提问,是为了进一步考查答辩者对所论述的问题是否有比较扎实的基础理论和专门知识,并让其在尽可能条件下对论文的薄弱之处以答辩的形式进行补充。这些问题,有的可能是想启发作者进一步阐述论文的见解或独到之处,有的可能是作者写论文时有意回避的方面,有的可能是论文的薄弱环节甚至严重缺陷。

答辩者要全神贯注听取答辩委员所提的问题,并做笔记。如果没有听清楚,可以请求答辩委员重述一遍,也可以把自己对问题的理解说出来,请问答辩委员是不是这个意思。然后退场根据问题进行简单的准备,再到会进行答辩。

答辩要认真、实事求是,又要讲究方法。对那些有把握的问题,可以重点进行答辩,充分发挥,以显示自己研究的深度或知识广度。对把握不很大的问题,就自己了解的方面,简单地说出有把握的内容,切不可信口开河,闹出笑话。对完全不了解或无法回答的问题,应虚心地表示自己对这个问题不知道或还没有搞清楚,请求原谅。如果答辩委员当场追问,仍然是上边的办法,知道的就说,不知道的表示以后要认真研究这一问题。

在整个答辩会过程中,答辩者应该注意仪表,讲究礼貌。

答辩会后,必须将整理好的签字盖章齐全的答辩材料,填写、签章完备的学位申请书,有关的数据软盘,一定数量的学位论文,一起交研究生院,待学位委员会审批。学位委员会审批同意后，学校将举行仪式，正式向学位获得者授予学位，颁发学位证书。

答辩结束后，作者应该就答辩委员的提问和自己的答辩，认真总结经验教训，找出论文存在的问题，以便有机会时对论文进行更认真的修改；并发现自己在基础理论和历史知识等方面的不足，以利今后努力；还可以从答辩中得到启发，再从事一个新课题的研究。

第二节　论文的发表

一、史学论文的投寄

史学论文作为一项科学研究成果应该争取公开发表，以便发挥其应有的社会效益和学术效益。

发表，就是在公开出版的刊物、报纸、论文集中刊出史学论文。

向报刊、文集投寄论文之前，首先必须对有关报刊的名称、类型、主要特点和刊期等情况有所了解。从报纸来说，中央和地方报纸及有关的专业报纸，都可能发表史学论文，《光明日报》还开辟有《历史》专刊，专门发表史学论文和报道史学界情况。供报纸发表的论文一般不宜超过4000字，选题不能太窄，最好是比较热门的或为社会关注的题目。就学术刊物来说，有综合性历史期刊，如《历史研究》《中国史研究》《世界历史》《历史教学》《史学月刊》等；有综合的社会科学期刊，如《中国社会科学》《文史知识》《文史哲》《晋阳学刊》《天津社会科学》等；有专科历史期刊，如《党史研究与教学》《史学史研究》《史学理论研究》《文物》《考古》《文献》《中学历史教学》《历史地理》《军事历史》《故宫博物院院刊》等；有各大专院校的哲社版学报，如《中国科学院研究生院学报》《北京大学学报》《复旦学报》《华东师范大学学报》等。从文集来说，有各出版单位或各地区各专业历史学会的丛刊，如《文史》《中华文史论丛》《中国历史文献研究》《中亚学刊》《清史论丛》《文史集萃》等；有有关单位或学术团体组织出版的专题论文集，如《八十年代的西方史学》《汉简研究文集》《曹操论集》《司马光与〈资治通鉴〉》等；有个人学术论文集，如《范文澜史学论文选集》《魏晋南北朝史论丛》《先秦文化史论集》《史学杂稿订存》等。除了个人学术论文集一般不刊登他人论文，单位文集只反映本单位研究成果外，其他报刊文集都可以投寄论文。各种刊物过一段时间都会刊登征稿启事或关于投稿的规定，从中我们就可以知道该刊对稿件的要求及投稿应注意的事项。

附例:《史学史研究》杂志稿约

稿　约

一,本刊欢迎有关历史理论、历史教育、历史文献学、历史编纂学等方面发展史研究的稿件。

二,文稿长短不拘,6000 字以内的文章尤所欢迎。“史林偶拾”请写简短些,集中写一个问题。本刊对来稿有时须作必要的修改,如不愿修改,请说明。作者文章文责自负,不代表本刊对问题的看法。

三,来稿请用 16 开小稿纸,注释请用脚注,脚注于每页之下,文稿字迹不清,或注释不合要求,本刊请人誊写、处理,费用从作者稿酬中扣除。

四,本刊从 2000 年第 3 期起,实行匿名审稿制。来稿请附作者介绍,包括姓名、出生年月、籍贯、职称、工作单位、详细通讯地址和邮政编码、联系电话等,但应另纸书写,正文与注释中不能出现与作者背景有关的材料。来稿请寄《史学史研究》编辑部,不要寄给个人。务请作者遵守上述要求。

五,来稿请附 200 至 300 字的中英文摘要。引文一定要校对原文,做到准确无误。

六,稿件发表后,即寄付稿酬。请作者自留底稿,未被采用的文稿,不再退还。作者寄来的稿件如半年未被采用,也未接到本刊编辑部的函件,可自行处理文稿。从 1997 年起本刊已加入《中国学术期刊》(光盘版)和中国期刊网,如作者不同意将文章编入数据库,请说明。

论文不能乱投,应该根据自己论文的特点、内容、字数和对发表时间的要求来选择投稿对象。比如史学理论的文章最好投《史学理论研究》,考据性的文章最好投《文史》,地方史的文章投有关地方的刊物,字数多的文章投大型刊物(如《中亚学刊》),希望尽快发表的文章投月刊(如《史学月刊》)等。

投稿要写清作者姓名、生年、学术职务、主要研究领域、所在单位、通信地址、邮政编码、联系电话和电子邮箱。为了适应信息化建设的要求,推进学术信息交流的网络化进程,扩大作者学术交流渠道,许多学术刊物都已加入《中国学术期刊》(光盘版)和中国期刊网。有关各刊物刊登的稿件,将统一纳入《中国学术期刊》(光盘版)和有关数据库,进入因特网提供信息服务。如果作者不同意将文章编入以上数据库,必须在寄稿时注明,或另投他刊。稿件要用挂号寄发,以免遗失。一些刊物要求作者尽可能投寄打印的论文,而且要求发送论文的电子文本。投寄论文的收件人应该是编辑部而不是私人,以免误事。不能一稿多投。只有收稿单位明确表示不用此稿或投出三四个月仍无消息时,方可改投其他报刊。为了提高刊物的学术质量,不少刊物实行匿名审稿,所以要求论文的作者不要在文章中署名,作者的简况(包括作者姓名、发表时用名、性别、出生年、工作单位、职称、通信地址、邮政编码、联系电话)另纸附上(参见《中国史研究》2000 年 2 期第 156 页《本刊重要启事》)。投稿时应该按编辑部的要求处理论文及其附件的有关事项。由于现在一般刊物不采用的稿件都不将原稿退还,故作者在投稿时务必自留底稿。

二、编辑部处理稿件的一般方法

编辑部收到寄来的稿件后,首先是编号登记,有的还向作者发出收稿通知,说明作者如需查询,如何联系。

收稿通知

同志:

您寄来的《　　　　　》稿,本刊已收到,编号(　　　),待阅读后再与您进一步联系。今后如您需要查询稿件的有关情况,请注明我刊收稿的编号。

此致

敬礼!

××××编辑部　　年　　月　　日

然后,有关编辑将对稿件进行第一次筛选(初审)。如果该稿不能在本刊发表,就直接签字退稿,向作者发出退稿通知。如果该稿大体符合本刊的需要,也有一定的学术水平,就将稿件送请有关专家或编辑主任审阅,这是二审。

附某高校学报审稿通知书:

《××××学报》(社会科学版)审稿通知书

先生:

《××××学报》(社会科学版)是国家哲学社会科学类核心期刊,学术质量是本刊的生命。

为了不断提高本刊的学术水平,现将　　　　同志投寄本刊的NO××文稿一份送上,请您或组织有关专业人员进行审查,就该文的学术价值、理论特色、文字水平等作出评价,并注意该文有无政治性错误、与基本事实不符、国内外有无雷同性文章和内容是否涉及保密等问题。

请您将审查结果写出较为详细的书面意见(见背页),并指明该文可否在本刊发表。如果认为该文可以在本刊发表,但须做一些修改,亦请您提出修改要点和补充(或删节)意见,需在文稿上批改、加注时,请使用铅笔,以利于恢复文稿原貌。

审稿完毕后,请您将文稿连同审稿意见,于××××年×月×日前挂号寄回××××学报编辑部社会科学学报编辑室。

对审稿人姓名,除本人要求转告作者外,本刊概不外泄。本刊在收到审稿意见后,将酌致微酬。

此致

敬礼

××××学报编辑部社会科学版编辑室

××××年×月×日

专家审查如果过不了关,将做出不刊用的决定,并通知作者另做处理。二审通过的论文将在编辑委员会会议上研究,是否在本刊发表。经编委会同意的刊发的稿件,就是决定正式刊用的稿件。这时要给作者发出稿件录用通知,其目的除了让作者了解情况以外,也通知作者勿再将该稿投寄他刊,以免重复发表。

稿件录用通知

同志:

大作　　　　　　,本刊决定采用,并拟载于本刊近期。大作望勿再投寄他刊，如已投寄，望速通知本刊，以免重复发表。

谨复

×××编辑部　　年　月　日

也有的稿件，编辑部经过审阅后，觉得可用，但尚需进行一定的修改或进行文字的压缩。这时，编辑部可能会将原稿退回并附具体要求，请作者按要求修正后，寄给编辑部再视情况决定是否正式刊用。

编辑部选择稿件的标准，主要看其学术水平，但也要从社会效益或现行政策上进行审查。有的论文学术水平虽高，但发表出来可能会引起误解或麻烦，也只好忍痛割爱。编辑部还要从该报刊的特点出发，选择符合本报刊需要的稿件。比如《世界宗教研究》只能用有关宗教的论文，而不会刊用研究古代典章制度的论文。

决定正式刊用的论文，经过编辑加工、做出版式设计，经主编签字，就交给专业人员用电脑输入、排版。打出的校样，编辑部和责任编辑要进行几次校对。有的刊物，为了保证校对质量，还将一份清样寄给作者审核。以下是中华书局《文史知识》编辑部的清样送审单一张，从中你可以知道作者应如何审核校阅清样。

同志：

大作已排出校样，请您过目，并请在收到后第二天退回，万勿迟误，以免影响刊期。

请做如下三项工作：

①改正错、别字；

②校对引文；

③对原文尽量不改或少改。如必须要改，请注意删、增字数，不要影响版面。

由于编辑人员太少，近来又不断出现引文错误、文字错误的现象，请您和我们配合，校对时尽量认真一些。

中华书局《文史知识》编辑部

年　月　日

经过三校,编辑部签字无误,就下厂上机印刷,装订发行。编辑部在刊物出版后,会很快给作者寄出样本(1~2本)和稿酬。

第三节　维护著作权

一、什么是著作权

著作权,又称版权,是从法律上肯定文学、艺术和自然科学、社会科学、工程技术等作品的著作权人对其作品拥有所有权。他们的所有权受到保护,使其作品不为他人擅自使用,并有权因他人使用其作品而得到报酬。1990年9月第七届全国人民代表大会常务委员会第十五次会议通过,我国于1991年6月1日开始实施的《中华人民共和国著作权法》(简称《著作权法》),就是保护著作权的专门法规。2001年10月27日第九届全国人民代表大会常务委员会第二十四次会议对该法进行了修订,并公布实施。史学论文是作者独特思维方式的表现,是其脑力劳动成果,也属于著作权法保护之列。

根据《著作权法》第二章的规定,与史学论著有关的著作权包括下列人身权和财产权:

(一)发表权,即决定作品是否公之于众的权利;

(二)署名权,即表明作者身份,在作品上署名的权利;

(三)修改权,即修改或者授权他人修改作品的权利;

(四)保护作品完整权,即保护作品不受歪曲、篡改的权利;

(五)复制权,即以印刷、复印、拓印、录音、录像、翻录、翻拍等方式将作品制作一份或者多份的权利;

(六)发行权,即以出售或者赠与方式向公众提供作品的原件或者复制件的权利。

(七)出租权(略);

(八)展览权(略);

(九)表演权(略);

(十)放映权(略);

(十一)广播权,即以无线方式公开广播或者传播作品,以有线传播或者转播的方式向公众传播广播的作品,以及通过扩音器或者其他传送符号、声音、图像的类似工具向公众传播广播的作品的权利；

（十二）信息网络传播权，即以有线或者无线方式向公众提供作品，使公众可以在个人选定的时间和地点获得作品的权利；

（十三）摄制权，即以摄制电影或者以类似摄制电影的方法将作品固定在载体上的权利；

（十四）改编权，即改变作品，创作出具有独创性的新作品的权利；

（十五）翻译权，即将作品从一种语言文字转向另一种语言文字的权利；

（十六）汇编权，即将作品或者作品的片断通过选择或者编排，汇编成新作品的权利；

（十七）应当由著作权人享有的其他权利。

著作权人可以许可他人行使前款第（五）项至第（十七）项规定的权利，并依照约定或者本法有关规定获得报酬。

著作权人可以全部或者部分转让本条第（五）项至第（十七）项规定的权利，并依照约定或者本法有关规定获得报酬。

二、作者如何保护自己的著作权

《著作权法》第五章第四十七条指出了十一种侵权行为，其中大部分与史学论著有关。

有下列侵权行为的，应当根据情况，承担停止侵害、消除影响、赔礼道歉、赔偿损失等民事责任：

（一）未经著作权人许可，发表其作品的；

（二）未经合作作者许可，将与他人合作创作的作品当作自己单独创作的作品发表的；

（三）没有参加创作，为谋取个人名利，在他人作品上署名的；

（四）歪曲、篡改他人作品的；

（五）剽窃他人作品的；

（六）未经著作权人许可，以展览、摄制电影和以类似摄制电影的方法使用作品，本法另有规定的除外；

（七）使用他人作品，应当支付报酬而未支付的；

（八）（略）；

（九）未经出版者许可，使用其出版的图书、期刊的版式设计的；

（十）（略）；

（十一）其他侵犯著作权以及与著作权有关的权益的行为。

《著作权法》第四十八条规定：

有下列侵权行为的，应当根据情况，承担停止侵害、消除影响、赔礼道歉、赔偿损失等民事责任；同时损害公共利益的，可以由著作权行政管理部门责令停止侵权行为，没收违法所得，没收、销毁侵权复制品，并可处以罚款；情节严重的，著作权行政管理部门还可以没收主要用于制作侵权复制品的材料、工具、设备等；构成犯罪的，依法追究刑事责任：

（一）未经著作权人许可，复制、发行、表演、放映、广播、汇编、通过信息网络向公众传播其作品的，本法另有规定的除外；

（二）出版他人享有专有出版权的图书的；

（三）未经表演者许可，复制、发行录有其表演的录音录像制品，或者通过信息网络向公众传播其表演的，本法另有规定的除外；

（四）未经录音录像制作者许可，复制、发行、通过信息网络向公众传播其制作的录音录像制品的，本法另有规定的除外；

（五）未经许可，播放或者复制广播、电视的，本法另有规定的除外；

（六）未经著作权人或者与著作权有关的权利人许可，故意避开或者破坏权利人为其作品、录音录像制品等采取的保护著作权或者与著作权有关的权利的技术措施的，法律、行政法规另有规定的除外；

（七）未经著作权人或者与著作权有关的权利人许可，故意删除或者改变作品、录音录像制品等的权利管理电子信息的，法律、行政法规另有规定的除外；

（八）制作、出售假冒他人署名的作品的。

发现自己的著作权受到侵害，就要根据《著作权法》来维护自己的权利。可以以著作权法为依据，向侵害者进行交涉，或向著作权行政管理部门（版权局）进行告发，要求当事人停止侵害、消除影响、公开赔礼道歉，并赔偿损失。如果调解不成,可以直接向人民法院起诉,由人民法院进行裁处。《著作权法》第四十九条规定:侵犯著作权或者与著作权有关的权利的,侵权人应当按照权利人的实际损失给予赔偿;实际损失难以计算的,可以按照侵权人的违法所得给予赔偿。赔偿数额还应当包括权利人为制止侵权行为所支付的合理开支。权利人的实际损失或者侵权人的违法所得不能确定时,由人民法院根据侵权行为的情节,判决给予五十万元以下的赔偿。

附录

一、出版物上数字用法

(GB/T 15835—2011)

前言

本标准按照 GB/T 1.1—2009 给出的规则起草。

本标准代替 GB/T 15835—1995《出版物上数字用法的规定》,与 GB/T 15835——1995《出版物上数字用法的规定》相比,主要变化如下:

——原标准在汉字数字与阿拉伯数字中,明显倾向于使用阿拉伯数字。本标准不再强调这种倾向性。

——在继承原标准中关于数字用法应遵循“得体原则”和“局部体例一致原则”的基础上,通过措辞上的适当调整,以及更为具体的规定和示例,进一步明确了具体操作规范。

——将原标准的平级罗列式行文结构改为层级分类式行文结构。

——删除了原标准的基本术语“物理量”与“非物理量”,增补了“计量”“编号”“概数”作为基本术语。

本标准由教育部语言文字信息管理司提出并归口。

本标准主要起草单位:北京大学。

本标准主要起草人:詹卫东、覃士娟、曾石铭。

本标准所代替标准的历次版本发布情况为:

——GB/T 15835—1995。

出版物上数字用法

1　范围

本标准规定了出版物上汉字数字和阿拉伯数字的用法。

本标准适用于各类出版物(文艺类出版物和重排古籍除外)。政府和企事业单位公文,以及教育、媒体和公共服务领域的数字用法,也可参照本标准执行。

2　规范性引用文件

下列文件对于本文件的应用是必不可少的。凡是注日期的引用文件,仅注日期的版本适用于本文件。凡是不注日期的引用文件,其最新版本(包括所有的修改单)适用于本文件。

GB/T 7408—2005　数据元和交换格式　信息交换　日期和时间表示法

3　术语和定义

下列术语和定义适用于本文件。

3.1

计量　measuring

将数字用于加、减、乘、除等数学运算。

3.2

编号　numbering

将数字用于为事物命名或排序,但不用于数学运算。

3.3

概数　approximate number

用于模糊计量的数字。

4　数字形式的选用

4.1　选用阿拉伯数字

4.1.1　用于计量的数字

在使用数字进行计量的场合,为达到醒目、易于辨识的效果,应采用阿拉伯数字。

示例1:-125.03　34.05%　63%~68%　1:500　97/108

当数值伴随有计量单位时,如:长度、容积、面积、体积、质量、温度、经纬度、音量、频率等等,特别是当计量单位以字母表达时,应采用阿拉伯数字。

示例2:523.56km(523.56千米) 346.87L(346.87升) 5.34m^2(5.34平方米)567mm^3(567立方毫米) 605g(605克) 100~150kg(100~150千克)

34~39℃(34~39摄氏度) 北纬40°(40度) 120 dB(120分贝)

4.1.2 用于编号的数字

在使用数字进行编号的场合,为达到醒目、易于辨识的效果,应采用阿拉伯数字。

示例:电话号码:98888

邮政编码:100871

通信地址:北京市海淀区复兴路11号

电子邮件地址:x186@186.net

网页地址:http://127.0.0.1

汽车号牌:京A00001

公交车号:302路公交车

道路编号:101国道

公文编号:国办发[1987]9号

图书编号:ISBN 978-7-80184-224-4

刊物编号:CN11-1399

章节编号:4.1.2

产品型号:PH-3000型计算机

产品序列号:C84XB-JYVFD-P7HC4-6XKRJ-7M6XH

单位注册号:02050214

行政许可登记编号:0684D10004-828

4.1.3 已定型的含阿拉伯数字的词语

现代社会生活中出现的事物、现象、事件,其名称的书写形式中包含阿拉伯数字,已经广泛使用而稳定下来,应采用阿拉伯数字。

示例:3G手机 MP3播放器 G8峰会 维生素B_{12} 97号汽油

"5·27"事件 "12·5"枪击案

4.2 选用汉字数字

4.2.1 非公历纪年

干支纪年、农历月日、历史朝代纪年及其他传统上采用汉字形式的非公历纪年等等,应采用汉字数字。

示例：丙寅年十月十五日　庚辰年八月五日　腊月二十三　正月初五　八月十五中秋　秦文公四十四年 太平天国庚申十年九月二十四日　清咸丰十年九月二十日　藏历阳木龙年八月二十六日　日本庆应三年

4.2.2　概数

数字连用表示的概数、含“几”的概数，应采用汉字数字。

示例：三四个月　一二十个　四十五六岁　五六万套　五六十年前　几千　二十几　一百几十　几万分之一

4.2.3　已定型的含汉字数字的词语

汉语中长期使用已经稳定下来的包含汉字数字形式的词语，应采用汉字数字。

示例：万一　一律　一旦　三叶虫　四书五经　星期五　四氧化三铁　八国联军　七上八下　一心一意　不管三七二十一　一方面　二百五　半斤八两　五省一市　五讲四美　相差十万八千里　八九不离十　白发三千丈　不二法门　二八年华　五四运动　“一·二八”事变　“一二·九”运动

4.3　选用阿拉伯数字与汉字数字均可

如果表达计量或编号所需要用到的数字个数不多，选择汉字数字还是阿拉伯数字在书写的简洁性和辨识的清晰性两方面没有明显差异时，两种形式均可使用。

示例1：17号楼（十七号楼）　3倍（三倍）　第5个工作日（第五个工作日）　100多件（一百多件）　20余次（二十余次）　约300人（约三百人）

40天左右（四十天左右）　50上下（五十上下）　50多人（五十多人）

第25页（第二十五页）　第8天（第八天）　第4季度（第四季度）　第45页（第四十五页）　共235位同学（共二百三十五位同学）　0.5（零点五）

76岁（七十六岁）　120周年（一百二十周年）　1/3（三分之一）　公元前8世纪（公元前八世纪）　20世纪80年代（二十世纪八十年代）

公元253年（公元二五三年）　1997年7月1日（一九九七年七月一日）

下午4点40分（下午四点四十分）　4个月（四个月）　12天（十二天）

如果要突出简洁醒目的表达效果，应使用阿拉伯数字；如果要突出庄重典雅的表达效果，应使用汉字数字。

示例2：北京时间2008年5月12日14时28分

十一届全国人大一次会议(不写为“11届全国人大1次会议”)　六方会谈(不写为“6方会谈”)

在同一场合出现的数字,应遵循“同类别同形式”原则来选择数字的书写形式。如果两数字的表达功能类别相同(比如都是表达年月日时间的数字),或者两数字在上下文中所处的层级相同(比如文章目录中同级标题的编号),应选用相同的形式。反之,如果两数字的表达功能不同,或所处层级不同,可以选用不同的形式。

示例3:2008年8月8日　二〇〇八年八月八日(不写为“二〇〇八年8月8日”)

第一章　第二章……第十二章(不写为“第一章 第二章……第12章”)

第二章的下一级标题可以用阿拉伯数字编号:2.1,2.2,……

应避免相邻的两个阿拉伯数字造成歧义的情况。

示例4:高三3个班　高三三个班(不写为“高33个班”)

高三2班　高三(2)班(不写为“高32班”)

有法律效力的文件、公告文件或财务文件中可同时采用汉字数字和阿拉伯数字。

示例5:2008年4月保险账户结算日利率为万分之一点五七五零(0.015750%)

35.5元(35元5角　三十五元五角　叁拾伍圆伍角)

5　数字形式的使用

5.1　阿拉伯数字的使用

5.1.1　多位数

为便于阅读,四位以上的整数或小数,可采用以下两种方式分节:

——第一种方式:千分撇

整数部分每三位一组,以“,”分节。小数部分不分节。四位以内的整数可以不分节。

示例1:624,000　92,300,000　19,351,235.235767　1256

——第二种方式:千分空

从小数点起,向左和向右每三位数字一组,组间空四分之一个汉字,即二分之一个阿拉伯数字的位置。四位以内的整数可以不加千分空。

示例2:55 235 367.346 23　98 235 358.238 368

注:各科学技术领域的多位数分节方式参照 GB 3101—1993 的规定执行。

5.1.2 纯小数

纯小数必须写出小数点前定位的“0”,小数点是齐阿拉伯数字底线的实心点“.”。

示例:0.46 不写为.46 或 0。46

5.1.3 数值范围

在表示数值的范围时,可采用波浪式连接号“~”或一字线连接号“—”。前后两个数值的附加符号或计量单位相同时,在不造成歧义的情况下,前一个数值的附加符号或计量单位可省略。如果省略数值的附加符号或计量单位会造成歧义,则不应省略。

示例:-36~-8℃ 400—429 页

100—150kg 12 500~20 000 元

9 亿~16 亿(不写为 9—16 亿) 13 万元~17 万元(不写为 13~17 万元)

15%~30%(不写为 15~30%) 4.3×106~5.7×106(不写为 4.3~5.7×106)

5.1.4 年月日

年月日的表达顺序应按照口语中年月日的自然顺序书写。

示例 1:2008 年 8 月 8 日 1997 年 7 月 1 日

“年”“月”可按照 GB/T 7408—2005 的 5.2.1.1 中的扩展格式,用“-”替代,但年月日不完整时不能替代。

示例 2:2008-8-8 1997-7-1 8 月 8 日(不写为 8-8) 2008 年 8 月(不写为 2008-8)

四位数字表示的年份不应简写为两位数字。

示例 3:“1990 年”不写为“90 年”

月和日是一位数时,可在数字前补“0”。

示例 4:2008-08-08 1997-07-01

5.1.5 时分秒

计时方式即可采用 12 小时制,也可采用 24 小时制。

示例 1:11 时 40 分(上午 11 时 40 分) 21 时 12 分 36 秒(晚上 9 时 12 分 36 秒)

时分秒的顺序应按照口语中时、分、秒的自然顺序书写。

示例 2:15 时 40 分　14 时 12 分 36 秒

“时”“分”也可按照 GB/T 7408— 2005 的 5.3.1.1 和 5.3.1.2 中的扩展格式，用“:”替代。

示例 3:15:40　14:12:36

5.1.6　含有月日的专名

含有月日的专名采用阿拉伯数字表示时，应采用间隔号“·”将月、日分开，并在数字前后加引号。

示例:“3·15”消费者权益日

5.1.7　书写格式

5.1.7.1　字体

出版物中的阿拉伯数字，一般应使用正体二分字身，即占半个汉字位置。

示例:234　57.236

5.1.7.2　换行

一个用阿拉伯数字书写的数值应在同一行中，避免被断开。

5.1.7.3　竖排文本中的数字方向

竖排文字中的阿拉伯数字按顺时针方向转 90 度。旋转后要保证同一个词语单位的文字方向相同。

示例:

示例一

雪花牌BCD188型家用电冰箱容量是一百八十八升，功率为一百二十五瓦，市场售价两千零五十元，返修率仅为百分之零点一五。

示例二

海军J12号打捞救生船在太平洋上航行了十三天，于一九九〇年八月六日零时三十分返回基地。

5.2 汉字数字的使用

5.2.1 概数

两个数字连用表示概数时,两数之间不用顿号“、”隔开。

示例:二三米　一两个小时　三五天　一二十个　四十五六岁

5.2.2 年份

年份简写后的数字可以理解为概数时,一般不简写。

示例:“一九七八年”不写为“七八年”

5.2.3 含有月日的专名

含有月日的专名采用汉字数字表示时,如果涉及一月、十一月、十二月,应用间隔号“·”将表示月日的数字隔开,涉及其他月份时,不用间隔号。

示例:“一二·八”事变　“一二·九”运动　五一国际劳动节

5.2.4 大写汉字数字

——大写汉字数字的书写形式

零、壹、贰、叁、肆、伍、陆、柒、捌、玖、拾、佰、仟、万、亿

——大写汉字数字的适用场合

法律文书和财务票据上,应采用大写汉字数字形式记数。

示例:3,504(叁仟伍佰零肆圆)　39,148(叁万玖仟壹佰肆拾捌圆)

5.2.5 “零”和“〇”

阿拉伯数字“0”有“零”和“〇”两种汉字书写形式。一个数字用作计量时,其中“0”的汉字书写形式为“零”,用作编号时,“0”的汉字书写形式为“〇”。

示例:“3052(个)”的汉字数字形式为“三千零五十二”(不写为“三千〇五十二”)

“95.06”的汉字数字形式为“九十五点零六”(不写为“九十五点〇六”)

“公元2012(年)”的汉字数字形式为“二〇一二”(不写为“二零一二”)

5.3 阿拉伯数字与汉字数字同时使用

如果一个数值很大,数值中的“万”“亿”单位可以采用汉字数字,其余部分采用阿拉伯数字。

示例1:我国1982年人口普查人数为10亿零817万5 288人。

除上面情况之外的一般数值,不能同时采用阿拉伯数字与汉字数字。

示例2:108可以写作“一百零八”,但不应写作“1百零8”“一百08”

4 000可以写作“四千”,但不能写作“4千”

二、标点符号用法

(GB/T 15834—2011)

前言

本标准按照 GB/T 1.1—2009 给出的规则起草。

本标准代替 GB/T 15834—1995,与 GB/T 15834—1995 相比,主要变化如下:

——根据我国国家标准编写规则(GB/T1.1—2009),对本标准的编排和表述做了全面修改;

——更换了大部分示例,使之更简短、通俗、规范;

——增加了对术语“标点符号”和“语段”的定义(2.1/2.5);

——对术语“复句”和“分句”的定义做了修改(2.3/2.4);

——对句末点号(句号、问号、叹号)的定义做了修改,更强调句末点号与句子语气之间的关系(4.1.1/4.2.1/4.3.1);

——对逗号的基本用法做了补充(4.4.3);

——增加了不同形式括号用法的示例(4.9.3);

——省略号的形式统一为六连点“……”,但在特定情况下允许连用(4.11);

——取消了连接号中原有的二字线,将连接号形式规范为短横线“-”、一字线“—”和浪纹线“~”,并对三者的功能做了归并与划分(4.13);

——明确了书名号的使用范围(4.15/A.13);

——增加了分隔号的用法说明(4.17);

——“标点符号的位置”一章的标题改为“标点符号的位置和书写形式”,并增加了使用中文输入软件处理标点符号时的相关规范(第5章);

——增加了“附录”:附录 A 为规范性附录,主要说明标点符号不能怎样使用和对标点符号用法加以补充说明,以解决目前使用混乱或争议较大的问题。附录 B 为资料性附录,对功能有交叉的标点符号的用法做了区分,并对标点符号误用高发环境下的规范用法做了说明。

本标准由教育部语言文字信息管理司提出并归口。

本标准主要起草单位:北京大学。

本标准主要起草人:沈阳、刘妍、于泳波、翁姗姗。

本标准所代替标准的历次版本发布情况为:

——GB/T 15834—1995。

标点符号用法

1　范围

本标准规定了现代汉语标点符号的用法。

本标准适用于汉语的书面语(包括汉语和外语混合排版时的汉语部分)。

2　术语和定义

下列术语和定义适用于本文件。

2.1

标点符号 punctuation

辅助文字记录语言的符号,是书面语的有机组成部分,用来表示语句的停顿、语气以及标示某些成分(主要是词语)的特定性质和作用。

注:数学符号、货币符号、校勘符号、辞书符号、注音符号等特殊领域的专门符号不属于标点符号。

2.2　句子 sentence

前后都有较大停顿、带有一定的语气和语调、表达相对完整意义的语言单位。

2.3　复句 complex sentence

由两个或多个在意义上有密切关系的分句组成的语言单位,包括简单复句(内部只有一层语义关系)和多重复句(内部包含多层语义关系)。

2.4　分句 clause

复句内两个或多个前后有停顿、表达相对完整意义、不带有句末语气和语调、有的前面可添加关联词语的语言单位。

2.5　语段 expression

指语言片段,是对各种语言单位(如词、短语、句子、复句等)不做特别区分时的统称。

3　标点符号的种类

3.1　点号

点号的作用是点断,主要表示停顿和语气。分为句末点号和句内点号。

3.1.1 句末点号

用于句末的点号,表示句末停顿和句子的语气。包括句号、问号、叹号。

3.1.2 句内点号

用于句内的点号,表示句内各种不同性质的停顿。包括逗号、顿号、分号、冒号。

3.2 标号

标号的作用是标明,主要标示某些成分(主要是词语)的特定性质和作用。包括引号、括号、破折号、省略号、着重号、连接号、间隔号、书名号、专名号、分隔号。

4 标点符号的定义、形式和用法

4.1 句号

4.1.1 定义

句末点号的一种,主要表示句子的陈述语气。

4.1.2 形式

句号的形式是“。”。

4.1.3 基本用法

4.1.3.1 用于句子末尾,表示陈述语气。使用句号主要根据句段前后有较大停顿、带有陈述语气和语调,并不取决于句子的长短。

示例1:北京是中华人民共和国的首都。

示例2:(甲:咱们走着去吧?)乙:好。

4.1.3.2 有时也可以表示较缓和的祈使语气和感叹语气。

示例1:请你稍等一下。

示例2:我不由地感到,这些普通劳动者也同样是很值得尊敬的。

4.2 问号

4.2.1 定义

句末点号的一种,主要表示句子的疑问语气。

4.2.2 形式

问号的形式是“?”。

4.2.3 基本用法

4.2.3.1 用于句子末尾,表示疑问语气(包括反问、设问等疑问类型)。使用问号主要根据语段前后有较大停顿、带有疑问语气和语调,并不取决于句子的长短。

示例 1:你怎么还不回家去呢?

示例 2:难道这些普通的战士不值得歌颂吗?

示例 3:(一个外国人,不远万里来到中国,帮助中国的抗日战争。)这是什么精神?这是国际主义的精神。

4.2.3.2　选择问句中,通常只在最后一个选项的末尾用问号,各个选项之间一般用逗号隔开。当选项较短且选项之间几乎没有停顿时,选项之间可不用逗号。当选项较多或较长,或有意突出每个选项的独立性时,也可每个选项之后都用问号。

示例 1:诗中记述的这场战争究竟是真实的历史描述,还是诗人的虚构?

示例 2:这是巧合还是有意安排?

示例 3:要一个什么样的结尾:现实主义的?传统的?大团圆的?荒诞的?民族形式的?有象征意义的?

示例 4:(他看着我的作品称赞了我。)但到底是称赞我什么:是有几处画得好?还是什么都敢画?抑或只是一种对于失败者的无可奈何的安慰?我不得而知。

示例 5:这一切都是由客观的条件造成的?还是由行为的惯性造成的?

4.2.3.3　在多个问句连用或表达疑问语气加重时,可叠用问号。通常应先单用,再叠用,最多叠用三个问号。在没有异常强烈的情感表达需要时不宜叠用问号。

示例:这就是你的做法吗?你这个总经理是怎么当的??你怎么竟敢这样欺骗消费者???

4.2.3.4　问号也有标号的用法,即用于句内,表示存疑或不详。

示例 1:马致远(1250?—1321),大都人,元代戏曲家、散曲家。

示例 2:钟嵘(?—518),颍川长社人,南朝梁代文学批评家。

示例 3:出现这样的文字错误,说明作者(编者?校者?)很不认真。

4.3　叹号

4.3.1　定义

句末点号的一种,主要表示句子的感叹语气。

4.3.2　形式

叹号的形式是“！”。

4.3.3　基本用法

4.3.3.1　用于句子末尾，主要表示感叹语气，有时也可表示强烈的祈使语气、反问语气等。使用叹号主要根据语段前后有较大停顿、带有感叹语气和语调或带有强烈的祈使、反问语气和语调，并不取决于句子的长短。

示例1:才一年不见，这孩子都长这么高啦！

示例2:你给我住嘴！

示例3:谁知道他今天是怎么搞的！

4.3.3.2　用于拟声词后，表示声音短促或突然。

示例1:咔嚓！一道闪电划破了夜空。

示例2:咚！咚咚！突然传来一阵急促的敲门声。

4.3.3.3　表示声音巨大或声音不断加大时，可叠用叹号；表达强烈语气时，也可叠用叹号，最多叠用三个叹号。在没有异常强烈的情感表达需要时不宜叠用叹号。

示例1:轰！！在这天崩地塌的声音中，女娲猛然醒来。

示例2::我要揭露！我要控诉！！我要以死抗争！！！

4.3.3.4　当句子包含疑问、感叹两种语气且都比较强烈时（如带有强烈感情的反问句和带有惊愕语气的疑问句），可在问号后再加叹号（问号、叹号各一）。

示例1 :这么点困难就能把我们吓倒吗?!

示例2 :他连这些最起码的常识都不懂，还敢说自己是高科技人才?!

4.4　逗号

4.4.1　定义

句内点号的一种，表示句子或语段内部的一般性停顿。

4.4.2　形式

逗号的形式是“，”。

4.4.3　基本用法

4.4.3.1　复句内各分句之间的停顿，除了有时用分号（见4.6.3.1），一般都用逗号。

示例1:不是人们的意识决定人们的存在，而是人们的社会存在决定人们的意识。

示例2:学历史使人更明智,学文学使人更聪慧,学数学使人更精细,学考古使人更深沉。

示例3:要是不相信我们的理论能反映现实,要是不相信我们的世界有内在和谐,那就不可能有科学。

4.4.3.2 用于下列各种语法位置:

a)较长的主语之后。

示例1:苏州园林建筑各种门窗的精美设计和雕镂功夫,都令人叹为观止。

b)句首的状语之后。

示例2:在苍茫的大海上,狂风卷集着乌云。

c)较长的宾语之前。

示例3:有的考古工作者认为,南方古猿生存于上新世至更新世的初期和中期。

d)带句内语气词的主语(或其他成分)之后,或带句内语气词的并列成分之间。

示例4:他呢,倒是很乐观地、全神贯注地干起来了。

示例5:(那是个没有月亮的夜晚。)可是整个村子——白房顶啦,白树木啦,雪堆啦,全看得见。

e)较长的主语中间、谓语中间或宾语中间。

示例6:母亲沉痛的诉说,以及亲眼看到的实事,都启发了我幼年时期追求真理的思想。

示例7:那姑娘头戴一顶草帽,身穿一条绿色的裙子,腰间还系着一根橙色的腰带。

示例8:必须懂得,对于文化传统,既不能不分青红皂白统统抛弃,也不能不管精华糟粕全盘继承。

f)前置的谓语之后或后置的状语、定语之前。

示例9:真美啊,这条蜿蜒的林间小路。

示例10:她吃力地站了起来,慢慢地。

示例11:我只是一个人,孤孤单单的。

4.4.3.3 用于下列各种停顿处:

a)复指成分或插说成分前后。

示例1:老张,就是原来的办公室主任,上星期已经调走了。

示例2:车,不用说,当然是头等。

b)语气缓和的感叹语、称谓语或呼唤语之后。

示例3:哎哟,这儿,快给我揉揉。

示例4:大娘,您到哪儿去啊?

示例5:喂,你是哪个单位的?

c)某些序次语("第"字头、"其"字头及"首先"类序次语)之后。

示例6 :为什么许多人都有长不大的感觉呢?原因有三:第一,父母总认为自己比孩子成熟;第二,父母总要以自己的标准来衡量孩子;第三,父母出于爱心而总不想让孩子在成长的过程中走弯路。

示例7 :《玄秘塔碑》所以成为书法的范本,不外乎以下几方面的因素:其一,具有楷书点画、构体的典范性;其二,承上启下,成为唐楷的极致;其三,字如其人,爱人及字,柳公权高尚的书品、人品为后人所崇仰。

示例8 :下面从三个方面讲讲语言的污染问题:首先,是特殊语言环境中的语言污染问题;其次,是滥用缩略语引起的语言污染问题;再次,是空话和废话引起的语言污染问题。

4.5 顿号

4.5.1 定义

句内点号的一种,表示语段中并列词语之间或某些序次语之后的停顿。

4.5.2 形式

顿号的形式是"、"。

4.5.3 基本用法

4.5.3.1 用于并列词语之间。

示例1:这里有自由、民主、平等、开放的风气和氛围。

示例2:造型科学、技艺精湛、气韵生动,是盛唐石雕的特色。

4.5.3.2 用于需要停顿的重复词语之间。

示例:他几次三番、几次三番地辩解着。

4.5.3.3 用于某些序次语(不带括号的汉字数字或"天干地支"类序次语)之后。

示例1:我准备讲两个问题:一、逻辑学是什么?二、怎样学好逻辑学?

示例2:风格的具体内容主要有以下四点:甲、题材;乙、用字;丙、表达;丁、色彩。

4.5.3.4　相邻或相近两数字连用表示概数通常不用顿号。若相邻两数字连用为缩略形式,宜用顿号。

示例1:飞机在6 000米高空水平飞行时,只能看到两侧八九公里和前方一二十公里范围内的地面。

示例2:这种凶猛的动物常常三五成群地外出觅食和活动。

示例3:农业是国民经济的基础,也是二、三产业的基础。

4.5.3.5　标有引号的并列成分之间、标有书名号的并列成分之间通常不用顿号。若有其他成分插在并列的引号之间或并列的书名号之间(如引语或书名号之后还有括注),宜用顿号。

示例1:“日”“月”构成“明”字。

示例2:店里挂着“顾客就是上帝”“质量就是生命”等横幅。

示例3 :《红楼梦》《三国演义》《西游记》《水浒传》,是我国长篇小说的四大名著。

示例4:李白的“白发三千丈”(《秋浦歌》)、“朝如青丝暮成雪”(《将进酒》)都是脍炙人口的诗句。

示例5:办公室里订有《人民日报》(海外版)、《光明日报》和《时代周刊》等报刊。

4.6　分号

4.6.1　定义

句内点号的一种,表示复句内部并列关系分句之间的停顿,以及非并列关系的多重复句中第一层分句之间的停顿。

4.6.2　形式

分号的形式是“;”。

4.6.3　基本用法

4.6.3.1　表示复句内部并列关系的分句(尤其当分句内部还有逗号时)之间的停顿。

示例1:语言文字的学习,就理解方面说,是得到一种知识;就运用方面说,是养成一种习惯。

示例2:内容有分量,尽管文章短小,也是有分量的;内容没有分量,即使写得再长也没有用。

4.6.3.2　表示非并列关系的多重复句中第一层分句(主要是选择、转折等关系)之间的停顿。

示例1:人还没看见,已经先听见歌声了;或者人已经转过山头望不见了,歌声还余音袅袅。

示例2:尽管人民革命的力量在开始时总是弱小的,所以总是受压的;但是由于革命的力量代表历史发展的方向,因此本质上又是不可战胜的。

示例3:不管一个人如何伟大,也总是生活在一定的环境和条件下;因此,个人的见解总难免带有某种局限性。

示例4:昨天夜里下了一场雨,以为可以凉快些;谁知没有凉快下来,反而更热了。

4.6.3.3　用于分项列举的各项之间。

示例:特聘教授的岗位职责为:一、讲授本学科的主干基础课程;二、主持本学科的重大科研项目;三、领导本学科的学术队伍建设;四、带领本学科赶超或保持世界先进水平。

4.7　冒号

4.7.1　定义

句内点号的一种,表示语段中提示下文或总结上文的停顿。

4.7.2　形式

冒号的形式是":"。

4.7.3　基本用法

4.7.3.1　用于总说性或提示性词语(如"说""例如""证明"等)之后,表示提示下文。

示例1:北京紫禁城有四座城门:午门、神武门、东华门和西华门。

示例2:她高兴地说:"咱们去好好庆祝一下吧!"

示例3:小王笑着点了点头:"我就是这么想的。"

示例4:这一事实证明:人能创造环境,环境同样也能创造人。

4.7.3.2　表示总结上文。

示例:张华上了大学,李萍进了技校,我当了工人:我们都有美好的前途。

4.7.3.3　用在需要说明的词语之后,表示注释和说明。

示例1:(本市将举办首届大型书市。)主办单位:市文化局;承办单位:市图书进出口公司;时间:8月15日—20日;地点:市体育馆观众休息厅。

示例2:(做阅读理解题有两个办法。)办法之一:先读题干,再读原文,带着问题有针对性地读课文。办法之二:直接读原文,读完再做题,减少先入为主的干扰。

4.7.3.4　用于书信、讲话稿中称谓语或称呼语之后。

示例1:广平先生:……

示例2:同志们、朋友们:……

4.7.3.5　一个句子内部一般不应套用冒号。在列举式或条文式表述中,如不得不套用冒号时,宜另起段落来显示各个层次。

示例:第十条遗产按照下列顺序继承:

第一顺序:配偶、子女、父母。

第二顺序:兄弟姐妹、祖父母、外祖父母。

4.8　引号

4.8.1　定义

标号的一种,标示语段中直接引用的内容或需要特别指出的成分。

4.8.2　形式

引号的形式有双引号““””和单引号“‘’”两种。左侧的为前引号,右侧的为后引号。

4.8.3　基本用法

4.8.3.1　标示语段中直接引用的内容。

示例:李白诗中就有“白发三千丈”这样极尽夸张的语句。

4.8.3.2　标示需要着重论述或强调的内容。

示例:这里所谓的“文”,并不是指文字,而是指文采。

4.8.3.3　标示语段中具有特殊含义而需要特别指出的成分,如别称、简称、反语等

示例1:电视被称作“第九艺术”。

示例2:人类学上常把古人化石统称为尼安德特人,简称“尼人”。

示例3:有几个“慈祥”的老板把捡来的菜叶用盐浸浸就算作工友的菜肴。

4.8.3.4　当引号中还需要使用引号时,外面一层用双引号,里面一层用单引号。

示例:他问:“老师,‘七月流火’是什么意思?”

4.8.3.5　独立成段的引文如果只有一段,段首和段尾都用引号;不止一段时,每段开头仅用前引号,只在最后一段末尾用后引号。

示例:我曾在报纸上看到有人这样谈幸福:

“幸福是知道自己喜欢什么和不喜欢什么。……

“幸福是知道自己擅长什么和不擅长什么。……

“幸福是在正确的时间做了正确的选择。……”

4.8.3.6　在书写带月、日的事件、节日或其他特定意义的短语(含简称)时,通常只标引其中的月和日;需要突出和强调该事件或节日本身时,也可连同事件或节日一起标引。

示例1:“5·12”汶川大地震

示例2:“五四”以来的话剧,是我国戏剧中的新形式。

示例3:纪念“五四运动”90周年

4.9　括号

4.9.1　定义

标号的一种,标示语段中的注释内容、补充说明或其他特定意义的语句。

4.9.2　形式

括号的主要形式是圆括号“( )”,其他形式还有方括号“[ ]”、六角括号“〔 〕”和方头括号“【 】”等。

4.9.3　基本用法

4.9.3.1　标示下列各种情况,均用圆括号:

a)标示注释内容或补充说明。

示例1:我校拥有特级教师(含已退休的)17人。

示例2:我们不但善于破坏一个旧世界,我们还将善于建设一个新世界!(热烈鼓掌)

b)标示订正或补加的文字。

示例3:信纸上用稚嫩的字体写着:“阿夷(姨),你好!”

示例4:该建筑公司负责的建设工程全部达到优良工程(的标准)。

c)标示序次语。

示例5:语言有三个要素:(1)声音;(2)结构;(3)意义。

示例6:思想有三个条件:(一)事理;(二)心理;(三)伦理。

d)标示引语的出处。

示例7:他说得好:“未画之前,不立一格;既画之后,不留一格。”(《板桥集·题画》)

e)标示汉语拼音注音。

示例8 :“的(de)”这个字在现代汉语中最常用。

4.9.3.2　标示作者国籍或所属朝代时,可用方括号或六角括号。

示例1:[英]赫胥黎《进化论与伦理学》

示例2:〔唐〕杜甫著

4.9.3.3　报刊标示电讯、报道的开头,可用方头括号。

示例:【新华社南京消息】

4.9.3.4　标示公文发文字号中的发文年份时,可用六角括号。

示例:国发〔2011〕3号文件

4.9.3.5　标示被注释的词语时,可用六角括号或方头括号。

示例1:〔奇观〕奇伟的景象。

示例2:【爱因斯坦】物理学家。生于德国,1933年因受纳粹政权迫害,移居美国。

4.9.3.6　除科技书刊中的数学、逻辑公式外,所有括号(特别是同一形式的括号)应尽量避免套用。必须套用括号时,宜采用不同的括号形式配合使用。

示例:〔茸(róng)毛〕很细很细的毛。

4.10　破折号

4.10.1　定义

标号的一种,标示语段中某些成分的注释、补充说明或语音、意义的变化。

4.10.2　形式

破折号的形式是“——”。

4.10.3　基本用法

4.10.3.1　标示注释内容或补充说明(也可用括号,见4.9.3.1;二者的区别另见B.1.7)。

示例1:一个矮小而结实的日本中年人——内山老板走了过来。

示例2:我一直坚持读书,想借此唤起弟妹对生活的希望——无论环境多么困难。

4.10.3.2　标示插入语(也可用逗号,见4.4.3.3)。

示例:这简直就是——说得不客气点——无耻的勾当!

4.10.3.3　标示总结上文或提示下文(也可用冒号,见4.7.3.1、4.7.3.2)。

示例1:坚强,纯洁,严于律己,客观公正——这一切都难得地集中在一个人身上。

示例2:画家开始娓娓道来——

数年前的一个寒冬……

4.10.3.4　标示话题的转换。

示例:“好香的干菜,——听到风声了吗?”赵七爷低声说道。

4.10.3.5　标示声音的延长。

示例:“嘎——”传过来一声水禽被惊动的鸣叫。

4.10.3.6　标示话语的中断或间隔。

示例1:“班长他牺——”小马话没说完就大哭起来。

示例2 :“亲爱的妈妈,你不知道我多爱您。——还有你,我的孩子!”

4.10.3.7　标示引出对话。

示例:——你长大后想成为科学家吗?

——当然想了!

4.10.3.8　标示事项列举分承。

示例:根据研究对象的不同,环境物理学分为以下五个分支学科:

——环境声学;

——环境光学;

——环境热学;

——环境电磁学;

——环境空气动力学。

4.10.3.9　用于副标题之前。

示例:飞向太平洋

——我国新型号运载火箭发射目击记

4.10.3.10　用于引文、注文后,标示作者、出处或注释者。

示例1:先天下之忧而忧,后天下之乐而乐。

——范仲淹

示例2:乐浪海中有倭人,分为百余国。

——《汉书》

示例3:很多人写好信后把信笺折成方胜形,我看大可不必。(方胜,指古代妇女戴的方形首饰,用彩绸等制作,由两个斜方部分叠合而成。——编者注)

4.11 省略号

4.11.1 定义

标号的一种,标示语段中某些内容的省略及意义的断续等。

4.11.2 形式

省略号的形式是"……"。

4.11.3 基本用法

4.11.3.1 标示引文的省略。

示例:我们齐声朗诵起来:"……俱往矣,数风流人物,还看今朝。"

4.11.3.2 标示列举或重复词语的省略。

示例1:对政治的敏感,对生活的敏感,对性格的敏感,……这都是作家必须要有的素质。

示例2:他气得连声说:"好,好……算我没说。"

4.11.3.3 标示语意未尽。

示例1:在人迹罕至的深山密林里,假如突然看见一缕炊烟,……

示例2:你这样干,未免太……!

4.11.3.4 标示说话时断断续续。

示例:她磕磕巴巴地说:"可是……太太……我不知道……你一定是认错了。"

4.11.3.5 标示对话中的沉默不语。

示例:"还没结婚吧?"

"……"他飞红了脸,更加忸怩起来。

4.11.3.6 标示特定的成分虚缺。

示例:只要……就……

4.11.3.7 在标示诗行、段落的省略时,可连用两个省略号(即相当于十二连点)。

示例1:从隔壁房间传来缓缓而抑扬顿挫的吟咏声——

床前明月光,疑是地上霜。

…………

示例2:该刊根据工作质量、上稿数量、参与程度等方面的表现,评选出了高校十佳记者站。还根据发稿数量、提供新闻线索情况以及对刊物的关注度等,评选出了十佳通讯员。

…………

4.12 着重号

4.12.1 定义

标号的一种,标示语段中某些重要的或需要指明的文字。

4.12.2 形式

着重号的形式是“.”标注在相应文字的下方。

4.12.3 基本用法

4.12.3.1 标示语段中重要的文字。

示例1:诗人需要表现,而不是证明。

示例2:下面对本文的理解,不正确的一项是:……

4.12.3.2 标示语段中需要指明的文字。

示例:下边加点的字,除了在词中的读法外,还有哪些读法?

着急 子弹 强调

4.13 连接号

4.13.1 定义

标号的一种,标示某些相关联成分之间的连接。

4.13.2 形式

连接号的形式有短横线“-”、一字线“—”和浪纹线“~”三种。

4.13.3 基本用法

4.13.3.1 标示下列各种情况,均用短横线:

a)化合物的名称或表格、插图的编号。

示例1:3-戊酮为无色液体,对眼及皮肤有强烈刺激性。

示例2:参见下页表2-8、表2-9。

b)连接号码,包括门牌号码、电话号码,以及用阿拉伯数字表示年月日等。

示例3:安宁里东路26号院3-2-11室

示例4:联系电话:010-88842603

示例5:2011-02-15

c)在复合名词中起连接作用。

示例6:吐鲁番-哈密盆地

d)某些产品的名称和型号。

示例7:WZ-10直升机具有复杂天气和夜间作战的能力。

e)汉语拼音、外来语内部的分合。

示例8:shuōshuō - xiàoxiào(说说笑笑)

示例9:盎格鲁 - 撒克逊人

示例10:让 - 雅克·卢梭("让 - 雅克"为双名)

示例11:皮埃尔·孟戴斯 - 弗朗斯("孟戴斯 - 弗朗斯"为复姓)

4.13.3.2 标示下列各种情况,一般用一字线,有时也可用浪纹线:

a)标示相关项目(如时间、地域等)的起止。

示例1:沈括(1031—1095),宋朝人。

示例2:2011年2月3日—10日

示例3:北京—上海特别旅客快车

b)标示数值范围(由阿拉伯数字或汉字数字构成)的起止。

示例4:25~30 g

示例5:第五~八课

4.14 间隔号

4.14.1 定义

标号的一种,标示某些相关联成分之间的分界。

4.14.2 形式

间隔号的形式是"·"。

4.14.3 基本用法

4.14.3.1 标示外国人名或少数民族人名内部的分界。

示例1:克里丝蒂娜·罗塞蒂

示例2:阿依古丽·买买提

4.14.3.2 标示书名与篇(章、卷)名之间的分界。

示例:《淮南子·本经训》

4.14.3.3 标示词牌、曲牌、诗体名等和题名之间的分界。

示例1:《沁园春·雪》

示例2:《天净沙·秋思》

示例3:《七律·冬云》

4.14.3.4 用在构成标题或栏目名称的并列词语之间。

示例:《天·地·人》

4.14.3.5 以月、日为标志的事件或节日,用汉字数字表示时,只在一、十一和十二月后用间隔号;当直接用阿拉伯数字表示时,月、日之间均用间隔号(半角字符)。

示例1:“九一八”事变 “五四”运动

示例2:“一·二八”事变 “一二·九”运动

示例3:“3·15”消费者权益日 “9·11”恐怖袭击事件

4.15 书名号

4.15.1 定义

标号的一种,标示语段中出现的各种作品的名称。

4.15.2 形式

书名号的形式有双书名号“《》”和单书名号“〈〉”两种。

4.15.3 基本用法

4.15.3.1 标示书名、卷名、篇名、刊物名、报纸名、文件名等。

示例1:《红楼梦》(书名)

示例2:《史记·项羽本纪》(卷名)

示例3:《论雷峰塔的倒掉》(篇名)

示例4:《每周关注》(刊物名)

示例5:《人民日报》(报纸名)

示例6:《全国农村工作会议纪要》(文件名)

4.15.3.2 标示电影、电视、音乐、诗歌、雕塑等各类用文字、声音、图像等表现的作品的名称。

示例1:《渔光曲》(电影名)

示例2:《追梦录》(电视剧名)

示例3:《勿忘我》(歌曲名)

示例4:《沁园春·雪》(诗词名)

示例5:《东方欲晓》(雕塑名)

示例6:《光与影》(电视节目名)

示例7:《社会广角镜》(栏目名)

示例8:《庄子研究文献数据库》(光盘名)

示例9:《植物生理学系列挂图》(图片名)

4.15.3.3 标示全中文或中文在名称中占主导地位的软件名。

示例:科研人员正在研制《电脑卫士》杀毒软件。

4.15.3.4 标示作品名的简称。

示例:我读了《念青唐古拉山脉纪行》一文(以下简称《念》),收获很大。

4.15.3.5 当书名号中还需要书名号时,里面一层用单书名号,外面一层用双书名号。

示例:《教育部关于提请审议〈高等教育自学考试试行办法〉的报告》

4.16 专名号

4.16.1 定义

标号的一种,标示古籍和某些文史类著作中出现的特定类专有名词。

4.16.2 形式

专名号的形式是一条直线,标注在相应文字的下方。

4.16.3 基本用法

4.16.3.1 标示古籍、古籍引文或某些文史类著作中出现的专有名词,主要包括人名、地名、国名、民族名、朝代名、年号、宗教名、官署名、组织名等。

示例1:孙坚人马被刘表率军围得水泄不通。(人名)

示例2:于是聚集冀、青、幽、并四州兵马七十多万准备决一死战。(地名)

示例3:当时乌孙及西域各国都向汉派遣了使节。(国名、朝代名)

示例4:从咸宁二年到太康十年,匈奴、鲜卑、乌桓等族人徙居塞内。(年号、民族名)

4.16.3.2 现代汉语文本中的上述专有名词,以及古籍和现代文本中的单位名、官职名、事件名、会议名、书名等不应使用专名号。必须使用标号标示时,宜使用其他相应标号(如引号、书名号等)。

4.17 分隔号

4.17.1 定义

标号的一种,标示诗行、节拍及某些相关文字的分隔。

4.17.2 形式

分隔号的形式是"/"。

4.17.3 基本用法

4.17.3.1 诗歌接排时分隔诗行(也可使用逗号和分号,见4.4.3.1/4.6.3.1)。

示例:春眠不觉晓/处处闻啼鸟/夜来风雨声/花落知多少。

4.17.3.2 标示诗文中的音节节拍。

示例:横眉/冷对/千夫指,俯首/甘为/孺子牛。

4.17.3.3 分隔供选择或可转换的两项,表示“或”。

示例:动词短语中除了作为主体成分的述语动词之外,还包括述语动词所带的宾语和/或补语。

4.17.3.4 分隔组成一对的两项,表示“和”。

示例1:13/14次特别快车

示例2:羽毛球女双决赛中国组合杜婧/于洋两局完胜韩国名将李孝贞/李敬元。

4.17.3.5 分隔层级或类别。

示例:我国的行政区划分为:省(直辖市、自治区)/省辖市(地级市)/县(县级市、区、自治州)/乡(镇)/村(居委会)。

5 标点符号的位置和书写形式

5.1 横排文稿标点符号的位置和书写形式

5.1.1 句号、逗号、顿号、分号、冒号均置于相应文字之后,占一个字位置,居左下,不出现在一行之首。

5.1.2 问号、叹号均置于相应文字之后,占一个字位置,居左,不出现在一行之首。两个问号(或叹号)叠用时,占一个字位置;三个问号(或叹号)叠用时,占两个字位置;问号和叹号连用时,占一个字位置。

5.1.3 引号、括号、书名号中的两部分标在相应项目的两端,各占一个字位置。其中前一半不出现在一行之末,后一半不出现在一行之首。

5.1.4 破折号标在相应项目之间,占两个字位置,上下居中,不能中间断开分处上行之末和下行之首。

5.1.5 省略号占两个字位置,两个省略号连用时占四个字位置并须单独占一行。省略号不能中间断开分处上行之末和下行之首。

5.1.6 连接号中的短横线比汉字“一”略短,占半个字位置;一字线比汉字“一”略长,占一个字位置;浪纹线占一个字位置。连接号上下居中,不出现在一行之首。

5.1.7 间隔号标在需要隔开的项目之间,占半个字位置,上下居中,不出现在一行之首。

5.1.8 着重号和专名号标在相应文字的下边。

5.1.9 分隔号占半个字位置,不出现在一行之首或一行之末。

5.1.10　标点符号排在一行末尾时，若为全角字符则应占半角字符的宽度（即半个字位置），以使视觉效果更美观。

5.1.11　在实际编辑出版工作中，为排版美观、方便阅读等需要，或为避免某一小节最后一个汉字转行或出现在另外一页开头等情况（浪费版面及视觉效果差），可适当压缩标点符号所占用的空间。

5.2　竖排文稿标点符号的位置和书写形式

5.2.1　句号、问号、叹号、逗号、顿号、分号和冒号均置于相应文字之下偏右。

5.2.2　破折号、省略号、连接号、间隔号和分隔号置于相应文字之下居中，上下方向排列。

5.2.3　引号改用双引号“﹃”“﹄”和单引号“﹁”“﹂”，括号改用“︵”“︶”，标在相应项目的上下。

5.2.4　竖排文稿中使用浪线式书名号“﹏”，标在相应文字的左侧。

5.2.5　着重号标在相应文字的右侧，专名号标在相应文字的左侧。

5.2.6　横排文稿中关于某些标点不能居行首或行末的要求，同样适用于竖排文稿。

省略附录A和附录B。

三、第一批异形词整理表(GF 1001—2001)

中华人民共和国教育部　国家语言文字工作委员会发布(2002 年 3 月 31 日试行)

1　范围

本规范是推荐性试行规范。根据“积极稳妥、循序渐进、区别对待、分批整理”的工作方针,选取了普通话书面语中经常使用、公众的取舍倾向比较明显的 338 组(不含附录中的 44 组)异形词(包括词和固定短语)作为第一批进行整理,给出了每组异形词的推荐使用词形。

本规范适用于普通话书面语,包括语文教学、新闻出版、辞书编纂、信息处理等方面。

2　规范性引用文件

第一批异体字整理表(1955 年 12 月 22 日中华人民共和国文化部、中国文字改革委员会发布)

汉语拼音方案(1958 年 2 月 11 日中华人民共和国第一届全国人民代表大会第五次会议批准)

普通话异读词审音表(1985 年 12 月 27 日国家语言文字工作委员会、国家教育委员会和广播电视部发布)

简化字总表(1986 年 10 月 10 日经国务院批准国家语言文字工作委员会重新发表)

现代汉语常用字表(1988 年 1 月 26 日国家语言文字工作委员会、国家教育委员会发布)

现代汉语通用字表(1988 年 3 月 25 日国家语言文字工作委员会、中华人民共和国新闻出版署发布)

GB/T 16159—1996 汉语拼音正词法基本规则

3　术语

3.1　异形词

普通话书面语中并存并用的同音(本规范中指声、韵、调完全相同)、同义(本规范中指理性意义、色彩意义和语法意义完全相同)而书写形式不同的词语。

3.2　异体字

与规定的正体字同音、同义而写法不同的字。本规范中专指被《第一批异体字整理表》淘汰的异体字。

3.3　词形

本规范中指词语的书写形式。

3.4　语料

本规范中指用于词频统计的普通话书面语中的语言资料。

3.5 词频

在一定数量的语料中同一个词语出现的频度，一般用词语的出现次数或覆盖率来表示。本规范中指词语的出现次数。

4　整理异形词的主要原则

现代汉语中异形词的出现有一个历史发展过程，涉及形、音、义等多个方面。整理异形词必须全面考虑、统筹兼顾。既立足于现实，又尊重历史；既充分注意语言的系统性，又承认发展演变中的特殊情况。

4.1　通用性原则

根据科学的词频统计和社会调查，选取公众目前普遍使用的词形作为推荐词形。把通用性原则作为整理异形词的首要原则，这是由语言的约定俗成的社会属性所决定的。据多方考察，90%以上的常见异形词在使用中词频逐渐出现显著性差异，符合通用性原则的词形绝大多数与理据性等原则是一致的。即使少数词频高的词形与语源或理据不完全一致，但一旦约定俗成，也应尊重社会的选择。如"毕恭毕敬 24——必恭必敬 0"（数字表示词频，下同），从源头来看，"必恭必敬"出现较早，但此成语在流传过程中意义发生了变化，由"必定恭敬"演变为"十分恭敬"，理据也有了不同。从目前的使用频率看，"毕恭毕敬"通用性强，故以"毕恭毕敬"为推荐词形。

4.2　理据性原则

某些异形词目前较少使用，或词频无显著性差异，难以依据通用性原则确定取舍，则从词语发展的理据性角度推荐一种较为合理的词形，以便于理解词义和方便使用。如"规诫 1———规戒 2"，"戒""诫"为同源字，在古代二者皆有"告诫"和"警戒"义，因此两词形皆合语源。但现代汉语中"诫"多表"告诫"义，"戒"多表"警戒"义，"规诫"是以言相劝，"诫"的语素义与词义更为吻合，故以“规诫”为推荐词形。

4.3 系统性原则

词汇内部有较强的系统性，在整理异形词时要考虑同语素系列词用字的一致性。如“侈靡0——侈糜0|靡费3——糜费3”，根据使用频率，难以确定取舍。但同系列的异形词“奢靡87——奢糜17”，前者占有明显的优势，故整个系列都确定以含“靡”的词形为推荐词形。

以上三个原则只是异形词取舍的三个主要侧重点，具体到每组词还需要综合考虑决定取舍。

另外，目前社会上还流行着一批含有非规范字（即国家早已废止的异体字或已简化的繁体字）的异形词，造成书面语使用中的混乱。这次选择了一些影响较大的列为附录，明确作为非规范词形予以废除。

5 《第一批异形词整理表》说明

5.1 本表研制过程中，用《人民日报》1995—2000年全部作品作语料对异形词进行词频统计和分析，并逐条进行人工干预，尽可能排除电脑统计的误差，部分异形词还用《人民日报》1987—1995年语料以及1996—1997年的66种社会科学杂志和158种自然科学杂志的语料进行了抽样复查。同时参考了《现代汉语词典》《汉语大词典》《辞海》《新华词典》《现代汉语规范字典》等工具书和有关讨论异形词的文章。

5.2 每组异形词破折号前为选取的推荐词形。表中需要说明的个别问题，以注释方式附在表后。

5.3 本表所收的条目按首字的汉语拼音音序排列，同音的按笔画数由少到多排列。

5.4 附录中列出的非规范词形置于圆括号内，已淘汰的异体字和已简化的繁体字在左上角用“*”号标明。

A

按捺——按纳

按语——案语

B

百废俱兴——百废具兴

百叶窗——百页窗

斑白——班白、颁白

斑驳——班驳

孢子——胞子

保镖——保镳

保姆——保母、褓姆

辈分——辈份

本分——本份
笔画——笔划
毕恭毕敬——必恭必敬
编者按——编者案
扁豆——萹豆、稨豆、藊豆
标志——标识
鬓角——鬓脚
秉承——禀承
补丁——补靪、补钉
C
参与——参预
惨淡——惨澹
差池——差迟
掺和——搀和①
掺假——搀假
掺杂——搀杂
铲除——刬除
徜徉——倘佯
车厢——车箱
彻底——澈底
沉思——沈思②
称心——趁心
成分——成份
澄澈——澄彻
侈靡——侈糜
筹划——筹画
筹码——筹马
踌躇——踌蹰
出谋划策——出谋画策
喘吁吁——喘嘘嘘
瓷器——磁器
赐予——赐与
粗鲁——粗卤
D
搭档——搭当、搭挡
搭讪——搭赸、答讪
答复——答覆
戴孝——带孝
担心——耽心
担忧——耽忧
耽搁——担搁
淡泊——澹泊
淡然——澹然
倒霉——倒楣
低回——低徊③
凋敝——雕敝、雕弊④
凋零——雕零
凋落——雕落
凋谢——雕谢
跌宕——跌荡
跌跤——跌交
喋血——蹀血
叮咛——丁宁
订单——定单⑤
订户——定户
订婚——定婚
订货——定货
订阅——定阅
斗拱——枓拱、枓栱
逗留——逗遛
逗趣儿——斗趣儿
独角戏——独脚戏

端午——端五

E

二黄——二簧

二心——贰心

F

发酵——醱酵

发人深省——发人深醒

繁衍——蕃衍

吩咐——分付

分量——份量

分内——份内

分外——份外

分子——份子⑥

愤愤——忿忿

丰富多彩——丰富多采

风瘫——疯瘫

疯癫——疯颠

锋芒——锋铓

服侍——伏侍、服事

服输——伏输

服罪——伏罪

负隅顽抗——负嵎顽抗

附会——傅会

复信——覆信

覆辙——复辙

G

干预——干与

告诫——告戒

耿直——梗直、鲠直

恭维——恭惟

勾画——勾划

勾连——勾联

孤苦伶仃——孤苦零丁

辜负——孤负

古董——骨董

股份——股分

骨瘦如柴——骨瘦如豺

关联——关连

光彩——光采

归根结底——归根结柢

规诫——规戒

鬼哭狼嚎——鬼哭狼嗥

过分——过份

H

蛤蟆——虾蟆

含糊——含胡

含蓄——涵蓄

寒碜——寒伧

喝彩——喝采

喝倒彩——喝倒采

轰动——哄动

弘扬——宏扬

红彤彤——红通通

宏论——弘论

宏图——弘图、鸿图

宏愿——弘愿

宏旨——弘旨

洪福——鸿福

狐臭——胡臭

蝴蝶——胡蝶

糊涂——胡涂

琥珀——虎魄

花招——花着

划拳——豁拳、搳拳

恍惚——恍忽

辉映——晖映

溃脓——殨脓

浑水摸鱼——混水摸鱼

伙伴——火伴

J

机灵——机伶

激愤——激忿

计划——计画

纪念——记念

寄予——寄与

夹克——茄克

嘉宾——佳宾

驾驭——驾御

架势——架式

嫁妆——嫁装

简练——简炼

骄奢淫逸——骄奢淫佚

角门——脚门

狡猾——狡滑

脚跟——脚根

叫花子——叫化子

精彩——精采

纠合——鸠合

纠集——鸠集

就座——就坐

角色——脚色

K

克期——刻期

克日——刻日

刻画——刻划

阔佬——阔老

L

褴褛——蓝缕

烂漫——烂缦、烂熳

狼藉——狼籍

榔头——狼头、鎯头

累赘——累坠

黧黑——黎黑

连贯——联贯

连接——联接

连绵——联绵⑦

连缀——联缀

联结——连结

联袂——连袂

联翩——连翩

踉跄——踉蹡

嘹亮——嘹喨

缭乱——撩乱

伶仃——零丁

囹圄——囹圉

溜达——蹓跶

流连——留连

喽啰——喽罗、偻儸

鲁莽——卤莽

录像——录象、录相

络腮胡子——落腮胡子

落寞——落漠、落莫

M

麻痹——痳痹

麻风——痲风

麻疹——痲疹

马蜂——蚂蜂

马虎——马糊

门槛——门坎

靡费——糜费

绵连——绵联

腼腆——靦覥

模仿——摹仿

模糊——模胡

模拟——摹拟

摹写——模写

摩擦——磨擦

摩拳擦掌——磨拳擦掌

磨难——魔难

脉脉——眽眽

谋划——谋画

N

那么——那末

内讧——内哄

凝练——凝炼

牛仔裤——牛崽裤

纽扣——钮扣

P

扒手——掱手

盘根错节——蟠根错节

盘踞——盘据、蟠踞、蟠据

盘曲——蟠曲

盘陀——盘陁

磐石——盘石、蟠石

蹒跚——盘跚

彷徨——旁皇

披星戴月——披星带月

疲沓——疲塌

漂泊——飘泊

漂流——飘流

飘零——漂零

飘摇——飘飖

凭空——平空

Q

牵连——牵联

憔悴——蕉萃

清澈——清彻

情愫——情素

拳拳——惓惓

劝诫——劝戒

R

热乎乎——热呼呼

热乎——热呼

热衷——热中

人才——人材

日食——日蚀

入座——入坐

S

色彩——色采

杀一儆百——杀一警百

鲨鱼——沙鱼

山楂——山查

舢板——舢舨

艄公——梢公

奢靡——奢糜

申雪——伸雪

神采——神彩
湿漉漉——湿渌渌
什锦——十锦
收服——收伏
首座——首坐
书简——书柬
双簧——双鐄
思维——思惟
死心塌地——死心踏地
T
踏实——塌实
甜菜——菾菜
铤而走险——挺而走险
透彻——透澈
图像——图象
推诿——推委
W
玩意儿——玩艺儿
魍魉——蝄蜽
诿过——委过
乌七八糟——污七八糟
无动于衷——无动于中
毋宁——无宁
毋庸——无庸
五彩缤纷——五采缤纷
五劳七伤——五痨七伤
X
息肉——瘜肉
稀罕——希罕
稀奇——希奇
稀少——希少
稀世——希世
稀有——希有
翕动——噏动
洗练——洗炼
贤惠——贤慧
香醇——香纯
香菇——香菰
相貌——像貌
潇洒——萧洒
小题大做——小题大作
卸载——卸儎
信口开河——信口开合
惺忪——惺松
秀外慧中——秀外惠中
序文——叙文
序言——叙言
训诫——训戒
Y
压服——压伏
押韵——压韵
鸦片——雅片
扬琴——洋琴
要么——要末
夜宵——夜消
一锤定音——一槌定音
一股脑儿——一古脑儿
衣襟——衣衿
衣着——衣著
义无反顾——义无返顾
淫雨——霪雨
盈余——赢余

影像——影象

余晖——余辉

渔具——鱼具

渔网——鱼网

与会——预会

与闻——预闻

驭手——御手

预备——豫备[8]

原来——元来

原煤——元煤

原原本本——源源本本、元元本本

缘故——原故

缘由——原由

月食——月蚀

月牙——月芽

芸豆——云豆

Z

杂沓——杂遝

再接再厉——再接再砺

崭新——斩新

辗转——展转

战栗——颤栗[9]

账本——帐本[10]

折中——折衷

这么——这末

正经八百——正经八摆

芝麻——脂麻

肢解——支解、枝解

直截了当——直捷了当、直接了当

指手画脚——指手划脚

周济——赒济

转悠——转游

装潢——装璜

孜孜——孳孳

姿势——姿式

仔细——子细

自个儿——自各儿

佐证——左证

【注释】

①“掺”“搀”实行分工:“掺”表混合义,“搀”表搀扶义。

②“沉”本为“沈”的俗体,后来“沉”字成了通用字,与“沈”并存并用,并形成了许多异形词,如“沉没——沈没|沉思——沈思|深沉——深沈”等。现在“沈”只读 shěn,用于姓氏。地名沈阳的“沈”是“瀋”的简化字。表示“沉没”及其引申义,现在一般写作“沉”,读 chén。

③《普通话异读词审音表》审定“徊”统读 huái。“低回”一词只读 dīhuí,不读 dīhuái。

④“凋”“雕”古代通用,1955 年《第一批异体字整理表》曾将“凋”作为“雕”的异体字予以淘汰。1988 年《现代汉语通用字表》确认“凋”为规范字,表示“凋谢”及其引申义。

⑤“订”“定”二字中古时本不同音,演变为同音字后,才在“预先、约定”的义项上通用,形成了一批异形词。不过近几十年二字在此共同义项上又发生了细微的分化:“订”多指事先经过双方商讨的,只是约定,并非确定不变的;“定”侧重在确定,不轻易变动。故有些异形词现已分化为近义词,但本表所列的“订单——定单”等仍为全等异形词,应依据通用性原则予以规范。

⑥此词是指属于一定阶级、阶层、集团或具有某种特征的人,如“地主~|知识~|先进~”。与分母相对的“分子”、由原子构成的“分子”(读 fēnzǐ)、凑份子送礼的“份子”(读 fènzi),音、义均不同,不可混淆。

⑦“联绵字”“联绵词”中的“联”不能改写为“连”。

⑧“预”“豫”二字,古代在“预先、约定”的意义上通用,故形成了“预备——豫备|预防——豫防|预感——豫感|预期——豫期”等20多组异形词。现在此义项已完全由“预”承担。但考虑到鲁迅等名家习惯用“豫”,他们的作品影响深远,故列出一组特作说明。

⑨“颤”有两读,读 zhàn 时,表示人发抖,与“战”相通;读 chàn 时,主要表示物体轻微振动,也可表示人发抖,如“颤动”既可用于物,也可用于人。什么时候读 zhàn,什么时候读 chàn,很难从意义上把握,统一写作“颤”必然会给读者带来一定困难,故宜根据目前大多数人的习惯读音来规范词形,以利于稳定读音,避免混读。如“颤动、颤抖、颤巍巍、颤音、颤悠、发颤”多读 chàn,写作“颤”;“战栗、打冷战、打战、胆战心惊、冷战、寒战”等词习惯多读 zhàn,写作“战”。

⑩“账”是“帐”的分化字。古人常把账目记于布帛上悬挂起来以利保存,故称日用的账目为“帐”。后来为了与帷帐分开,另造形声字“账”,表示与钱财有关。“账”“帐”并存并用后,形成了几十组异形词。《简化字总表》《现代汉语通用字表》中“账”“帐”均收,可见主张分化。二字分工如下:“账”用于货币和货物出入的记载、债务等,如“账本、报账、借账、还账”等;“帐”专表用布、纱、绸子等制成的遮蔽物,如“蚊帐、帐篷、青纱帐(比喻用法)”等。

【附录】　　含有非规范字的异形词(44组)

抵触(*牴触)	飞扬(飞*颺)
抵牾(*牴牾)	氛围(*雰围)
喋血(*啑血)	构陷(*搆陷)
仿佛(彷*彿、*髣*髴)	浩渺(浩*淼)

历史研究基础

红果儿（红*菓儿）

胡同（*衚*衕）

糊口（*餬口）

蒺藜（蒺*蔾）

家伙（*傢伙）

家具（*傢具）

家什（*傢什）

侥幸（*儌*倖、徼*倖）

局促（*侷促、*跼促）

撅嘴（*噘嘴）

克期（*剋期）

空蒙（空*濛）

昆仑（*崑*崙）

劳动（劳*働）

绿豆（*菉豆）

马扎（马*劄）

蒙眬（*矇眬）

蒙蒙（*濛*濛）

弥漫（*瀰漫）

弥蒙（*瀰*濛）

迷蒙（迷*濛）

渺茫（*淼茫）

飘扬（飘*颺）

憔悴（*顦*顇）

轻扬（轻*颺）

水果（水*菓）

趟地（*蹚地）

趟浑水（*蹚浑水）

趟水（*蹚水）

纨绔（纨*袴）

丫杈（*椏杈）

丫枝（*椏枝）

殷勤（*慇*懃）

札记（*劄记）

枝丫（枝*椏）

跖骨（*蹠骨）

四、264 组异形词整理表(草案)

中国版协校对研究委员会　中国语文报刊协会国家语委异形词研究课题组　《咬文嚼字》编委会 2004 年 1 月起,在各自系统内试用。

A

安分守己 ——安份守己

暗渡陈仓 ——暗度陈仓

B

把式 ——把势

般配 ——班配

棒槌 ——棒锤、棒棰

曝光 ——暴光

报道 ——报导 (bàodào — bàodǎo)

悲愤 ——悲忿

悖理 ——背理

比划 ——比画

笔芯 ——笔心

筚路蓝缕 ——荜路蓝缕

辩白 ——辨白

辩词 ——辩辞

拨浪鼓 ——波浪鼓、泼浪鼓

部分 ——部份

C

菜籽 ——菜子

仓皇 ——仓惶、仓黄、仓遑

策划 ——策画

长年累月 ——常年累月

唱功 ——唱工

潮乎乎 ——潮呼呼、潮忽忽

撤销 ——撤消

承上启下 ——承上起下

吃里爬外 ——吃里扒外

踟蹰 ——踟躇

串联 ——串连

词汇 ——辞汇

辞令 ——词令

D

耷拉 ——搭拉

搭理 ——答理

嗒嗒 ——哒哒

褡裢 ——搭裢、搭连、褡连、褡联

打冷战 ——打冷颤 dǎlěngzhan

大放厥词 ——大放厥辞

当当 ——铛铛

当作 ——当做

倒腾 ——捣腾

悼词 ——悼辞

得意洋洋 ——得意扬扬

灯芯 ——灯心

嘀里嘟噜 ——滴里嘟噜

调包 ——掉包

盯梢 ——钉梢

丢三落四 ——丢三拉四

调换 ——掉换

冬不拉 ——东不拉

遁词 ——遁辞

哆嗦 ——哆唆

E

峨眉山 ——峨嵋山

F

发愣 ——发楞

幡然醒悟 ——翻然醒悟

反复 ——反覆

愤恨 ——忿恨

愤怒 ——忿怒

夫唱妇随 ——夫倡妇随

浮屠 ——浮图

辐辏 ——辐凑

福分 ——福份

俯首帖耳 ——俯首贴耳

赋予 ——赋与

G

胳肢窝 ——夹肢窝

干吗 ——干嘛

咯噔 ——格登

根底 ——根柢

哽咽 ——梗咽

宫廷 ——宫庭

勾勒 ——钩勒

钩针 ——勾针

够呛 ——够戗

孤零零 ——孤另另、孤伶伶

轱辘 ——轱轳

轱辘 ——毂辘

故伎 ——故技

痼疾 ——锢疾、固疾

呱呱叫 ——刮刮叫

H

哈腰 ——呵腰

寒战 ——寒颤

号啕 ——嚎啕、号咷、嚎咷

好高骛远 ——好高务远

和事佬 ——和事老

贺词 ——贺辞

黑咕隆咚 ——黑鼓隆咚

黑咕隆咚 ——黑古龙冬

黑压压 ——黑鸦鸦

哄堂大笑 ——轰堂大笑

哄笑 ——轰笑

洪亮 ——宏亮

呼哧 ——呼嗤、呼蚩、呼吃

花里胡哨 ——花狸狐哨

花哨 ——花梢、花稍

花销 ——花消

皇历 ——黄历

浑身 ——混身

混沌 ——浑沌

J

辑佚 ——辑逸

给予 ——给与

纪录片 ——记录片

纪要 ——记要

茧子 ——趼子

交代 ——交待

脚丫子 ——脚鸭子

脚趾 ——脚指

较真 ——叫真

精华 ——菁华

警醒 ——警省

酒盅 ——酒钟

倔强 ——倔犟

K

开销 ——开消

侃大山 ——砍大山

看作　　看做

夸大其词 ——夸大其辞

宽宏大量 ——宽洪大量

L

老茧 ——老趼

乐呵呵 ——乐和和

乐滋滋 ——乐孜孜

厉害 ——利害 lìhai

伶牙俐齿 ——伶牙利齿

流言蜚语 ——流言飞语

遛弯儿 ——蹓弯儿

乱哄哄 ——乱烘烘

螺纹 ——罗纹

M

漫道 ——慢道

漫说 ——慢说

毛骨悚然 ——毛骨耸然、毛骨竦然

贸然 ——冒然

棉籽 ——棉子

渺小 ——藐小

藐视 ——渺视

邈远 ——渺远

冥冥 ——溟溟

模棱两可 ——摸棱两可

秣马厉兵 ——秣马利兵、秣马砺兵

木樨 ——木犀

N

闹哄哄 ——闹轰轰、闹烘烘

黏稠 ——粘稠

黏糊 ——粘糊

黏土 ——粘土

黏性 ——粘性

黏液 ——粘液

念叨 ——念道 niàodao

暖乎乎 ——暖呼呼

P

爬犁 ——扒犁

判词 ——判辞

皮黄 ——皮簧

剽悍 ——慓悍

缥缈 ——飘渺、漂渺、飘眇、飘邈

平白无故 ——凭白无故

匍匐 ——匍伏

Q

启程 ——起程

起锚 ——启锚

起讫 ——起迄

气门芯 ——气门心

迁就 ——牵就

遣词 ——遣辞

枪支 ——枪枝

情分 ——情份

屈服 ——屈伏

取消 ——取销

雀斑 ——雀瘢

R

热辣辣 ——热剌剌

如雷贯耳 ——如雷灌耳

S

散佚 ——散逸

砂锅 ——沙锅

砂壶 ——沙壶

砂浆 ——沙浆

砂糖 ——沙糖

煞风景 ——杀风景

煞尾 ——杀尾

霎时 ——刹时

山巅 ——山颠

煽风点火 ——扇风点火

闪烁其词 ——闪烁其辞

尚方宝剑 ——上方宝剑

深省 ——深醒

什么 ——甚么

神父 ——神甫

省份 ——省分

拾遗补缺 ——拾遗补阙

仕女画 ——士女画

视域 ——视阈

誓词 ——誓辞

授予 ——授与

摔跤 ——摔交

水分 ——水份

水涨船高 ——水长船高

思辨 ——思辩

死乞白赖 ——死气白赖

夙愿 ——宿愿

素来 ——夙来

宿敌 ——夙敌

宿儒 ——夙儒

宿怨 ——夙怨

T

体己 ——梯己

题词 ——题辞

倜傥 ——俶傥

瞳仁 ——瞳人

褪色 ——退色

托付 ——托咐

W

玩耍 ——顽耍

顽皮 ——玩皮

唯独 ——惟独

唯恐 ——惟恐

唯利是图 ——惟利是图

唯命是从 ——惟命是从

唯其 ——惟其

唯我独尊 ——惟我独尊

唯一 ——惟一

唯有 ——惟有

委顿 ——萎顿

委婉 ——委宛

诿罪 ——委罪

萎靡 ——委靡

萎谢 ——委谢

文采 ——文彩

无精打采 ——无精打彩

无上 ——无尚

X

唏嘘 ——欷歔

喜滋滋 ——喜孜孜

陷阱 ——陷井

项链 ——项练

消歇 ——销歇

销魂 ——消魂

兴高采烈 ——兴高彩烈

雄赳赳 ——雄纠纠

漩涡 ——旋涡

熏陶 ——薰陶

Y

丫环 ——丫鬟

押宝 ——压宝

哑巴 ——哑吧

哑巴 ——哑叭

言不由衷 ——言不由中

邀功 ——要功 yāogōng

一唱百和 ——倡百和

一塌糊涂 ——蹋糊涂、一榻糊涂

一厢情愿 ——一相情愿

引申 ——引伸

硬邦邦 —— 硬梆梆、硬帮帮

鱼汛 —— 渔汛

渔鼓 —— 鱼鼓

约摸 —— 约莫

陨落 —— 殒落

Z

在座 —— 在坐

糟蹋 —— 糟踏、糟塌

张皇 —— 张惶

照相 —— 照像

珍馐 —— 珍羞

真相 —— 真象

支吾 —— 枝梧、枝捂

装聋作哑 —— 装聋做哑

装束 —— 妆束

装作 —— 装做

仔畜 —— 子畜

仔猪 —— 子猪

籽粒 —— 子粒

籽棉 —— 子棉

籽实 —— 子实

走漏 —— 走露

作弊 —— 做弊

作美 —— 做美

作弄 —— 做弄

作声 —— 做声

作秀 —— 做秀

坐落 —— 座落

座次 —— 坐次

座位 —— 坐位

【注释】

[1]报道——报导

“报导”的“导”旧读 dào,“报导”和“报道”同音,意义完全相同。1985 年《普通话异读词审音表》确定“导”统读 dǎo,才出现二者读音的分化。

[2]辩词——辩辞

“词”“辞”,在表示词语和话语时古代通用,故形成了一系列异形复合词。现在表示词语和一般话语多用“词”,如“辩词、词汇、大放厥词、悼词、遁词、贺词、夸大其词、判词、遣词、闪烁其词、誓词、题词”等;表示交际场合得体的言语多用“辞”,如“辞令”等。

[3]菜籽——菜子

“籽”是“子”的分化字。古汉语中“子”除表示孩子等意义外,还表示种子;“籽”专指某些植物的种子。“子”“籽”并存并用后,形成了多组异形词。《现代汉语通用字表》中“子”“籽”并收,可见二字应有所分工。根据人们的使用习惯,“子”指孩子、儿子等意义,也可泛指与植物种子有关的器官(如“子房”);“籽”专指植物的种子,如“棉籽、菜籽、籽棉”等。但作为食品的“瓜子”(口语中儿化为 guāzǐr)不写作“瓜籽”。

[4]打冷战——打冷颤

《一表》已对“战”与“颤”构成的异形词作了注释说明,指出“颤动、颤抖、颤巍巍、颤音、颤悠、发颤”等词中的“颤”读作 chàn;“战栗、打战、打冷战、胆战心惊、冷战、寒战”等词中表示人发抖意义的“颤”读作 zhàn,写作“战”。此处“打冷战”的“战”读轻声 zhan,跟读去声 zhàn 的同形词意义不同。

[5]当作——当做

“做”是“作”的后起字。在“制作”“从事某种活动”等义项上与“作”通用。但在现实应用中已逐渐分化:“作”多用于抽象对象或不产生实物的活动,动作性较弱;“做”侧重于具体对象或产生实物的活动,动作性较强。据此,对“当作—当做”“看作—看做”“装聋作哑—装聋做哑”“装作—装做”“作弊—做弊”“作美—做美”“作弄—做弄”“作声—做声”“作秀—做秀”等组异形词进行了整理。

[6]灯芯——灯心

“芯”是“心”的分化字,特指某些植物或圆形物体的条状形中心部分。故对相关的异形词作了整理,如“灯芯”(包括“灯芯草”“灯芯绒”)“气门芯”“笔芯”等都宜用“芯”。

［7］茧子——趼子

二者的词义是包孕关系。“趼”是老茧的本字，因其状如蚕茧，人们常用“茧”字代替。今“趼”字几乎不用，故以“茧子”“老茧”为推荐词形。

［8］厉害——利害

在难以对付或忍受、剧烈、凶猛等意义上，二者音义相同。当“利害”不读轻声，读作 lìhài 时，表示事物“利”和“害”的两个方面，为另一个词。

［9］黏稠——粘稠

“粘”字两读，一读 nián，一读 zhān。1955 年《第一批异体字整理表》将“黏”作为“粘”的异体字淘汰，1988 年《现代汉语通用字表》确认“黏”为规范字。这样，二者基本有了分工：“黏”读 nián，指胶水或糨糊之类物质所具有的黏糊性质；“粘”读 zhān，指使物体附着在另一个物体上。据此，在“黏稠——粘稠”“黏糊——粘糊”“黏土——粘土”“黏液——粘液”等组异形词中，宜用“黏”。

［10］唯独——惟独

“唯”本表示应答的声音，如“唯唯诺诺”。“惟”本是动词，表示思考、想，如“伏惟”。二字都借作副词，都表示“仅”“只有”的意思。于是“唯”“惟”构成了一批异形词，从现代汉语使用的情况看，用“唯”的词频高。

［11］文采——文彩

“彩”是“采”的后起字，古义相通，今已分化。“彩”的意义比较实在，指具体的颜色，而“采”多用于比较抽象的引申意义。据此，把“文采”“兴高采烈”“无精打采”定为推荐词形。

［12］鱼汛——渔汛

“鱼”古代有捕鱼的意思，“鱼”“渔”相通，以致时有混用。今“鱼”字已没有动词用法。“鱼汛—渔汛”指某些鱼类成群大量出现的时期，故以“鱼汛”为推荐词形。捕鱼工具的“渔具”“渔网”（已见《一表》）、打击乐器的“渔鼓”等词语中的“渔”为动作方式，不宜写作“鱼”。

［13］真相——真象

“真相”源于佛教用语，犹言本来面目，引申指事情的真实情况，与“假象”并不构成严格的反义关系，且通用性占绝对优势。根据通用性和理据性原则，宜以“真相”为推荐词形。

五、当代汉语出版物中最常见的100个别字

《咬文嚼字》杂志（刊于文汇报2005－04－29）

（括号中为正字）

1. 按（安）装	2. 甘败（拜）下风	3. 自抱（暴）自弃	4. 针贬（砭）
5. 泊（舶）来品	6. 脉博（搏）	7. 松驰（弛）	8. 一愁（筹）莫展
9. 穿（川）流不息	10. 精萃（粹）	11. 重迭（叠）	12. 渡（度）假村
13. 防（妨）碍	14. 幅（辐）射	15. 一幅（副）对联	16. 天翻地复（覆）
17. 言简意骇（赅）	18. 气慨（概）	19. 一股（鼓）作气	20. 悬梁刺骨（股）
21. 粗旷（犷）	22. 食不裹（果）腹	23. 震憾（撼）	24. 凑和（合）
25. 侯（候）车室	26. 迫不急（及）待	27. 既（即）使	28. 一如继（既）往
29. 草管（菅）人命	30. 娇（矫）揉造作	31. 挖墙角（脚）	32. 一诺千斤（金）
33. 不径（胫）而走	34. 峻（竣）工	35. 不落巢（窠）臼	36. 烩（脍）炙人口
37. 打腊（蜡）	38. 死皮癞（赖）脸	39. 兰（蓝）天白云	40. 鼎立（力）相助
41. 再接再励（厉）	42. 老俩（两）口	43. 黄梁（粱）美梦	44. 了（瞭）望
45. 水笼（龙）头	46. 杀戳（戮）	47. 痉孪（挛）	48. 美仑（轮）美奂
49. 罗（啰）唆	50. 蛛丝蚂（马）迹	51. 萎糜（靡）不振	52. 沉缅（湎）
53. 名（明）信片	54. 默（墨）守成规	55. 大姆（拇）指	56. 沤（呕）心沥血
57. 凭（平）添	58. 出奇（其）不意	59. 修茸（葺）	60. 亲（青）睐
61. 磬（罄）竹难书	62. 入场卷（券）	63. 声名雀（鹊）起	64. 发韧（轫）
65. 搔（瘙）痒病	66. 欣尝（赏）	67. 谈笑风声（生）	68. 人情事（世）故
69. 有持（恃）无恐	70. 额首（手）称庆	71. 追朔（溯）	72. 鬼鬼崇崇（祟祟）
73. 金榜提（题）名	74. 走头（投）无路	75. 趋之若骛（鹜）	76. 迁徒（徙）
77. 洁白无暇（瑕）	78. 九宵（霄）	79. 渲（宣）泄	80. 寒喧（暄）
81. 弦（旋）律	82. 膺（赝）品	83. 不能自己（已）	84. 尤（犹）如猛虎下山
85. 竭泽而鱼（渔）	86. 滥芋（竽）充数	87. 世外桃园（源）	88. 脏（赃）款
89. 醮（蘸）水	90. 蜇（蛰）伏	91. 装祯（帧）	92. 饮鸠（鸩）止渴
93. 坐阵（镇）	94. 旁证（征）博引	95. 灸（炙）手可热	96. 九洲（州）
97. 床第（笫）之私	98. 姿（恣）意妄为	99. 编篡（纂）	100. 做（坐）月子

六、科学技术报告、学位论文和学术论文的编写格式
（GB 7713—87）

1　引言

1.1　制订本标准的目的是为了统一科学技术报告、学位论文和学术论文（以下简称报告、论文）的撰写和编辑的格式，便利信息系统的收集、存储、处理、加工、检索、利用、交流、传播。

1.2　本标准适用于报告、论文的编写格式，包括形式构成和题录著录，及其撰写、编辑、印刷、出版等。

本标准所指报告、论文可以是手稿，包括手抄本和打字本及其复制品；也可以是印刷本，包括发表在期刊或会议录上的论文及其预印本、抽印本和变异本；作为书中一部分或独立成书的专著；缩微复制品和其他形式。

1.3　本标准全部或部分适用于其他科技文件，如年报、便览、备忘录等，也适用于技术档案。

2　定义

2.1　科学技术报告

科学技术报告是描述一项科学技术研究的结果或进展或一项技术研制试验和评价的结果；或是论述某项科学技术问题的现状和发展的文件。

科学技术报告是为了呈送科学技术工作主管机构或科学基金会等组织或主持研究的人等。科学技术报告中一般应该提供系统的或按工作进程的充分信息，可以包括正反两方面的结果和经验，以便有关人员和读者判断和评价，以及对报告中的结论和建议提出修正意见。

2.2　学位论文

学位论文是表明作者从事科学研究取得创造性的结果或有了新的见解，并以此为内容撰写而成、作为提出申请授予相应的学位时评审用的学术论文。

学士论文应能表明作者确已较好地掌握了本门学科的基础理论、专门知识和基本技能，并具有从事科学研究工作或担负专门技术工作的初步能力。

硕士论文应能表明作者确已在本门学科上掌握了坚实的基础理论和系统的专门知识,并对所研究课题有新的见解,有从事科学研究工作或独立担负专门技术工作的能力。

博士论文应能表明作者确已在本门学科上掌握了坚实宽广的基础理论和系统深入的专门知识,并具有独立从事科学研究工作的能力,在科学或专门技术上做出了创造性的成果。

2.3 学术论文

学术论文是某一学术课题在实验性、理论性或观测性上具有新的科学研究成果或创新见解和知识的科学记录;或是某种已知原理应用于实际中取得新进展的科学总结,用以提供学术会议上宣读、交流或讨论;或在学术刊物上发表;或作其他用途的书面文件。

学术论文应提供新的科技信息,其内容应有所发现、有所发明、有所创造、有所前进,而不是重复、模仿、抄袭前人的工作。

3 编写要求

报告、论文的中文稿必须用白色稿纸单面缮写或打字;外文稿必须用打字。可以用不褪色的复制本。

报告、论文宜用 A4(210 mm×297 mm)标准大小的白纸,应便于阅读、复制和拍摄缩微制品。

报告、论文在书写、扫字或印刷时,要求纸的四周留足空白边缘,以便装订、复制和读者批注。每一面的上方(天头)和左侧(订口)应分别留边 25 mm 以上,下方(地脚)和右侧(切口)应分别留边 20 mm 以上。

4 编写格式

4.1 报告、论文章、条的编号参照国家标准 GB 1.1《标准化工作导则 标准编写的基本规定》第 8 章“标准条文的编排”的有关规定,采用阿拉伯数字分级编号。

4.2 报告、论文的构成

前置部分
- 封面、封二（见5.1，5.2　学术论文不必要）
- 题名页（见5.3）
- 序或前言（见5.6　必要时）
- 摘要（见5.7）
- 关键词（见5.8）
- 目次页（见5.9　必要时）
- 插图和附表清单（见5.10　必要时）
- 符号、标志、缩略词、首字母缩写、单位、术语、名词等注释表（见5.11　必要时）

主体部分
- （章）
- 引言（见6.3）—1
- 正文（见6.4）—2
  - ⋮
    - （条）
    - 2.1
    - 2.2
    - 2.3
      - （条）
      - 2.3.1
      - 2.3.2
        - （条）
        - 2.3.2.1
        - 2.3.2.2
        - ⋮
      - ⋮
    - ⋮
  - 图1（或图2.1）
  - 图2
  - ⋮
  - 表1（或表2.1）
  - 表2
  - ⋮
- 结论（见6.5）
- 致谢（见6.6）
- 参考文献表（见6.7）

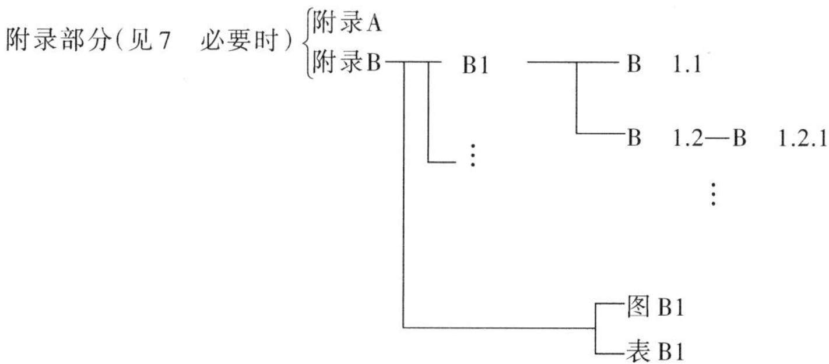

结尾部分(见8　必要时)
- 索引
- 封三、封底

5　前置部分

5.1　封面

5.1.1　封面是报告、论文的外表面，提供应有的信息，并起保护作用。

封面不是必不可少的。学术论文如作为期刊、书或其他出版物的一部分，无需封面；如作为预印本、抽印本等单行本时，可以有封面。

5.1.2　封面上可包括下列内容：

a. 分类号　在左上角注明分类号，便于信息交换和处理。一般应注明《中国图书资料分类法》的类号，同时应尽可能注明《国际十进分类法 UDC》的类号。

b. 本单位编号　一般标注在右上角。学术论文无必要。

c. 密级　视报告、论文的内容，按国家规定的保密条例，在右上角注明密级。如系公开发行，不注密级。

d. 题名和副题名或分册题名　用大号字标注于明显地位。

e. 卷、分册、篇的序号和名称　如系全一册，无需此项。

f. 版本　如草案、初稿、修订版等。如系初版，无需此项。

g. 责任者姓名　责任者包括报告、论文的作者、学位论文的导师、评阅人、答辩委员会主席以及学位授予单位等。必要时可注明个人责任者的职务、职称、学位、所在单位名称及地址；如责任者系单位、团体或小组，应写明全称和地址。

在封面和题名页上，或学术论文的正文前署名的个人作者，只限于那些对于选定研究课题和制订研究方案、直接参加全部或主要部分研究工作并作出主要贡献以及参加撰写论文并能对内容负责的人，按其贡献大小排列名次。至于参加部分工作的合作者、按研究计划分工负责具体小项的工作者、某一项测试的承担者，以及接受委托进行分析检验和观察的辅助人员等，均不列入。这些人可以作为参加工作的人员一一列入致谢部分，或排于脚注。

如责任者姓名有必要附注汉语拼音时，必须遵照国家规定，即姓在名前，名连成一词，不加连字符，不缩写。

h. 申请学位级别　应按《中华人民共和国学位条例暂行实施办法》所规定的名称进行标注。

i. 专业名称　系指学位论文作者主修专业的名称。

j. 工作完成日期　包括报告、论文提交日期，学位论文的答辩日期，学位的授予日期，出版部门收到日期（必要时）。

k. 出版项　出版地及出版者名称，出版年、月、日（必要时）。

5.1.3　报告和论文的封面格式参见附录 A。

5.2　封二

报告的封二可标注送发方式，包括免费赠送或价购，以及送发单位和个人；版权规定；其他应注明事项。

5.3　题名页

题名页是对报告、论文进行著录的依据。

学术论文无需题名页。

题名页置于封二和衬页之后，成为另页的右页。

报告、论文如分装两册以上，每一分册均应各有其题名页。在题名页上注明分册名称和序号。

题名页除 5.1 规定封面应有的内容并取得一致外，还应包括下列各项：

单位名称和地址，在封面上未列出的责任者职务、职称、学位、单位名称和地址，参加部分工作的合作者姓名。

5.4　变异本

报告、论文有时适应某种需要，除正式的全文正本以外，要求有某种变异本，如：节本、摘录本、为送请评审用的详细摘要本、为摘取所需内容的改写本等。

变异本的封面上必须标明“节本、摘录本或改写本”字样，其余应注明项目，参见 5.1 的规定执行。

5.5　题名

5.5.1　题名是以最恰当、最简明的词语反映报告、论文中最重要的特定内容的逻辑组合。题名所用每一词语必须考虑到有助于选定关键词和编制题录、索引等二次文献可以提供检索的特定实用信息。

题名应该避免使用不常见的缩略词、首字母缩写字、字符、代号和公式等。

题名一般不宜超过 20 字。

报告、论文用作国际交流，应有外文（多用英文）题名。外文题名一般不宜超过 10 个实词。

5.5.2　下列情况可以有副题名：

题名语意未尽，用副题名补充说明报告、论文中的特定内容；

报告、论文分册出版，或是一系列工作分几篇报道，或是分阶段的研究结果，各用不同副题名区别其特定内容；

其他有必要用副题名作为引申或说明者。

5.5.3 题名在整本报告、论文中不同地方出现时，应完全相同，但眉题可以节略。

5.6 序或前言

序并非必要。报告、论文的序，一般是作者或他人对本篇基本特征的简介，如说明研究工作缘起、背景、主旨、目的、意义、编写体例，以及资助、支持、协作经过等；也可以评述和对相关问题研究阐发。这些内容也可以在正文引言中说明。

5.7 摘要

5.7.1 摘要是报告、论文的内容不加注释和评论的简短陈述。

5.7.2 报告、论文一般均应有摘要，为了国际交流，还应有外文(多用英文)摘要。

5.7.3 摘要应具有独立性和自含性，即不阅读报告、论文的全文，就能获得必要的信息。摘要中有数据、有结论，是一篇完整的短文，可以独立使用，可以引用，可以用于工艺推广。摘要的内容应包含与报告、论文同等量的主要信息，供读者确定有无必要阅读全文，也供文摘等二次文献采用。摘要一般应说明研究工作目的、实验方法、结果和最终结论等，而重点是结果和结论。

5.7.4 中文摘要一般不宜超过 200 ~ 300 字；外文摘要不宜超过 250 个实词。如遇特殊需要字数可以略多。

5.7.5 除了实在无变通办法可用以外，摘要中不用图、表、化学结构式、非公知公用的符号和术语。

5.7.6 报告、论文的摘要可以用另页置于题名页之后，学术论文的摘要一般置于题名和作者之后、正文之前。

5.7.7 学位论文为了评审，学术论文为了参加学术会议，可按要求写成变异本式的摘要，不受字数规定的限制。

5.8 关键词

关键词是为了文献标引工作从报告、论文中选取出来用以表示全文主题内容信息款目的单词或术语。

每篇报告、论文选取 3 ~ 8 个词作为关键词，以显著的字符另起一行，排在摘要的左下方。如有可能,尽量用《汉语主题词表》等词表提供的规范词。

为了国际交流,应标注与中文对应的英文关键词。

5.9　目次页

长篇报告、论文可以有目次页,短文无需目次页。

目次页由报告、论文的篇、章、条、附录、题录等的序号、名称和页码组成,另页排在序之后。

整套报告、论文分卷编制时,每一分卷均应有全部报告、论文内容的目次页。

5.10　插图和附表清单

报告、论文中如图表较多,可以分别列出清单置于目次页之后。图的清单应有序号、图题和页码。表的清单应有序号、表题和页码。

5.11　符号、标志、缩略词、首字母缩写、计量单位、名词、术语等的注释表

符号、标志、缩略词、首字母缩写、计量单位、名词、术语等的注释说明汇集表,应置于图表清单之后。

6　主体部分

6.1　格式

主体部分的编写格式可由作者自定,但一般由引言(或绪论)开始,以结论或讨论结束。

主体部分必须由另页右页开始。每一篇(或部分)必须另页起。如报告、论文印成书刊等出版物,则按书刊编排格式的规定。

全部报告、论文的每一章、条的格式和版面安排,要求划一,层次清楚。

6.2　序号

6.2.1　如报告、论文在一个总题下装为两卷(或分册)以上,或分为两篇(或部分)以上,各卷或篇应有序号。可以写成:第一卷、第二分册;第一篇、第二部分等。用外文撰写的报告、论文,其卷(分册)和篇(部分)的序号,用罗马数字编码。

6.2.2　报告、论文中的图、表、附注、参考文献、公式、算式等,一律用阿拉伯数字分别依序连续编排序号。序号可以就全篇报告、论文统一按出现先后顺序编码,对长篇报告、论文也可以分章依序编码。其标注形式应便于互相区别,可以分别为:图 1、图 2.1;表 2、表 3.2;附注 1);文献〔4〕;式(5)、式(3.5)等。

6.2.3　报告、论文一律用阿拉伯数字连续编页码。页码由书写、打字或印

刷的首页开始，作为第 1 页，并为右页另页。封面、封二、封三和封底不编入页码。可以将题名页、序、目次页等前置部分单独编排页码。页码必须标注在每页的相同位置，便于识别。

力求不出空白页，如有，仍应以右页作为单页页码。

如在一个总题下装成两册以上，应连续编页码。如各册有其副题名，则可分别独立编页码。

6.2.4　报告、论文的附录依序用大写正体 A，B，C，…编序号，如：附录 A。

附录中的图、表、式、参考文献等另行编序号，与正文分开，也一律用阿拉伯数字编码，但在数码前冠以附录序码，如：图 A1；表 B2；式（B3）；文献〔A5〕等。

6.3　引言（或绪论）

引言（或绪论）简要说明研究工作的目的、范围、相关领域的前人工作和知识空白、理论基础和分析、研究设想、研究方法和实验设计、预期结果和意义等。应言简意赅，不要与摘要雷同，不要成为摘要的注释。一般教科书中有的知识，在引言中不必赘述。

比较短的论文可以只用小段文字起着引言的效用。

学位论文为了需要反映出作者确已掌握了坚实的基础理论和系统的专门知识，具有开阔的科学视野，对研究方案作了充分论证，因此，有关历史回顾和前人工作的综合评述，以及理论分析等，可以单独成章，用足够的文字叙述。

6.4　正文

报告、论文的正文是核心部分，占主要篇幅，可以包括：调查对象、实验和观测方法、仪器设备、材料原料、实验和观测结果、计算方法和编程原理、数据资料、经过加工整理的图表、形成的论点和导出的结论等。

由于研究工作涉及的学科、选题、研究方法、工作进程、结果表达方式等有很大的差异，对正文内容不能作统一的规定。但是，必须实事求是，客观真切，准确完备，合乎逻辑，层次分明，简练可读。

6.4.1　图

图包括曲线图、构造图、示意图、图解、框图、流程图、记录图、布置图、地图、照片、图版等。

图应具有“自明性”，即只看图、图题和图例，不阅读正文，就可理解图意。

图应编排序号（见 6.2.2）。

每一图应有简短确切的题名，连同图号置于图下。必要时，应将图上的符号、标记、代码，以及实验条件等，用最简练的文字，横排于图题下方，作为图例说明。

曲线图的纵横坐标必须标注“量、标准规定符号、单位”。此三者只有在不必要标明（如无量纲等）的情况下方可省略。坐标上标注的量的符号和缩略词必须与正文中一致。

照片图要求主题和主要显示部分的轮廓鲜明，便于制版。如用放大缩小的复制品，必须清晰，反差适中。照片上应该有表示目的物尺寸的标度。

6.4.2 表

表的编排，一般是内容和测试项目由左至右横读，数据依序竖排。表应有自明性。

表应编排序号（见 6.2.2）。

每一表应有简短确切的题名，连同表号置于表上。必要时应将表中的符号、标记、代码，以及需要说明事项，以最简练的文字，横排于表题下，作为表注，也可以附注于表下。

附注序号的编排，见 6.2.2。表内附注的序号宜用小号阿拉伯数字并加圆括号置于被标注对象的右上角，如：× × ×[1)]，不宜用星号“ * ”，以免与数学上共轭和物质转移的符号相混。

表的各栏均应标明“量或测试项目、标准规定符号、单位”。只有在无必要标注的情况下方可省略。表中的缩略词和符号，必须与正文中一致。

表内同一栏的数字必须上下对齐。表内不宜用“同上”、“同左”、“，，”和类似词，一律填入具体数字或文字。表内“空白”代表未测或无此项，“—”或“…”（因“—”可能与代表阴性反应相混）代表未发现，“0”代表实测结果确为零。

如数据已绘成曲线图，可不再列表。

6.4.3 数学、物理和化学式

正文中的公式、算式或方程式等应编排序号（见 6.2.2），序号标注于该式所在行（当有续行时，应标注于最后一行）的最右边。

较长的式，另行居中横排。如式必须转行时，只能在 +，-，×，÷，<，> 处转行。上下式尽可能在等号“ = ”处对齐。

示例略

小数点用“. ”表示。大于 999 的整数和多于三位数的小数，一律用半个阿拉伯数字符的小间隔分开，不用千位撇。对于纯小数应将 0 列于小数点之前。

示例:应该写成 94 652.023 567;0.314 325

不应写成 94,652.023,567;.314,325

应注意区别各种字符,如:拉丁文、希腊文、俄文、德文花体、草体;罗马数字和阿拉伯数字;字符的正斜体、黑白体、大小写、上下角标(特别是多层次,如“三踏步”)、上下偏差等。

示例:略

6.4.4 计量单位

报告、论文必须采用 1984 年 2 月 27 日国务院发布的《中华人民共和国法定计量单位》,并遵照《中华人民共和国法定计量单位使用方法》执行。使用各种量、单位和符号,必须遵循附录 B 所列国家标准的规定执行。单位名称和符号的书写方式一律采用国际通用符号。

6.4.5 符号和缩略词

符号和缩略词应遵照国家标准(见附录 B)的有关规定执行。如无标准可循,可采纳本学科或本专业的权威性机构或学术团体所公布的规定;也可以采用全国自然科学名词审定委员会编印的各学科词汇的用词。如不得不引用某些不是公知公用的、且又不易为同行读者所理解的或系作者自定的符号、记号、缩略词、首字母缩写字等时,均应在第一次出现时一一加以说明,给以明确的定义。

6.5 结论

报告、论文的结论是最终的、总体的结论,不是正文中各段的小结的简单重复。结论应该准确、完整、明确、精练。

如果不可能导出应有的结论,也可以没有结论而进行必要的讨论。

可以在结论或讨论中提出建议、研究设想、仪器设备改进意见、尚待解决的问题等。

6.6 致谢

可以在正文后对下列方面致谢:

国家科学基金、资助研究工作的奖学金基金、合同单位、资助或支持的企业、组织成个人;

协助完成研究工作和提供便利条件的组织或个人;

在研究工作中提出建议和提供帮助的人;

给予转载和引用权的资料、图片、文献、研究思想和设想的所有者;

其他应感谢的组织或个人。

6.7　参考文献表

按照 GB 7714—87《文后参考文献著录规则》的规定执行。

7　附录

附录是作为报告、论文主体的补充项目,并不是必需的。

7.1　下列内容可以作为附录编于报告、论文后,也可以另编成册。

a. 为了整篇报告、论文材料的完整,但编入正文又有损于编排的条理和逻辑性,这一类材料包括比正文更为详尽的信息、研究方法和技术更深入的叙述,建议可以阅读的参考文献题录,对了解正文内容有用的补充信息等;

b. 由于篇幅过大或取材于复制品而不便于编入正文的材料;

c. 不便于编入正文的罕见珍贵资料;

d. 对一般读者并非必要阅读,但对本专业同行有参考价值的资料;

e. 某些重要的原始数据、数学推导、计算程序、框图、结构图、注释、统计表、计算机打印输出件等。

7.2　附录与正文连续编页码。每一附录的各种序号的编排见 4.2 和6.2.4。

7.3　每一附录均另页起。如报告、论文分装几册,凡属于某一册的附录应置于各该册正文之后。

8　结尾部分(必要时)

为了将报告、论文迅速存储入电子计算机,可以提供有关的输入数据。

可以编排分类索引、著者索引、关键词索引等。

封三和封底(包括版权页)。

(以下内容略)

七、文摘编写规则
(GB 6447—86)

1　引言

本标准的目的是为了促进文摘编写的规范化。

本标准适用于编写作者文摘,也适用于编写文摘员文摘。

2　名词、术语

2.1　文摘 abstracts

以提供文摘内容梗概为目的,不加评价和补充解释。简明、确切地记述文献重要内容的短文。

2.2　报道性文摘 informative abstracts

指明一次文献的主题范围及内容梗概的简明文摘,也称简介。

2.3　报道/指示性文摘 informative - indicative abstracts

以报道性文摘的形式表述一次文献中信息价值较高的部分,而以指示性文摘的形式表述其余部分的文摘。

2.4　作者文摘 author's abstracts

由一次文献的作者自己撰写的文摘。

2.5　文摘员文摘 abstractor's abstracts

由一次文摘作者以外的人员编写的文摘。

3　著录

3.1　一次文献上的文摘,凡登载于题名与正文之间的,不加著录事项;凡刊登在文摘页上的,必须逐条带有主要的著录事项。

3.2　检索工具上的文摘,必须逐条带有完整的著录事项。

3.3　必须统一遵照 GB 3793—83《检索期刊条目著录规则》进行著录。

4. 文摘的详简度

4.1　文摘的详简须根据一次文献的内容、类型、学科领域、信息量、篇幅、语种、获得的难易程度和实际需要确定,其中文献内容是决定性因素。

4.2　报道性文摘和报道/指示性文摘一般以四百字左右为宜,指示性文摘一般以二百字左右为宜。

4.3 英、俄、德、日、法以外语种的一次文献可适当详摘。

5 文摘的要素

5.1 目的——研究、研制、调查等的前提、目的和任务，所涉及的主题范围。

5.2 方法——所用的原理、理论、条件、对象、材料、工艺、结构、手段、装备、程序等。

5.3 结果——实验的、研究的结果，数据，被确定的关系，观察结果，得到的效果，性能等。

5.4 结论——结果的分析、研究、比较、评价、应用，提出的问题，今后的课题，假设，启发，建议，预测等。

5.5 其他——不属于研究、研制、调查的主要目的，但就其见识和情报价值而言也是重要的信息。

一般地说，对于报道性文摘，5.2、5.3、5.4 宜写得详细，5.1、5.5 可以写得简单，根据具体情况也可以省略；对于指示性文摘，5.1 宜写得详细；5.2、5.3、5.4、5.5 可以写得简单，根据具体情况也可以省略。

6 编写文摘的注意事项

6.1 要客观、如实地反映一次文献，切不可加入文摘编写者的主观见解、解释或评价。如一次文献有明显原则性错误，可加"摘者注"。

6.2 要着重反映新内容和作者特别强调的观点。

6.3 要排除在本学科领域已成常识的内容。

6.4 不得简单地重复题名中已有的信息。

6.5 书写要合乎语法、保持上下文的逻辑关系，尽量同作者的文体保持一致。

6.6 结构要严谨，表达要简明，语义要确切。一般不分段落。

6.7 要用第三人称的写法。应采用"对……进行了研究"、"报告了……现状"、"进行了……调查"等记述方法标明一次文献的性质和文献主题，不必使用"本文"、"作者"等作为主语。

6.8 除非该文献证实或否定了他人已出版的著作，否则不用引文。

6.9 要采用规范化的名词术语（包括地名、机构名和人名）；尚未规范的词，以使用一次文献所采用者为原则。新术语或尚无合适汉文术语的，可用原文或译出后加括号注明原文。

6.10　商品名需要时应加注学名。

6.11　缩略语、略称、代号,除了相邻专业的读者也能清楚理解的以外,在首次出现处必须加以说明。

6.12　应采用国家颁布的法定计量单位。

6.13　要注意正确使用简化字和标点符号。

八、中国高等学校社会科学学报编排规范(修订版)

(中华人民共和国教育部办公厅,2000－01－18 印发)

1　内容与适应范围(略)

2　引用标准及参考规范文件(略)

3　基本版式

3.1　每种学报的版式应力求统一和稳定。

3.2　采用 16 开本,幅面尺寸为 188mm×260mm 或 210mm×297mm。也可采用其他开本。所有开本尺寸的误差均为 ±1mm。

3.3　正文一般采用通栏或双栏横排,也可采用其他版式。

3.4　定期出版,周期一般不长于一季度;一年之内每期页码应固定。

4　封页

4.1　封面设计应庄重大方,体现刊物特点,并保持相对稳定。

4.2　封面上应标示中文刊名(包括刊名汉语拼音或自治民族文字刊名)、英文刊名、出版年份、卷次、期次。刊名应置于显要位置,并采用规范汉字。主办学校全称如未能在刊名中出现,应在封面予以标注。数字一律用阿拉伯数字表示。国际标准刊号(ISSN)应使用不小于新 5 号字印在封面右上角。条码应按规定印在封面左下角或封底右下角。

4.3　封底一般为版权页。应在固定位置标注刊名全称、创刊年、刊期、出版年份、卷次、期次,主办单位,主编姓名,编辑者、出版者及其地址、邮政编码,印刷单位,发行单位,中国标准刊号(含国际标准刊号、国内统一刊号),国内代号, 国外代号,广告经营许可证号,定价以及出版日期;公开发行的学报,应用英文著录刊名全称及主要的版权事项。

4.4　厚度超过 5 mm 的学报,应在书脊上标注中文刊名全称、出版年份、卷次、期次、总期次;一般纵排,数字用汉字表示。无法排印书脊名称的学报,可在封四紧挨书脊边缘不大于 15 mm 处印刷边缘名称,其内容同书脊名称。

5　目次页

5.1　目次页版头应标注刊名全称、出版年月、卷次、期次或同时标明总期次

5.2　中文目次表应列出本期全部文章的篇名、作者姓名和起始页码。英文目次表可选择列出重要文章的篇名、作者姓名和起始页码,排于中文目次表之后。作者超过3人时也可仅列前3人,后面加“等”字。

5.3　目次表可按学报内文章的顺序排列,也可分专栏排列。各种补白短文的篇名用较小字号集中排列于主要文章之后。

5.4　目次页所在位置各期应相同,如有必要变更,应从新一卷(年)的第1期开始。

6　页码与刊眉

6.1　页码是学报每期正文(含扉页、目次页)的连续编码,用阿拉伯数字表示。

6.2　刊眉应标注中英文刊名全称,卷次、期次、出版年月,一般排在正文篇名页。

7　篇名

篇名应简明、具体、确切,能概括文章的特定内容,符合编制题录、索引和检索的有关原则,一般不超过20个字。必要时可加副篇名,用较小字号另行起排。篇名应尽量避免使用非公知公用的缩略语、字符、代号和公式。

8　作者署名及工作单位

8.1　文章均应有作者署名。作者姓名置于篇名下方,团体作者的执笔人也可标注于篇首页地脚位置。译文的署名,应著者在前,译者在后,著者前用方括号标明国籍。各种补白短文,作者姓名亦可标注于正文末尾。

8.2　中国作者姓名的汉语拼音采用姓前名后,中间为空格,姓氏的全部字母均大字,复姓连写;名字的首字母大字,双名中间加连字符,姓氏与名均不缩写。

示例:

ZHANG Ying(张颖),WANG Xi-lian(王锡联),ZHUGE Hua(诸葛华)

8.3　对作者应标明其工作单位全称、所在省、城市名及邮政编码,加圆括号置于作者署名下方。

8.4　多位作者的署名之间用逗号隔开;不同工作单位的作者,应在姓名右上角加注不同的阿拉伯数字序号,并在其工作单位名称之前加注与作者姓名序号相同的数字;各工作单位之间连排时以分号隔开。

示例:

熊易群[1],贾改莲[2],钟小锋[1],刘建君[1]

(1.陕西师范大学教育系,陕西西安 710062;2.陕西省教育学院教育系,陕西西安 710061)

9 摘要

公开发行的学报,其论文应附有中英文摘要。摘要应能客观地反映论文主要内容的信息,具有独立性和自含性。一般不超过 200 字,以与正文不同的字体字号排在作者署名与关键词之间。英文摘要的内容一般应与中文摘要相对应。中文摘要前以"摘要:"或"[摘要]"作为标识;英文摘要前以"Abstract:"作为标识。

10 关键词

关键词是反映论文主题概念的词或词组,一般每篇可选 3 ~8 个,应尽量从《汉语主题词表》中选用。未被词表收录的新学科、新技术中的重要术语和地区、人物、文献等名称,也可作为关键词标注。关键词应以与正文不同的字体字号编排在摘要下方。多个关键词之间用分号分隔。中英文关键词应一一对应。中文关键词前以"关键词:"或"[关键词]"作为标识;英文关键词前以"Key words:"作为标识。

示例:

关键词:《左传》;语言艺术;修辞;交际语言

11 分类号

应按照《中国图书馆分类法》(第 4 版)对每篇论文标引分类号。涉及多主题的论文,一篇可给出几个分类号,主分类号排在第 1 位,多个分类号之间以分号分隔。分类号排在关键词之后,其前以"中国分类号:"或"[中国分类号]"作为标识。

示例:

中国分类号:A81;D05

12 文献标识码

按照《中国学术期刊(光盘版)检索与评价数据规范》规定,每篇文章均应标识相应的文献标识码:A 理论与应用研究学术论文;B 理论学习与社会实践总结;C 业务指导与技术管理性文章;D 动态性信息;E 文件、资料。中文文章的文献标识码以"文献标识码:"或"[文献标识码]"作为标识。

示例:

文献标识码:A

13　文章编号

凡具有文献标识码的文章均可标识一个数字化的文章编号;其中A、B、C三类文章必须编号。文章编号由每一学报的国际标准刊号、出版年、期次号及文章篇首页页码和页数等5段共20位数字组成,其结构为××××－××××(YYYY)NN－PPPP－CC。其中文标识为“文章编号:”或“[文章编号]”。

示例:

文章编号:1000－5293(1999)01－0066－09

14　收稿日期

14.1　收稿日期是指编辑部收到文稿的日期,必要时可加注修改稿收到日期。

14.2　收稿日期采用阿拉伯数字全数字式日期表示法标注,以“收稿日期:”或“[收稿日期]”作为标识,排在篇名页地脚,并用10字距正线与正文分开。

示例:

收稿日期:1998－08－18

15　基金项目

获得基金资助产出的文章应以“基金项目:”或“[基金项目]”作为标识注明基金项目名称,并在圆括号内注明项目编号。多项基金项目应依次列出,其间以分号隔开。基金项目排在收稿日期之后。

示例:

基金项目:国家社会科学规划基金资助项目(96BJL001)

16　作者简介

对文章主要作者的姓名、出生年、性别、民族(汉族可省略)、籍贯、职称、学位等作出介绍,其前以“作者简介:”或“[作者简介]”作为标识。一般排在篇首页地脚,置于收稿日期(或基金项目)之后。同一篇文章的其他主要作者简介可以在同一“作者简介:”或“[作者简介]”标识后相继列出,其间以分号隔开。

示例:

作者简介:乌兰娜(1968—)女,蒙古族,内蒙古达拉特旗人,内蒙古大学历史学系副教授,博士

17　正文

17.1　文内标题力求简短、明确,题末不用标点符号(问号、叹号、省略号除外)。层次不宜过多,一般不超过5级。大段落的标题居中排列,可不加序号。层次序号可采用一、(一)、1、(1)、1);不宜用①,以与注号区别。文中应做到不背题,一行不占页,一字不占行。

17.2　用字应符合现代汉语规范,除某些古籍整理和古汉语方面的文章外避免使用旧体字、异体字和繁体字。简化字应执行新闻出版署和国家语言文字工作委员会以1992年7月7日发布的《出版物汉字使用管理规定》,以1986年10月10日重新发表的《简化字总表》为准。

17.3　标点符号使用要遵守GB/T 15834—1995《标点符号用法》的规定(参考文献著录中的标点作为标识的用法另据后文规定),除前引号、前括号、破折号、省略号外,其余都应紧接文字后面,不能排在行首。夹注及表格内的文句末尾不用句号。著作、文章、文件、刊物、报纸等均用书名号。用数字简称的会议或事件,只在数字上加引号;用地名简称的,不加引号。外文的标点符号应遵循外文的习惯用法。

17.4　数字使用执行GB/T 15835—1995《出版物上数字用法的规定》,凡公历世纪、年代、年、月、日、时刻和各种记数与计量(包括正负数、分数、小数、百分比、约数),均采用阿拉伯数字。年份不能简写。星期几一律用汉字。非公历纪年用汉字,并加圆括号注明公元纪年。多位的阿拉伯数字不能移行。4位以上数字采用3位分节法,即节与节之间空1/4字距。5位以上的数字尾数零多的,可以"万"、"亿"作单位。数字作为语素构成定型的词、词组、惯用词、缩略语,应使用汉字。邻近两个数字并列连用所表示的概数均使用汉字数字。

17.5　插图和照片应比例适当,清楚美观;图中文字与符号一律植字。插图应标明图序和图题,序号和图题之间空1字;图序以阿拉伯数字连续编号,仅有1图者于图题处标明"图1";图题一般居中排于图的下方。图一般随文编排,图较多时也可集中排在文末或其他适当位置。插图的横向尺寸不超过版面2/3者,图旁应串文。图需卧排时,应顶左底右。插页图版可另编页码,并在图版上方标识文章篇名和所在页码。

17.6　表格应结构简洁,具有自明性。尽可能采用三线表,必要时可加辅助线。表格应有表序和表题。序号和表题居中排于表格上方,两者之间空1字。表序以阿拉伯数字连续编号,仅有1表者,于表题处标明"表1"。表内数据一律采用阿拉伯数字,个位数、小数点位置应上下对齐。相邻行格内的数字或文字相同时,应重复填写。表一般随文编排,先见文字后见表。表格的横向尺寸不超过版面2/3者,表旁应串文。表需卧排时,应顶左底右;需跨页时,一般排为双面跨单面;需转页时,应在续表上方居中注明“续表×”,表头重复排出。

17.7 文稿中的计量单位应严格执行GB 3100-3102—93《量和单位》的规定。

17.8 文稿中的数学公式应简明、准确地表达各个量之间的关系,一般另行编排,主辅线须区分清楚。在不引起误解的前提下,某些公式也可夹在文句中间。数学公式的编排,应遵循量、符号的书写规则。

17.9 每篇文章应尽可能排在连续页码上。确需转页时应在当页最末一行标点停顿处注明“下转第×页”;在接转部分之前注明“上接第×页”,字体与正文区别,加圆括号。转页应尽可能少,并不可逆转。

17.10 分期连载的长文,应在每期篇名之后加注连载序号,文末加注“待续”,最末一期加注“续完”。

18 致谢

致谢是作者对认为需要感谢的组织或个人表示谢意的文字,排于注释及参考文献之前,字体应与正文有所区别。

19 注释

注释主要用于对文章篇名、作者及文内某一特定内容作必要的解释或说明。篇名、作者注置于当页地脚;对文内有关特定内容的注释可夹在文内(加圆括号),也可排在当页地脚或文末。序号用带圆圈的阿拉伯数字表示。

20 参考文献

20.1 参考文献的著录应执行GB 7714—87《文后参考文献著录规则》及《中国学术期刊(光盘版)检索与评价数据规范》规定,采用顺序编码制,在引文处按论文中引用文献出现的先后以阿拉伯数字连续编码,序号置于方括号内。一种文献在同一文中被反复引用者,用同一序号标示,需表明引文具体出处的,可在序号后加圆括号注明页码或章、节、篇名,采用小于正文的字号编排。

20.2 文后参考文献的著录项目要齐全,其排列顺序以在正文中出现的先后为准;参考文献列表时应以“参考文献:”(左顶格)或“[参考文献]”(居中)作为标识;序号左顶格,用阿拉伯数字加方括号标示;每一条目的最后均以实心点结束。

20.3 各种参考文献的类型,根据GB3469—83《文献类型与文献载体代码》规定,以单字母方式标识:M——专著,C——论文集,N——报纸文章,J——期刊文章,D——学位论文,R——研究报告,S——标准,P——专利;对于专著、论文集中的析出文献采用字母“A”标识,对于其他未说明的文献类型,采用单字母“Z”标识。对于数据库、计算机程序及电子公告等电子文献类型,以双字母作为标识:DB——数据库,CP——计算机程序,EB——电子公告。对于非纸张型载体电子文献,需在参考文献标识中同时标明其载体类型,建议采用双字母表示:MT——磁带,DK——磁盘,CD——光盘,OL——联机网络,并以下列格式表示包括了文献载体类型的参考文献类型标识:DB/OL 联机网上数据库,DB/MT 磁带数据库,M/CD 光盘图书,CP/OL 磁盘软件,J/OL 网上期刊,EB/OL 网上电子公告。以纸张为载体的传统文献在引作参考文献时不注其载体类型。

20.4　参考文献著录的条目以小于正文的字号编排在文末。其格式为:专著、论文集、学位论文、研究报告——[序号]主要责任者.文献题名[文献类型标识].出版地:出版者,出版年:起止页码(任选).。

示例:

参考文献:

[1]周振甫.周易译注[M].北京:中华书局,1991.

[2]陈崧.五四前后东西方文化问题论战文选[C].北京:中国社会科学出版社,1985.

[3]陈桐生.中国史官文化与《史记》[D].西安:陕西师范大学文学研究所,1992.

[4]白永秀,刘敢,任保平.西安金融、人才、技术三大要素市场培育与发展研究[R].西安:陕西师范大学西北经济发展研究中心,1998.

期刊文章——[序号]主要责任者.文献题名[J].刊名,年,卷(期):起止页码.

[5]何龄修.读顾诚《南明史》[J].中国史研究所,1998,(3):167－173.

论文集中的析出文献——[序号]析出文献主要责任者.析出文献题名[A].原文献主要责任者(任选).原文献题名[C].出版地:出版年:析出文献起止页码.

[6]瞿秋白.现代文明的问题与社会主义[A].罗荣渠.从西化到现代化[C].北京:北京大学出版社,1990:121－133.

报纸文章——[序号]主要责任者.文献题名[N].报纸名,出版日期(版次).

[7]谢希德.创造学习的新思路[N].人民日报,1998-12-25(10).

国际标准、国家标准——[序号]标准编号,标准名称[S].

[8]GB/T 16159—1996,汉语拼音正词法基本规则[S].

电子文献——[序号]主要责任者.电子文献题名[电子文献及载体类型标识].电子文献的出处或可获得地址,发表或更新日期/引用日期(任选).

[9]王明亮.关于中国学术期刊标准化数据库系统工程的进展[EB/OL].http://WWW.cajcd.cn/pub/wml.txt/980810-2.html,1998-08-16/1998-10-04.

[10]万锦坤.中国大学学报论文文摘(1983—1993).英文版[DB/CD].北京:中国大百科全书出版社,1996.

各种未定类型的文献——[序号]主要责任者.文献题名[Z].出版地:出版者,出版年.

[11]张永禄.唐代长安词典[Z].西安:陕西人民出版社,1980.

20.5 注释集中排在文末时,参考文献排在注释之后。

21 总目次

21.1 每年(卷)最后一期末尾应有全年的总目次,其版头应标明刊名全称及出版年起迄期次。

21.2 总目次根据所设栏目及一般图书报刊资料索引学科分类方法,全年统一编排。

22 期刊基本参数

按照《中国学术期刊(光盘版)检索与评价数据规范》的规定,宜在每期目次页下方排印期刊基本参数,其项目及排列顺序为:国内统一刊号 * 创刊年 * 出版周期代码 * 开本 * 本期页码 * 语种代码 * 载体类型代码 * 本期定价 * 本期印数 * 本期文章总篇数 * 出版年月。

出版周期代码为1位字母:m——月刊,b——双月刊,q——季刊,f——半年刊,a——年刊;开本按 GB 788—87《图书杂志开本及其幅面尺寸》规定用A系列代号表示,对传统开本仍用数字表示;语种代码按 GB 4880—91《语种名称代码》规定用双字母表示:汉文——zh,英文——en,蒙古文——mn,哈萨克文——kk,维吾尔文——ug,藏文——bo,朝鲜文——ko,对于混合文种,可同时列出(如 zh+en);文献载体代码,按 GB 3469—83《文献类型与文献载体代码》

规定，采用 1 位字母表示：P——印刷体，M——缩微制品，有关电子文献的载体类型见 19.3；文章总篇数为本期中具有文献标识码的文章篇数的总和。参数前以“期刊基本参数：”或“[期刊基本参数]”作为标识.

示例：

期刊基本参数：CN－1012/C * 1960 * Q * 16 * 176 * ZH * P * ￥5.60 * 1800 * 30 * 1999－01

23　电子邮件与网络地址(略)

24　增刊与专辑

增刊是指按出版周期出版的期次以外增加的期刊，应在封面上标注“增刊”字样。多于 1 期，应在一年(卷)内单独编连续期次，在封面上予以标注。增刊应以与正刊同样的宗旨及规格编排出版，与正刊发行范围一致。

专辑是指专题论文集，可纳入学报正刊或增刊的年(卷)期次，并在封面上标注专题名称。

25　更改刊名(略)

26　其他(略)

九、校对符号及其用法

中华人民共和国国家标准

GB/T 14706—93

校对符号及其用法

Proofreader's marks and their application

1 主题内容与适用范围

本标准规定了校对各种排版校样的专用符号及其用法。

本标准适用于中文(包括少数民族文字)各类校样的校对工作。

2 引用标准

GB 9851 印刷技术术语

3 术语

3.1 校对符号 proofreader's mark

以特定图形为主要特征的、表达校对要求的符号。

4 校对符号及用法示例

编号	符号形态	符号作用	符号在文中和页边用法示例	说 明
一、字符的改动				
1		改 正	增高出版物质量。 提 改革开改 放	改正的字符较多,圈起来有困难时,可用线在页边画清改正的范围 必须更换的损、坏、污字也用改正符号画出
2		删 除	提高出版物物质质量。	
3		增 补	要搞好校工作。 对	增补的字符较多,圈起来有困难时,可用线在页边画清增补的范围
4		改正上下角	16=42 2 H_2SO4 4 尼古拉 费欣 · 0.25+0.25=0 5 . 举例 2×3=6 : X Y=1∶2 :	

续表

编号	符号形态	符号作用	符号在文中和页边用法示例	说　明
二、字符方向位置的移动				
5		转　正	字符颠倒要转正。	
6		对　调	认真经验总结。 认真验结经总。	用于相邻的字词 用于隔开的字词
7		接　排	要重视校对工作， 提高出版物质量	
8		另起段	完成了任务。明年……	
9		转　移	校对工作，提高出 版物质量要重视。 "。以上引文均见中文新版《 列宁全集》。 编者　年　月 …… 各位编委：	用于行间附近的转移 用于相邻行首末衔接字符的推移 用于相邻页首末衔接行段的推移
10	或	上下移	序号 名称 数量 01 显微镜 2	字符上移到缺口左右水平线处 字符下移到箭头所指的短线处
11	或	左右移	要重视校对工 作，提高出版物质量。 3 4　5 6　5 欢呼　歌　唱	字符左移到箭头所指的短线处 字符左移到缺口上下垂直线处 符号画得太小时，要在页边重标

历史研究基础

续表

编号	符号形态	符号作用	符号在文中和页边用法示例	说明
12	═ ‖	排齐	校对工作非常重要。 必须提高印刷质量，缩短印制周期。 国家标准	
13		排阶梯形	RH₂	
14		正图		符号横线表示水平位置，竖线表示垂直位置，箭头表示上方

三、字符间空距的改动

编号	符号形态	符号作用	符号在文中和页边用法示例	说明
15	∨ >	加大空距	一、校对程序 >校对胶印读物、影印书刊的注意事项：	表示在一定范围内适当加大空距 横式文字画在字头和行头之间
16	∧ <	减小空距	二、校对程　序 <校对胶印读物、影印书刊的注意事项：	表示不空或在一定范围内适当减小空距 横式文字画在字头和行头之间
17	#	空 1 字距 空 1/2 字距 空 1/3 字距 空 1/4 字距	第一章校对职责和方法 1. 责任校对	多个空距相同的，可用引线连出，只标示一个符号
18	Y	分开	Goodmorning!	用于外文

续表

编号	符号形态	符号作用	符号在文中和页边用法示例	说　明
四、其　他				
19	△	保　留	认真搞好校对工作。	除在原删除的字符下画△外，并在原删除符号上画两竖线
20	○＝	代　替	兰色的程度不同，从淡兰色到深兰色具有多种层次，如天兰色、湖兰色、海兰色、宝兰色…… ○＝蓝	同页内有两个或多个相同的字符需要改正的，可用符号代替，并在页边注明
21	○○○	说　明	第一章　校对的职责 改黑体	说明或指令性文字不要圈起来，在其字下画圈，表示不作为改正的文字。如说明文字较多时，可在首末各三字下画圈

5　**使用要求**

5.1　校对校样，必须用色笔（墨水笔、圆珠笔等）书写校对符号和示意改正的字符，但是不能用灰色铅笔书写。

5.2　校样上改正的字符要书写清楚。校改外文，要用印刷体。

5.3　校样中的校对引线要从行间画出。墨色相同的校对引线不可交叉。

附 录 A

校对符号应用实例

（参考件）

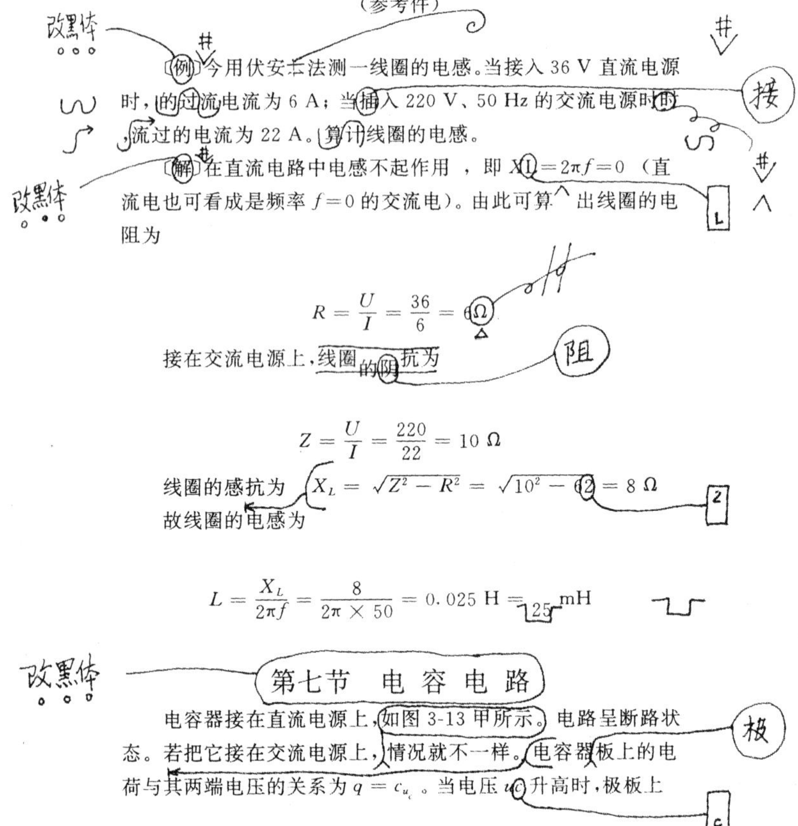

〔例〕今用伏安法测一线圈的电感。当接入 36 V 直流电源时，的过流电流为 6 A；当插入 220 V、50 Hz 的交流电源时，流过的电流为 22 A。算计线圈的电感。

〔解〕在直流电路中电感不起作用，即 $Xl=2\pi f=0$（直流电也可看成是频率 $f=0$ 的交流电）。由此可算出线圈的电阻为

$$R=\frac{U}{I}=\frac{36}{6}=6\Omega$$

接在交流电源上，线圈抗为

$$Z=\frac{U}{I}=\frac{220}{22}=10\ \Omega$$

线圈的感抗为 $X_L=\sqrt{Z^2-R^2}=\sqrt{10^2-62}=8\ \Omega$

故线圈的电感为

$$L=\frac{X_L}{2\pi f}=\frac{8}{2\pi\times 50}=0.025\ \text{H}=\ \text{mH}$$

第七节 电 容 电 路

电容器接在直流电源上，如图 3-13 甲所示。电路呈断路状态。若把它接在交流电源上，情况就不一样。电容器板上的电荷与其两端电压的关系为 $q=c_{u_c}$。当电压 u_C 升高时，极板上

附加说明：

本标准由中华人民共和国新闻出版署提出。

本标准由全国印刷标准化技术委员会归口。

本标准由人民出版社负责起草。

十、学科分类与代码(GB/T 13745—92)(有关部分)

由国家技术监督局于1992年11月1日发布。

710　马克思主义
710.10　马、恩、列、斯思想研究
710.20　毛泽东思想研究
710.30　马克思主义思想史
710.40　科学社会主义
710.50　社会主义运动史
710.60　国外马克思主义研究
710.99　马克思主义其他学科
720　哲学
720.10　马克思主义哲学
720.1010　辩证唯物主义
720.1020　历史唯物主义
720.1030　马克思主义哲学史
720.1099　马克思主义哲学其他学科
720.15　自然辩证法
720.1510　自然观
720.1520　科学哲学
720.1530　技术哲学
720.1540　专门自然科学哲学
720.1599　自然辩证法其他学科
720.20　中国哲学史
720.2010　先秦哲学
720.2020　秦汉哲学
720.2030　魏晋南北朝哲学
720.2040　隋唐五代哲学
720.2050　宋元明清哲学
720.2060　中国近代哲学
720.2070　中国现代哲学
720.2080　中国少数民族哲学思想
720.2099　中国哲学史其他学科
720.25　东方哲学史
720.2510　印度哲学
720.2520　伊斯兰哲学
720.2530　日本哲学
720.2599　东方哲学史其他学科
720.30　西方哲学史
720.3010　古希腊罗马哲学
720.3020　中世纪哲学
720.3030　文艺复兴时期哲学
720.3040　17、18世纪欧洲哲学
720.3050　德国古典哲学
720.3060　俄国哲学
720.3099　西方哲学史其他学科
720.35　现代外国哲学
720.3510　19世纪末至20世纪中叶西方哲学
720.3520　分析哲学
720.3530　欧洲大陆人文哲学
720.3540　解释学
720.3550　符号学
720.3560　实用主义哲学
720.3599　现代外国哲学其他学科

720.40　逻辑学

720.4010　逻辑史

720.4020　形式逻辑

720.4030　哲理逻辑

720.4040　语言逻辑

720.4050　归纳逻辑

720.4060　辩证逻辑

720.4099　逻辑学其他学科

720.45　伦理学

720.4510　伦理学原理

720.4515　中国伦理思想史

720.4520　东方伦理思想史

720.4525　西方伦理思想史

720.4530　马克思主义伦理思想史

720.4535　职业伦理

720.4540　医学伦理

720.4545　教育伦理学

720.4550　政治伦理学

720.4555　家庭伦理学

720.4560　生命伦理学

720.4565　生态伦理学

720.4599　伦理学其他学科

720.50　美学

720.5010　美学原理

720.5020　中国美学史

720.5030　东方美学史

720.5040　西方美学史

720.5050　西方现代美学

720.5060　马克思主义美学

720.5070　艺术美学

720.5080　技术美学

720.5099　美学其他学科

720.99　哲学其他学科

730　宗教学

730.11　宗教学理论

730.1110　马克思主义宗教学

730.1115　宗教史学

730.1120　宗教哲学

730.1125　宗教社会学

730.1130　宗教心理学

730.1135　比较宗教学

730.1140　宗教地理学

730.1145　宗教文学艺术

730.1150　宗教文献学

730.1155　神话学

730.1199　宗教学其他学科

730.14　无神论

730.1410　无神论史

730.1420　中国无神论

730.1430　外国无神论

730.1499　无神论其他学科

730.17　原始宗教

730.21　古代宗教

730.2110　中国古代宗教

730.2120　外国古代宗教

730.2199　古代宗教其他学科

730.24　佛教

730.2410　佛教哲学

730.2420　佛教因明

730.2430　佛教艺术

730.2440　佛教文献

730.2450　佛教史

730.2499 佛教其他学科
730.27 基督教
730.2710 圣经学
730.2720 基督教哲学
730.2730 基督教伦理学
730.2740 基督教史
730.2750 基督教艺术
730.2799 基督教其他学科
730.31 伊斯兰教
730.3110 伊斯兰教义学
730.3120 伊斯兰教法学
730.3130 伊斯兰教哲学
730.3140 古兰学
730.3150 圣训学
730.3160 伊斯兰教史
730.3170 伊斯兰教艺术
730.3199 伊斯兰教其他学科
730.34 道教
730.3410 道教哲学
730.3420 道教文献
730.3430 道教艺术
730.3440 道教史
730.3499 道教其他学科
730.37 印度教
730.41 犹太教
730.44 祆教
730.47 摩尼教
730.51 锡克教
730.54 耆那教
730.57 神道教
730.61 中国民间宗教与民间信仰
730.64 中国少数民族宗教
730.67 当代宗教
730.6710 中国当代宗教
730.6720 世界当代宗教
730.6730 新兴宗教
730.6799 当代宗教其他学科
730.99 宗教学其他学科
770 历史学
770.10 史学史
770.15 史学理论
770.20 历史文献学
770.25 中国通史
770.30 中国古代史
770.3010 先秦史
770.3015 秦汉史
770.3020 魏晋南北朝史
770.3025 隋唐五代十国史
770.3030 宋史
770.3035 辽金史
770.3040 元史
770.3045 明史
770.3050 清史
770.3055 中国古文字
770.3060 中国古代契约文书
770.3099 中国古代史其他学科
770.35 中国近代史、现代史
770.3510 鸦片战争史
770.3515 太平天国史
770.3520 洋务运动
770.3525 戊戌政变史
770.3530 义和团运动史

770.3535 辛亥革命史
770.3540 五四运动史
770.3545 新民主主义革命史
770.3550 中国共产党史
770.3555 中国国民党史
770.3560 中国民主党派史
770.3565 中华民国史
770.3570 中华人民共和国史
770.40 世界通史
770.4010 原始社会史
770.4020 世界古代史
770.4030 世界中世纪史
770.4040 世界近代史
770.4050 世界现代史
770.4099 世界通史其他学科
770.45 亚洲史
770.4510 日本史
770.4520 印度史
770.4530 东南亚史
770.4540 南亚史
770.4550 中亚史
770.4560 西亚史
770.4599 亚洲史其他学科
770.50 非洲史
770.5010 北非史
770.5020 撒哈拉以南非洲史
770.5030 埃及史
770.5040 南非联邦史
770.5099 非洲史其他学科
770.55 美洲史
770.5510 美洲古代文明史
770.5520 美国史
770.5530 加拿大史
770.5540 拉丁美洲史
770.5599 美洲史其他学科
770.60 欧洲史
770.6010 俄国史
770.6020 英国史
770.6030 法国史
770.6040 德国史
770.6050 意大利史
770.6060 西班牙史
770.6070 东欧国家史
770.6080 北欧国家史
770.6099 欧洲史其他学科
770.65 澳洲、大洋洲史
770.70 专门史
770.7010 政治史
770.7015 思想史
770.7020 文化史
770.7025 科技史
770.7030 社会史
770.7035 城市史
770.7040 中外文化交流史
770.7045 历史地理学
770.7050 方志学
770.7055 人物研究
770.7060 谱牒学
770.7099 专门史其他学科
770.99 历史学其他学科
780 考古学
780.10 考古理论

780.20　考古学史
780.30　考古技术
780.3010　考古发掘
780.3020　考古修复
780.3030　考古年代测定
780.3099　考古技术其他学科
780.40　中国考古
780.4010　旧石器时代考古
780.4020　新石器时代考古
780.4030　商周考古
780.4040　秦汉考古
780.4050　三国两晋、南北朝、隋唐考古
780.4060　宋元明考古
780.4099　中国考古其他学科
780.50　外国考古
780.5010　亚洲考古
780.5020　欧洲考古
780.5030　非洲考古
780.5040　美洲考古
780.5050　大洋洲考古
780.5099　外国考古其他学科
780.60　专门考古
780.6010　金石学
780.6020　铭刻学
780.6030　甲古学
780.6040　古钱学
780.6050　美术考古
780.6060　宗教考古
780.6070　水下考古
780.6099　专门考古其他学科
780.99　考古学其他学科
850　民族学
850.10　民族问题理论
850.1010　民族问题与民族政策
850.1020　民族关系
850.1030　民族经济
850.1040　民族教育
850.1050　民族法制
850.1060　民族心理学
850.1070　少数民族政治制度
850.1099　民族问题理论其他学科
850.20　民族史学
850.2010　民族史
850.2020　民族关系史
850.2099　民族史学其他学科
850.30　蒙古学
850.40　藏学
850.50　文化人类学与民俗学
850.60　世界民族研究
850.99　民族其他学科
870　图书馆、情报与文献学
870.10　图书馆学
870.1010　图书馆学史
870.1015　比较图书馆学
870.1020　图书馆社会学
870.1025　图书馆管理学
870.1030　图书馆建筑学
870.1035　图书采访学
870.1040　图书分类学
870.1045　图书编目学
870.1050　目录学

870.1055　图书馆服务学
870.1099　图书馆学其他学科
870.20　文献学
870.2010　文献类型学
870.2020　文献计量学
870.2030　文献检索学
870.2040　图书史
870.2050　版本学
870.2060　校勘学
870.2099　文献学其他学科
870.30　情报学
870.3010　情报学史
870.3015　情报社会学
870.3020　比较情报学
870.3025　情报计量学
870.3030　情报心理学
870.3035　情报管理学
870.3040　情报服务学
870.3045　情报经济学
870.3050　情报检索学
870.3055　情报系统理论
870.3060　情报技术
870.3065　科学技术情报学
870.3070　社会科学情报学
870.3099　情报学其他学科
870.40　档案学
870.4010　档案学史
870.4020　档案管理学
870.4030　档案保护技术学
870.4040　档案编纂学
870.4099　档案学其他学科
870.50　博物馆学
870.99　图书情报文献学其他学科

十一、中华人民共和国著作权法

中华人民共和国主席令

第二十六号

《全国人民代表大会常务委员会关于修改〈中华人民共和国著作权法〉的决定》已由中华人民共和国第十一届全国人民代表大会常务委员会第十三次会议于2010年2月26日通过，现予公布，自2010年4月1日起施行。

中华人民共和国主席　胡锦涛

2010年2月26日

全国人民代表大会常务委员会关于修改《中华人民共和国著作权法》的决定

（2010年2月26日第十一届全国人民代表大会常务委员会第十三次会议通过）

第十一届全国人民代表大会常务委员会第十三次会议决定对《中华人民共和国著作权法》作如下修改：

一、将第四条修改为："著作权人行使著作权，不得违反宪法和法律，不得损害公共利益。国家对作品的出版、传播依法进行监督管理。"

二、增加一条，作为第二十六条："以著作权出质的，由出质人和质权人向国务院著作权行政管理部门办理出质登记。"

本决定自2010年4月1日起施行。

《中华人民共和国著作权法》根据本决定作修改并对条款顺序作调整后，重新公布。

中华人民共和国著作权法

（1990年9月7日第七届全国人民代表大会常务委员会第十五次会议通过 根据2001年10月27日第九届全国人民代表大会常务委员会第二十四次会议《关于修改〈中华人民共和国著作权法〉的决定》第一次修正

根据2010年2月26日第十一届全国人民代表大会常务委员会第十三次会议《关于修改〈中华人民共和国著作权法〉的决定》第二次修正）

目　录

第一章　总　则

第一条　为保护文学、艺术和科学作品作者的著作权，以及与著作权有关的权益，鼓励有益于社会主义精神文明、物质文明建设的作品的创作和传播，促进社会主义文化和科学事业的发展与繁荣，根据宪法制定本法。

第二条　中国公民、法人或者其他组织的作品，不论是否发表，依照本法享有著作权。

外国人、无国籍人的作品根据其作者所属国或者经常居住地国同中国签订的协议或者共同参加的国际条约享有的著作权，受本法保护。

外国人、无国籍人的作品首先在中国境内出版的，依照本法享有著作权。

未与中国签订协议或者共同参加国际条约的国家的作者以及无国籍人的作品首次在中国参加的国际条约的成员国出版的,或者在成员国和非成员国同时出版的,受本法保护。

第三条　本法所称的作品,包括以下列形式创作的文学、艺术和自然科学、社会科学、工程技术等作品:

(一)文字作品;

(二)口述作品;

(三)音乐、戏剧、曲艺、舞蹈、杂技艺术作品;

(四)美术、建筑作品;

(五)摄影作品;

(六)电影作品和以类似摄制电影的方法创作的作品;

(七)工程设计图、产品设计图、地图、示意图等图形作品和模型作品;

(八)计算机软件;

(九)法律、行政法规规定的其他作品。

第四条　著作权人行使著作权,不得违反宪法和法律,不得损害公共利益。国家对作品的出版、传播依法进行监督管理。

第五条　本法不适用于:

(一)法律、法规,国家机关的决议、决定、命令和其他具有立法、行政、司法性质的文件,及其官方正式译文;

(二)时事新闻;

(三)历法、通用数表、通用表格和公式。

第六条　民间文学艺术作品的著作权保护办法由国务院另行规定。

第七条　国务院著作权行政管理部门主管全国的著作权管理工作;各省、自治区、直辖市人民政府的著作权行政管理部门主管本行政区域的著作权管理工作。

第八条　著作权人和与著作权有关的权利人可以授权著作权集体管理组织行使著作权或者与著作权有关的权利。著作权集体管理组织被授权后,可以以自己的名义为著作权人和与著作权有关的权利人主张权利,并可以作为当事人进行涉及著作权或者与著作权有关的权利的诉讼、仲裁活动。

著作权集体管理组织是非营利性组织,其设立方式、权利义务、著作权许可使用费的收取和分配,以及对其监督和管理等由国务院另行规定。

第二章　著作权

第一节　著作权人及其权利

第九条　著作权人包括：

（一）作者；

（二）其他依照本法享有著作权的公民、法人或者其他组织。

第十条　著作权包括下列人身权和财产权：

（一）发表权，即决定作品是否公之于众的权利；

（二）署名权，即表明作者身份，在作品上署名的权利；

（三）修改权，即修改或者授权他人修改作品的权利；

（四）保护作品完整权，即保护作品不受歪曲、篡改的权利；

（五）复制权，即以印刷、复印、拓印、录音、录像、翻录、翻拍等方式将作品制作一份或者多份的权利；

（六）发行权，即以出售或者赠与方式向公众提供作品的原件或者复制件的权利；

（七）出租权，即有偿许可他人临时使用电影作品和以类似摄制电影的方法创作的作品、计算机软件的权利，计算机软件不是出租的主要标的的除外；

（八）展览权，即公开陈列美术作品、摄影作品的原件或者复制件的权利；

（九）表演权，即公开表演作品，以及用各种手段公开播送作品的表演的权利；

（十）放映权，即通过放映机、幻灯机等技术设备公开再现美术、摄影、电影和以类似摄制电影的方法创作的作品等的权利；

（十一）广播权，即以无线方式公开广播或者传播作品，以有线传播或者转播的方式向公众传播广播的作品，以及通过扩音器或者其他传送符号、声音、图像的类似工具向公众传播广播的作品的权利；

（十二）信息网络传播权，即以有线或者无线方式向公众提供作品，使公众可以在其个人选定的时间和地点获得作品的权利；

（十三）摄制权，即以摄制电影或者以类似摄制电影的方法将作品固定在载体上的权利；

（十四）改编权，即改变作品，创作出具有独创性的新作品的权利；

（十五）翻译权，即将作品从一种语言文字转换成另一种语言文字的权利；

（十六）汇编权，即将作品或者作品的片段通过选择或者编排，汇集成新作品的权利；

（十七）应当由著作权人享有的其他权利。

著作权人可以许可他人行使前款第（五）项至第（十七）项规定的权利，并依照约定或者本法有关规定获得报酬。

著作权人可以全部或者部分转让本条第一款第（五）项至第（十七）项规定的权利，并依照约定或者本法有关规定获得报酬。

第二节　著作权归属

第十一条　著作权属于作者，本法另有规定的除外。

创作作品的公民是作者。

由法人或者其他组织主持，代表法人或者其他组织意志创作，并由法人或者其他组织承担责任的作品，法人或者其他组织视为作者。

如无相反证明，在作品上署名的公民、法人或者其他组织为作者。

第十二条　改编、翻译、注释、整理已有作品而产生的作品，其著作权由改编、翻译、注释、整理人享有，但行使著作权时不得侵犯原作品的著作权。

第十三条　两人以上合作创作的作品，著作权由合作作者共同享有。没有参加创作的人，不能成为合作作者。

合作作品可以分割使用的，作者对各自创作的部分可以单独享有著作权，但行使著作权时不得侵犯合作作品整体的著作权。

第十四条　汇编若干作品、作品的片段或者不构成作品的数据或者其他材料，对其内容的选择或者编排体现独创性的作品，为汇编作品，其著作权由汇编人享有，但行使著作权时，不得侵犯原作品的著作权。

第十五条　电影作品和以类似摄制电影的方法创作的作品的著作权由制片者享有，但编剧、导演、摄影、作词、作曲等作者享有署名权，并有权按照与制片者签订的合同获得报酬。

电影作品和以类似摄制电影的方法创作的作品中的剧本、音乐等可以单独使用的作品的作者有权单独行使其著作权。

第十六条　公民为完成法人或者其他组织工作任务所创作的作品是职务作品，除本条第二款的规定以外，著作权由作者享有，但法人或者其他组织有权在其业务范围内优先使用。作品完成两年内，未经单位同意，作者不得许可第三人以与单位使用的相同方式使用该作品。

有下列情形之一的职务作品，作者享有署名权，著作权的其他权利由法人

或者其他组织享有,法人或者其他组织可以给予作者奖励:

(一)主要是利用法人或者其他组织的物质技术条件创作,并由法人或者其他组织承担责任的工程设计图、产品设计图、地图、计算机软件等职务作品;

(二)法律、行政法规规定或者合同约定著作权由法人或者其他组织享有的职务作品。

第十七条 受委托创作的作品,著作权的归属由委托人和受托人通过合同约定。合同未作明确约定或者没有订立合同的,著作权属于受托人。

第十八条 美术等作品原件所有权的转移,不视为作品著作权的转移,但美术作品原件的展览权由原件所有人享有。

第十九条 著作权属于公民的,公民死亡后,其本法第十条第一款第(五)项至第(十七)项规定的权利在本法规定的保护期内,依照继承法的规定转移。

著作权属于法人或者其他组织的,法人或者其他组织变更、终止后,其本法第十条第一款第(五)项至第(十七)项规定的权利在本法规定的保护期内,由承受其权利义务的法人或者其他组织享有;没有承受其权利义务的法人或者其他组织的,由国家享有。

第三节 权利的保护期

第二十条 作者的署名权、修改权、保护作品完整权的保护期不受限制。

第二十一条 公民的作品,其发表权、本法第十条第一款第(五)项至第(十七)项规定的权利的保护期为作者终生及其死亡后五十年,截止于作者死亡后第五十年的12月31日;如果是合作作品,截止于最后死亡的作者死亡后第五十年的12月31日。

法人或者其他组织的作品、著作权(署名权除外)由法人或者其他组织享有的职务作品,其发表权、本法第十条第一款第(五)项至第(十七)项规定的权利的保护期为五十年,截止于作品首次发表后第五十年的12月31日,但作品自创作完成后五十年内未发表的,本法不再保护。

电影作品和以类似摄制电影的方法创作的作品、摄影作品,其发表权、本法第十条第一款第(五)项至第(十七)项规定的权利的保护期为五十年,截止于作品首次发表后第五十年的12月31日,但作品自创作完成后五十年内未发表的,本法不再保护。

第四节 权利的限制

第二十二条 在下列情况下使用作品,可以不经著作权人许可,不向其支付报酬，但应当指明作者姓名、作品名称，并且不得侵犯著作权人依照本法享有的其他权利：

（一）为个人学习、研究或者欣赏，使用他人已经发表的作品；

（二）为介绍、评论某一作品或者说明某一问题，在作品中适当引用他人已经发表的作品；

（三）为报道时事新闻，在报纸、期刊、广播电台、电视台等媒体中不可避免地再现或者引用已经发表的作品；

（四）报纸、期刊、广播电台、电视台等媒体刊登或者播放其他报纸、期刊、广播电台、电视台等媒体已经发表的关于政治、经济、宗教问题的时事性文章，但作者声明不许刊登、播放的除外；

（五）报纸、期刊、广播电台、电视台等媒体刊登或者播放在公众集会上发表的讲话，但作者声明不许刊登、播放的除外；

（六）为学校课堂教学或者科学研究，翻译或者少量复制已经发表的作品，供教学或者科研人员使用，但不得出版发行；

（七）国家机关为执行公务在合理范围内使用已经发表的作品；

（八）图书馆、档案馆、纪念馆、博物馆、美术馆等为陈列或者保存版本的需要，复制本馆收藏的作品；

（九）免费表演已经发表的作品，该表演未向公众收取费用，也未向表演者支付报酬；

（十）对设置或者陈列在室外公共场所的艺术作品进行临摹、绘画、摄影、录像；

（十一）将中国公民、法人或者其他组织已经发表的以汉语言文字创作的作品翻译成少数民族语言文字作品在国内出版发行；

（十二）将已经发表的作品改成盲文出版。

前款规定适用于对出版者、表演者、录音录像制作者、广播电台、电视台的权利的限制。

第二十三条　为实施九年制义务教育和国家教育规划而编写出版教科书，除作者事先声明不许使用的外，可以不经著作权人许可，在教科书中汇编已经发表的作品片段或者短小的文字作品、音乐作品或者单幅的美术作品、摄影作品，但应当按照规定支付报酬，指明作者姓名、作品名称，并且不得侵犯著作权人依照本法享有的其他权利。

前款规定适用于对出版者、表演者、录音录像制作者、广播电台、电视台的权利的限制。

第三章 著作权许可使用和转让合同

第二十四条 使用他人作品应当同著作权人订立许可使用合同,本法规定可以不经许可的除外。

许可使用合同包括下列主要内容:

(一)许可使用的权利种类;

(二)许可使用的权利是专有使用权或者非专有使用权;

(三)许可使用的地域范围、期间;

(四)付酬标准和办法;

(五)违约责任;

(六)双方认为需要约定的其他内容。

第二十五条 转让本法第十条第一款第(五)项至第(十七)项规定的权利,应当订立书面合同。

权利转让合同包括下列主要内容:

(一)作品的名称;

(二)转让的权利种类、地域范围;

(三)转让价金;

(四)交付转让价金的日期和方式;

(五)违约责任;

(六)双方认为需要约定的其他内容。

第二十六条 以著作权出质的,由出质人和质权人向国务院著作权行政管理部门办理出质登记。

第二十七条 许可使用合同和转让合同中著作权人未明确许可、转让的权利,未经著作权人同意,另一方当事人不得行使。

第二十八条 使用作品的付酬标准可以由当事人约定,也可以按照国务院著作权行政管理部门会同有关部门制定的付酬标准支付报酬。当事人约定不明确的,按照国务院著作权行政管理部门会同有关部门制定的付酬标准支付报酬。

第二十九条 出版者、表演者、录音录像制作者、广播电台、电视台等依照本法有关规定使用他人作品的,不得侵犯作者的署名权、修改权、保护作品完整权和获得报酬的权利。

第四章　出版、表演、录音录像、播放

第一节　图书、报刊的出版

第三十条　图书出版者出版图书应当和著作权人订立出版合同,并支付报酬。

第三十一条　图书出版者对著作权人交付出版的作品,按照合同约定享有的专有出版权受法律保护,他人不得出版该作品。

第三十二条　著作权人应当按照合同约定期限交付作品。图书出版者应当按照合同约定的出版质量、期限出版图书。

图书出版者不按照合同约定期限出版,应当依照本法第五十四条的规定承担民事责任。

图书出版者重印、再版作品的,应当通知著作权人,并支付报酬。图书脱销后,图书出版者拒绝重印、再版的,著作权人有权终止合同。

第三十三条　著作权人向报社、期刊社投稿的,自稿件发出之日起十五日内未收到报社通知决定刊登的,或者自稿件发出之日起三十日内未收到期刊社通知决定刊登的,可以将同一作品向其他报社、期刊社投稿。双方另有约定的除外。

作品刊登后,除著作权人声明不得转载、摘编的外,其他报刊可以转载或者作为文摘、资料刊登,但应当按照规定向著作权人支付报酬。

第三十四条　图书出版者经作者许可,可以对作品修改、删节。

报社、期刊社可以对作品作文字性修改、删节。对内容的修改,应当经作者许可。

第三十五条　出版改编、翻译、注释、整理、汇编已有作品而产生的作品,应当取得改编、翻译、注释、整理、汇编作品的著作权人和原作品的著作权人许可,并支付报酬。

第三十六条　出版者有权许可或者禁止他人使用其出版的图书、期刊的版式设计。

前款规定的权利的保护期为十年,截止于使用该版式设计的图书、期刊首次出版后第十年的12月31日。

第二节　表演

第三十七条　使用他人作品演出,表演者(演员、演出单位)应当取得著作

权人许可，并支付报酬。演出组织者组织演出，由该组织者取得著作权人许可，并支付报酬。

使用改编、翻译、注释、整理已有作品而产生的作品进行演出，应当取得改编、翻译、注释、整理作品的著作权人和原作品的著作权人许可，并支付报酬。

第三十八条　表演者对其表演享有下列权利：

（一）表明表演者身份；

（二）保护表演形象不受歪曲；

（三）许可他人从现场直播和公开传送其现场表演，并获得报酬；

（四）许可他人录音录像，并获得报酬；

（五）许可他人复制、发行录有其表演的录音录像制品，并获得报酬；

（六）许可他人通过信息网络向公众传播其表演，并获得报酬。

被许可人以前款第（三）项至第（六）项规定的方式使用作品，还应当取得著作权人许可，并支付报酬。

第三十九条　本法第三十八条第一款第（一）项、第（二）项规定的权利的保护期不受限制。

本法第三十八条第一款第（三）项至第（六）项规定的权利的保护期为五十年，截止于该表演发生后第五十年的12月31日。

第三节　录音录像

第四十条　录音录像制作者使用他人作品制作录音录像制品，应当取得著作权人许可，并支付报酬。

录音录像制作者使用改编、翻译、注释、整理已有作品而产生的作品，应当取得改编、翻译、注释、整理作品的著作权人和原作品著作权人许可，并支付报酬。

录音制作者使用他人已经合法录制为录音制品的音乐作品制作录音制品，可以不经著作权人许可，但应当按照规定支付报酬；著作权人声明不许使用的不得使用。

第四十一条　录音录像制作者制作录音录像制品，应当同表演者订立合同，并支付报酬。

第四十二条　录音录像制作者对其制作的录音录像制品，享有许可他人复制、发行、出租、通过信息网络向公众传播并获得报酬的权利；权利的保护期为五十年，截止于该制品首次制作完成后第五十年的12月31日。

被许可人复制、发行、通过信息网络向公众传播录音录像制品，还应当取得著作权人、表演者许可，并支付报酬。

第四节　广播电台、电视台播放

第四十三条　广播电台、电视台播放他人未发表的作品，应当取得著作权人许可，并支付报酬。

广播电台、电视台播放他人已发表的作品，可以不经著作权人许可，但应当支付报酬。

第四十四条　广播电台、电视台播放已经出版的录音制品，可以不经著作权人许可，但应当支付报酬。当事人另有约定的除外。具体办法由国务院规定。

第四十五条　广播电台、电视台有权禁止未经其许可的下列行为：

（一）将其播放的广播、电视转播；

（二）将其播放的广播、电视录制在音像载体上以及复制音像载体。

前款规定的权利的保护期为五十年，截止于该广播、电视首次播放后第五十年的12月31日。

第四十六条　电视台播放他人的电影作品和以类似摄制电影的方法创作的作品、录像制品，应当取得制片者或者录像制作者许可，并支付报酬；播放他人的录像制品，还应当取得著作权人许可，并支付报酬。

第五章　法律责任和执法措施

第四十七条　有下列侵权行为的，应当根据情况，承担停止侵害、消除影响、赔礼道歉、赔偿损失等民事责任：

（一）未经著作权人许可，发表其作品的；

（二）未经合作作者许可，将与他人合作创作的作品当作自己单独创作的作品发表的；

（三）没有参加创作，为谋取个人名利，在他人作品上署名的；

（四）歪曲、篡改他人作品的；

（五）剽窃他人作品的；

（六）未经著作权人许可，以展览、摄制电影和以类似摄制电影的方法使用作品，或者以改编、翻译、注释等方式使用作品的，本法另有规定的除外；

（七）使用他人作品，应当支付报酬而未支付的；

（八）未经电影作品和以类似摄制电影的方法创作的作品、计算机软件、录音录像制品的著作权人或者与著作权有关的权利人许可，出租其作品或者录音录像制品的，本法另有规定的除外；

（九）未经出版者许可，使用其出版的图书、期刊的版式设计的；

（十）未经表演者许可，从现场直播或者公开传送其现场表演，或者录制其表演的；

（十一）其他侵犯著作权以及与著作权有关的权益的行为。

第四十八条　有下列侵权行为的，应当根据情况，承担停止侵害、消除影响、赔礼道歉、赔偿损失等民事责任；同时损害公共利益的，可以由著作权行政管理部门责令停止侵权行为，没收违法所得，没收、销毁侵权复制品，并可处以罚款；情节严重的，著作权行政管理部门还可以没收主要用于制作侵权复制品的材料、工具、设备等；构成犯罪的，依法追究刑事责任：

（一）未经著作权人许可，复制、发行、表演、放映、广播、汇编、通过信息网络向公众传播其作品的，本法另有规定的除外；

（二）出版他人享有专有出版权的图书的；

（三）未经表演者许可，复制、发行录有其表演的录音录像制品，或者通过信息网络向公众传播其表演的，本法另有规定的除外；

（四）未经录音录像制作者许可，复制、发行、通过信息网络向公众传播其制作的录音录像制品的，本法另有规定的除外；

（五）未经许可，播放或者复制广播、电视的，本法另有规定的除外；

（六）未经著作权人或者与著作权有关的权利人许可，故意避开或者破坏权利人为其作品、录音录像制品等采取的保护著作权或者与著作权有关的权利的技术措施的，法律、行政法规另有规定的除外；

（七）未经著作权人或者与著作权有关的权利人许可，故意删除或者改变作品、录音录像制品等的权利管理电子信息的，法律、行政法规另有规定的除外；

（八）制作、出售假冒他人署名的作品的。

第四十九条　侵犯著作权或者与著作权有关的权利的，侵权人应当按照权利人的实际损失给予赔偿；实际损失难以计算的，可以按照侵权人的违法所得给予赔偿。赔偿数额还应当包括权利人为制止侵权行为所支付的合理开支。

权利人的实际损失或者侵权人的违法所得不能确定的，由人民法院根据侵权行为的情节，判决给予五十万元以下的赔偿。

第五十条　著作权人或者与著作权有关的权利人有证据证明他人正在实

施或者即将实施侵犯其权利的行为,如不及时制止将会使其合法权益受到难以弥补的损害的,可以在起诉前向人民法院申请采取责令停止有关行为和财产保全的措施。

人民法院处理前款申请,适用《中华人民共和国民事诉讼法》第九十三条至第九十六条和第九十九条的规定。

第五十一条　为制止侵权行为,在证据可能灭失或者以后难以取得的情况下,著作权人或者与著作权有关的权利人可以在起诉前向人民法院申请保全证据。

人民法院接受申请后,必须在四十八小时内作出裁定;裁定采取保全措施的,应当立即开始执行。

人民法院可以责令申请人提供担保,申请人不提供担保的,驳回申请。

申请人在人民法院采取保全措施后十五日内不起诉的,人民法院应当解除保全措施。

第五十二条　人民法院审理案件,对于侵犯著作权或者与著作权有关的权利的,可以没收违法所得、侵权复制品以及进行违法活动的财物。

第五十三条　复制品的出版者、制作者不能证明其出版、制作有合法授权的,复制品的发行者或者电影作品或者以类似摄制电影的方法创作的作品、计算机软件、录音录像制品的复制品的出租者不能证明其发行、出租的复制品有合法来源的,应当承担法律责任。

第五十四条　当事人不履行合同义务或者履行合同义务不符合约定条件的,应当依照《中华人民共和国民法通则》、《中华人民共和国合同法》等有关法律规定承担民事责任。

第五十五条　著作权纠纷可以调解,也可以根据当事人达成的书面仲裁协议或者著作权合同中的仲裁条款,向仲裁机构申请仲裁。

当事人没有书面仲裁协议,也没有在著作权合同中订立仲裁条款的,可以直接向人民法院起诉。

第五十六条　当事人对行政处罚不服的,可以自收到行政处罚决定书之日起三个月内向人民法院起诉,期满不起诉又不履行的,著作权行政管理部门可以申请人民法院执行。

第六章　附则

第五十七条　本法所称的著作权即版权。

第五十八条　本法第二条所称的出版，指作品的复制、发行。

第五十九条　计算机软件、信息网络传播权的保护办法由国务院另行规定。

第六十条　本法规定的著作权人和出版者、表演者、录音录像制作者、广播电台、电视台的权利，在本法施行之日尚未超过本法规定的保护期的，依照本法予以保护。

本法施行前发生的侵权或者违约行为，依照侵权或者违约行为发生时的有关规定和政策处理。

第六十一条　本法自 1991 年 6 月 1 日起施行。

十二、中华人民共和国著作权法实施条例

第一条　根据《中华人民共和国著作权法》(以下简称著作权法),制定本条例。

第二条　著作权法所称作品,是指文学、艺术和科学领域内具有独创性并能以某种有形形式复制的智力成果。

第三条　著作权法所称创作,是指直接产生文学、艺术和科学作品的智力活动。

为他人创作进行组织工作,提供咨询意见、物质条件,或者进行其他辅助工作,均不视为创作。

第四条　著作权法和本条例中下列作品的含义:

(一)文字作品,是指小说、诗词、散文、论文等以文字形式表现的作品;

(二)口述作品,是指即兴的演说、授课、法庭辩论等以口头语言形式表现的作品;

(三)音乐作品,是指歌曲、交响乐等能够演唱或者演奏的带词或者不带词的作品;

(四)戏剧作品,是指话剧、歌剧、地方戏等供舞台演出的作品;

(五)曲艺作品,是指相声、快书、大鼓、评书等以说唱为主要形式表演的作品;

(六)舞蹈作品,是指通过连续的动作、姿势、表情等表现思想情感的作品;

(七)杂技艺术作品,是指杂技、魔术、马戏等通过形体动作和技巧表现的作品;

(八)美术作品,是指绘画、书法、雕塑等以线条、色彩或者其他方式构成的有审美意义的平面或者立体的造型艺术作品;

(九)建筑作品,是指以建筑物或者构筑物形式表现的有审美意义的作品;

(十)摄影作品,是指借助器械在感光材料或者其他介质上记录客观物体形象的艺术作品;

(十一)电影作品和以类似摄制电影的方法创作的作品,是指摄制在一定介质上,由一系列有伴音或者无伴音的画面组成,并且借助适当装置放映或者以其他方式传播的作品;

（十二）图形作品，是指为施工、生产绘制的工程设计图、产品设计图，以及反映地理现象、说明事物原理或者结构的地图、示意图等作品；

（十三）模型作品，是指为展示、试验或者观测等用途，根据物体的形状和结构，按照一定比例制成的立体作品。

第五条　著作权法和本条例中下列用语的含义：

（一）时事新闻，是指通过报纸、期刊、广播电台、电视台等媒体报道的单纯事实消息；

（二）录音制品，是指任何对表演的声音和其他声音的录制品；

（三）录像制品，是指电影作品和以类似摄制电影的方法创作的作品以外的任何有伴音或者无伴音的连续相关形象、图像的录制品；

（四）录音制作者，是指录音制品的首次制作人；

（五）录像制作者，是指录像制品的首次制作人；

（六）表演者，是指演员、演出单位或者其他表演文学、艺术作品的人。

第六条　著作权自作品创作完成之日起产生。

第七条　著作权法第二条第三款规定的首先在中国境内出版的外国人、无国籍人的作品，其著作权自首次出版之日起受保护。

第八条　外国人、无国籍人的作品在中国境外首先出版后，30日内在中国境内出版的，视为该作品同时在中国境内出版。

第九条　合作作品不可以分割使用的，其著作权由各合作作者共同享有，通过协商一致行使；不能协商一致，又无正当理由的，任何一方不得阻止他方行使除转让以外的其他权利，但是所得收益应当合理分配给所有合作作者。

第十条　著作权人许可他人将其作品摄制成电影作品和以类似摄制电影的方法创作的作品的，视为已同意对其作品进行必要的改动，但是这种改动不得歪曲篡改原作品。

第十一条　著作权法第十六条第一款关于职务作品的规定中的“工作任务”，是指公民在该法人或者该组织中应当履行的职责。

著作权法第十六条第二款关于职务作品的规定中的“物质技术条件”，是指该法人或者该组织为公民完成创作专门提供的资金、设备或者资料。

第十二条　职务作品完成两年内，经单位同意，作者许可第三人以与单位使用的相同方式使用作品所获报酬，由作者与单位按约定的比例分配。

作品完成两年的期限，自作者向单位交付作品之日起计算。

第十三条　作者身份不明的作品，由作品原件的所有人行使除署名权以外的著作权。作者身份确定后，由作者或者其继承人行使著作权。

第十四条　合作作者之一死亡后，其对合作作品享有的著作权法第十条第一款第五项至第十七项规定的权利无人继承又无人受遗赠的，由其他合作作者享有。

第十五条　作者死亡后，其著作权中的署名权、修改权和保护作品完整权由作者的继承人或者受遗赠人保护。

著作权无人继承又无人受遗赠的，其署名权、修改权和保护作品完整权由著作权行政管理部门保护。

第十六条　国家享有著作权的作品的使用，由国务院著作权行政管理部门管理。

第十七条　作者生前未发表的作品，如果作者未明确表示不发表，作者死亡后50年内，其发表权可由继承人或者受遗赠人行使；没有继承人又无人受遗赠的，由作品原件的所有人行使。

第十八条　作者身份不明的作品，其著作权法第十条第一款第五项至第十七项规定的权利的保护期截止于作品首次发表后第50年的12月31日。作者身份确定后，适用著作权法第二十一条的规定。

第十九条　使用他人作品的，应当指明作者姓名、作品名称；但是，当事人另有约定或者由于作品使用方式的特性无法指明的除外。

第二十条　著作权法所称已经发表的作品，是指著作权人自行或者许可他人公之于众的作品。

第二十一条　依照著作权法有关规定，使用可以不经著作权人许可的已经发表的作品的，不得影响该作品的正常使用，也不得不合理地损害著作权人的合法利益。

第二十二条　依照著作权法第二十三条、第三十三条第二款、第四十条第三款的规定使用作品的付酬标准，由国务院著作权行政管理部门会同国务院价格主管部门制定、公布。

第二十三条　使用他人作品应当同著作权人订立许可使用合同，许可使用的权利是专有使用权的，应当采取书面形式，但是报社、期刊社刊登作品除外。

第二十四条　著作权法第二十四条规定的专有使用权的内容由合同约定，合同没有约定或者约定不明的，视为被许可人有权排除包括著作权人在内的任何人以同样的方式使用作品;除合同另有约定外,被许可人许可第三人行使同一权利,必须取得著作权人的许可。

第二十五条　与著作权人订立专有许可使用合同、转让合同的,可以向著作权行政管理部门备案。

第二十六条　著作权法和本条例所称与著作权有关的权益,是指出版者对其出版的图书和期刊的版式设计享有的权利,表演者对其表演享有的权利,录音录像制作者对其制作的录音录像制品享有的权利,广播电台、电视台对其播放的广播、电视节目享有的权利。

第二十七条　出版者、表演者、录音录像制作者、广播电台、电视台行使权利,不得损害被使用作品和原作品著作权人的权利。

第二十八条　图书出版合同中约定图书出版者享有专有出版权但没有明确其具体内容的,视为图书出版者享有在合同有效期限内和在合同约定的地域范围内以同种文字的原版、修订版出版图书的专有权利。

第二十九条　著作权人寄给图书出版者的两份订单在 6 个月内未能得到履行,视为著作权法第三十二条所称图书脱销。

第三十条　著作权人依照著作权法第三十三条第二款声明不得转载、摘编其作品的,应当在报纸、期刊刊登该作品时附带声明。

第三十一条　著作权人依照著作权法第四十条第三款声明不得对其作品制作录音制品的,应当在该作品合法录制为录音制品时声明。

第三十二条　依照著作权法第二十三条、第三十三条第二款、第四十条第三款的规定,使用他人作品的,应当自使用该作品之日起 2 个月内向著作权人支付报酬。

第三十三条　外国人、无国籍人在中国境内的表演,受著作权法保护。

外国人、无国籍人根据中国参加的国际条约对其表演享有的权利,受著作权法保护。

第三十四条　外国人、无国籍人在中国境内制作、发行的录音制品,受著作权法保护。

外国人、无国籍人根据中国参加的国际条约对其制作、发行的录音制品享有的权利,受著作权法保护。

第三十五条　外国的广播电台、电视台根据中国参加的国际条约对其播放的广播、电视节目享有的权利,受著作权法保护。

第三十六条　有著作权法第四十八条所列侵权行为，同时损害社会公共利益，非法经营额5万元以上的，著作权行政管理部门可处非法经营额1倍以上5倍以下的罚款；没有非法经营额或者非法经营额5万元以下的，著作权行政管理部门根据情节轻重，可处25万元以下的罚款。

第三十七条　有著作权法第四十八条所列侵权行为，同时损害社会公共利益的，由地方人民政府著作权行政管理部门负责查处。

国务院著作权行政管理部门可以查处在全国有重大影响的侵权行为。

第三十八条　本条例自2002年9月15日起施行。1991年5月24日国务院批准、1991年5月30日国家版权局发布的《中华人民共和国著作权法实施条例》同时废止。

十三、高等学校哲学社会科学研究学术规范(试行)

(教育部社会科学委员会2004年6月22日第一次全体会议讨论通过)

一、总则

(一)为规范高等学校(以下简称高校)哲学社会科学研究工作,加强学风建设和职业道德修养,保障学术自由,促进学术交流、学术积累与学术创新,进一步发展和繁荣高校哲学社会科学研究事业,特制订《高等学校哲学社会科学研究学术规范(试行)》(以下简称本规范)。

(二)本规范由广大专家学者广泛讨论、共同参与制订,是高校师生及相关人员在学术活动中自律的准则。

二、基本规范

(三)高校哲学社会科学研究应以马克思列宁主义、毛泽东思想、邓小平理论和“三个代表”重要思想为指导,遵循解放思想、实事求是、与时俱进的思想路线,贯彻“百花齐放、百家争鸣”的方针,不断推动学术进步。

(四)高校哲学社会科学研究工作者应以推动社会主义物质文明、政治文明和精神文明建设为己任,具有强烈的历史使命感和社会责任感,敢于学术创新,努力创造先进文化,积极弘扬科学精神、人文精神与民族精神。

(五)高校哲学社会科学研究工作者应遵守《中华人民共和国著作权法》《中华人民共和国专利法》《中华人民共和国国家通用语言文字法》等相关法律、法规。

(六)高校哲学社会科学研究工作者应模范遵守学术道德。

三、学术引文规范

(七)引文应以原始文献和第一手资料为原则。凡引用他人观点、方案、资料、数据等,无论曾否发表,无论是纸质或电子版,均应详加注释。凡转引文献资料,应如实说明。

(八)学术论著应合理使用引文。对已有学术成果的介绍、评论、引用和注释,应力求客观、公允、准确。伪注,伪造、篡改文献和数据等,均属学术不端行为。

四、学术成果规范

(九)不得以任何方式抄袭、剽窃或侵吞他人学术成果。

（十）应注重学术质量，反对粗制滥造和低水平重复，避免片面追求数量的倾向。

（十一）应充分尊重和借鉴已有的学术成果，注重调查研究，在全面掌握相关研究资料和学术信息的基础上，精心设计研究方案，讲究科学方法。力求论证缜密，表达准确。

（十二）学术成果文本应规范使用中国语言文字、标点符号、数字及外国语言文字。

（十三）学术成果不应重复发表。另有约定再次发表时，应注明出处。

（十四）学术成果的署名应实事求是。署名者应对该项成果承担相应的学术责任、道义责任和法律责任。

（十五）凡接受合法资助的研究项目，其最终成果应与资助申请和立项通知相一致；若需修改，应事先与资助方协商，并征得其同意。

（十六）研究成果发表时，应以适当方式向提供过指导、建议、帮助或资助的个人或机构致谢。

五、学术评价规范

（十七）学术评价应坚持客观、公正、公开的原则。

（十八）学术评价应以学术价值或社会效益为基本标准。对基础研究成果的评价，应以学术积累和学术创新为主要尺度；对应用研究成果的评价，应注重其社会效益或经济效益。

（十九）学术评价机构应坚持程序公正、标准合理，采用同行专家评审制，实行回避制度、民主表决制度，建立结果公示和意见反馈机制。

评审意见应措辞严谨、准确，慎用"原创"、"首创"、"首次"、"国内领先"、"国际领先"、"世界水平"、"填补重大空白"、"重大突破"等词语。

评价机构和评审专家应对其评价意见负责，并对评议过程保密，对不当评价、虚假评价、泄密、披露不实信息或恶意中伤等造成的后果承担相应责任。

（二十）被评价者不得干扰评价过程。否则，应对其不正当行为引发的一切后果负责。

六、学术批评规范

（二十一）应大力倡导学术批评，积极推进不同学术观点之间的自由讨论、相互交流与学术争鸣。

（二十二）学术批评应该以学术为中心，以文本为依据，以理服人。批评者应正当行使学术批评的权利，并承担相应的责任。被批评者有反批评的权利，但不得对批评者压制或报复。

七、附则

（二十三）本规范将根据哲学社会科学研究事业发展的需要不断修订和完善。

（二十四）各高校可根据本规范，结合具体情况，制订相应的学术规范及其实施办法，并对侵犯知识产权或违反学术道德的学术不端行为加以监督和惩处。

（二十五）本规范的解释权归教育部社会科学委员会。

十四、兰州大学研究生学位论文规范

学位论文是为申请博士、硕士学位而撰写的学术论文，是评判学位申请人学术水平的重要依据和获得学位的必要条件之一，也是重要文献资料和社会宝贵财富。

为提高研究生学位论文的质量，做到学位论文在内容和格式上规范化和统一化，特做如下规定：

一、论文用 A4 规格按顺序装订成册，论文顺序依次为：封面、《原创性声明》及《关于学位论文使用授权的声明》、中文摘要、外文摘要、目录、正文、参考文献、在学期间的研究成果、致谢、附录等。打印要求清晰干净，文字准确无误，字体一般为宋体。

二、封面：学位论文封面采用统一的《兰州大学研究生学位论文》《兰州大学同等学力人员申请学位学位论文》格式，封皮选用耐磨封皮纸，颜色不限。

密级：填写公开、内部、秘密、机密、绝密，该项填写请先与导师商量。

分类号：参照《中国图书馆图书分类法》填写。

论文题目：中文题目不超过 20 字，外文题目为中文题目的正确译文。

指导教师：填写入学时确定的指导教师（或经研究生院批准更换的导师、导师助理）的姓名及职称。

申请学位级别：填写"博士"、"硕士"。

三、《原创性声明》及《关于学位论文使用授权的声明》下载地址：

http://ge.lze.edu.cn。

四、中（外）文摘要：中文摘要、外文摘要应以简洁的语言介绍论文的概要，阐述研究工作的意义、目的、中心内容、主要结论，突出新方法、新见解或创造性成果。硕士学位论文中文摘要一般应在 500 字左右，博士学位论文中文摘要一般应在 1000 字左右。中外文摘要的内容必须一致，并要求语句通顺，语法正确。

五、正文

正文是学位论文的主体和核心部分，包括研究背景、立论根据、研究内容、研究方法与过程、研究结果与分析、研究结论及其意义。要求论述正确、逻辑严密、层次分明、文字流畅、公式图表清晰、数据真实可靠，公式推导和计算结果正确无误。

正文字数要求：博士学位论文5万字左右，硕士学位论文3万字左右。

六、参考文献

凡学位论文中引用他人成果之处均应如实、详细地列出参考文献目录。参考文献应按正文中引用的顺序列出，可以列在各章的结尾，也可以列在正文的末尾。

参考文献的书写格式为：序号、作者姓名、书名（或文章题目）、出版社（或期刊名）、出版时间（文章发表期号）、起止页码。

七、在学期间的研究成果

包括发表文章与出版论著（已发表或已录用）、已获专利、科研成果及获奖情况分项列出。

发表文章与出版论著列出格式同参考文献格式；

获奖成果列出格式为：获奖成果名称、奖励级别与获奖等级、获奖年份与日期、获奖人；

获专利成果列出格式为：获专利名称、专利号、何国何类专利、授权日期、专利人。

八、附录

附录是论文主体部分的补充，主要包括：正文内过分冗长的公式推导；为他人阅读方便所需的辅助性数学工具或重复性的图表；论文中所使用的缩写，计算机程序及清单等。

兰州大学学位办

2003-11-24

参考文献要目

梁启超.中国历史研究法.上海:上海古籍出版社,2001.

梁启超.中国历史研究法补编.上海:商务印书馆,1930.

李大钊.李大钊史学论集.石家庄:河北人民出版社,1984.

翦伯赞.史料与史学.北京:北京大学出版社,1985.

陈垣.陈垣史源学杂文.北京:人民出版社,1980.

钱穆.国学概论.北京:商务印书馆,1997.

张舜徽.中国古代史籍校读法.上海:上海古籍出版社,1980.

赵光贤.中国历史研究法.北京:中国青年出版社,1988.

张连生.史学论文写作.长春:吉林人民出版社,2002.

荣孟源.史料和历史科学.北京:人民出版社,1987.

苏渊雷.读史举要.哈尔滨:黑龙江出版社,1981.

汪受宽.读史基础手册.长春:吉林文史出版社,1990.

葛懋春,等.历史科学概论.济南:山东教育出版社,1984.

赵吉惠.历史学概论.西安:三秦出版社,1986.

赵吉惠.历史学方法论.成都:四川人民出版社,1987.

白寿彝.史学概论.银川:宁夏人民出版社,1983.

刘昶.人心中的历史.成都:四川人民出版社,1987.

陈高华,陈智超.中国古代史史料学.北京:北京出版社,1983.

黄永年.唐史史料学.上海:上海书店出版社,2002.

冯尔康.清史史料学初稿.天津:南开大学出版社,1986.

陈恭禄.中国近代史资料概述.北京:中华书局,1982.

张宪文.中国现代史史料学.济南:山东人民出版社,1985.

张注洪.中国现代革命史史料学.北京:中共党史资料出版社,1987.

陈清泉,等.中国史学家评传.郑州:中州古籍出版社,1985.

《书林》编辑部.怎样学习中国历史.上海:上海人民出版社,1984.

郭圣铭.西方史学史概要.上海:上海人民出版社,1983.

鲁滨孙.新史学.北京:商务印书馆,1964.

巴勒克拉夫.当代史学主要趋势.上海:上海译文出版社,1987.

〔美〕乔伊斯·阿普尔比,林恩·亨特,玛格丽特·雅格布.历史的真相.北京:中央编译出版社,1999.

柯林武德.历史的观念.上海:商务印书馆,1997.

马克·布洛赫.历史学家的技艺.上海:上海社会科学院出版社,1992.

克罗齐.历史的理论和实际.北京:商务印书馆,1986.

田汝康,金重远.当代西方史学派别文选.上海:上海人民出版社,1982.

〔英〕汤因比,等.历史的话语:现代西方历史哲学译文集.张文杰,编.上海:上海译文出版社,1984.

史学理论丛书编辑部.八十年代的西方史学.北京:中国社会科学出版社,1990.

中国史学会.中国历史学年鉴.北京:人民出版社.

郭绍虞,周谷城.怎样学好大学文科.上海复旦大学出版社,1982.

岳麓书社.文史哲学者治学谈.长沙:岳麓书社,1982.

浙江日报编辑部.学人谈治学.杭州:浙江出版社,1982.

在茫茫的学海中.沈阳:辽宁人民出版社,1984.

张世林.学林春秋一编.北京:朝华出版社,1999.

张世林.学林春秋二编.北京:朝华出版社,1999.

张世林.学林春秋三编.北京:朝华出版社,1999.

王力,等.怎样写学术论文.北京:北京大学出版社,1982.

张士廉.文章写作要略.长春:吉林文史出版社,1986.

李景隆,等.应用写作.北京:中央广播电视大学出版社,1983.

李景隆,等.应用文体写作概要.沈阳:辽宁人民出版社,1983.

姚衍春,赵文智.论文写作基础.北京:中共中央党校出版社,1998.

王凯符,等.古代文章学概论.武汉:武汉大学出版社,1983.

曹喜琛,等.档案文献编纂学.北京:档案出版社,1987.
王聘兴,等.文章与逻辑.北京:北京出版社,1982.
白润生.写作趣闻录.北京:人民日报出版社,1983.
方玲,等.文摘学.上海:上海社科院出版社,1989.
叶春华.报纸编辑.福州:福建人民出版社,1985.
杨效杰,等.写稿投稿出版.兰州:兰州大学出版社,1990.
联合国教科文组织.版权基本知识.北京:中国对外翻译出版公司,1984.
中华人民共和国著作权法.中国法制出版社,2001.
论语.杨伯峻译注本.北京:中华书局,1982.
左传.杨伯峻注本.北京:中华书局,1981.
史记.点校本.北京:中华书局,1982.
汉书.点校本.北京:中华书局,1983.
后汉书.点校本.北京:中华书局,1982.
新唐书.点校本.北京:中华书局,1986.
旧唐书.点校本.北京:中华书局,1986.
明史.点校本.北京:中华书局,1984.
清史稿.点校本.北京:中华书局,1998.
史通.蒲起龙释本.上海:上海古籍出版社,1982.
文史通义.叶瑛校注本.北京:中华书局,1985.
文心雕龙.赵仲邑译注本.桂林:漓江出版社,1983.
通典.商务印书馆十通本.
通志.商务印书馆十通本.
文献通考.商务印书馆十通本.
潜夫论.杭州:浙江人民出版社,1984年影印百子全书本.
东坡志林.北京:中华书局,1981.
梦溪笔谈.北京:文物出版社,1975年影印元刊本.
韩昌黎全集.北京:中国书店,1991年影印世界书局1935年版.
日知录集释.长沙:岳麓书社,1994年秦克诚点校本.
十七史商榷.北京:商务印书馆,1959.
历史研究.
中国史研究.

史学史研究.

史学理论研究.

光明日报·史学版.